KB041385

마크 쿨란스키의

# 더 레시피

세계를 대표하는
250가지 레시피에
숨겨진 탐식의 인문학

# 마크 쿨란스키의
# 더 레시피
THE RECIPE

세상을 이해하는
가장 완벽한 텍스트는
당신이 먹는 음식이다

라의눈

*Introduction*

# 가족의 게임

이 책은 본래 우리 가족의 '게임'에서 출발했다. 나보다 기억력이 훨씬 좋은 딸 탈리아 말로는 자기가 만든 게임이라고 한다. 어떻게 이 게임을 시작하게 되었는지는 정확하게 기억나지 않는다. 게임을 하면서 너무나도 많은 요소들이 추가되어 진정한 협력적 콘셉트로 거듭났기 때문이다. 우리는 일주일에 한 번, 지구본을 돌려 탈리아의 손가락이 가리키는 나라의 요리를 금요일 저녁에 만들어 먹었다. 우리 가족의 '인터내셔널 나이트International Night'는 그렇게 탄생했다.

그러나 때로는 어떤 요리를 먹을지 결정하고, 재료를 사고, 음식 준비를 하느라 생각보다 더 많은 시간이 걸려 토요일이나 일요일 밤에 하는 것이 더 나을 때도 있었다. 어떤 주는 인터내셔널 나이트를 하기에 주말이 너무 바쁠 때도 있었다. 어떤 주말은 가족여행을 갈 때도 있었고, 어떤 주는 내가 출장을 갔던 적도 있었다. 그렇지만 우리 가족은 이 게임을 정말로 즐겼기 때문에 멈추지 않고 계속 이어 나갔고, 결국 1년간 매주 한 번에 해당하는 쉰두 번의 인터내셔널 나이트를 가졌다.

요리는 탈리아와 내가 담당했고, 메뉴와 레시피는 내가 주의를 기울여 기록했다. 저녁식사 시간은 항상 지구본에서 선택한 나라의 지리적 특성에 관한 대화로 시작해서, 해당 지역과 역사, 문화에 관한 토론으로 이어졌다. 때로 지구본에서 탈리아의 손가락이 우리가 단 한 번도 가본 적이 없는 곳을 가리킨 적이 있었는데(쉰두 번 중 열 번), 그럴 때면 우리는 함께 그 나라에 대해 공부를 했다.

물론, 우리 세 가족이 다른 어떤 요리보다 더 즐겁게 만든 음식도 있었다. 그렇지만 단 한 번도 우리 모두 만들기 싫어한 요리를 한 적은 없었다. 인터내셔널 나이트도 여행과 마찬가지라고 생각한다. 잘 먹는 날이 있고 못 먹는 날이 있는가 하면, 어떤 날은 아주 배불리 먹는 날도 있는 법이다.

나는 인터내셔널 나이트를 통해 특정 음식에 대해 딸 탈리아가 가지고 있는 '선입견'을 수용하려고 애썼다. 어른들의 생각과는 달리 아이들도 모두 저마다의 입맛을 가지고 있다. 어떤 아이들은 탈리아가 싫어하는 것을 좋아하는가 하면, 그 반대인 경우도 있다. 일관되게 적용되는 것이 있다면, 아이들은 스스로 키우고 수확해서 만든 음식에 한해서만은 그것이 어떤 것이든, 좋아한다는 점이다.

도무지 내가 이해할 수 없는 이유로, 탈리아는 양념한 앤초비와 신선한 정어리를 너무나 좋아하기 때문에 가능하면 그 재료들을 사용하려고 했다. 탈리아는 스프 종류는 좋아하지 않는 편이지만, 좋아하는 것이 있기는 했다.(이를 테면, 완두콩 스프인 포타지 생 제르맹Patage Saint-Germain을 먹지 않았다면 어찌 퀘벡Quebec에 갔다고 할 수 있단 말인가!) 나는 맨해튼에서 한 십대 아이가 친구에게 이렇게 말하는 걸 들은 적이 있다. "내가 정말로 좋아하는 스프라면 정말로 좋지." 분명 모든 사람들이 모든 레시피를 좋아할 수는 없지만, 우리 가족과 같은 대부분의 보통 사람이라면 식사 때마다 좋아하는 음식이 한 가지씩은 있게 마련이다. 때로 우리가 선택한 요리를 사람들이 별로 안 좋아할 것 같은 생각이 들면 다른 요리로 대체하기도 했다. 그리고 먹어봤는데 마음에 들지 않으면 다음에 다시 만들거나, 대체 요리를 찾기도 했다. 그렇지만 다른 사람들의 입맛을 추정하기란 늘 어려운 법이다. 할 수 있는 것이라곤 좋은 음식을 만드는 수밖에 없다.

우리는 지구본에서 탈리아의 손가락이 가리키는 곳이 어디든, 그 지역의 음식을 요리했다. 탈리아가 우리와는 음식문화의 차이가 큰 나라를 짚더라도, 손가락이 닿은 그곳의 요리를 하려고 노력했다. 그래서 두 번의 전혀 다른 '캐나다 나이트'를 하게 되었고, 각각 세 번의 '프랑스 나이트'와 '이탈리안 나이트'를 갖게 되었다. '미국' '스페인' '독일 나이트'도 한 번 이상 할 수 있었지만, 그런 나라들은 탈리아의 손길이 한 번씩밖에 닿지 않았다. 탈리아의 손가락이 미국을 가리켰다고 해서 '미국 나이트'를 갖지는 않았다. 인터내셔널 나이트가 우리의 목적이었기 때문이다. 그래도 뉴올리언스와 하와이에 닿았을 때만은 예외로 삼았다. 뉴올리언스와 하와이의 음식은 미국 내에서도 전혀 다른 나라의 것처럼 독특한 요리문화를 가지고 있었기 때문이었다. 이미 한 번 가리킨 곳을 다시 짚은 경우에는 지구본을 다시 돌렸다. 어떤 이유에서인지 탈리아의 손가락이 자꾸 카자흐스탄에 닿았다. 카자흐스탄이 면적도 넓은 데다, 위도 상 지구본의 가운데에 위치해 있기 때문이었을까.(그런데 그보다 더 큰 러시아의 경우에는 마흔여덟 번 만에야 비로소 선택되었다.)

저녁식사 시간이 되기 전에 우리가 준비하는 요리가 어느 나라 음식인지를 맞추는 것은 매리엔의 몫이었다. 전 세계 국가와 지역을 두고 맞춰야 했기 때문에 탈리아와 나는 매리앤에게 가능하면 그곳의 지리적인 내용에 관한 아주 작은 힌트를 주곤 했다.

어떤 나라는 제법 빨리 맞췄지만, 탄자니아는 아직도 알아내지 못한 것 같다. 각각의 인터내셔널 나이트 도입부에 탈리아와 내가 매리엔에게 주었던 '힌트'를 적어놓았다. 이 책을 읽는 당신이 만일 가족들과 인터내셔널 나이트 게임을 하고자 한다면, 우리가 제시하는 힌트를 사용해도 좋고 스스로 힌트를 만들어도 좋을 것이다.

우리는 인터내셔널 나이트를 가질 때마다 그것을 특별한 행사처럼 꾸미려고 노력했다. 먼저 탈리아가 주방으로 들어가 인터내셔널 나이트의 시작을 알리면, 우리는 해당국가와 관련한 '배경음악'을 들었다. 탈리아가 자메이카 나이트라고 알리면, 지미 클리프Cliff의 〈미스 자메이카Miss Jamaica〉를 틀어놓는 식이었다. 탈리아가 농부 의상을 입고 러시아 나이트의 시작을 알렸을 때 들었던 프로코피예프Prokofiev가 작곡한 위대한 감독 세르게이 에이젠슈타인Eisenstein의 영화 〈알렉산더 네프스키Alexander Nevsky〉의 테마곡만큼 잘 어울릴 음악이 있었을까? '마더 러시아Mother Russia'를 지키겠다고 다짐하는 베이스의 코러스가 울려 퍼지면서, 네프스키가 의기양양하게 프스코프Pskov로 행진해나가는 장면을 보며 보르시치(Borscht, 비트, 감자, 토마토, 돼지고기 등을 넣어 만든 러시아 전통수프로 러시아 사람들과 폴란드 사람이 즐겨 먹는다. – 옮긴이)와 스트로가노프(Stroganoff, 19세기의 러시아 외교관 폴 스트로가노프Stroganov의 이름을 따서 만든 요리로 저민 등심과 양파, 버섯 등을 넣고 버터에 재빨리 볶아 사워크림을 섞어 만드는 러시아 요리 – 옮긴이)가 먹고 싶다는 생각이 들지 않는다면, 무엇을 본들 그런 생각을 할 수 있겠는가 말이다.

당신도 원하는 방식으로 인터내셔널 나이트를 즐길 수 있다. 나는 인터내셔널 나이트를 탈리아에게 즐겁고, 또한 교육적인 경험으로 만들려고 노력했다. 역사와 지리는 물론, 다른 모든 것을 가르치기에 음식만큼 좋은 것은 없기 때문이다.

– 마크 쿨란스키*Mark Kurlansky*

*Introduction*

# 탈리아의 말

“인터내셔널 나이트를 소개합니다!” 이것이 제 대사였습니다. 식탁을 차리기 전에 제가 먼저 부엌으로 들어가 그날 밤 소개할 나라를 발표했습니다. 그럴 때마다 저는 직접 디자인한 그 나라의 전통의상을 입었는데, 모두 집 안에 있는 것들을 이용해 만든 것이었어요. 그럴 수 있었던 것이 아빠가 인터내셔널 나이트를 통해 소개하는 대부분의 나라에 가보신 적이 있기 때문이었죠. ‘몽고 나이트’ 때는 아빠가 몽고에서 사온 전통 모자를 빌릴 수가 있었고, ‘아일랜드 나이트’는 아일랜드로 여행을 갔을 때 제가 구입했던 레프리콘(Leprechaun, 아일랜드 민화에 나오는 작은 남자 요정 – 옮긴이) 모자와 붉은 수염을 사용하는 식으로 말이에요. ‘아르헨티나 나이트’ 때는 긴 원피스를 입고 입에 꽃을 물고 탱고를 췄어요. 또 ‘하와이 나이트’ 때는 우리 집 낡은 옷상자에서 찾아낸 가짜 훌라 스커트와 비키니 탑을 입었고, ‘세네갈 나이트’ 때는 머리에 꽃이 수놓아진 천을 둘렀어요.

그런 다음 곧 식사가 시작됩니다. 요리를 하나씩 내기 전에 아빠가 제게 요리명을 제대로 발음하는 법을 알려주시면, 전 음식을 들고 식탁 앞에 서서 소개를 했어요. 이따금씩, 요리명을 제대로 발음하는 법을 아빠도 모르실 때면 우리는 제대로 말하는 척하곤 했지요.

아이들이 여러 나라의 음식을 경험할 수 있는 기회를 가지는 유일한 장소가 바로 레스토랑입니다. 그런데 레스토랑은 아이들에게 '키드 메뉴'를 내줄 뿐이죠.

아이들은 고급 요리를 즐길 줄 모르기 때문일까요? 그렇지 않습니다. 우리도 즐길 줄 알아요. 아이들이 다른 나라 음식을 즐길 줄 모른다는 것은 어른들의 생각일 뿐이에요! 그렇다고 해서 많은 아이들이 키즈 메뉴의 단조롭고, 단면적인 음식을 좋아하지 않는다는 것은 아닙니다. 아이들도 키즈 메뉴를 좋아하지만, 그것은 진정한 고급 요리를 맛보지 못했기 때문이라고 생각해요. 레스토랑에서 웨이터가 제게 키즈 메뉴를 가져다 줄 때마다 전 정말이지 짜증이 났어요. 아이들도 좋은 음식을 먹고 싶어 한다는 사실을 세상은 왜 그냥 받아들이지 못하는 걸까요?

저의 바람 중 하나는 아이들이 이 책에 나와 있는 모든 요리와 역사, 문화를 배움과 동시에 그 음식들을 맛볼 수 있는 기회를 갖는 것입니다. 어쩌면 아이들도 다양한 요리를 맛볼 수 있다면 더욱 복잡한 맛을 선호할 때가 있을지도 모른다고 생각합니다. 그리고 여러 나라의 요리가 진정으로 맛있는 가족식사가 될 수 있다는 제 생각에 동의할 수도 있다고 생각합니다.

– 탈리아 쿨란스키 *Talia Kurlansky*

## 차례

# 들어가기 전에

*The Recipe*

# 레시피에 대하여

1950년대까지 프랑스에서 가장 유명한 요리 작가는 퀴르농스키Curnonsky라는 필명으로 알려진 사람이었다. 그는 "모든 예술과 마찬가지로 요리에서도 단순함이 완벽함의 상징이다."라고 했는데, 이는 나도 동의하는 현대적 미학이다.

나는 이 책에 나오는 레시피들을 최대한 단순하게 만들려고 노력했다. 물론 20세기 위대한 프랑스 쉐프 오귀스트 에스코피에Escoffier도 말로는 단순한 것이 중요하다고 하면서도, 모든 것을 대단히 복잡하게 만들었지만 말이다. 우리 가족의 레시피는 에스코피에보다는 단순하며, 가족 식탁을 차리는 아마추어 요리사들의 수준에 맞췄음을 보장한다.

단순함을 기준으로 삼은 데다, 다른 레시피를 따르지 않으려는 내 성향으로 인해 이 책에서 소개하는 레시피들은 결국 나 스스로 고안해낸 것이나 다름없다. 특히 디저트와 같은 일부 요리 중에는 오랫동안 만들어왔으면서도, 여태껏 고집스럽게 단 한 번도 레시피를 공개하지 않은 것들도 있다. 비교적 최근에 찾아낸 다른 레시피들은 내 스타일에 맞게 완전히 다시 수정했다. 레시피들을 발췌한 목록은 참고문헌을 확인하면 알 수 있다.

요리를 할 때마다 정통인 것, 내가 만들 수 있는 것, 그리고 만들고 싶은 것 사이에서 어쩔 수 없이 많은 갈등을 하게 된다. 그럴 때마다 나는 내가 만들고 싶은 것을 최우선으로 했다. 스트로가노프를 만들 때 전통 러시안 머스타드에 견줄만한 스윗 머스타드를 사용할 수도 있었지만, 스윗 머스타드가 그다지 내키지 않았던 나는 시드 머스타드를 가지고 더 잘 만들 수 있다는 자신감에 넘쳤다.

이 책에서 소개하는 레시피들의 난이도는 🌶부터 🌶🌶🌶까지 나누어 표시했다. 난이도의 종류는 두 가지가 있다. 어떤 레시피는 만드는데 시간과 노력을 더 필요로 하는 것이 있는가 하면, 더 많은 기술을 요하는 방법들도 있다. 🌶로 표시된 레시피는 시간과 기술이나 테크닉을 그다지 요하지 않는 것들이다. 그에 비해 🌶🌶🌶로 표시된 레시피는 더 많은 시간과 기술, 테크닉을 필요로 한다. 그렇지만 전문가라고 해서 아마추어보다 할 줄 아는 게 많다고 할 수 없다. 전문가는 그저 아마추어보다 빨리, 훨씬 효율적으로, 더 많은 양을 만들 뿐이다.

이 모든 전 세계의 요리들을 구하기 어려운 이국적인 재료들을 사용하지 않고도 만들 수 있게 하려고 나는 엄청난 노력을 기울였다. 뉴욕에 살면 거의 모든 재료를 구할 수 있다. 예를 들어, 아시아 재료를 구하고 싶다면 렉싱턴 애비뉴와 29번가에 있는 '칼루스티안스Kalustyan's'에 가면 된다. 물론, 이 책을 읽는 모든 사람들이 뉴욕에 사는 것이 아니란 것쯤은 나도 알고 있다. 뉴욕에 살지 않는다면 칼루스티안스의 웹사이트에서 온라인으로 구입할 수 있다. 양념을 구입할 수 있는 웹사이트로 '마이 스파이스 세이지My Spice Sage'도 있다. 여러 민족들이 살고 있는 도시들도 많지만, 그런 곳에 살지 않는다면 필요한 재료를 인터넷으로 구입하면 된다. 물론, 그럴 경우에는 맛있는 냄새가 진동하고 흥미진진한 제품들이 가득한 이국적인 상점에서 쇼핑을 하는 재미는 놓치게 되겠지만 말이다. 지금은 거의 모든 제품을 인터넷에서 검색해 배송받을 수 있다.

별로도 표시되어 있지 않는 한 인터내셔널 나이트의 레시피들은 우리 가족 수에 해당하는 3인분이다. 3인분 이상이나 이하의 양으로 조절하려면 어려운 수학을 해야 하는데, 탈리아의 말에 의하면 내가 그런 계산을 몹시 싫어한다고 한다. 나 역시 탈리아의 말에 동의한다. 어쩌면 내가 느긋하게 레시피를 따르지 못하는 이유가 이런 계산 때문인지도 모르겠다. 수학적인 사고력을 가진 사람들에게는 레시피가 따라야 할 공식이지만, 그렇지 않은 사람들에게 있어 레시피란 그저 일련의 제안일 뿐이다. 당신이 하고 싶은 대로 우리의 레시피를 이용하면 된다.

*The Recipe*

# 아이들과 함께 하는 요리에 대하여

'아이들과 함께 하는 요리'라는 표현은 모순이다. 요리는 질서정연한 활동이다. 성공적인 주방은 엄격한 질서와 규율에 따라 운영된다. 그렇지만 아이들과 음식을 만들려면 그런 태도를 버려야 한다. 요리가 끝나면 부엌을 대대적으로 정리해야 될지도 모른다는 사실을 받아들이고, 아이들이 즐겁게 요리를 하게 내버려둬야 한다. 단계 별로 요리를 해나가면서, 다음 단계를 진행하기 전에 치운다면 주방이 엉망진창이 되는 것을 막을 수는 있겠지만, 아이들과 요리를 하는 즐거움에 방해가 될 것이라는 사실을 알아야 한다. 아이들은 먹을거리로 장난치는 것을 좋아한다. 가능하면 매 단계마다 맛보기도 좋아한다. 그러니 긴장을 풀고 즐기기를.

당연히 안전을 인식하지 않으면 안 된다. 부엌칼은 위험하기 때문에 어린 아이들이 함부로 만지게 해서는 안 된다. 그렇지만 부엌칼 사용법을 보여주면서 아이들이 조금씩 익숙해지게 만든다면 조금 더 자라서는 제대로 부엌칼을 사용하는 방법을 알게 될 것이다. 나 역시 탈리아는 칼을 거의 사용하지 못하게 했다. 탈리아가 열두 살 때 우리는 함께 모로코 요리학교에서 요리수업을 받은 적이 있었다. 그때 강사가 탈리아에게 날카로운 칼을 건네주고 재료를 자르라고 했는데, 칼질을 매우 잘 하는 것이 아닌가. 탈리아의 열 손가락도 그대로 붙어있었다!

물론, 가스레인지와 오븐은 어른이 다뤄야만 한다. 튀김도 아이들이 할 만한 일이 아니다. 뜨거운 기름에 화상을 입을 수 있기 때문이다. 푸드프로세서도 위험할 수 있다. 그렇지만 믹서는 설명하고 안내하지 않아도 아이들이 사용할 수 있다.

아이들은 특히 문어와 게처럼 한 번도 다루어보지 않은 재료를 이용한 요리를 재미있어하는 것 같다. 지루해 보이는 일도 동부콩(354페이지 참고) 껍질을 벗기는 일처럼 평범하지 않게 만들면 매우 재미있다고 생각할 수 있다.

아이들은 손으로 뭔가를 만드는 과정이 포함된 요리를 가장 좋아한다. 초밥 만들기는 대단히 재미있다. 크레페와 인디안 난Naan도 마찬가지다. 아이들은 빵 굽기, 패스트리 만들기, 속을 채운 엠파나다(empanadas, 곱게 다진 고기나 생선살을 두 겹의 패스트리에 싼 것으로, 스페인이 히스패닉 아메리카에 전래한 가장 인기 있는 요리 중 하나. 스페인 갈리시아 지방에서 처음 만들었다고 한다. – 옮긴이)나 만두를 만들 때 일어나는 마법을 좋아한다. 반죽을 만들고, 그 반죽을 갖가지 모양으로 빚고, 먹고……. 우리는 그런 수공예 요리를 가능한 많이 포함시키려고 노력했다.

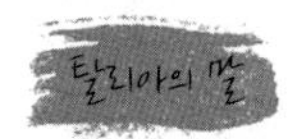


**• 요리 복장 •**

요리를 할 때는 청결과 안전을 위해 제대로 된 복장을 갖추는 것이 중요합니다. 가장 중요한 것은 머리카락입니다. 머리카락이 길면 뒤로 묶어서 음식에 들어가거나 요리를 할 때 방해가 되지 않게 하는 것이 좋아요. 뜨거운 기름이나 뜨거운 물이 튈 경우에 대비해 다리와 팔을 덮는 긴 옷을 입어야 하고요. 주렁주렁 뭔가가 달렸거나, 늘어지는 옷을 입어서도 안 됩니다. 소매가 늘어지는 옷을 입은 상태로 가스 불 위에 놓인 것을 섞으려고 팔을 뻗었다가는, 잘못하면 옷에 불이 붙을 수도 있으니까요.

앞치마를 착용하는 것도 좋은 생각입니다. 앞치마는 옷에 음식물 등이 튈 때 도움이 되기도 하고, 손을 닦을 수도 있어요. 단순한 흰색 앞치마를 착용해도 좋고, 화려한 색상에 장식이 있는 것과 번갈아가며 사용해도 좋아요. 개인적으로 저는 화려한 앞치마를 몇 개 가지고 있는데, 그런 앞치마들이 제 요리 경험에 '묘미'를 더해준다고 생각합니다.

*The Recipe*

# 음료에 대하여

각 인터내셔널 나이트마다 아이들을 위한 최소한 한 가지의 무알콜 음료가 포함된다. 모든 아이들이 공통적으로 좋아한다고 믿는 몇 안 되는 요소 가운데 하나가 바로 음료를 좋아한다는 점이다. 특히 다양한 색으로 된 여러 가지 음료를 좋아한다. 나는 아직도 어릴 적 삼촌이 갖가지 이상한 맛과 맛보다 더 이상한 색깔의 소다수를 사줬던 기억이 난다. 그 소다수를 너무나도 좋아해서 이번엔 삼촌이 어떤 것을 가져올지 눈이 빠지게 기다리곤 했다. 나는 인터내셔널 나이트를 하면서 어린 시절 마시던 그 소다수보다 건강에 더 좋으면서도, 그만큼 즐거울 수 있고, 해당 요리에 딱 맞는 무언가를 우려낸 뜨거운 음료와 찬 스파클링 음료, 주스, 혼합 음료를 찾기 위해 노력했다.

어른들을 위한 알코올음료도 일부 포함되어 있다.

*The Recipe*

# 지방과 오일에 대하여

다른 것에 비해 건강에 더 좋은 오일이 있다. 건강에 좋은 중성 오일은 튀김이나 볶음에 적합하다. 요리에 따라 각기 다른 오일이 사용되며, 이는 맛과 깊은 관련이 있다. 켈트족의 후예들과 일부 북쪽 민족들은 버터를 사용하고, 아시아 요리를 만들 때 가장 적합한 오일이 따로 있으며, 열대지방 요리를 만들 때는 코코넛 오일이 필요하다. 물론, 오일은 다른 것으로 대체하는 것보다는 절제하는 편이 건강에 좋다.

버터와 기 • 버터는 가장 맛이 좋은 지방 가운데 하나다. 그렇지만 버터는 기름에 갇힌 고형 우유이기 때문에 상하기 쉬운데다 쉽게 타는 성질을 가지고 있어 고온에서는 사용할 수 없다. 어떤 요리에서는 버터 때문에 음식이 쉽게 상하는 문제를 막대한 양의 소금을 추가하는 것으로 해결한다. 나는 일부 켈트족의 베이킹처럼 전통적으로 가염 버터를 사용하지 않으면 안 되는 때를 제외하고는 이를 사용하지 않는다. 다른 레시피들은 무염 버터를 사용한 후 원하는 만큼의 소금을 추가하면 된다. 기(Ghee, 인도 요리에 사용되는 정제 버터 – 옮긴이)는 버터의 낮은 발연점 문제를 인도식으로 해결한 것으로, 우유의 고형이 제거되었다. 기는 만들 수도 있고 인도 식료품점에서 구입할 수도 있다.(기에 대한 보다 자세한 사항은 '인도 나이트' 잠조.)

코코넛 오일 • 아마 가장 건강에 안 좋은 오일일 것이다. 거의 전체가 무거운 포화지방으로 이루어져 있기 때문이다. 그렇지만 카리브 해 요리의 특성을 살려줄 뿐 아니라, 몇 가지 요리에는 필수적으로 사용된다.

옥수수유 • 옥수수유는 건강에 좋은 오일에 속하지만, 독특한 맛 때문에 주로 라틴 아메리카 요리에만 쓰일 뿐 일반적인 식용유로는 적합하지 않다.

라드 • 돼지고기의 지방을 녹인 것이다. 라드는 쉽게 만들 수 있다. 시판 제품을 구입하면 맛이 다를 뿐만 아니라, 정확하게 무엇이 들었는지 알 수 없어 위험하다. 라드를 만들기 위해서는 돼지 옆구리 쪽의 비곗살을 구입해 깍둑썰기하여, 팬에 한 컵 분량의 지방 당 ⅓컵 가량의 물을 붓고 비계를 넣은 다음, 물이 다 증발할 때까지 끓인다. 지글거리면서 기름이 많이 튀기 시작하면 거의 다 된 것이다. 더 끓이다가 기름이 튀지 않으면 불을 끄고 식힌다. 뚜껑을 덮고 냉장고에 열흘 가량 저장한다. 우리 어머니는 유대민족 방식의 라드이자 아주 좋은 지방이기도 한 정제 닭 지방을 병에 담아 냉장고에 저장하시곤 했다.

이런 종류의 동물성 지방은 건강에는 좋을 건 없지만, 맛은 정말 좋다. 라드를 약간 첨가하면 패스트리가 가벼워진다. 프랑스에서는 100퍼센트 피르 뵈흐Pur beurre, 다시 말해 순 버터만을 사용하는 것이 패스트리의 질을 가늠하는 척도로 간주된다. 언젠가 함께 일했던 프랑스 셰프에게 라드를 조금 섞으면 도우가 더 맛있다고 하자, 그가 불같이 화를 냈던 일이 생각난다. 그렇지만 라드는 패스트리를 가볍게 만들고, 바삭함을 더한다. 예를 들어, 굴튀김과 같이 뉴올리언스의 튀김 요리가 맛있는 이유는 라드 때문이다. 라드 없이는 진정한 뉴올리언스 요리도 없다.

**올리브 오일** • 건강에 좋다는 이유로 한때는 약국에서 판매되기도 했던 올리브 오일은 제법 높은 온도에서도 사용할 수 있다. 올리브 오일은 일부 아시아 요리처럼 고열에 순간적으로 볶는 음식에는 적합하지 않지만, 맛은 대단히 좋다. 그런데 이 맛 때문에 오히려 문제가 될 수 있다. 지중해 식 요리의 독특함을 담고 있는 올리브 오일이 모든 요리에 다 잘 어울리는 것은 아니기 때문이다.

**피넛 오일** • 아프리카 요리에 흔히 사용되는 오일로, 튀김용으로 매우 적합하다. 피넛 오일은 상당히 높은 온도로 가열할 수 있다. 이 오일의 발연점은 올리브 오일의 발연점보다 두 배 이상 높은 260도이다. 이상하게도 플랜터스Planters와 같은 대규모 생산 업체들은 피넛 오일을 중성 오일로 만든다. 다시 말해, 땅콩 맛을 제거한다는 의미다. 땅콩 특유의 맛이 제거되지 않은 피넛 오일을 원한다면 아시안 식료품점에서 주로 취급하는 냉 압착cold-pressed 피넛 오일을 구입하도록. 대부분의 다른 오일들과 달리 피넛 오일은 같이 섞은 재료의 맛을 흡수하지 않기 때문에 한 번 튀김용으로 사용하고 난 오일이라도 식혀서 체에 걸러 다시 사용할 수 있다.

참기름 • 참기름은 맛도 좋고, 건강에도 좋으며, 쉽게 가열할 수 있다. 볶은 참기름도 있는데, 당연히 볶은 참깨 맛이 난다. 맛이 대단히 좋고 양념으로 이용하기에는 훌륭한 오일이지만, 고온에서 조리하는 데는 적합하지 않다. 일반적으로 참기름은 아시아 요리에 사용된다.

건강에 좋은 중성 오일 • 잘 모를 때는 품질이 좋은 카놀라유, 홍화기름, 콩기름을 사용하는 것이 좋다. 이런 것들이 중성적인 맛을 가진 건강에 좋은 오일이며, 고온 조리에도 적합하기 때문에 거의 모든 요리에 사용할 수 있다. 단, 이 오일들은 음식에 그 어떤 맛도 더해주지 않는다는 점만 명심하길 바란다.

*The Recipe*

# 설탕과 향신료에 대하여

인터내셔널 나이트의 레시피대로 요리하려면 반드시 구비해야 할 향신료들이 있다.

올스파이스 ***Allspice*** • 피멘타pimenta 나무의 열매를 말린 올스파이스는 아메리카 대륙에만 서식하는 것으로, 대부분 자메이카에서 자란다. 피멘토라는 이름은 스페인 사람들이 말린 과일을 후추 열매 같다고 생각했기 때문에 생겼다고 한다.(스페인어로 'pimienta'가 후추다 – 옮긴이) 복합적인 양념 맛을 가지고 있는 올스파이스는 가루, 또는 씨앗의 형태로 사용된다. 두 가지를 모두 구비하는 것이 좋다.

아니스 ***Anise*** • 중동의 토종 식물이다. 아니스의 씨앗은 조금 단맛이 있는데, 파스티스

(Pastis, 아니스 향이 나는 프랑스의 식전주 – 옮긴이)와 우조(Ouzo, 달콤한 아니스 향의 그리스 식전주 – 옮긴이)와 같은 다양한 리큐어(liqueur, 달고 과일향이 나는 독한 술 – 옮긴이)에 사용된다. 아니스는 씨앗이나 가루 형태로 사용할 수 있다. 스타아니스Star anise는 같은 맛이 나는 아네톨anethole이라는 성분을 가진 전혀 다른 식물의 열매다. 스타아니스를 요리에 사용하면 대단히 즐거운 변화를 가져다 줄 것이다.

아나토 **Annatto** • 스페인어로 아치오테Achiote라고 불리는 이 카리브 해 지역의 향신료는 거의 아무 맛도 나지 않지만, 음식에 아름다운 색감을 더한다. 아나토는 빨간 잎과 분홍색 꽃을 가진 작지만 아름다운 나무에서 자란다. 이 나무에는 작고 빨간 씨앗으로 가득 찬 꼬투리가 열리는데 그것이 바로 아나토다. 이 향신료는 닿는 것마다 기분 좋은 오렌지 빛으로 물들인다. 스페인령 카리브 해 지역에서는 쌀을 노란색으로 물들일 때 사용하고, 자메이카에서는 대구 완자에 색을 낼 때 쓴다. 또한 멕시코 요리에도 사용된다. 가장 흔하게는 노란색 지방을 만들기 위해 불 위에서 오일과 섞는다. 또한 영국에서는 치즈를 오렌지색으로 물들일 때 사용하기도 한다.
콜럼버스가 발견한 호전적인 카리브 해 사람들은 아나토로 피부를 빨갛게 물들였는데, 그때부터 아메리카 원주민들을 '레드 스킨redskin'이라고 불렀다. 아메리칸 인디언들이 피부색이 그렇게 빨갛지 않은데도, 레드 스킨이라 불리게 된 이유가 바로 이 때문이다.

베르베르 **Berbere** • 이 책에서는 에티오피아 요리 특유의 맛을 내는 향신료 블렌드인 베르베르가 '에티오피아 나이트'에서만 사용되지만, 베르베르는 다른 요리에도 사용해

볼 만한 진한 풍미와 맛을 더하는 향신료다. 이 향신료는 카다몸(cardamom, 생강과에 속하는 식물의 종자에서 채취한 향신료로 인도 등과 같은 열대지방에서 많이 나며, 혼합 향신료의 중요한 원료다. – 옮긴이)이라고도 알려진 코라리마korarima로 만든다. 그렇지만 베르베르는 카다몸은 아니기 때문에 '인조 카다몸'이라고 불리기도 한다. 이것은 생강과 식물의 씨앗이다. 이 향신료 블랜드에는 또한 허브의 일종인 말린 루rue와 칠리 고추, 마늘, 호로파(fenugreek, 호로파는 장미목 콩과의 식물이다. 씨와 잎 등은 독특한 향과 맛을 내서 향미료로 이용되고, 잎은 익혀서 요리해 먹기도 하며, 샐러드나 카레요리에 넣어 먹는다. 차나 술로 만들 수도 있다. – 옮긴이), 흰 후추와 후추, 비숍스 위드bishop's weed라고 알려지기도 한 아지웨인Ajwain, 티몰thymol 씨앗이나 강한 타임thyme 맛을 가진 중동 지방의 향신료인 카롬Carom 씨앗도 섞는다.

블랙 머스타드 씨 **Black mustard seed** • 머스타드는 당연히 머스타드 씨앗으로 만든다. 머스타드 씨앗에는 신맛이 나는 유황 합성물인 글리코시드glycoside가 함유되어 있다. 양배추에도 같은 성분이 함유되어 있다. 과거 유럽인들은 블랙 머스타드 씨앗과 화이트 머스타드 씨앗을 모두 사용해 머스타드를 만들었다. 그러나 산업화가 진행되어 길이가 짧은 화이트 머스타드 씨앗 용 기계가 발명되면서 블랙 머스타드 씨앗은 사용하지 않게 되었다. 그렇지만 여전히 인도 요리에는 반드시 필요한 조미료다.

후추 **Black Pepper** • 후추는 막 빻아 가루상태일 때 톡 쏘는 맛이 가장 강하다. 그래서 나는 싱크대 위에 후추 열매로 채운 통후추 그라인더를 두고 그때그때 사용한다. 이 책에 나오는 후춧가루의 양은 후추 그라인더를 회전하는 횟수로 표시되어 있다. 물론,

후추 그라인더마다 다르기 때문에 원하는 만큼 가감하면 된다.

캐러웨이 씨 *Caraway Seeds* • 내가 이 향신료를 좋아하는 이유는 갓 구워 따뜻한, 씨앗 박힌 호밀 빵을 좋아하던 어린 시절의 향수 때문이다. 강하면서도 기분 좋은 맛을 내는 캐러웨이 씨는 독일은 물론 지중해 연안, 특히 북아프리카 요리에 사용된다. 이 식물은 당근과에 속하는데, 사람들이 씨라고 부르는 것은 실제로는 말린 과일이다.

카다몸 *Cardamom* • 내가 가장 좋아하는 향신료가 바로 카다몸이다. 향기로운 맛은 모든 것에 이국적인 매력을 더한다. 카다몸은 본래 인도와 스리랑카에서 재배되는데 지금은 과테말라와 탄자니아에서도 재배된다. 캐러웨이처럼 카다몸도 말린 과일이지만, 씨앗처럼 보인다. 가장 여리고 가장 좋은 카다몸은 녹색을 띤다. 흰 카다몸은 녹색 카다몸을 탈색한 것이다. 진한 색 카다몸은 더 거친 맛이 나는 다른 향신료를 가지고 만든 것이다. 녹색의 통 카다몸과 가루로 빻은 녹색 카다몸, 두 가지를 모두 구비해 놓기를.

칠리 페퍼 *Chili Pepper* • 엄밀히 따지면 칠리 페퍼, 즉 고추는 열매에 해당하는 과실이다. 고추는 캡사이신이라고 알려진 화학물질 집단을 함유하고 있다. 캡사이신은 군중을 제지하는데 이용되는 최루 가스의 주재료다. 이런 화학물질들은 입 안에 들어가는 즉시 열을 감지해서 통증 감각기관을 자극한다. 그러면 이런 감각기관들이 뇌에 열 경보 메시지를 보낸다. 실제로 입 안에서는 아무 일도 발생하지 않지만, 뇌는 내 몸 어딘가에 불이 났다고 인식하는 것이다.

이런 화학물질들은 햇빛을 받을 때 생성되기 때문에 멕시코, 중앙아메리카, 카리브 해에서 대단히 강한 맛을 가진다. 고추의 토종 서식지가 바로 이러한 곳이다. 첫 신대륙 원정 때 이 식물을 발견한 콜럼버스는 고추를 거래할 만한 가치가 있는 상품으로 여겨 일부를 본국으로 가져갔다. 콜럼버스의 신대륙 원정에 함께 했던 선원들의 대부분을 차지하는 바스크족과 안달루시아 사람들이 가장 먼저 이 고추를 사용하기 시작했다. 그들은 고추를 집에서만 재배한 것이 아니라 세계를 탐험하면서 전 세계에 퍼트렸다. 아프리카와 아시아에서는 제법 매운 고추들이 자란다. 그러나 볕이 강하지 않은 유럽에서는 고추가 그리 맵지 않다. 매운 아메리칸 칠리 고추의 가까운 동족인 바스크 고추는 아주 살짝 매운 정도다. 물론 열기와 가뭄이 심한 여름을 지낸 경우에는 고추가 조금 더 매워지지만 말이다.

스카치 보넷 페퍼

정말로 매운 것을 원하거나 정통 카리브 해 요리를 만들고 싶다면 스카치 보넷 페퍼라고도 부르는 하바네로habanero를 사용한다. 마르티니크 섬에서는 하바네로를 '르 꿜 드 마담 자크le cul de Madame Jacques', 마담 자크의 엉덩이라고 부른다. 사람들에게 마담 자크가 누구인지 여기저기 물어보고 다녔지만 아무도 아는 사람이 없는 것 같았다. 그렇더라도, 그녀의 멋진 신체 일부를 잊을 수는 없을 것 같지만.

나는 매운 맛을 좋아하는 편이지만 우리 가족은 지나치게 매운 음식은 좋아하지 않는다. 내가 매운 맛을 좋아한다고 하더라도, 매운 맛이 너무 강하면 다른 맛을 느낄 수 없다고 말한 프랑스인들의 생각에 동의하는 편이다. 특히 카리브 해 음식처럼 일부 음식은 본래 맵게 만들어야 하는데, 그렇게 얼얼하게 매운 맛을 좋아하지 않는다면 왜 굳이 스카치 보넷 페퍼를 사용할까? 스카치 보넷 페퍼는 가장 맛있는 고추 가운데 하나로, 프랑스인들의 말에도 불구하고 얼얼할 정도로 매운 맛 가운데 진가를 발휘하기 때문이다. 그러나 나는 스카치 보넷 페퍼를 적당하게 사용하는 편이고, 잠깐 동안만 조리한 후 건져버릴 때도 있다. 안쪽의 씨앗과 힘줄처럼 생긴 부분을 제거하면 얼얼함이 줄어들기도 한다. 스카치 보넷 페퍼를 만지고 난 직후에는 얼굴을 만지거나 눈을 비비면 안 된다. 할라페뇨Jalapeno보다도 몇 배나 더 맵기 때문이다. 쓰촨 붉은 고추는 이보다 덜 맵지만 중국인들의 경우 한꺼번에 아주 많은 양을 사용한다. 인도 요리를 할 때는 인도의 전통적인 방법인 길고 가는 풋고추를 사용하는데, 이 고추는 맵기가 중간 정도라고 할 수 있다.

생 고추의 맵기를 능가하는 고춧가루란 존재하지 않는다. 매운 맛을 내기 위해서는 본래 프랑스령 기아나에서 자생하지만, 지금은 아시아와 북아프리카에서도 재배되는 카이엔 페퍼cayenne를 사용한다. 그보다 덜 매운 것으로는 유럽산 고춧가루가 있다. 헝가리 핫 파프리카Hungarian hot paprika는 약간 매운 정도고, 마일드 헝가리 파프리카Mild Hungarian paprika는 매운 맛이 거의 나지 않는다. 리벨 강의 강렬한 푸른 벨벳 골짜기에 있는 에스펠레트Espelette의 바스크 마을에서 생산되는 고춧가루는 헝가리 핫 파프리카와 마일드 헝가리 핫 파프리카의 중간 정도 맵기인데, 나는 이 고추를 자주 사용하는 편이다. 으깬 붉은 고추와 가루는 아니지만, 잘게 빻은 말린 고추도 유용하다.

시나몬 *Cinnamon* • 스리랑카 토종 나무껍질인 시나몬은 껍질 형태와 가루 형태를 모두 구비해야 한다. 껍질 형태인 경우 확실히 시나몬인지 확인할 수 있지만, 가루 형태는 시나몬과 유사한 계수나무 껍질을 함께 빻아서 만든 것일 수도 있다.

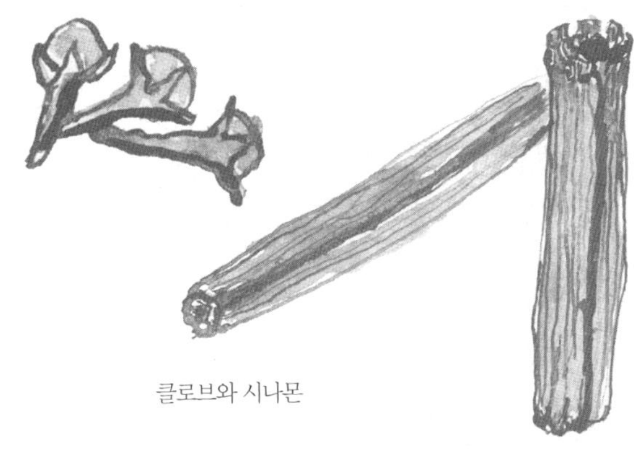

클로브와 시나몬

클로브 *cloves* • 상록수의 눈을 말린 것이다. 통 클로브(정향)와 클로브가루를 모두 구비해야 하지만, 올스파이스처럼 통 클로브의 맛이 더 좋다. 가루를 구입할 때는 소량으로 구입하는 것이 좋다. 테니스 선수와 껌처럼 시간이 지날수록 맛을 잃기 때문이다.

고수 **Coriander** • 고수는 파슬리의 사촌이지만, 훨씬 더 진한 풍미를 가지고 있다. 이 책에서는 세 가지 형태로 고수를 사용한다. 고수 잎, 고수 씨앗, 그리고 씨앗을 갈아 만든 고수가루. 미국인들은 특히 고수 잎의 경우, 고수를 나타내는 스페인어인 실란트로 cilantro라고 부를 때 더 맛이 좋다고 생각하는 것 같다.

커민 **Cumin** • 한 마디로 말해서 커민 없는 칠리소스는 그저 토마토소스에 불과하다. 커민 씨와 커민가루, 모두 구비할 것.

커리 **Curry** • 인도의 여러 지방과 인도인들이 살았던 지역에서 생산되는 다양한 형태의 커리가루가 있다. 이 책에서 나는 두 가지 기본적인 커리를 사용했다. 마드라스 산 마일드 커리와 카리브 해 산 콜롬보 커리다. 커리를 구입해서 각자 입맛에 맞게 섞거나, 그보다 더 재미있는 방법이 있는데, 커리를 드라이 로스팅Dry-roasting 한 후 작은 프로세서나 커피 그라인더에 갈아서 자기만의 블렌딩을 하는 것이다. 생강이나 칠리 페퍼, 가루 상태가 아닌 강황 뿌리와 같은 신선한 재료를 사용한다면 잘라서 오븐에 말려야 한다. 그렇지 않으면 커리가루가 아니라 커리 페이스트 형태가 되기 때문이다. 물론, 그래도 상관은 없다.

마드라스 커리 **Madras Curry** • 일반적으로 마일드 마드라스 커리를 만들기 위해서는 고수 씨앗, 커민, 강황, 생강, 후추, 붉은 고추, 시나몬, 넛멕nutmeg, 카다몸, 클로브가 필요하다. 인도인들처럼 매운 마드라스 커리를 원한다면 고추의 양을 늘리면 된다.

콜롬보 커리 **Colombo curry** • 카리브 해의 커리가루는 고수, 호로파 씨, 시나몬, 카이엔 페퍼, 후추, 올스파이스, 생강, 강황, 카다몸, 머스타드, 메이스Mace로 만든다. 이 재료들은 모두 가루 형태로도 구입할 수 있다.

펜넬 씨 **Fennel seeds** • 시칠리아가 특히 봄에 아름다운 이유는 언덕과 고대 유적지 주변에서 밝은 노랑색 꽃이 피는 야생 펜넬 때문이다. 펜넬 씨는 아니스와 같은 단맛이 난다.

호로파 **Fenugreek** • 클로브와 같은 종인 이 식물의 씨앗은 한때 유럽에서 흔히 사용되었지만 지금은 대부분 인도, 그 중에서도 특히 커리와 관련 있다. 호로파는 머스타드 씨와 같이 가열해야 맛이 나는데 주로 소스를 만들기 시작할 때 오일이나 기에 잠깐 볶는다. 씨앗 형태와 가루 형태, 모두 유용하다.

플라워 워터 **Flower waters** • 로즈 워터와 오렌지 워터는 상업적 용도로 판매되고 있다. 일반적으로 북아프리카 요리와 중동 요리에 흔히 사용되는 이 플라워 워터들은 대개 단 디저트에 꽃과 같은 향을 더해주는, 식용 향수라고 생각하면 된다.

가람 마살라 **Garam Masala** • 마살라는 향신료 블랜드다. 나는 주로 매운 마살라인 가람 마살라를 사용하는데, 북인도 요리를 할 때 마지막에 첨가하는 빠질 수 없는 재료다. 다양한 종류가 있지만 일반적으로 카다몸, 시나몬, 클로브, 넛멕, 후추를 이용해 만든다. 블랜딩에 따라 넛멕을 넣지 않을 때도 있지만, 내 경우에는 결코 빼지 않는다. 때로는 커민이나 고수를 첨가하거나, 둘 다 첨가하는 때도 있다. 미리 혼합된 형태를 구입하거나 다른 마살라를 구입하여, 각자 가장 좋아하는 맛으로 블렌딩할 수도 있다. 가람 마살라는 인도 요리가 아니라도, 예를 들어 스튜나 달걀에 풍미를 더할 때 등 모든 종류의 요리에 잘 어울린다.

마늘 *Garlic* • 특히 뉴올리언스와 카리브 해 출신 가운데 마늘가루를 선호하는 훌륭한 셰프들이 많지만, 나는 통마늘을 사용한다. 마늘의 맛은 다른 어떤 재료에도 견줄 수 없는데다 손쉽게 구입할 수 있는데, 통마늘을 사용하지 않을 이유가 있을까?

생강 *Ginger* • 나는 생강도 마늘과 마찬가지라고 생각한다. 쉽게 구입할 수 있는 통 뿌리 채소만큼 좋은 것이 없다. 때로는 껍질을 벗길 필요가 없는 어린 생강을 구입할 수도 있는데, 어린 생강은 맛이 좀 덜 강하다.

하리사 *Harissa* • 북아프리카의 기본 칠리 혼합물인 하리사는 북아프리카에서 생산되는 피리피리Piri piri라는 매운 붉은 고추를 블랜딩한 것이다. 하리사는 시중에서 구입할 수도 있고 만들 수도 있다. 지역에 따라 조금씩 다르게 만든다. 나는 튀니지 동해안의 지중해 가베스 만에서 하리사를 만드는 법을 배웠는데, 그곳에서는 매운 생 붉은 고추와 굵은 소금을 번갈아 층층이 쌓아서 만든다. 이렇게 만든 하리사는 최대 1년간 사용할 수 있다.

말린 고추를 사용하면 하리사를 만들기가 더욱 쉽다. 중간 크기의 말린 붉은 고추 12개를 30분간 물에 담갔다가, 씨앗과 뿌리를 제거한다. 푸드프로세서에 올리브 오일

¼컵과 마늘 네 쪽, 캐러웨이 씨 1티스푼, 커민가루 1티스푼, 고수 씨 반 티스푼을 넣고 되직한 페이스트가 될 때까지 간다. 필요하면 올리브 오일을 추가한다. 이런 식으로 만들 때에도 사용하기 며칠 전에 미리 만들어 두어야 한다.

바질

허브 *Herbs* • 일반적으로 나는 생 허브를 선호하는 편이다. 내가 가장 좋아하는 허브는 파슬리, 차이브Chive, 바질, 타임, 로즈마리, 마조람marjoram, 오레가노oregano, 딜dill, 그리고 월계수 잎bay leaf이다. 바질과 차이브, 딜, 바질은 마르면 아무짝에도 쓸모가 없다. 월계수 잎은 당연히 월계수에서 나는데, 프랑스와 남유럽에서 채집한 것도 있다. 캘리포니아 북부와 남서부에서 나는 월계수 잎은 특히 맛이 좋다. 말린 것을 구입할 수도 있지만 지나치게 오랫동안 보관하지는 않도록. 로즈마리는 상록수의 일종으로, 파리4구역에서 살 때 내가 살던 아파트 근처의 센 강변에서 따오곤 했다. 오레가노처럼 로즈마리도 말리기가 쉬운데, 프로방스 허브 블랜드 가운데 향이 매우 좋은 것들도 있다. 그렇지만 가능하다면 생 허브를 사용하는 것이 좋다.

미림 ***Mirin*** • 일본의 맛술로, 아시아 다른 지역에서도 사용되는 미림은 쌀을 알코올에 발효시켜 만든다. 청주로 번역하는 경우가 많은데, 미림은 청주가 아니다. 미림의 알코올 도수는 14도 정도로 대개 조리 중에 알코올은 휘발된다. 또한 미림은 알코올이 거이 함유되지 않은 형태로도 판매되는데, 이때는 미림후Mirin-fu라고 한다. 수세기 전부터 일본인들은 미림을 술로 마시지 않고 양념으로만 사용해왔기 때문에 알코올 성분이 불필요하다는 생각이 들기도 한다. 미림은 일본 요리에 사용되는 몇 안 되는 감미료 중 하나다. 원조 미림인 혼미림hon-mirin이 가장 좋다. 조리 중에 알코올 성분을 휘발시켜야 하는데 대부분의 레시피대로 하다 보면 자연스럽게 날아간다. 알코올 성분이 없는 아지 미림Aji-mirin은 옥수수 시럽과 같은 다른 첨가물을 함유하고 있기 때문에 사용하지 않는 편이 좋다.

니겔라 씨 ***Nigella Seeds*** • 아르메니안 스트링 치즈에 포함된 작고 풍미가 강한 이 씨앗은 에티오피아에서부터 터키, 인도에 이르는 중동 지역에서 흔히 사용되는 향신료다. 터키인들은 빵을 구울 때 니겔라 씨를 많이 넣는다. 높이가 30센티미터 정도 되는 종자식물의 열매에서 나는 씨앗으로, 아랍어로 은총의 씨앗이라는 뜻을 가지고 있다.

넛멕과 메이스 ***Nutmeg and Mace*** • 넛멕과 메이스는 인도네시아뿐만 아니라, 그레나다라는 카리브 섬 중심부에 자생하는 식물의 열매로 만든다. 이 열매는 산지에서는 말린 형태로 먹지만, 씨앗 자체로만 봤을 때 수출할 정도의 가치는 없다. 이 씨앗을 향이 나는 붉은 망으로 싸서 기른 형태가 메이스다. 씨앗인 넛멕은 껍질을 까서 강판에 갈아야 한다. 나는 항상 통넛멕을 구입해서 필요할 때마다 강판에 갈아 쓴다. 그래야 내가 가장 좋아하는 맛이 나기 때문에 가능하면 그렇게 하는 편이다. 강판에 간 직후에 나는 향은 다른 어떤 것과도 비교할 수 없을 만큼 좋다. 넛멕 용 강판으로, 나는 세인트루치아 섬의 어느 시장에서 구입한 못 구멍이 달린 주석으로 만든 것만큼 좋은 물건을 찾지 못했다. 강판에 넛멕을 갈 때는 너무 잘게 갈지 말고 큼직하게 갈아야 한다. 내가 하트포드에서 자라던 시절에는 코네티컷 주가 넛멕 주로 불렸는데, 이는 나무껍질을 갈아 만든 가짜 넛멕을 팔아 상당한 돈을 벌던 식민지 시대를 뜻하는 말이었다. 하지만 요즘은 주마다 유머감각이라고는 전혀 찾아볼 수 없는 PR팀과 마케팅팀 때문에 현재는 헌법 원본의 날짜가 가장 빠르다는 이유로 코네티컷 주를 헌법 주Constitution State라고 부른다. 그게 뭐 그리 대수라고.

붉은 후추열매 ***Red peppercorns*** • 녹색에서 검은 색으로 익는 과정에서 후추열매가 붉어지는 단계와 혼동하지 말기 바란다. 붉은 후추열매는 매운 맛이 덜하기 때문에 통째로 사용된다. 그렇게 사용해도 순하기 때문이다. 붉은 후추열매는 요리에 흔치 않는 붉은 기를 더한다. 내가 멕시코시티에 살 때는 공원에서 그냥 따기도 했다.

사프란 ***Saffron*** • 붓꽃과의 일종인 식물의 암술머리를 말린 것으로, 가장 값비싼 향신료라고 하는 사프란은 쉽게 상하기 때문에 필요할 때마다 구입해서 직사광선을 피해 보관해야 한다. 비싸긴 해도 사용할 때는 아끼지 말기 바란다. 맛도 나지 않을 정도로 향신료를 아끼는 것보다 더 큰 낭비가 또 있을까?

소금 **Salt** • 자연에서 흔히 찾을 수 있는 염화나트륨에 불과하다. 소금의 맛은 혀가 느낄 수 있는 네 가지 기본적인 맛 가운데 하나로, 복잡하지 않다. 소금의 천연색은 흰색이다. 소금이 아주 하얗지 않은 경우는 대개 먼지 같은 불순물이 섞여 있기 때문이다. 반대로 하얀 경우는 본래 대단히 흰 소금이거나 흰 상태로 정제된 것인데, 이런 소금을 구입해야 한다. 수세기 동안 소금 생산자들이 만들어내려고 했던 것도 바로 이런 흰 소금이었다. 17세기 루이 14세의 재정총감인 장 바티스트 콜베르Colbert는 프랑스의 소금 무역에 큰 관심을 가지고 있었는데, 브르타뉴 지방의 게랑드Guerande 염전에서 생산된 회색 소금에 불순물이 섞여 있다고 불평했다. 그는 스페인과 포르투갈의 소금처럼 하얗게 만들 수만 있다면 가격이 훨씬 더 올라갈 거라고 말했다. 이것만 봐도 콜베르가 소금에 대해 얼마나 많이 알고 있었는지 알 수 있다. 오늘날 브르타뉴의 회색 소금은 세상에서 가장 값비싼 소금 가운데 하나다. 수작업 소금 생산 방식과 정교한 마케팅을 통해 소금 안의 불순물이 몸에 좋은 조류와 미네랄이라고 소비자들을 설득했던 것이다.

순 염화나트륨은 모두 똑같이 짠맛이 난다. 어떤 모양과 크기의 소금 결정체를 선택할지만 결정하면 된다. 소금은 매우 다양한 방식으로 결정체를 이루는데, 이것이 혀에서 녹으면서 다양한 방식으로 미뢰를 자극한다. 다른 것에 비해 좀 더 순한 맛이 나는 것처럼 느껴지는 것도 있고, 더 짜게 느껴지는 것도 있다.

미국이 주요 소금 생산국이긴 하지만, 바다 소금은 거의 생산하지 않기 때문에 미국인들은 바다 소금에 대해 신비롭게 생각하는 경향이 있다. 그렇지만 다른 나라에서는 바다 소금이 많이 난다. 사실, 바다 소금이야말로 전 세계에서 가장 흔한 소금이다. 순 바다 소금은 순 암염과 마찬가지로 염화나트륨일 뿐이다. 결정체가 조금 더 큰 소금을 선호한다면, 바다 소금이 낫다. 바다 소금은 태양열로 천천히 말리는데 결정체가 되기까지 걸리는 시간이 길수록 결정체의 크기가 커지는 불변의 법칙 때문이다.

소위 코셔 소금Kosher salt이라고 불리는 것은 제한된 용도로만 사용된다. 코셔 소금만 코셔 방식으로 생산되는 것도 아니다. 거의 모든 소금이 그렇다. 정확한 이름은 '유대교 율법에 따라 코셔화 하는데 이용되는 소금'이 되어야 할 것이다. 유대교 음식 규정에 따르면 붉은 고기에서 반드시 피를 빼야 하는데, 그런 용도로 만들어진 것이 이 소금이기 때문이다. 크고 평평한 결정체가 혀 위에 어색하게 놓이기 때문에 다른 용도로 사용되면 맛이 너무 거칠게 느껴진다.

우리 집에서는 기본적으로 두 종류의 소금을 사용한다. 굵은 소금과 가는 소금. 패스트리 도우나 스프, 스튜를 만들 때처럼 소금을 녹여 짠맛을 더하게 하고 싶은 경우라면 대개 바다 소금으로 만든 흔한 '테이블 솔트'를 사용하지만, 반드시 그럴 필요는 없다. 바삭바삭한 결정체를 원한다면 결정체가 더 굵은 바다 소금을 사용한다. 때로는 플레르 드 셀Fleur de sel을 사용하기도 하는데 플레르 드 셀은 염전 바닥에 가라앉지 않고 뜰 정도로 매우 가벼운 바다 소금을 말한다. 그 가벼움과 건조함 덕분에 특히 더 바삭거리는 것이다. 우리 가족은 튀긴 음식이나 채소, 샐러드, 구운 고기와 생선 위에 바삭한 소금을 얹어 먹는 것을 좋아한다.

수년 전부터 나는 바삭한 소금을 샐러드 위에 뿌려 먹기 시작했다. '샐러드'라는 단어는 로마어인 '살라다salada'에서 파생된 말로 '소금으로 간한'이라는 뜻이다. 처음에 나는 로만 샐러드가 어떤 맛인지 맛보고 싶어 샐러드에 굵은 소금을 뿌렸다. 나중에 가서야 로마인들이 채소의 씁쓸함을 없애기 위해 소금에 절인 것을 선호했다는 사실을 알게 되었다. 로마인들은 샐러드를 염수로 드레싱했던 것이었다. 하지만 이미 너무 늦은 후였다. 바삭한 소금 결정체를 얹은 샐러드에 중독된 나머지, 그 후로도 나는 계속 그런 식으로 샐러드를 즐겼다.

나는 소금을 얼마나 사용해야 하는가에 대해서는, 대부분 개인 편차에 따라 다르기 때문에 소금의 양에 관해서 지나치게 구체적으로 언급하지 않는 편이다. 나는 소금을 한 꼬집, 큰 한 꼬집, 넉넉한 한 꼬집으로 측정한다. 한 꼬집은 엄지와 검지로 집은 작은 양을 가리킨다. 큰 한 꼬집은 그보다 좀 더 많은 양을 나타내고, 넉넉한 한 꼬집은 집을 수 있는 최대한을 가리키는데 1테이블스푼보다 조금 적을 것이다. 물론, 레시피에 1테이블스푼이라고 표기한 때도 있다. 여기서 말하는 손은 탈리아가 아니라, 내 손가락 크기를 말한다.

일본의 셰프들은 대단히 훌륭한 방식으로 소금을 친다. 그들은 손가락으로 소금을 한 꼬집 집어 음식 위로 높이 추켜올리고는 손을 앞뒤로 흔들면서 음식에다 뿌린다.

간장 *Soy Sauce* • 간장은 최소한 1천 년 전 중국에서 발명된 조미료로, 당시에 발명된 것들은 새로운 것으로 간주되었다. 간장은 대두와 밀을 발효시킨 다음 염수에 절여 만든다.

쓰촨 성은 전통적으로 소금이 생산되는 지역으로, 간장도 생산된다. 나는 재래식 수작업 생산자를 찾기 위해 쓰촨 성을 샅샅이 뒤지다가, 러즈 현에서 러즈 퍼먼티드 프로덕트 사Lehzi Fermented Product Corporation를 찾았다. 1999년도에 이 국영기업이 문을 닫았을 때 그곳에서 근무하던 근로자들은 퇴직금을 받고 공장을 매각한 후 토석 창고로 장소를 옮겨 간장을 생산해내기 시작했다. 그들은 기계도 없이 재래식 공법으로 간장을 만들면서 대두를 익혀 발효하는 대신 이스트와 대두를 섞어 대두에 곰팡이가 필 때까지 대나무 선반에 며칠 동안 보관한다. 그런 다음 염수와 섞어 커다란 점토 항아리에 담아 실외에서 6개월에서 1년 동안 저장한다. 그 결과, 검은 색을 띤 캐러멜과 같이 약간 걸쭉하면서 복합적인 맛이 나는 간장이 만들어진다. 이것이 이상적인 중국식 간장이지만, 보다 가벼운 음식에 이용되는 연한 간장도 만든다. 일본인들은 중국 간장보다는 덜 짜고 훨씬 연한 간장을 만드는데, 요리할 때 간장만 넣는 것이 아니라 소금을 첨가하기 때문이다. 중국인들이 이 두 가지를 사용하는 경우는 드물다. 연한 간장과 진한 간장을 모두 구비하는 것이 좋다. 일본인들은 심지어 '흰 간장'도 만든다. 흰 간장은 색이 검지 않기 때문에 음식의 색을 어둡게 만들지 않는다.

참깨 ***Sesame Seeds*** • 4천 년 전 중동에서 처음으로 재배된 참깨는 아시아로 전해졌다. 참깨는 세사민Sesamin과 세사몰린Sesamolin을 함유하고 있는데, 과학자들이 연구해 온 이 두 가지 섬유질은 콜레스테롤을 낮추고 고혈압 예방에도 도움이 되는 것으로 추정된다. 참깨는 볶을 경우 맛이 훨씬 강해진다.

설탕 ***Sugar*** • 설탕에는 여러 가지 다양한 종류가 있다. 우리가 사용하는 설탕에는 다음과 같은 것들이 있다.

**코코넛 팜 설탕** ***Coconut palm sugar*** 사탕수수 외의 다른 식물로 만든 설탕도 많지만 꿀과 기후 변화와 단풍나무의 감소로 점점 더 귀한 품목이 되어 가는 메이플 시럽을 제외하고, 유일하게 내가 사용하는 설탕이 코코넛 팜 설탕이다. 수확한 꿀과 달리 코코넛 팜 설탕은 팔미라 야자나무와 같은 몇 가지 다른 종류의 야자나무 수액을 끓여 만든 설탕과 더불어 아마도 세상에서 가장 오래된 형태의 인공 설탕일 것이다. 코코넛 팜 설탕은 사탕수수로 만든 설탕보다 확실히 더 오래 되었다. 이것은 섬세하고 풍부한 당밀 맛을 가진다. 이 설탕이 스리랑카에서 흔히 사용되기 때문에 우리는 '스리랑카 나이트'에 이 설탕을 사용했다. 나는 코코넛 팜 설탕을 정말 좋아해서 피칸 파이, 진저브레드, 스파이스 케이크를 만들 때도 이 설탕으로 실험을 하곤 했다. 다른 요리를 만들 때 사용해도 훌륭할 거라고 생각한다.

**정제 설탕** *Confectioners' sugar* 내가 사용하는 설탕 가운데 유일하게 완전히 정제된 설탕이다. 이것은 사탕수수로 만든 설탕의 결정체를 가루로 만든 것으로 밀도 때문에 영문 명칭인 '컨펙셔너스 슈거'가 의미하는 것처럼 특정한 당과류에 대단히 유용하게 쓰인다.

**원당** *Raw sugar* 내가 기본적으로 사용하는 설탕이 바로 원당이다. 사탕수수 설탕은 풀의 일종인 (사실 다양한 종류가 있다) 사탕수수를 압축하고 즙을 짜낸 다음 액체가 증발해 결정체가 남을 때까지 끓여서 만든다. 그러면 단순히 달기만 한 설탕 결정체보다 훨씬 더 풍미가 깊은, 진한 갈색 물질인 당밀이 남는다. 매우 하얗게 정제되지 않으면 결정체에는 항상 약간의 당밀이 남게 마련이다. 진짜 하얀 머랭을 만들어야 할 때만 정제된 흰 설탕을 사용한다. 원당은 옅은 베이지 색에 더 많은 풍미를 가진다.

**황설탕** *Brown sugar* 이론상으로 황설탕은 당밀이 남겨진 설탕을 뜻한다. 그렇지만 시중에서 판매되는 황설탕은 정제된 흰 설탕에 당밀을 첨가한 것이다. 몸에 좋은 천연 황설탕도 몇 가지 있다.

**데메라라** *Demerara* 지금은 가이아나라고 불리는 독립국가로, 카리브 해의 전 영국 식민지였던 곳의 명칭을 딴 이름의 옅은 황설탕이다.

**터비나도** *Turbinado* 이 설탕은 데메라라의 미국식 버전으로, 대부분 주로 하와이에서 만들어지는 미국 제품을 말한다. 당밀이 일부 남아 있기 때문에 데메라라와 같은 색을 띠지만 터비나도는 조그만 토파즈처럼 보이는, 보다 큰 결정체를 가지고 있다. 이 결정체들은 상당히 단단해서 잘 녹지 않기 때문에 오독오독 씹히는 맛을 원할 때 사용하면 좋다.

**무스코바도** *Muscovado* 이 설탕은 원래 바베이도스에서 생산되는 대표적인 제품이었지만, 지금은 모리셔스와 같은 곳에서도 생산된다. 무스코바도라는 이름은 '더 정제된'이라는 의미의 스페인어 '마스 마카바도Mas acabado'에서 따온 것인데, 사실 그다지 믿음이 가지는 않는다. 진한 무스코바도는 가장 당밀이 많이 함유된 설탕으로, 진하고 풍부한 맛을 가진 극히 풍미가 강한 황설탕이기 때문이다.

**재거리** *Jaggary* **또는 거** *Gur* 이 단어들은 인도에서 팜 설탕palm sugar을 가리킬 때 사용되는 말이다. 노란색이기 때문에 순해 보이지만, 진한 당밀 맛이 나는 인도 사탕수수 설탕을 나타낼 때도 이 명칭들이 사용된다. 힌두어인 재거리는 동남아시아에서 팜 설탕을 뜻할 때만 사용된다.

**터메릭** *Turmeric* '가난한 사람의 사프란The poor man's saffron'이라고도 불리는 터메릭은 사프란 맛은 전혀 나지 않지만, 사프란 색을 띠고 카리브 해의 일부 지역에서는 실제로 사프란이라고 불리기도 한다. 진한 색의 터메릭 덕분에 밝은 금빛 오렌지색이 인도 문화를 상징

하는 색깔이 되었다. 요리에 사용되는 껍질을 깐 뿌리 부분은 통 터메릭에서 손질해 사용하면 된다. 말려서 가루로 만든 터메릭도 사용하기에 적당하다. 터메릭가루는 사프란처럼 도마를 밝은 오렌지색으로 물들이지 않아 좋다.

**바닐라** ***Vanilla*** 바닐라는 식물 꼬투리에 든 씨앗으로 만든다. 바닐라 씨앗은 커스터드나 녹인 초콜릿 같은 액체에 조리했을 때 제대로 효과를 발휘한다. 사실 바닐라는 몬테수마(Montezuma, 멕시코 아즈텍족 최후의 황제 – 옮긴이)가 달지 않은 음료에 넣어 마셨던 것을 스페인 사람들이 알게 되면서, 유럽인들에 의해 최초로 발견되었다. 그런데 그 달지 않은 음료가 실은, 바닐라가 아니라 초콜릿인 것으로 밝혀졌다. 바닐라는 초콜릿의 맛을 돋운다. 바닐라 추출물을 이용하는 것이 편리한 경우가 많다. 그렇다면 반드시 '퓨어 바닐라 농축액Pure Vanila Extract'을 사용하도록. 미국 규정 상 바닐라 농축액은 최소 35퍼센트의 알코올을 함유하고 있어야 하지만, 알코올이 문제가 될 정도로 음식에 다량을 사용하는 경우는 없다. 바닐라는 비싸기 때문에 값싼 제품을 보면 의심해야 한다. 또한 빛에 노출되면 상하기 때문에 캐비넷 같이 어두운 장소에 보관해야 한다.

*The Recipe*

# 주방기구

반드시 구비해야 하는 주방기기는 믹서와 푸드프로세서, 두 가지뿐이다.

믹서와 부품 • 키친에이드의 믹서처럼 튼튼하고 내구성이 좋은 믹서기라면 세 가지 부품이 달려 있을 것이다. 반죽을 섞는 반죽 갈고리와 달걀흰자나 휘핑크림과 같이 공기를 넣어 휘핑하는 거품기, 공기를 빼고 섞을 때 사용하는 혼합 재료를 휘젓는 혼합기다.

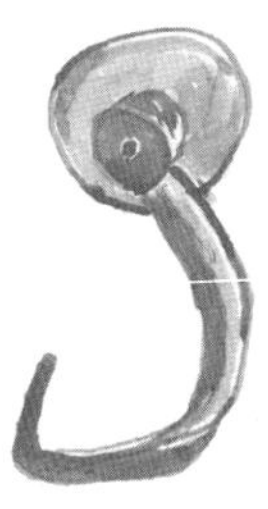
반죽 갈고리 Dough hook

거품기 Whip

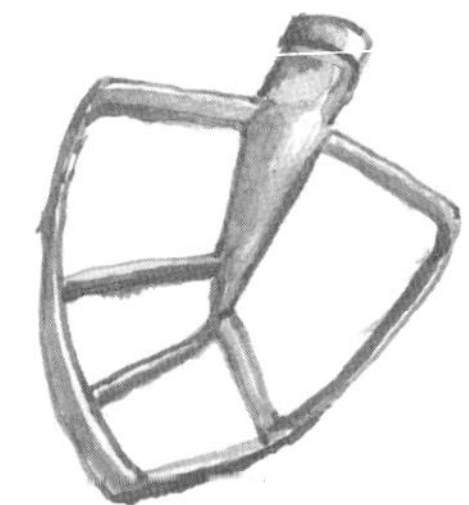
혼합기 Dough paddle

푸드프로세서 • 다지는 용도의 부품과 가는grating 부품이 하나씩 포함되어 있다면 어떤 푸드프로세서라도 상관없다.

거품기 • 회전 핸들이 달린 이상한 기기가 아니라, 핸드 거품기를 이용하는 것이 좋다.

나무스푼과 고무 스패출라 • 이 기구들은 비싸지 않으면서도, 항상 유용하게 쓰인다. 나무스푼은 여덟 개, 고무 스패출라는 네 개 정도 구비해 놓는 것이 좋다.

무쇠 냄비 • 본래 무쇠 냄비는 절대 세제로 닦아서는 안 된다. 새 제품인 경우 젖은 스펀지로 닦은 다음 조리용 기름을 바른다. 처음 몇 번 사용하고 난 후에는 기름을 바른 후 냄비를 가열한다. 냄비가 검게 변하고 음식물이 달라붙지 않게 되면 그런 과정을 거칠 필요가 적어지지만, 세제를 사용하면 애써 냄비를 길들이는 과정을 반복하며 쌓아놓은 기름기가 제거된다.

오븐용 도기 그릇 • 스페인어로 카수엘라스Cazuelas라고 불리는 이런 그릇들은 베이킹 용으로 사용하기도 좋고, 양념을 재우는 용도로 사용해도 좋다. 금속이나 플라스틱 그릇에 음식을 재우면 원치 않는 맛이 나기 때문이다.

제스터 • 제스트는 감귤류 과일의 껍질에서부터 과육 겉면의 흰 부분 전까지를 뜻한다. 이 부분은 즙보다도 훨씬 더 맛이 있는 가장 풍미가 강한 부분이다. 조그만 고리 모양의 커터가 달린 이 작은 도구는 제스트를 긁어내는 데 가장 효과적이다.

체 또는 거름망 • 나무 테 밑바닥에 망이 달린 것이 가장 효율적인 체라고 할 수 있다. 나무 테를 두드려가며 체를 친다. 반구형 모양의 거름망도 효과적이다.

스프링폼 팬 • 내가 유일하게 사용하는 케이크 팬이다. 스프링을 열고 죔쇠를 제거하면 케이크를 뒤집지 않고도 끄집어낼 수 있다.

타르트 팬 • 가장자리가 주름지며 바닥이 고정되지 않아 내용물을 쉽게 분리할 수 있는 금속 팬이다.

스패출라 • 적어도 두 개는 가지고 있어야 하며, 생선을 들어 올릴 수 있을 정도로 길어야 한다.

포테이토 매셔 • 내가 말하는 포테이토 매셔는 나무 손잡이와 지그재그 모양의 금속이 달린 구식 도구를 가리킨다. 감자가 정말 잘 으깨지기 때문에 지금까지도 계속 생산되고 있는 도구다. 신형은 대개 나무 손잡이가 달려 있지 않다.

멕시칸 빈 매셔 • 나는 멕시칸 빈 매셔를 멕시코에서 구입했지만, 여러 주방용품 상점에서도 구입할 수 있다. 나무 손잡이와 원통형 나무 머리가 달린 이 도구는 다양한 용도로 사용 가능하다.

라임 스퀴저 • 나는 라임 스퀴저도 멕시코에서 구입했다. 그렇지만 여러 가지 변형된 형태를 도처에서 구입할 수 있다. 라임 스퀴저는 구멍이 난 금속 컵과 경첩, 그리고 눌러서 열 수 있는 뚜껑으로 이루어져 있다. 펜치처럼 손잡이 두 개를 잡고 짜면 된다.

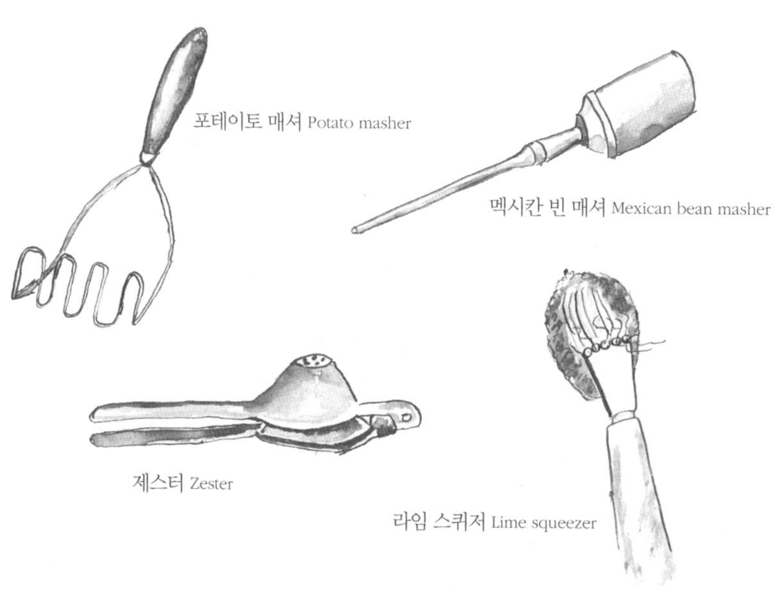

포테이토 매셔 Potato masher

멕시칸 빈 매셔 Mexican bean masher

제스터 Zester

라임 스퀴저 Lime squeezer

*The Recipe*

# 편법으로 코코넛 깨는 방법

나는 카리브 해 지역에서 10년간 저널리스트로 활동하면서, 나무에서 (머리 위로 떨어지지는 않게) 코코넛 열매를 떨어뜨려 주스를 마시는 방법은 물론 코코넛의 일대기에 관한 전 과정을 직접 경험해 보고, 코코넛 껍질을 까는 나만의 별난 방법을 개발하게 되었다. 다른 사람이 내 방법을 사용한다면 놀랄 수도 있지만, 상당히 효과적이긴 하다. 와인 오프너와 망치만 있으면 된다.

코코넛에는 윗부분에 둥글게 파인 곳이 세 군데 있다. 세 군데를 모두 열면 좋지만 적어도 두 군데는 열어야 코코넛 주스를 만날 수 있다. 파인 곳마다 와인 오프너를 돌려 넣은 다음 그대로 뽑아 구멍을 뚫어 둔다. 코코넛을 비스듬히 기울이고 주스를 따른 다음, 타일이 깔린 테라스나 욕실 바닥처럼 단단한 바닥에 놓고 망치로 몇 번 내리쳐서 깨면 된다.

*The Recipe*

# 소금에 절인 대구에 대하여

냉장 기법이 개발된 이후로 미국 요리에서 소금에 절인 대구의 인기가 시들해졌다. 그렇지만 전 세계 여러 문화권에서는 여전히 염장 대구가 중요한 재료로 쓰인다. 유럽인들의 경우 생선살을 으깨지 않고 통째로 소스와 곁들여 내는 요리에는 대체로 고품질의 염장 대구를 사용한다. 물론, 반드시 고품질의 염장 대구로 만들어야 하는 프로방스 지방의 브랜데이드brandade처럼 예외적인 경우도 있기는 하다. 소금에 절인 대구가 값싼 노예용 음식으로 도입된 서아프리카와 카리브 해 지역의 경우에는 질을 가늠할 수 없도록 생선살을 으깨는 요리에 전통적으로 저품질의 염장 대구를 사용했다.

소금에 절인 대구는 가격대가 다양하므로 구입할 때 명심해야 할 점이 있다. 가장 좋은 염장 대구는 널빤지처럼 마르고 단단하며 뻣뻣하다. 특히 프랑스에서는 소금에 절이긴 하지만 말리지는 않아 담가 두는 시간이 훨씬 적게 걸리는, 살짝 절인 정도의 대구를 사용하는 것이 유행이다. 이런 생선은 썩 좋지 않다.

소금에 절인 대구를 요리에 사용하기 위해서는 염분을 제거하고, 수분을 가해야 한다. 그러려면 오랜 시간 물에 담가두어야 한다. 프랑스 상인들은 보르도 항구에서 소금에 절인 대구를 구입하여 강물에 담근 채 바지선에 매달아 강을 거슬러 올라가곤 했다. 이틀 후 생선이 요리에 사용할 수 있을 정도가 되면, 그때 시장에 내다 팔았다. 그러나 20세기 들어 강의 오염 문제가 대두되면서 이런 관행에 의문이 제기되었다. 1947년 중요한 연회를 준비할 때 로크포크 치즈로 유명한 외진 내륙 지방인 아베롱Aveyron의 유명한 정치가가 하인에게 벽에 높이 매단 물탱크가 달린 구식 변기의 물을 주기적으로 내리라고 지시했다. 요리할 시간이 되자 그는 하인에게 탱크에 손을 집어넣어 요리에 사용할 수 있는 상태가 된 소금에 절인 대구를 꺼내오라고 했다.

물론, 그런 구식 변기가 없다면 그릇에 물을 담아 냉장고에 집어넣고 두 시간마다 교체해도 된다. 아니면 그릇을 싱크대에 놓고 물이 조금씩 흐르게 해도 괜찮다. 이런 식으로 하면 하루에서 이틀 정도면 되는데, 문제는 특히 따뜻한 기온일 때 그렇게 장시간 생선을 냉장고 밖에 두는 것이 바람직하지 않다는 점이다.

어느 정도가 적당한지는 당신의 미각에 따라 다르다. 바스크 사람들은 대단히 짠 맛을 선호하기 때문에 소금에 절인 대구를 상당히 짠 상태로 둔다. 맛의 문제긴 하지만, 그렇다고 소금 맛이 전혀 나지 않을 정도까지 물에 담가두지 말기를 바란다. 그렇게 짠기를 다 빼면 염장 생선 특유의 맛을 잃기 때문이다. 하루 지나면 살을 조금씩 떼어 맛을 봐가며 자신이 좋아하는 상태가 될 때를 파악하는 것이 좋다.

*The Recipe*

# 채소에 대하여

채소를 먹기 싫어하는 아이를 둔 부모라면, 중국 가정에서는 아이들에게 그다지 어렵지 않게 채소를 먹인다는 점을 상기할 필요가 있다. 중국인들의 비결은 무엇일까? 두 가지가 있다. 첫째는 중국 요리에 채소가 빠질 수 없어 채소 없는 식사란 상상할 수 없기 때문이고, 둘째는 맛의 균형을 잡는 데 있어 중국인들이 전문가이기 때문이다. 채소는 본래 씁쓸한 맛을 가지고 있다. 한 연구결과 아이들이 쓴맛에 대단히 강한 미뢰를 가진 것으로 나타났는데, 다시 말해 아이들은 쓴맛을 대단히 강하게 느낀다는 것이다. 나이가 들면서 쓴맛에 대한 민감성이 떨어지기 때문에 채소가 맛있다고 느낀다. 대부분의 아이들은 다크 초콜릿보다 밀크 초콜릿을 좋아하고, 커피 맛을 견디지 못하며, 채소를 싫어한다. 짠맛, 단맛, 신맛과 같은 다른 맛들이 쓴맛을 분산시키기 때문에 채소를 조리할 때 염두에 두는 것이 좋다.

채소는 불을 사용할 때 재빨리 조리해야 아삭하고 색을 잃지 않는다. 그러기 위해서는 두 가지 방법을 이용할 수 있다. 찌거나, 데치는 것이다. 데치기는 소금을 넣은 끓는 물에 채소를 담갔다 재빨리 꺼내는 것이다. 아이들에게 채소를 조리하라고 시키는 것도 좋은 방법이다. 아이들은 스스로 준비한 음식은 늘 좋아한다. 믿어도 좋다.

*The Recipe*

# 디저트에 대하여

상당히 많은 사람들, 특히 아이들은 식사의 마지막 과정에서 디저트를 기대하는 경우가 많다. 그런데 접시를 치운다는 의미의 프랑스어 동사에서 파생된 '디저트'는 서양 식 개념이자 유럽 스타일로, 생긴 지 그리 오래되지 않았다. 18세기에 프랑스인들에 의해 널리 알려진 디저트라는 개념은 본래 식사가 끝난 후 식탁 위에 놓이는 정교한 피라미드나 여러 가지 모양의 단 음식으로, 모양이 중시되었다. 물론, 지금까지도 특히 아시아와 아프리카처럼 디저트를 내지 않는 문화권은 많다. 이를 테면, 여러 가지 요리가 함께 등장해 한 테이블에서 맛을 비교하는 중국 문화권에서 식사 끝에 단순히 단맛만 나는 음식을 내는 것은 말이 되지 않는다. 일본인들에게는 전통적인 디저트라는 개념이 있음에도, 유행에 밝은 현대 일본인들은 서양 식 디저트를 선호한다. 뉴욕을 방문한 한 일본 비즈니스맨이 훌륭한 일본 식사를 맛보게 해준다며 미드타운 맨해튼에 있는 일식당으로 나를 안내한 적이 있었다. 그 식당은 일본어로만 소통하고, 메뉴도 일본어로만 적혀있었다. 음식은 정교했다. 나는 일본 식 디저트가 있는지, 있다면 어떤 것이 나올지 궁금했다. 그가 종업원에게 일본어로 말했다. 미소를 띠며 뭔가를 주문하는 것 같았다. 우리의 통역사는 그가 디저트를 주문했다고 내게 말해주었다. 나는 미소된장 디저트는 아닐까 상상했다. 그런데 다름 아닌 티라미수였다! 기껏해야 50년밖에 안 된 이탈리아 디저트 말이다!

나는 될수록 저녁식사 때마다 디저트를 만들려고 노력한다. 때로는 조금 다른 지역의 디저트를 응용하는 경우도 있지만, 일본인 친구가 데려간 일식당처럼 완전히, '전혀 다른 곳'까지 가지는 않는다. 지역에서 재배되는 재료들을 이국적인 방식으로 섞는 비교적 최근에 개발된 디저트를 준비하거나, 반드시 전통 방식까지는 아니라도 전통적인 레시피의 디저트를 만든다.

*The Recipe*

# 기본 레시피

예전에는 파스타를 포함해서 모든 것을 내가 직접 만들었다. 그렇지만 지금은 좋은 생 파스타를 구하기가 쉽기 때문에 홈메이드 라비올리의 속 재료를 만들 때를 제외하고는 파스타를 직접 만들 필요가 없어졌다. 그래서 요즘 탈리아와 나는 재미를 위해 아주 가끔씩만 파스타를 만든다. 물론, 지금도 시중에서 구입하는 파스타보다는 내가 만든 파스타 맛이 더 좋다고 생각한다. 파테pate도 직접 만들었는데, 너무 여러 가지 재료를 사용하다 보니 80인분을 만들었던 때도 있었다……. 잼과 보존료도 직접 만들었고, 올리브도 직접 절였으며, 피클도 직접 담갔다. 그렇지만 요즘은 쓸 만하거나, 심지어 상당히 괜찮은 맛을 내는 제품을 시중에서 구입할 수 있다.

'기본 레시피' 부분에 포함된 모든 음식은 구입 가능한 시판 제품이다. 그러나 직접 만들어보고 싶은 사람들을 위해(직접 만드는 것이 요리의 즐거움 아닌가!) 다음과 같이 기본적인 레시피를 공개한다.

마요네즈 • 마요네즈는 그릇과 거품기만 있으면 쉽게 만들 수 있다. 푸드프로세서가 유행하기 전에 내가 직접 만들었듯이 말이다. 초콜릿처럼 마요네즈도 기름에 고체가 갇힌 형태다. 초콜릿과 같이 조심스럽게 다뤄야 하고 시중에서 판매되는 제품에 비해 홈메이드 마요네즈가 쉽게 상하기는 하지만, 여러 가지 면에서 훨씬 더 낫다.

달걀노른자 4개
소금 큰 한 꼬집
오일
레몬주스, 라임주스나 식초

달걀노른자와 소금을 푸드프로세서에 넣는다. 회전 날을 이용해 두 재료를 휘핑하는데, 한 번에 오일 한 방울씩을 첨가하면서 계속 돌린다. 지중해 식 요리와 같이 올리브 오일을 사용해야 하는 경우가 아니라면, 일반적으로 카놀라유나 해바라기씨유처럼 중성지방이 함유된 오일을 사용한다. 오일을 한 방울 첨가할 때마다 1분 정도 휘핑해야 한다. 오일을 너무 빨리 첨가하면 달걀노른자가 걸쭉하게 되지 않는다는 사실을 기억할 것. 만일 달걀이 걸쭉한 상태가 되지 않을 때에는 버리고 처음부터 다시 시작하는 것이 좋다. 달걀노른자가 걸쭉해지기 시작하면 오일을 더 빨리 첨가해도 좋다. 어느 정도 되직해지면 산을 첨가하는데, 대부분 레몬주스를 넣지만, 라임주스를 사용해도 좋고, 다양한 식초를 활용할 때도 있다. 산을 첨가하면 혼합물이 다시 액체로 변할 것이다. 액화가 시작될 정도의 산, 그러니까 몇 방울만 첨가하면 된다. 혼합물에 수분이 많으면 안 되기 때문이다. 다시 오일을 첨가하며 천천히 휘젓는 과정으로 되돌아가면 금세 걸쭉해진다. 특정한 요리를 위한 마요네즈를 위해서는 허브나 샬롯, 마늘, 머스터드, 붉은 고추처럼 온갖 재료를 첨가할 수 있다. 이것은 '기본 레시피'다.

패스트리 도우 • 인터내셔널 나이트의 레시피에는 네 가지 종류의 도우와 반죽이 나온다. 그렇지만 자주 사용하는 것은 퍼프 패스트리puff pastry, 쇼트 패스트리short pastry, 라이징 도우 볼rising dough ball 등 세 종류 정도다.

**퍼프 패스트리** 퍼프 패스트리는 잘 만들기가 어렵다. 냉동 퍼프 패스트리를 사용해도 전혀 상관이 없다는 점을 명심하자. 사실 내가 패스트리 메이커로 일할 때도 퍼프 패스트리 도우를 잔뜩 만들어서 얼려놓고 사용하곤 했다. 대부분의 도우는 얼리는 것이 좋다. 나는 우연히 프랑스 버터가 수분이 적어 퍼프 패스트리 만들기에 더 적합하다는 사실을 발견했다. 뉴욕에 살다가 파리에 갔을 때 처음으로 이 차이를 깨달았다. 갑자기 내가 만든 퍼프 패스트리가 너무 훌륭하게 만들어져서 모든 식재료를 퍼프 패스트리로 감싸곤 했다. 퍼프 패스트리를 밀기 좋은 곳은 대리석 작업대다. 오랫동안 차가운 상태가 유지되어, 버터가 너무 물렁해지는 사태를 방지하기 때문이다.

퍼프 패스트리를 만드는데 능숙해지면, 시중에서 판매하는 것보다 직접 만드는 편이 더 낫다. 그렇지 않다면 시판 제품을 구입하길 권한다. 시간을 상당히 절약할 수 있기 때문이다. 물론, 직접 만들고 싶다면 내가 제시하는 레시피대로 해보길 바란다. 적어도 사용하기 열흘 전에 미리 만들어두어야 한다. 좋은 퍼프 패스트리를 만드는 일은 대단히 흡족한 경험일 것이다.

여러 해 동안 이용한 내 퍼프 패스트리 레시피는 원래 파리의 패스트리 메이커인 프랑스의 세계적인 제빵명인 가스통 르노뜨르Lenôtre의 레시피를 차용한 것으로, 1.3킬로그램 정도 분량의 패스트리 도우를 만들 수 있다. 많은 양이긴 하지만, 많이 만드는 것이 더 쉬운 데다 당장 사용하지 않을 것은 냉동하면 된다.

한 컵 조금 안 되는 분량의 물
소금 2티스푼
밀가루 3¾ 컵
따뜻하고 말랑말랑한 버터 6테이블스푼
냉장 버터 2¼, 또는 프랑스 제품일 경우는 500그램

유리잔에 물과 소금을 넣고 녹을 때까지 젓는다. 반죽 갈고리가 달린 믹서에 밀가루를 넣고 따뜻하고 말랑말랑한 버터를 넣은 후 중속으로 섞는다. 그런 다음 소금물을 첨가하고 매끄럽고 둥근 도우가 될 때까지 계속 믹서를 돌린다. 도우를 꺼내 위에 엑스X 자로 칼집을 내고 랩으로 싸서 최소한 세 시간 냉장고에 넣어 둔다.

냉장 버터를 유산지 위에 놓고, 밀대로 살살 두드리거나 버터가 1.5센티미터 두께가 될 때까지 살짝 민다.

작업대에 밀가루를 바른다. 이 과정을 하는 내내 작업대와 도우를 굴리는 표면에 끊임없이 밀가루를 발라야 한다. 도우가 작업대나 밀대에 붙으면 패스트리가 망가지기 때문이다. 물론 밀가루를 너무 많이 발라도 패스트리가 망가지기 때문에 달라붙지 않을 정도로만 발라야 한다.

밀대로 도우를 밀어 직사각형 모양으로 만드는데, 버터를 감쌀 수 있을 정도로 크면서도 너무 얇게 밀지는 않는다. 버터를 도우 중앙에 놓고 완전히 덮이도록 도우를 접는다.

접힌 도우의 모서리가 90도가 되도록 하여, 밀대와 작업대 위에 적당한 양의 밀가루를 바

른다. 두께가 0.5센티미터 정도 되도록 도우를 긴 직사각형 모양으로 민 다음 편지지처럼 세 번 접는다.

잘 접은 도우는 냉장고에 한 시간 동안 넣어 둔다. 냉장고에서 꺼내 접힌 모서리가 자신과 직각이 되게 도우를 놓고 밀대로 민 다음, 두 번 더 접는다. 다시 냉장고에 넣는다. 사용하기 직전까지 도우를 밀고 접기를 두 번 더 반복한다. 냉동한 도우를 녹이는 경우에도 이렇게 두 번 더 밀고 접어야 한다. 두 번 더 접고 난 후 한 시간 동안 다시 냉장하면 비로소 사용할 수 있다.

**쇼트 패스트리** 다음은 내가 수년 동안 파이 크러스트와 타르트 크러스트 용 도우를 만드는데 사용한 '기본 레시피'다. 이 쇼트 패스트리는 실은 쿠키 용이다. 탈리아와 나는 이 쇼트 패스트리 레시피로 도우를 밀대로 밀어 적절한 쿠키 커터와 쿠키 위에 장식하는 스파클을 이용해 할로윈과 밸런타인데이 용 버터 쿠키를 만들기도 한다. 이 레시피에 비법 같은 것은 없으며, 원한다면 여러 가지 방식으로 재미있게 만들 수 있다. 즉, 도우를 더 짜게 만들거나 더 달게 만들 수도 있고, 시나몬이나 레몬 제스트 또는 아몬드가루 등을 첨가할 수도 있다. 내가 제시하는 것은 '기본 레시피'일 뿐이다. 대부분의 베이킹 레시피와 마찬가지로 중요한 것은 모든 것을 올바른 순서대로 하는 것이다. 밀가루, 버터, 설탕, 소금, 맛을 내는 첨가제, 달걀 순으로 말이다.

밀가루 3컵
차가운 버터 340그램
설탕 1컵
소금 넉넉한 한 꼬집
바닐라 농축액 조금
달걀 2개

반죽 갈고리가 달린 믹싱볼에 밀가루를 넣는다. 차가운 버터를 방울 양배추 정도 크기의 정사각형으로 자른다. 버터 덩어리가 보이지 않고 밀가루가 입자가 굵은 가루처럼 되면 설탕을 넣어 잘 섞고, 소금을 넣는다. 그런 다음 바닐라 농축액 소량을 넣고, 한 번에 달걀 하나씩을 두 번에 걸쳐 나누어 넣는다. 잘 섞어 한 덩어리의 도우가 되게 한다.

**라이징 도우 볼** 제프 허츠버그Hertzberg와 조이 프랑수와Francçis의 훌륭한 저서 『5분 만에 장인의 빵 만들기Artisan Bread in Five Minutes a Day』에서 차용한 이 레시피는 여러 종류의 빵을 만드는 데 이용된다. 도우를 만들고 난 뒤 필요한 만큼만 잘라내고 나머지를 냉동시키거나 처음부터 원하는 크기로 양을 조절해서 만들면 된다.

생 이스트 1테이블스푼, 또는 드라이 이스트 한 봉지
따뜻한 물 2컵
소금 1테이블스푼
밀가루 4¼컵

이스트를 따뜻한 물에 섞는다. 뜨거운 물이 아니라, 조금 따뜻한 정도의 물이어야 한다. 소금을 넣어 잘 섞는다. 여기에 밀가루를 넣고, 반죽 갈고리가 달린 믹서에 옮긴 후 잘 섞일 때까지 저속으로 돌린다. 몇 분 안에 끝내야 한다. 밀폐 용기가 아닌 뚜껑 있는 일반 용기에 도우를 넣고, 도우의 윗부분이 평평해지기 시작할 때까지 상온에서 발효시킨다. 뚜껑 덮은 용기에 넣어 하룻밤 정도 보관하면 작업이 더욱 수월해진다.

육수 • 레스토랑이라면 육수 만들기가 간단하지만, 가정에서는 맘먹고 해야 할 일이다. 레스토랑에는 냄비에 넣을 자투리 재료들이 많은데다, 커다란 냄비를 놓을 공간이 충분하고, 오랜 시간 끓이기만 할 수 있는 남는 가열 기구가 있다. 그러나 가정에서는 밖에 나가 재료의 대부분을 구입해야 하고, 많은 양을 끓일 수 있을 만큼 큰 냄비도 없는데다, 있다고 하더라도 이를 냉동실에 보관할 만큼 큰 냉동고가 있는 경우도 많지 않기 때문이다. 또한 아무도 지켜보지 않는 상태로 가열 기구에 올려놓고 몇 시간이고 계속 은근한 불에 끓도록 내버려 두는 일도 쉽지 않다. 상당히 훌륭한 비프 스톡, 치킨 스톡, 채소 스톡을 시중에서 구입할 수 있다는 사실을 기억하길. 물론, 반드시 직접 만들어야겠다고 생각하는 사람이 있다면 내가 제시하는 두 가지 레시피를 참조하기 바란다.

**비프 스톡** 다리 뼈 몇 조각과 골수를 30분간 구운 다음, 깊은 육수용 냄비에 올리브 오일 약간, 소금 2테이블스푼, 통후추 5회전, 소갈비 450그램, 껍질 벗긴 당근 다섯 개, 녹색 이파리가 달린 대파 두 개, 껍질 벗겨 반으로 자른 노란 양파 한 개, 월계수 잎 세 장, 타임 3가지, 파슬리 잔가지 몇 개, 마늘 세 쪽을 넣고 물을 채운다. 끓으면 불을 낮추고 육수가 살짝 보글거릴 정도로 여덟 시간 동안 은근하게 끓인다. 오래 끓일수록 육수가 진해진다. 이렇게 끓인 육수는 글라스 드 비앙드(glace de viande, 육수를 반으로 졸인 것이 데미글라스demi-glace 소스이고, 이 상태에서 더 졸이면 농축 소스인 글라스 드 비앙드가 된다 – 옮긴이)라고 불리는 매우 진한 색의 젤리가 된다. 물론, 진한 스프가 되는 순간 불을 끄고 건더기를 걸러낼 수도 있다. 이 육수는 굵은 소금을 치고 바삭한 빵과 함께 먹는 포토푀Pot au feu로 먹을 수도 있는데, 그런 경우에는 육수에 고기를 조금 더 넣으면 된다.

**치킨 스톡** 간단한 방법과 시간이 좀 걸리는 방법, 두 가지가 있다. 먼저 간단하게 만드는 방법을 설명하면, (보통 할머니의 레시피대로) 닭고기 스프를 만든 후 건더기만 건져내면 된다.

시간이 좀 걸리는 방법은 먼저 닭 한 마리를 사등분 한다. 비프 스톡을 만들 때 넣었던 재료 가운데 쇠고기와 소뼈를 뺀 나머지 재료에 물을 붓고 끓인다. 네 시간 동안 약한 불에 은근히 끓인 후, 건더기를 건진다.

레몬 프리저브 • 북아프리카의 저장음식이지만, 다른 스프와 스튜에 사용해도 좋을 만큼 맛이 좋다. 커다란 밀폐 용기에 저장하기 때문에 수년 동안 보관할 수 있는데다, 보기에도 좋다. 이 레시피는 내가 튀니지에서 배운 것이다.

물에 소금을 녹인다. 날달걀 하나를 껍질째 집어넣어 얼마나 짠지 가늠해 본다. 날달걀이 물에 약간 뜰 정도의 농도면 된다. 프랑스어로 된 오래된 북아프리카 요리책에는 10상팀(centime, 프랑스 화폐단위로 1/100프랑이다. – 옮긴이) 동전 크기만큼 달걀이 수면 위로 떠오를 때까지 소금을 집어넣으라고 되어 있다. 프랑이 유로로 바뀌면서 이 동전은 없어졌는데, 미국 동전 10센트 정도의 크기라고 생각하면 된다. 레몬을 씻어 껍질째 커다란 밀폐 용기에 넣는다. 소금물이 적절한 농도가 되면, 레몬이 담긴 용기에 소금물을 넣고 밀폐한다. 최소한 6주간 그 상태로 보존한다.

모로코에서 나는 레몬 프리저브에 대한 전혀 다른 레시피를 배웠다. 레몬을 사등분하여 칼집을 내되, 완전히 자르지는 않는다. 칼집을 낸 부분에 굵은 소금을 뿌리고 레몬들이 서로 꾹 눌릴 정도로 용기에 가득 채워 넣는다. 하루가 지나면 용기의 ¾ 정도가 레몬 자체에서 나온 주스로 채워지는데, 나머지 ¼을 올리브 오일로 채워 밀봉한 후 몇 개월 동안 그 상태로 보관한다. 모로코인들은 레몬의 형태가 사라지면 주스를 식초처럼 샐러드에 뿌려 먹는다. 튀니지 버전이 더 간단하고 국물도 더 깨끗해 보이지만, 모로코 식 버전이 더 낫다고 주장하는 사람들도 있다. 나는 두 가지 방식으로 만들어 사용한다.

토마토소스 • 토마토 씨와 껍질을 좋아하지 않아 끓는 물에 토마토를 넣어 껍질과 함께 토마토 맛의 ¼을 없앤 다음 씨앗을 으깨는, 관습적인 방식의 토마토소스가 나는 단 한 번도 마음에 든 적이 없었다. 토마토는 씨앗을 둘러싸고 있는 젤 부분과 즙에서 가장 많은 맛이 나기 때문이다. 이 과정을 통해 제거하는 모든 요소들이 토마토의 일부다. 어떤 사람들은 제거하는 부분이 쓰다고 주장하기도 하지만, 원래 토마토의 맛이라는 게 그렇다. 토마토소스를 만드는 레시피 두 가지를 소개하면 다음과 같다. 첫 번째 레시피가 두 번째 레시피보다 질감이 더 부드럽고, 맛도 더 단데다가, 자극적인 맛이 덜하다. 시중에도 병에 담아 판매하는 좋은 토마토소스들이 있으며 심지어 현지에서 만든 것도 있어, 그냥 구입해서 요리에 사용해도 좋다. 식감이 요리와 더 잘 어울리거나, 음식에 첨가하는 다른 강한 맛과 더 잘 어울린다거나, 아니면 모로코의 경우처럼 단순히 그 지역 전통 때문에 첫 번째 레시피대로 만들어진 소스를 사용할 수도 있다.

**소스 1** 토마토 여섯 개를 반으로 잘라 직화로 겉면을 태워, 식힌 후 껍질을 벗긴다. 토마토를 사등분하여 씨앗과 속을 긁어낸다. 올리브 오일과 납작하게 자른 마늘 다섯 쪽, 소금 넉넉한 한 꼬집, 통후추 3회전, 바질 잎 여덟 장, 생 오레가노 3가지를 넣고 살살 볶는다. 푸드프로세서에 넣고 토마토와 퓌레(puree, 과일이나 삶은 채소를 으깨어 물을 조금만 넣고 걸쭉하게 만든 음식 – 옮긴이)도 넣는다. 그런 다음 10분간 약불에서 은근히 끓인다. 이따금 나무스푼으로 젓는다.

**소스 2** 노란 양파 한 개와 마늘 다섯 쪽을 간다. 올리브 오일에 소금 큰 한 꼬집과 후추 3회전, 오레가노 3가지 분량의 이파리, 잘게 자른 바질 이파리 네 장, 껍질을 벗기지 않은 잘 익은 토마토 여섯 개를 잘라 넣고 볶는다. 토마토가 덩어리가 씹히는 소스가 될 때까지 나무 스푼으로 살살 저으면서 볶는다.

*The Recipe*

# 요리 온도에 대하여

나는 좋은 요리사는 낮은 온도로 요리한다고 배웠다. 대부분의 요리는 꽤 낮은 온도에서 조리할 수 있지만, 튀김과 같은 몇 가지 음식은 고온에서 조리해야만 한다. 레시피에 요리 온도가 구체적으로 제시되지 않았다면, 낮은 온도에서 조리하면 된다.

# The Recipe

# I

## 필리핀 나이트

*Hint*

7천 107개 섬으로 이루어진 공화국!

탈리아의 방황하는 손가락이 가장 먼저 닿은 곳이 필리핀이라니, 좋은 징조인 듯하다. 우리 아버지는 1945년 미군이 일본으로부터 해방하려는 필리핀을 도울 때 군의관 신분으로 그곳에 계셨다. 미 군의관들은 마닐라에서 부상을 입고 끔찍하게 고문당한 죄수들을 치료했다. 그로부터 3년 후에 내가 태어났는데, 자세하게 이야기하지는 않았지만 내가 어린 시절 필리핀이라는 나라를 자주 언급하곤 하셨다. 30대 초반에 기자로 필리핀에 파견되었을 때 나는 가장 먼저 아버지에게 전화를 걸어 그곳에 가게 되었다는 소식을 전했다.

내가 필리핀에 도착했을 때는 루존 섬 북부에서 그 지역 출신의 독재자 페르디난드 마르코스Marcos에 대항하는 은밀한 게릴라 전쟁이 벌어지고 있었다. 그곳에 있는 동안 나는 '뉴 피플스 아미New Peoples Army'라는 소규모 게릴라 부대와 만나 잠시 동안 함께 이동하기도 했다. 그들은 거의 내가 모르는 낯선 음식을 먹었는데, 대부분은 조리하지도 않은 날것이었다. 비록 내가 거의 모든 음식을 먹어도 아무 탈이 없는 행운아 중 하나이긴 해도, 그 음식만큼은 그렇지가 않았다. 음식을 먹고 나는 심한 통증을 느꼈고, 금방이라도 정신을 잃을 것만 같았다.

그렇다고 쉴 수도 없는 노릇이었다. 기삿거리를 조사할 수 있는 기간이 고작 2주밖에 없었기 때문이었다. 나는 게릴라 부대와 헤어져 장엄한 논이 펼쳐져 있는 바나우로 이동했는데, 거기에서 대나무 피리를 코로 불며 달콤한 노래를 연주하는 이푸가오족을 만났다. 그리고 나는 어찌 된 영문인지, 투계장까지 가게 되었다. 내가 이 모든 것을 해낼 수 있었던 이유는 그때까지 단 한 번도 마셔보지 않은 코카콜라 덕분이었다. 이제는 그때 내가 겪었던 고통이 무엇이었든 간에, 그 어려움을 코카콜라가 경감해주었다는 것을 알게 되었다. 투계장에 갔을 때는 통증으로 거의 의식불명 상태였던 터라 기둥에 기대어 한 손에는 돈을 들고 다른 한 손에는 코카콜라를 든 상태로 베팅을 했다. 나 빼고 모든 사람들이 말하는 타갈로그Tagalog라는 필리핀 언어의 숫자가 스페인어와 같았기 때문에 베팅이 가능했다. 어찌된 영문인지, 치열한 닭싸움이 끝날 때마다 더 많은 돈이 내 손에 쥐어졌다.

필리핀에 있으면서 나는 멋진 음식도 경험했다. 특히, 코코넛 야자수 위에 살아서 '코코넛 크랩Coconot crab'이라고 불리는 생물도 맛볼 수 있었다. 소라게의 사촌뻘인 코코넛 크랩은 육지에 사는 절지동물 문phylum 가운데 가장 큰데, 절지동물에는 전갈과 갑각류, 기타 기어 다니는 것들이 포함된다. 코코넛 크랩은 30센티미터 이상의 크기로 자랄 수도 있는데, 단단한 집게로 코코넛을 깨먹고 산다. 내가 먹어본 크랩 가운데 가장 육즙이 많은 이유가 그 때문인지도 모르겠다. 또한 문자 그대로 바삭한 앞발이라는 뜻의 크리스피 파타crispy pata와 같이 이상한 것들도 많이 있었다. 크리스피 파타는 돼지의 다리를 튀긴 것으로, 누군가로부터 그것이 개의 다리나 고양이의 다리가 아니라 돼지의 다리가 맞는지 확인해야 한다는 말을 듣기 전까지는 맛있게 먹을 수 있는 요리였다.

필리핀에는 약 170개의 언어가 혼용되고 있다. 가장 많이 사용되는 타갈로그어는 오스트로네시아 어족으로 본래 말레이 언어군 지역에서 사용된다. 그렇지만 스페인어와 영어가 혼합되어 있다. 필리핀은 스페인, 미국, 일본 등 다른 나라로부터 많은 영향을 받았다. 따라서 음식도 말레이, 일본, 중국, 스페인, 미국 요리가 섞여있다.

## 피클 • *pickles*

### 싱카마스 *Singkamas* | 지카마 피클

싱카마스Singkamas는 식사에 곁들여 입맛을 돋우지만, 적어도 일주일 전에 미리 만들어두어야 하는 단점이 있다. 토종 멕시칸 콩 식물의 크고 둥근 뿌리인 지카마(Jicama, 멕시코와 중앙 아메리카가 원산지인 지카마는 멕시코 감자, 얌 콩, 멕시코 순무 등으로도 불린다. 특별한 풍미가 없는 순한 맛으로, 거의 모든 아시아 스타일 레시피에서 마름water chestnut 대용으로 사용할 수 있다. 국내에서는 '히까마'라고 부르기도 한다. – 편집자)는 스페인 사람들이 아즈텍에서 가져와 필리핀에 전파한 여러 가지 음식 가운데 하나다.

물 3컵
소금 ¾컵
껍질을 벗겨 간 지카마 3컵
얇게 저민 양파 ½개
저민 마늘 3쪽
껍질 벗겨 간 생강 2테이블스푼
간 녹색 파프리카 ½개
간 빨간 파프리카 ½개
간 스카치 보넷 페퍼 ½개
화이트 비니거 1컵
설탕 ⅓컵

소금물에 간 지카마를 담가 상온에 하룻밤 둔다. 다음 날 지카마를 소금물에서 건져 헹구고, 물기를 건조시킨다. 1리터 크기의 병에 양파와 마늘, 생강, 후추와 함께 지카마를 넣는다. 냄비에 화이트 비니거와 설탕을 넣어 끓인 다음, 불을 줄이고 몇 분간 은근하게 끓인다. 알루미늄 소재의 냄비만 아니면 어떤 냄비든 상관없다. 비니거 믹스를 채소 위에 붓고 식으면 뚜껑을 닫는다. 일주일쯤 지나면 먹을 수 있다.

## 애피타이저 • *appetizer*

### 킬라윈 이스다 *Kilawin Isda* | 생선 킬라윈

스페인이 점령하기 전부터 필리핀 사람들이 즐겼던 것으로 알려진 이 요리는 반드시 먹기 삼 일 전에 만들어야 한다. 킬라우Kilaw는 날것이라는 의미의 힐라우hilaw에서 파생된 단어로 추정된다. 필리핀 사람들은 날 음식을 즐겨 먹는데, 내가 필리핀에서 배탈이 난 이유도 날것을 먹었기 때문인지 모르겠다. 열대지방에서 냉장 보관하지 않은 날 음식을 먹는 것은 위험할 수 있지만, 현대식 가정에서는 그렇지 않다. 만일 당신이 게릴라 부대와 함께 이동한다고 하더라도, 힐라우는 사양하는 것이 좋다. 그럴 일은 거의 없겠지만 말이다. 그렇지만, 냉장 보관한 킬라윈 이스다는 절대로 먹지 않고 넘어갈 수가 없다. 레몬이나 식초와 같은 산을 음식에 첨가하면 열을 가하는 것과 동일한 화학 반응을 일으키기 때문에 세비체(Ceviche, 페루의 전통 요리로 중남미 지역의 바닷가에서 즐겨먹는다. 익히지 않은 해산물을 라임이나 레몬 등의 즙, 채소와 곁들여 먹는 요리다. – 옮긴이)처럼 이 요리도 열을 가하지 않고 조리한 것이나 다름없다.

- 도다리 등 흰 살 생선 700그램
- 라이스 비니거 1컵
- 껍질 벗겨 잘게 자른 마늘 3쪽
- 잘게 썬 흰 양파 1개
- 후추 6회전
- 소금 한 꼬집
- 물 ⅓컵
- 강판에 간 그린 망고 1개
- 카이엔 페퍼

도기로 만든 오븐 용 그릇에 라이스 비니거, 마늘, 양파, 빻은 후추열매,(그라인더가 없다면, 병이나 망치로도 빻을 수 있다) 소금, 물, 생선을 넣는다. 뚜껑을 덮고 하루에서 삼 일 냉장고에 넣어둔다. 간 그린 망고를 곁들여 낸다. 망고는 채썰기 칼날이 달린 푸드프로세서로 잘 갈리는데, 반드시 초록색의 단단하고 익지 않은 망고를 골라야 한다. 카이엔 페퍼를 뿌려 낸다.

## 메인 코스 • *main course*

### 아도봉 바보이 ***Adobong Baboy*** | 돼지 아도보

아도보Abodo는 식초에 넣어 스튜를 만드는 필리핀만의 독특한 스타일을 가리키는 스페인어다. 16세기, 스페인이 필리핀을 점령했을 때 이미 필리핀에서는 이런 식의 조리법이 존재했다. 필리핀에서 가장 흔한 조리법 중 하나로 남아있는 이 요리는 돼지고기뿐만 아니라 간, 생선, 닭고기, 쇠고기 등 스튜 재료로 이용할 수 있는 거의 모든 음식에 사용할 수 있다. 오징어 아도보인 아도봉 푸싯Adobong pusit 또한 매우 맛있는데, 똑같은 방식으로 조리하지만 바나나를 넣지 않거나, 바나나 대신 플랜테인(plantain, 채소처럼 요리해서 먹는 바나나 – 옮긴이)을 넣어 만든다. 필리핀 아도보는 식초를 넣어 스튜로 끓이는 조리법에서라면 다양한 응용이 가능하다.

저민 마늘 6쪽
얇게 저민 생강 4조각
월계수 잎 3장
라이스 비니거 ½컵
소금 큰 한 꼬집
일본 간장 2테이블스푼
물 ½컵
후추 3회전
터비나도 1½테이블스푼
(터비나도 설탕이 없다면, 연한 황설탕을 사용할 것. '설탕과 향신료에 대하여' 참조)
돼지 어깨 부위 700그램
참기름 ¼컵
저민 잘 익은 바나나 2개

그릇에 분량의 마늘, 생강, 월계수 잎, 라이스 비니거, 소금, 간장, 물, 후추, 터비나도를 넣고 잘 섞어 양념장을 만든다.

돼지고기 어깨부위 살을 정육면체로 잘라 양념장과 잘 섞어 30분간 상온에 재운 후 고기만 건져서 약불에서 한 시간 동안 은근히 끓인다.

한 시간 동안 끓인 고기를 가운데 구멍이 뚫린 스푼으로 건져내 가열한 프라이팬으로 옮겨 참기름을 두르고 갈색을 띨 때까지 볶는다. 바나나도 갈색이 돌 때까지 볶는다. 모든 재료가 갈색을 띠면 고기와 바나나를 접시에 담는다. 저민 생강과 월계수 잎은 건져서 버린다.

고기를 볶은 프라이팬을 그대로 사용한다. 고기를 재워 놓은 양념을 넣고, 양념이 절반으로 줄어들고 갈색으로 변하며 약간 걸쭉해질 때까지 강불에 졸인다. 고기 위에 양념을 붓고 밥과 함께 낸다.

## 채소 • *vegetable*

### 싯사로와 두부 *Sitsaro and Tofu* | 깍지 완두와 두부

- 참기름 약 ¼컵
- 약 1센티미터 크기의 정육면체로 자른 단단한 두부 230그램
- 다진 마늘 3쪽
- 얇게 저민 흰 양파 1개
- 잘게 썬 토마토 1개
- 껍질 벗겨 내장 빼고 잘게 자른 새우 230그램
- 꼬투리 끝과 옆 줄기를 제거한 깍지 완두 230그램
- 고수 잎(실란트로) ½컵
- 소금 큰 한 꼬집
- 후추 3회전

프라이팬을 달구고 참기름을 두른다. 정육면체로 자른 두부를 넣고, 두부가 노릇

노릇해지면 다진 마늘을 넣는다. 두부 전체가 살짝 노르스름한 상태로 익으면 양파, 토마토, 새우 순으로 넣고 볶는다. 깍지 완두를 넣고 나무스푼으로 몇 분간 젓는다. 냄비에서 꺼내기 직전에 고수와 소금, 후추를 넣는다.

## 디저트 • *dessert*

### 트로피칼 쿠키 *Tropical Cookies*

이 쿠키는 영어가 스페인어를 대신해 공용어가 될 정도로 필리핀이 미국으로부터 영향을 많이 받았음을 보여준다.

쇼트 패스트리 레시피 1('기본 레시피' 참조)
+ 베이킹파우더 1티스푼

잘 익은 노란 바나나 2개

잘게 찢은 코코넛 ½컵

간 생강 1테이블스푼

터비나도 ¼컵

생강 통조림 ¼컵(대부분의 아시아 식료품점에서 구입할 수 있다)

쇼트 패스트리 도우를 만들고, 설탕을 넣을 때 베이킹파우더도 1티스푼 같이 넣는다. 도우를 두 덩어리로 나누고, 각각의 레시피에 한 덩어리씩 사용한다.

**쿠키 1** 오븐을 175도로 예열한다. 바나나를 으깨고, 잘게 찢은 코코넛과 섞어 바나나 믹스를 만든다. 바나나 믹스를 도우와 섞은 다음 소량으로 나누어 베이킹 트레이 위에 가지런히 놓는다. 쿠키가 부풀어 오르되, 부드러움이 살아있을 때까지 약 15분간 굽는다.

**쿠키 2** 오븐을 175도로 예열한다. 생강을 푸드프로세서에 넣고 퓌레로 만든다. 도우와 터비나도 설탕, 생강 통조림 작은 조각을 함께 섞어 소량으로 나눈 후 베이킹 트레이에 놓는다. 20분간 굽는다.

## 음료 • *beverage*

### 부코 주스 *Buko Juice*

부코 주스는 오랫동안 필리핀에서 사랑받아 온 생 그린 코코넛 주스다.('편법으로 코코넛 깨는 방법' 참조)

## 2

# 프로방스 나이트

*Provence Night*

***Hint***

허브와 햇볕으로 유명한 지역!

프로방스는 프랑스에서 가장 많은 사랑을 받는 지역이다. 비가 많이 오는 프랑스에서 날씨가 가장 좋은 지역이기 때문인지도 모르겠다. 20세기 초 영국의 작가 포드 매독스 포드Ford는 1935년 프로방스에 관한 자신의 저서에서, 그곳에서의 생활이 너무나도 좋은 나머지 죄라는 것이 '불필요하다'고 썼을 정도였으니 말이다. 대부분의 사람들처럼 나 역시도 프로방스를 생각하면 올리브와 향기로운 허브, 마늘, 앤초비가 떠오른다. 뿐만 아니라, 유럽에서 가장 좋은 바다 소금을 생산하는 지역 가운데 하나인 에그모르트의 염전에 모여 작은 바다 새우들을 먹으려고 날아다니는 커다란 핑크 플라밍고와 같은 북아프리카의 이국적인 새들도 생각난다. 매와 독수리, 딱따구리, 그리고 프랑스어로 아보세트 엘레강(avocette elegant, 우아한 뒷부리장다리물떼새)이라고 불리는 솜털로 뒤덮인 긴 부리의 검고 흰 뒷부리장다리물떼새도 떠오른다. 이 새는 지금까지도 야생 백마들의 서식지로 남아 있는 라카마르그의 습지에 산다. 물론, 이곳 태생 폴 세잔의 그림 속에서 영원히 살아있을 이 지역의 명물은 그것 말고도 아주 많다. 덤불로 뒤덮인 가파른 암석들이 있는 메마른 바위투성이의 땅과 굽은 길, 산이 보이는 언덕 위 마을에서는 이따금 지중해가 보이기도 한다.

프로방스는 프랑스의 공식 지방 명칭이다. 프랑스 본토에는 그런 지역이 스물두 곳이나 더 있다. 지방 정부들은 공립학교를 통제하고, 공립학교와 몇 군데 다른 기관들을 위해 세금을 인상하긴 하지만, 미국 주정부에 비하면 권한이 상당히 작은 편이다. 일반적으로 프랑스는 한 주province의 크기가 미국의 뉴잉글랜드 주 정도밖에 되지 않지만, 그 안에는 몇 가지 다양한 문화권에 속하는 사람들이 거주하고 있으며, 한 가지 스타일 이상의 음식문화가 존재한다.

대부분의 유럽 국가들과 마찬가지로 프랑스도 수 세기 동안 군사 정복, 조약, 또는 혼인을 통해 획득한 여러 왕국과 영지들이 합쳐진 국가다. 프랑스는 이런 초기 국가의 형태를 엿볼 수 있는 지역들이 많다. 프로방스는 정복이 아니라, 여러 국왕들이 잇달아 사망하면서 프랑스의 루이11세가 1496년에 물려받아 프랑스의 일부로 편입된 지역이다.

프로방스는 원래 알프스 산맥에서부터 피레네 산맥에 이르는, 현재의 지중해 연안 프랑스에 해당하는 지역을 모두 포함했으나 시간이 지나면서 조금씩 떨어져 나갔다. 지금도 이탈리아에서부터 프랑스 지중해 연안의 절반에 해당하는 곳까지는 프로방스라고 한다. 프로방살Provencal은 음악, 문학, 직물 디자인, 음식, 독특한 언어를 포함한 프로방스만의 고유한 문화를 뜻한다. 프로방스어는 여전히 프랑스의 남부, 지중해 연안 서부 지방인 랑그독Languedoc 인근에서 사용되는 옥시탄Occitan이라는 언어의 방언을 말한다. 옥시탄에서 옥oc은 '예스'라는 뜻으로, 랑그독은 '그들이 옥(예스)이라고 말하는 언어'라는 뜻이다.

대부분의 프랑스 영토에 녹지대가 풍부한 대신, 프랑스인들은 지속적으로 비와 씨름하며 살아야 한다. 이에 비해 덤불이 덮인 바위투성이의 프로방스는 프랑스에서 가장 건조하고 햇볕이 강한 지역으로 손꼽힌다. 무성한 덤불 가운데는 타임, 로즈마리, 오레가노, 마조람 등과 같은 프로방스 지역의 유명한 허브가 있다. 이러한 기후가 프로방스의 올리브와 올리브 오일 등을 따뜻하고 메마른 지중해 지역과 더불어 이 지역 요리의 특징으로 만들었다.

### 토마테 파시 *Tomate Farci*

전형적인 이 프로방스 요리는 앤초비로 만든다. 역사적으로 앤초비는 프랑스령 지중해 문화의 중요한 한 부분을 차지해 왔다. 남자들이 나무로 만든 작은 배를 저어 바다로 나가면 여자들은 해안가에서 남자들이 잡은 물고기를 절여 통에 담는다. 그러다 1920년대에 어부들이 어획량을 급격하게 늘릴 수 있는 방법을 찾았다. 배의 선미에 환한 조명을 달아 빛을 따라 몰려드는 앤초비들을 손쉽게 떠내기만 하면 되었던 것이다. 지중해 앤초비의 개체수가 현저히 줄게 만든 여러 초기 어획 방법들 중에 물론 이 방식도 한몫했다. 짧은 시간에 어린 앤초비들이 나타나긴 하지만 어떤 해는 어획량이 풍부할 때가 있는가 하면, 또 어떤 해는 멸종이 임박한 것처럼 급격하게 줄어든 경우도 있어서 수확량은 그때그때 다르다.

잘 익은 토마토 3개
씨를 뺀 블랙 올리브 450그램
통조림에 담긴 앤초비 4장
다진 마늘 3쪽
케이퍼 3티스푼
올리브 오일 5테이블스푼
즙 낸 생 레몬 ½개
잘게 썬 생 바질 1테이블스푼
헤비크림 ½컵에 담근 구운 크루통 ¾컵
작은 토스트 라운드(구운 작고 둥근 빵 – 옮긴이) 9개
절인 아티초크 하트 6개
절인 앤초비 약 170그램

오븐을 180도로 예열하고, 잘 익은 토마토 속을 파낸다. 타프나드(Tapenade, 이 블랙 올리브 향신료는 주로 프로방스에서 수입한 병 제품으로 판매되기도 한다)는 올리브, 앤초비, 마늘, 케이퍼, 올리브 오일, 생 레몬 즙을 푸드프로세서에 넣고 약 30초간 돌려서 만든

다. 입자가 조금 굵고 덩어리가 크게 보이는 페이스트 상태면 된다.

타프나드 절반을 믹싱볼에 담는다. 크림에 담근 크루통을 바질에 넣고 섞어, 속을 파낸 토마토 안을 채우고 30분간 굽는다.

접시 가장자리에 토스트 라운드를 놓고 타프나드를 얹은 다음, 절인 아티초크 하트(Artichoke heart, 덜 자란 아티초크의 연하고 신선한 중심부 – 옮긴이)와 앤초비를 곁들여 담는다.

## 애피타이저 • *appetizer*

### 대구 브랑다드 *Brandade de Morue*

고백하자면, 이 프로방스 식 애피타이저는 프로방스 나이트 때 만든 것이 아니다. 그렇지만 손님이 찾아올 때나 가족들에게도 자주 만들어주는 애피타이저다. 대구Cod에 관한 책을 쓰기 위해 조사를 하면서, 나는 이 요리를 처음 만들기 시작했다. 『대구: 세계의 역사와 지도를 바꾼 물고기의 일대기』라는 책에 나는 이렇게 썼다.

> 대구 브랑다드가 님(Nimes, 프랑스 남부 도시 – 옮긴이)에서 시작된 요리라고 알고 있는 사람들도 있지만, 프로방스와 관련지어 생각하는 사람들이 더 많다. 원래 이 요리는 '두드린 것'이라는 의미의 브랑라드branlade라고 불렸는데, 실제로도 대구를 두드려 요리한다. 염장 대구의 값이 상승함에 따라 요리에 감자가 들어가면서 브랑다드 드 모류 빠르망띠에

Brandade de morue parmentier라고 불리게 되었다. 앙투안 오귀스트 빠르망띠에는 처음으로 프랑스 군대에 감자를 보급한 18세기의 장교로, 이후 그의 이름이 '감자가 들어간'이라는 뜻으로 사용되었다. 1886년에는 브랑다드가 프랑스 군에 입대한 군인들의 식사 메뉴에 공식적으로 포함되었다. 대구의 가격이 오르면서 브랑다드에 들어가는 감자의 양도 함께 증가했다. 어떤 때는 이 요리가 그저 생선 맛이 나는 매시드 포테이토처럼 보일 때도 있을 정도였다.

사실, 좋은 브랑다드에는 감자가 들어가지 않는다. 내가 가장 좋아하는 브랑다드 레시피는 19세기의 위대한 프로방스 셰프인 J. B. 르불Reboul이 저술하여 1910년 마르세유에서 출간된 요리책에 나오는 것이다. 이 레시피가 특히 좋은 이유는 생선 껍데기까지 사용하기 때문이다. 내가 르불의 레시피에서 변형한 것이 있다면, 르불은 우유를 사용해야 하는 부분에 현재의 균질우유보다 훨씬 더 크림이 풍부한 제품을 쓰라고 하는 반면, 나는 그것을 라이트 크림으로 대체했다는 정도다. 그렇더라도 "건강에 관한 조언을 할 수 있는 사람이라면, 이 요리를 적당량만 섭취하라고 할 것이다."라는 르불의 작은 충고를 명심하는 편이 좋겠다.

또한 르불은 소금에 절인 대구를 열아홉 시간 동안 물에 담가 두라고 했지만, 나는 염장 대구를 하루, 심지어 그보다 더 오랫동안 물에 담가 소금기를 빼야 한다고 생각한다.(물에 담가두는 방법에 관해서는 '소금에 절인 대구에 대하여'를 참조.) 르불은 이 요리에 사용되는 대구가 상당히 짠맛을 가지고 있기를 바랐나 보다. 그렇다고 하더라도, 열두 시간만 물에 담가두면 생선은 여전히 먹을 수 없을 정도로 짠 상태다. 이 요리의 재료는 네 가지밖에 없다.

껍데기를 벗기지 않고 소금에 절여 말린 단단한 대구 450그램
올리브 오일 1컵
다진 마늘 6쪽
라이트 크림 1컵

냄비에 물을 붓고 소금에 절인 대구를 넣어 껍질을 벗기지 않은 상태로 20분간 끓인다. 그런 다음 프라이팬에 올리브 오일을 조금 두르고 다진 마늘과 대구를 넣고 볶는다. 이때, 르불은 나무스푼을 사용하라고 했지만 나는 구식 감자 매셔를 사용하는 편이 훨씬 효과적이라고 생각한다. 라이트 크림을 한 번에 조금씩 프라이팬에 붓고, 올리브 오일을 넣는다. 부드럽고 잘 섞인 스프레드 형태가 될 때까지 약불에서 라이트 크림과 올리브 오일을 그렇게 번갈아가며 넣는다. 딱딱한 구운 빵과 함께 낸다.

## 메인 코스 • *main course*

### 에르브 드 프로방스를 곁들인 그릴에 구운 양고기 *Grilled Lamb with Herbes de Provence*

에르브 드 프로방스(프로방스 허브)는 현재 프로방스에서 인기 있는 각종 허브를 섞어 만든 허브 블랜드의 상표명이다. 최근까지만 해도 무엇을 넣는지 정해진 것이 없었는데, 주로 로즈마리, 타임, 세이버리(Savory, 층층이꽃 – 옮긴이)를 섞어 만든다. 물론 다른 것들을 추가할 수도 있다.

토막낸 스테이크 용 양고기 3장
에르브 드 프로방스 넉넉한 세 꼬집
소금 세 꼬집

토막낸 양고기에 허브를 넉넉하게 뿌리고, 소금 한 꼬집을 더한 후 고온에서 원하는 상태가 될 때까지 그릴에 굽는다. 나는 고기가 두툼할 경우 20분 정도 구워 썰었을 때 고기 중앙에 조금 핏기가 남는 상태를 좋아하지만, 다른 사람들의 경우에는 더 오래 익힌 고기를 좋아할 수도 있다. 라따뚜이와 함께 낸다.

토마토와 허브

## 메인 코스 • *main course*

###  라따뚜이 ***Ratatouille***

라따뚜이는 에르브 드 프로방스와 마찬가지로, 전통적인 조합물을 현대식으로 포장한 것이다. 어쩌면 프로방스에 관광객 수가 늘어나면서 이런 식의 상업화가 시작되었는지도 모르겠다. 라따뚜이라는 단어는 18세기에 '뒤섞다'라는 뜻의 동사 뚜예touiller에서 파생한 것으로, 시골 스튜를 가리킨다. 그러나 지난 8년여 동안 라따뚜이는 전형적인 '프로방스 식 채소볶음'을 가리키는 것으로 그 의미가 변질됐다.

올리브 오일 1컵
사등분한 중간 크기의 잘 익은 토마토 3개
껍질을 벗기지 않고 깍둑썰기 한 큰 가지 1개
껍질을 벗기지 않고 통썰기 한 큰 애호박 1개
길게 썬 빨간 파프리카 1개
길게 썬 녹색 파프리카 1개
얇게 채 썬 노란 양파 ½개
얇게 저민 마늘 6쪽
에르브 드 프로방스 큰 한 꼬집
소금 큰 한 꼬집
후추 4회전

오븐을 200도로 예열하고, 큰 프라이팬에 올리브 오일을 둘러 달군 후 토마토를 넣는다. 토마토의 숨이 살짝 죽을 정도로 5분간 가볍게 뒤적이며 볶아 오븐 용 그릇에 담는다. 프라이팬에 필요한 만큼 올리브 오일을 더 넣는다. 가지를 넣고 약 5분간 볶은 후 토마토가 담긴 오븐 용 그릇에 함께 담는다. 나머지 재료를 프라이팬에 넣고 필요하면 오일을 추가하고, 양파와 파프리카의 숨이 죽고 마늘이 황금색을 띨 때까지 약 5분간 볶는다. 오븐 용 그릇에 옮기고 모든 재료를 잘 섞은 다음 오븐에서 10분간 더 굽는다.

그렇다, 솔직히 말하자면 이 디저트는 프로방스 식 디저트라기보다는 프랑스 식 디저트에 가깝다. 하지만 프로방스에도 프랑스 요리가 많다. 게다가 우리 가족이 좋아하기 때문에 이 디저트로 가족들을 행복하게 해주고 싶었다. 수플레는 18세기 말 파리에서 개발된 것으로 보인다. 그런 식으로 따지면 프랑스의 모든 것이 파리에서 만들어진 것처럼 생각될 수도 있다. 아이디어를 가진 사람들이 모두 파리로 향했으니 말이다. 처음으로 수플레를 만든 사람 가운데 하나인 18세기의 위대한 레스토랑 경영자 앙투안 보빌리에Beauvilliers는 프로방스 사람이 아니라, 파리 사람이었다. 엄격하게 정통을 고집하는 사람이라면 다음에 나오는 디저트 레시피를 참조하기 바란다.

무염 버터 6테이블스푼
알갱이 형태의 백설탕 1½컵
흰자와 노른자를 분리한 달걀 4개
밀가루 4테이블스푼
헤비크림 1½컵
가운데를 길게 가른 바닐라 빈 1개
강판에 간 다크 세미스위트 초콜릿 140그램
라즈베리 통조림 1컵
생 라즈베리 0.5리터
슈거파우더 ½컵

오븐을 180도로 예열한다. 수플레를 담을 그릇에 미리 녹여 둔 버터를 붓으로 꼼꼼하게 바른다. 수플레 그릇 주변에 알갱이 설탕을 흩뿌린 다음, 그릇을 뒤집어 손바닥으로 툭툭 쳐서 잉여 설탕을 털어낸다. 수플레 그릇 높이보다 5센티미터 정도 더 높게 알루미늄 호일을 접어 깃을 만든다. 믹싱볼에 달걀노른자 두 개와 설탕 ¼컵을 넣고 거품기로 젓는다.

냄비에 버터 2테이블스푼을 넣어 녹인다. 여기에 밀가루를 천천히 섞어 하얀 페이스트가 될 때까지 나무스푼으로 젓는다. 헤비크림 ¾컵과 바닐라 빈 하나를 넣고 끓여서 부풀어 오르고 걸쭉해질 때까지 계속 저어 버터 믹스를 만든다. 그런 다음 버터 믹스를 달걀노른자가 담긴 볼에 재빨리 옮겨 담고 거품기로 젓는다. 바닐라 빈을 믹스에서 꺼내 반으로 가른 바닐라에서 씨만 긁어낸다. 긁어낸 바닐라 씨는 다시 믹스에 섞고 꼬투리는 버린다. 여기에 초콜릿을 넣고 녹여 초콜릿 믹스를 만든다.

믹서에 달걀흰자 두 개와 설탕 2테이블스푼을 넣고 휘핑한다. 반죽에 손가락을 집어넣었다 뺐을 때 뿔이 생겨 가라앉지 않고 그대로 살아 있으면, 이 달걀흰자 믹스를 초콜릿 믹스에 넣는 폴딩Folding을 시작할 때다.

폴딩이 대단히 중요하다. 막 휘핑한 달걀흰자 믹스 ⅓을 초콜릿 믹스에 붓는다. 이때 왼손으로는 볼을 돌리고, 오른손으로는 스패출라를 볼 깊숙이 집어넣어 믹스를 조심스럽게 위로 떠서 뒤집어 섞는다. 달걀흰자가 보이지 않을 때까지 볼을 돌리면서 이런 식으로 계속 폴딩한다. 그런 다음 다시 달걀흰자 믹스 ⅓을 넣고 폴딩하고, 나머지 ⅓을 넣고 또 폴딩한다. 폴딩은 일반적인 뒤섞기에 비해 훨씬 더 천천히 해야 하고, 상하 움직임이 더 많다. 폴딩을 잘 하려면 연습이 필요한데 아이들의 경우 제대로 하게 되면 자긍심을 가질 수 있기 때문에 아이들에게 가르치기에 더 없이 좋은 기술이기도 하다. 폴딩한 믹스를 수플레 컵에 담는다. 절반이 채워지면 제대로 된 것이다.

이제 이 과정을 다시 반복한다. 깨끗한 볼에 나머지 달걀노른자 두 개와 설탕 ¼컵을 섞고 휘핑한다. 녹인 버터를 밀가루와 크림과 함께 섞어 부풀어 오르면, 이 밀가루 믹스에 설탕 넣은 달걀노른자에 섞는다. 여기에, 이번에는 초콜릿 대신 라즈베리 통조림을 넣어 라즈베리 믹스를 만든다. 나머지 달걀흰자 두 개와 설탕을 따로 휘핑한 후,

라즈베리를 섞어 조심스럽게 폴딩한다.

초콜릿 믹스가 담긴 수플레 컵에 먼저 생 라즈베리를 조심스럽게 올리고, 그 위에 라즈베리 믹스를 붓는다. 초콜릿 믹스, 생 라즈베리, 라즈베리 믹스 순으로 채우면 알루미늄 호일 깃의 끝까지 믹스가 찰 것이다. 주의를 기울여 오븐에 넣고 수플레가 호일 깃보다 높이 돔 모양으로 부풀어 오를 때까지 약 한 시간가량 굽는다. 오븐에서 꺼내 수플레 윗면에 슈거파우더를 체 친다. 알루미늄 호일을 벗기고 큰 스푼으로 1인분씩 덜어, 바로 낸다.

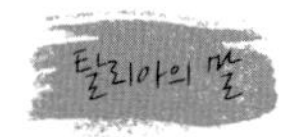


**• 달걀흰자와 노른자를 분리하는 방법 •**

*이 글을 읽으면 요리하기 전에 손을 깨끗하게 씻어야 하는 이유를 잘 이해할 수 있습니다.

재미있어요. 요리의 과정이 아니라면 이상하게 보일 일을 하게 되었으니 말이에요. 지저분하기도 합니다. 마치 정신이 나간 것처럼 엉망진창을 만들고도 기분이 나쁘지 않거나, 어떻게 해야 할지 모르겠다고 느끼지 않는 경우가 얼마나 되는지 생각해보세요. 아이라면 그런 느낌을 거부하기 힘들 거예요.

먼저 볼 위에서 달걀을 깹니다. 부드럽고 끈적이는 달걀노른자를 볼이 아니라 손바닥에 떨어뜨리고 껍질은 버립니다. 노른자를 조심스럽게 다른 손으로 옮기고, 다시 원래 있던 손으로 옮깁니다. 이런 식으로 계속 달걀노른자를 이 손에서 저 손으로 옮기면서, 손가락 사이로 달걀흰자가 흘러내려 볼로 떨어지는 즐거움을 느껴보세요. 손에서 반짝이는 달걀노른자를 확인할 수 있을 거예요. 짠! 방금 당신은 달걀노른자와 흰자를 분리시킨 거예요.

## 딸기 타르트 Strawberry Tart

만들기 쉬우며, 정통 프로방스 식 디저트에 좀 더 가까운 것으로는 타르트 드 프레tarte aux frais가 있다. 프로방스, 그 중에서도 특히 까뻥트하Carpentras 지방은 딸기로 유명하다. 이 레시피는 니스 시장인 자크 메드생Médecin의 비법을 토대로 내가 개발한 것이다. 메드생과 그의 아버지는 26년 동안 니스를 운영했다. 니스에 관한 것이라면 모든 일에 열정을 가지고 있었던 메드생은 사라진 시 예산보다, 지역 요리에 관해 이야기하는 것을 더 좋아했다. 심지어 그는 요리책을 출간하기도 했다. 예산 횡령으로 인해 메드생은 결국 우루과이로 도망가 1998년 사망했다. 메드생은 "과일 타르트는 프랑스 전역에서 만든다. 니스의 타르트가 특별한 이유는 오렌지 블로섬 워터 때문이다." 라고 말했다.

밀가루 2컵
버터 450그램
소금 두 꼬집
설탕 1½컵
달걀 5개(달걀 1개, 달걀노른자 4개)
바닐라 농축액 조금
오렌지 블로섬 워터 56그램
헤비크림 1컵
바닐라 빈 1개 가른 것
생 딸기 450그램

오븐을 200도로 예열한다. 혼합기가 달린 믹서에 분량의 밀가루를 붓고 2.5센티미터로 깍둑썰기 한 버터를 넣은 다음 내용물이 입자가 굵은 가루 정도가 될 때까지 섞는다. 소금과 설탕 한 컵을 넣는다. 계속 믹서를 돌리면서 달걀 한 개와 바닐라 농축액, 오렌지 블로섬 워터 28그램을 넣는다. 반죽이 매끈한 도우가 되어야 한다. 바닥이 분리되는 타르트 팬에 도우를 눌러 담는다. 팬의 중앙에 둥근 도우를 놓고 가장자리를 향해서 손가락으로 얇게 펴나가면서, 타르트 틀에 딱 맞게 도우를 눌러 담는다.

볼에 달걀노른자와 설탕 ½컵을 넣고 휘저어 달걀노른자 믹스를 만든다. 작은 냄비에 헤비크림과 바닐라 빈, 오렌지 블로섬 워터 나머지 28그램을 넣고 끓인다. 크림이 끓어 부풀어 오르기 시작하면 불에서 내려 달걀노른자 믹스에 붓는다. 스푼으로 바닐라 빈의 씨를 긁어 넣고, 껍질은 버린다. 만약, 이 상태에서 믹스가 걸쭉해지지 않았다면 다시 중불에 올리고 걸쭉해질 때까지 계속 저어주되, 너무 오래 가열해서 믹스의 내용물이 분리되지 않도록 한다. 걸쭉해지자마자 바로 불에서 내리면 된다. 타르트 틀에 믹스를 붓고 200도에서 10분간 구운 다음, 175도에서 30분간 더 굽는다. 완전히 식으면 틀에서 조심스럽게 타르트를 빼내고, 체 친 슈거파우더를 위에 뿌린다. 커스타드 위에 생 딸기를 얹어 차게 굳힌다.

## 음료 • *beverage*

### 캔탈롭 주스 *Cantaloupe Juice*

| | |
|---|---|
| 캔탈롭 멜론 1개 | 꿀 |
| 물 | |

캔탈롭과 같은 달콤하고 즙이 많은 작은 멜론인 카바용(Cavailon, 프랑스산 메론)은 산지인 바위투성이의 작은 지역에서 그 이름을 따왔다. 카바용이 캔탈롭보다 껍질이 더

화려하고 크기도 훨씬 작지만, 맛도 비슷할 뿐 아니라 14세기에 프로방스에 들어온 카바용의 씨앗이 본래 이탈리아의 캔탈롭에서 전해졌다는 사실만으로도 두 과일이 서로 관련이 있음을 짐작할 수 있다.

잘 익은 캔탈롭 ¼컵을 푸드프로세서나 블렌더에 넣고 동량의 물과 원하는 만큼의 꿀을 넣고 갈아서 퓌레로 만든다. 내기 전에 체에 걸러 차게 한다.

어른 용 음료로는 유명하지는 않아도 맛이 뛰어나고, 합리적인 가격대의 프로방스 산 레드 와인이 많다. 참고로, 프로방스 산 로제 와인은 세계 최고라고 할 수 있다.

# 3

## 카자흐스탄 나이트

*Kazakhstan Night*

**Hint**

세계에서 가장 큰 내륙 국가!

인터내셔널 나이트 게임은 이런 식으로 진행된다. 어떤 때는 탈리아의 손가락이 프로방스처럼 내가 잘 알기도 하고, 유명한 요리가 많은 곳에 닿는 순간이 있다. 그럴 때면 나는 어떤 요리를 선택해야 할까 고민이 된다. 그런데 탈리아의 손가락이 카자흐스탄처럼 내가 한 번도 가본 적이 없는데다, 딱히 알만한 유명 요리도 많지 않은 것 같고, 더구나 요리에 관한 자료도 잘 찾을 수 없는 곳에 닿을 때도 있다! 그러면 나는 어떻게 한 끼 식사를 준비할까 고심한다. 과장해서 하는 말이 아니라, 탈리아의 손가락이 정말로 다섯 번에 한 번씩 카자흐스탄을 가리켰는데 그 이유를 설명하려면 확률의 법칙에 관한 전문가라 할 수 있는 통계학자가 필요하다. 탈리아의 키와 지구본의 높이와 관련하여 위도와 상관이 있는 것일까? 아니면 272만 4천 900 제곱킬로미터 이상의 영토를 가진 카자흐스탄이 제법 큰 나라이기 때문일까? 반면, 러시아는 그보다 훨씬 더 넓은 면적을 차지하고 있음에도 불구하고, 카자흐스탄 나이트 이후 쉰 번도 더 지난 다음에야 탈리아의 간택을 받을 수 있었다. 인터내셔널 나이트를 시작하고 세 번 만에 탈리아의 손가락이 카자흐스탄을 가리켰는데, 그때가 처음으로 카자흐스탄을 짚은 날이었기 때문에 매리앤과 나는 탈리아가 늘상 즐겨 말하듯 "카자흐스탄을 소개합니다!"라고 말할 수 있게 하는 데에만 전념했다. 카자흐스탄이라는 나라와 문화, 음식에 관한 책을 읽으면서 기적처럼 나는 몇 가지 맛있는 요리를 만들 수 있었다.

내가 만든 카자흐스탄 요리들이 100퍼센트 정통 요리가 아니라는 점을 먼저 밝힌다. 카자흐스탄 요리에 전통적으로 쓰이는 어미 양고기나 말고기 대신, 나는 어린 양고기나 소고기를 사용했다. 카자흐스탄 사람들은 말을 타고 자연을 누비는 전통을 가진 자랑스러운 기수들이었다. 실제로 자유로운 영혼이라는 뜻의 카자흐kazakh라는 단어도 말을 타는 그들의 이미지와 관련 있다. 어미 양과 더불어 말은 고기가 흔치 않은 카자흐스탄에서 그나마 구하기 쉬운 고기 가운데 하나다. 그렇지만 미국에서는 말고기가 상업화되지 않아 구하기 힘들다. 불과 얼마 전까지만 해도 프랑스에서는 시장마다 독점적으로 말고기를 파는 상점이 한 군데씩 있었다. 말고기는 색이 진하고 피투성인데다, 고기를 건강에 해롭다고 여기는 사람에게 안 좋은 점만 보이는 그런 고기다. 말고기의 가장 큰 장점은 저렴하다는 것이다. 그런데 꼭 그렇지만도 않은 모양이다.

프랑스에서도 사라지고 있으니 말이다. 어미 양고기에 대해 설명하면, 양들이 어릴 때 도축되는 이유가 다 자랄 때까지 기다리면 고기의 상태가 썩 좋지 않기 때문이다. 따라서 나는 말고기는 소고기로 대체했고, 어미 양고기는 어린 양고기로 대체했다.

카자흐스탄 언어는 터키어와 다른 여러 중앙아시아 언어와 같은 어족인 투르크 어족에 속한다. 그렇지만 19세기 초부터 카자흐 역사는 러시아가 중요한 부분을 차지해왔다. 카자흐스탄은 1991년이 되어서야 비로소 러시아로부터 독립했고, 지금도 인구의 ¼이 러시아인들로 구성되어 있기 때문이다. 러시아의 영향은 예를 들면, 구탑 Gutap과 같은 음식에서도 찾아볼 수 있다.

## 애피타이저 • *appetizer*

### 카자흐 식 구탑 *Gutap-Kazakh*

밀가루 1컵
버터 225그램
소금 2테이블스푼
따뜻한 물 필요한 만큼
다진 파슬리 3줄기
다진 딜 3줄기
다진 마늘 3쪽
카놀라유 1컵
사워크림

반죽 갈고리가 달린 믹서에 밀가루를 붓고, 버터와 소금을 넣는다. 반죽이 입자가 큰 가루가 될 때까지 믹서를 돌린다. 한 덩어리의 도우가 될 때까지 믹서를 계속 돌리면서 천천히 따뜻한 물을 붓는다. 도우를 나눠 13센티미터 길이의 타원형 모양으로 만든다. 타원형 도우의 중앙에 잘게 자른 파슬리와 딜, 마늘을 올리고, 가장자리에 물을 묻힌다. 도우를 반으로 접은 다음 가장자리를 꾹꾹 눌러 붙인다. 카놀라유를 아주 뜨겁게 달궈 패스트리의 한쪽 면이 약간 노르스름해질 때까지 튀기고, 뒤집어서 반대편도 튀긴다. 키친타월에서 기름기를 뺀 후 사워크림을 곁들여 낸다.

## 메인 코스 • *main course*

### 바스투르마 *Basturma*

어린 양고기 어깨살 450그램
레드 와인 비니거 2컵
얇게 저민 노란 양파 1개
식물성 기름 ¼컵
저민 생 토마토 2개
껍질 벗겨 저민 오이 1개

이 요리는 원래 애플사이다 비니거에 절인 어미 양고기로 만들어야 하지만, 그냥 나를 믿고 어린 양고기를 사용하길. 양고기를 깍둑썰기 해서 얇게 슬라이스 한 노란 양파와 함께 레드 와인 비니거에 넣고 재운다.

최소 다섯 시간이 지난 후 (하룻밤 재우면 더 좋다) 식물성 기름으로 양고기를 볶는다. 그렇지만 당신이 진짜로 정통 요리에서 벗어나도 상관없다면, 올리브 오일이 더 좋긴 하다. 원하는 익힘 정도로 양고기를 굽는다. 접시에 담고 저민 토마토와 오이를 곁들여 낸다.

## 디저트 • *dessert*

### 착착 *Chak-Chak*

달걀 2개
설탕 2¼컵
버터 5테이블스푼

밀가루 컵~1컵
물 ½컵
꿀 ½컵

달걀에 설탕 ¼컵을 넣고 휘핑하고, 녹인 버터 2테이블스푼을 넣는다. 여기에 밀가루를 조금씩, 천천히 섞어 도우를 만든다. 이렇게 만든 도우는 40분간 휴지한다.

도우를 평평하게 민 다음 국수처럼 자른다. 나머지 버터를 프라이팬에 넣고 녹인 후 국수를 볶는다.

냄비에 물을 붓고 남은 설탕을 넣어 녹인다. 시럽이 될 때까지 젓고, 꿀을 넣는다.

차가운 물 한 컵을 준비하여 나무스푼을 이용해 시럽 한 방울을 물에 떨어뜨린다. 차가운 물에 떨어진 시럽이 부드럽고 말랑말랑한 공처럼 되어야 한다. 만약, 시럽이 부드러운 공처럼 되지 않으면 충분히 뜨겁지 않은 것이고, 딱딱한 공처럼 되면 조금 식혀야 한다는 뜻이다. 시럽이 말랑말랑한 공 모양이 되면 국수를 시럽에 넣고 섞은 후 접시에 담아 식힌다.

## 음료 • *beverage*

### 복숭아 캐피어 *Peach Kefir*

잘 익은 복숭아 3개
캐피어 3컵
바닐라 농축액 조금
설탕 한 꼬집
시나몬가루 한 꼬집

생 복숭아를 퓌레로 만든다. 캐피어(Kefir, 카프카스Kavkaz의 산악지대에서 마시는 발포성 발효유로, 염소젖 · 양젖 · 우유 등으로 만든다. 특유한 향미가 있다. – 옮긴이)를 넣고 섞는다. 바닐라 농축액, 설탕, 시나몬가루를 넣고 잘 섞는다.

# 4

# 스웨덴 나이트

## *Sweden Night*

*Hint*

포획물을 상에 올리고, 생선을 땅에 파묻는 나라!

고텐부르그 도서전Gothenburg Book Fair에 참가하기 위해 맨 처음 스웨덴을 방문했을 때 나는 스톡홀름에 도착해서 스웨덴을 가로질러 반대편에 있는 고텐부르그로 가야 했다. 다행히도 스웨덴은 좁고 긴 나라로, 발트 해를 사이에 두고 에스토니아와 마주보고 있는 스톡홀름에서 덴마크와 노르웨이 사이, 영국의 북해로 이어지는 스카게라크 해협의 관문인 고텐부르그까지 가는 데 그리 많은 시간이 걸리지는 않았다.

스웨덴을 가로질러 가는 동안 나는 돼지고기와 소금으로 간한 전통 요리를 많이 맛볼 수 있었다. 추운 기후로 인해 식재료를 재배할 수 있는 기간이 짧고, 대비해야 할 겨울은 긴 북유럽 국가들에 있어 소금은 항상 중요한 역할을 해왔다. 노벨상 문학상 수상작가인 시인 토마스 트란스트뢰메르Tranströmer는 겨울의 스웨덴이 “장비도 없는 빛바랜 배” 같다고 표현한 바 있다. 태양열로 수분을 증발시킨 상태여야만 경제적 가치가 생기는 바다 소금을 건조시키기에 스웨덴의 날씨는 적합하지 않았다. 값어치 있는 바다 소금을 생산해내기 위해 스웨덴 사람들은 카리브 해의 생바르텔르미 섬을 침략해 손에 넣었지만, 그곳에서 생산되는 얼마 되지 않는 소금은 섬의 노예들이나 먹는 청어를 절이는 데 대부분 사용되었다.

스웨덴 사람들은 소금을 아끼기 위해 항상 소금을 조금 넣어 절인 음식을 찾았다. 16세기에 이르러 발트 해에서 잡히는 청어를 소금에 살짝 절이기 시작했는데, 이것이 지금까지 스웨덴의 별미로 남아 있는 수르스트뢰밍Surstromming이다. 소금을 많이 사용하지 않고도 생선을 보존하는 한 가지 방법은 소금에 살짝 절여 땅에 묻는 것이다. 이것이 말 그대로 ‘땅에 묻은 연어’라는 뜻의 그라브락스gravlax의 기원이다. 그라브락스가 냉장 요법의 등장으로 현대화되지 않았다면, 아마 지금쯤 대부분의 스웨덴 사람들은 이 음식을 그다지 즐겨 먹지 않았을 것이다. 현재는 소금과 설탕, 두 가지를 사용해 절이기도 한다. 스웨덴 사람들은 소금과 설탕을 섞어 먹는 것을 너무도 좋아한 나머지, 소금과 설탕의 블렌드를 뜻하는 ‘사커솔타드Sockersaltad’라는 그들만의 단어까지 가지고 있을 정도다. 사커솔타드는 연어와 청어뿐만 아니라 케이크, 심지어 사탕에도 사용된다. 그 중에서도 특히 소금 간을 한 감초 사탕인 ‘소금 라크릿Salt lakrit’은 스웨덴 사람들이 열광적으로 좋아하는 것이다.

## 애피타이저 • *appetizer*

### 그라브락스 *Gravlax*

중간 크기의 연어 필레 1마리(알래스카 붉은 연어처럼 자연산 연어가 가장 좋다)

굵은 소금 ½컵

설탕 ¼컵

다진 생 딜 ½컵

흰 후춧가루 1테이블스푼

연어 필레는 껍질이 아래로 향하도록 놓고 소금, 설탕, 다진 딜, 흰 후춧가루로 덮는다. 그렇게 간한 연어 위에 마찬가지로 껍질이 위로 향하도록 두 번째 연어 필레를 올리고 연어를 조리 용 플라스틱 백 등으로 싼다. 접시나 도마에 연어를 옮기고 위에 무거운 것을 올린다. 그렇게 눌린 상태로 냉장고에 이틀간 넣어둔다. 검은 호밀빵과 버터를 곁들여 먹는다.

## 메인 코스 • *main course*

### 돼지고기와 사과 *Pork and Apples*

돼지 어깨살 680그램

버터 4테이블스푼

얇게 저민 사과 3개

소금 큰 한 꼬집

후추 3회전

돼지고기 어깨살을 깍둑썰기 한다. 팬에 버터를 녹이고 사과, 소금, 후추와 함께 고기를 넣는다. 돼지고기가 다 익고 사과가 캐러멜라이즈될 때까지 중불에서 30분 끓인다. 원하면 삶은 감자를 곁들여 먹어도 좋다.

## 채소 • *vegetable*

### 붉은 양배추 *Red Cabbage*

버터 3테이블스푼
얇게 저민 양파 1개
껍질 벗기고 중심부를 제거해 다진 사과 3개
클로브(정향) ½테이블스푼
올스파이스 1티스푼
붉은 양배추 ½통, 채 썬 것
황설탕 ¼컵
애플 사이더 비니거 ½컵

프라이팬에 버터를 넣고 약불에 녹인다. 양파, 사과, 클로브, 올스파이스를 넣고 볶는다. 채 썬 양배추와 황설탕, 비니거를 넣는다. 양배추 숨이 죽을 때까지 약 5분간 뭉근하게 끓인다.

## 디저트 • *dessert*

### 기프타 *Gifta*

빵가루 2컵
녹인 버터 ½컵
휘핑한 헤비크림 1컵
통 크랜베리가 담긴 크랜베리소스 1컵

녹인 버터에 빵가루를 섞어 빵가루 믹스를 만든다. ½티스푼만큼을 덜어 놓고, 인원수대로 디저트 컵 바닥에 빵가루 믹스를 깐다. 그 위에 휘핑한 크림을 넣어 층을 만들고, 다시 크랜베리소스로 층을 낸다. 다시 휘핑한 헤비크림을 얹는다. 고명 용으로 통 크랜베리 몇 개를 따로 덜어놓는다. 덜어놓은 빵가루 믹스를 위에 뿌리고 크랜베리를 하나씩 얹는다. 냉장고에서 하루 굳힌다.

## 음료 • *beverage*

### 글로그 *Glög*

스칸디나비아 전역에서 따뜻하게, 또는 차갑게 마시는 음료다. 무설탕 베리 주스를 가열한 후 시나몬 스틱과 클로브 몇 개, 카다몸 씨 몇 개를 넣는다. 원하는 단맛이 날 때까지 설탕을 넣는다. 끓지 않을 정도로 한 시간 동안 가열한 후 따뜻한 상태로, 혹은 차게 식혀 낸다.

# 5

# 니제르 나이트

*Niger Night*

***Hint***

세계에서 두 번째로 긴 강을 가졌고, 강 이름에서 따 국가명을 지은 나라!

1980년대 초반에 내가 파리에 살고 있을 때 〈인터내셔널 헤럴드 트리뷴International Herald Tribune〉 지로부터 서아프리카에 관한 연재 기사 청탁을 받았다. 기사의 출발점으로, 헤럴드 트리뷴 지 기자는 내가 방문할 여러 나라의 파리 주재 대사와 먼저 이야기 나눠볼 것을 제안했다. 그 가운데 지금도 내 기억에 남는 것은 프랑스 주재 니제르 대사와의 대화였다. 대사와는 니제르 대사관에서 만남을 가졌는데, 파리 기준으로 보면 대단히 수수한 대사관이었다. 우리는 프랑스어로 대화를 나누었다. 대사와 나는 편안하게 대화를 이어가기는 했으나, 둘 다 프랑스어가 모국어가 아니었던 탓에 종종 사고가 발생할 수 있는 상황이었다. 그와 만나기 불과 며칠 전 군사 독재정권인 니제르 정부가 쿠데타를 진압한 사건이 발생했다. 나는 대화의 긴장을 풀기 위해 관광산업에 관해서 이야기하려고 생각했다. 어떤 정부라도 언제나 관광산업에 대해서 이야기하는 것을 좋아하는데다, 그 당시 서아프리카 국가들은 특히 프랑스 관광객들을 상대로 관광산업을 육성하려고 했던 때였기 때문이다. 그런데 주 프랑스 니제르 대사는 관광산업에 대해서 이야기하길 원치 않았다. 그는 "니제르에는 관광산업이 전혀 없습니다."라고 단호하게 말했다. 어찌나 단호하게 말했던지, 놀라지 않을 수 없었다. 알고 보니, 나는 관광산업tourisme에 대해 이야기하고 있었고, 그는 테러리즘terrorisme에 대해 이야기하고 있었던 것이다.

사막이 많은 니제르는 전 세계에서 가장 가난한 나라 중 하나다. 물자는 니제르 강을 따라 보트로 수도인 니아메까지 운반된다. 세계에서 제일 긴 강을 가지고 있고, 니제르처럼 그 강의 이름을 국가명에 반영한 나라는 콩고밖에 없다.

니제르에는 구할 수 있는 물품이 제한적이기 때문에 요리도 단순하다. 대부분의 서아프리카 국가들이 그렇듯 망고와 파이애플, 땅콩은 풍부하다. 다음에 소개하는 '치킨 앤 피넛버터'는 서아프리카 여러 나라에서 볼 수 있는 전형적인 요리다.

땅콩

## 샐러드 • *salad*

### 망고 샐러드 *Mango Salad*

얇게 썬 망고 2개
잘게 썬 생 파인애플 10조각
살구 넥타 ½컵
즙 낸 라임 6개

잘 익은 망고와 파인애플을 접시에 가지런히 놓는다. 살구 넥타를 라임 즙과 섞어 썬 과일 위에 붓는다.

## 메인 코스 • *main course*

### 피넛 치킨 *Peanut Chicken*

껍질 벗긴 닭 가슴살 4조각
치킨 스톡 3컵('기본 레시피' 참조)
다진 마늘 5조각
얇게 저민 노란 양파 ½개
피넛 오일 ½컵
토마토소스 소스1 ½컵('기본 레시피' 참조)
피넛버터 ¾컵(가급적 직접 만들어 내용물이 고르게 갈리지 않은, 첨가물이 함유되지 않은 것이 좋다)
다진 스카치 보넷 페퍼 ½개~1개

닭 가슴살을 치킨 스톡에 넣고 20분간 끓인다. 마늘과 양파는 피넛 오일을 두른 프라이팬에 볶는다. 치킨 스톡에서 닭고기를 꺼내고 남은 육수에 토마토소스, 피넛버터, 스카치 보넷 페퍼를 넣어 약불에서 나무스푼으로 저으면서 재료가 부드러워질 때까지 조리한다. 볶은 양파와 마늘을 넣는다. 닭고기 위에 붓고 밥과 함께 낸다.

## 채소 • vegetable

### 그린 피리피리 Greens Pili Pili

콜라드 그린Collard greens을 구할 수 없다면 어린 순무 잎이나 근대로 대체하면 된다. 피리피리소스는 미리 만들어 병에 담아 오랫동안 보관할 수 있다.

토마토 5개
간 양파 ½컵
다진 마늘 3쪽
원하는 매운 맛에 따라 스카치 보닛 페퍼 ½개~1개
미리 만들어 둔 호스래디시소스 1테이블스푼
깨끗하게 씻은 콜라드 그린 450그램
물 ¼컵

토마토를 반으로 잘라 직화로 구워 껍질을 태운다. 식혀서 껍질을 벗기고, 토마토를 사등분한 후 씨를 제거한다. 토마토를 잘게 자르고 콜라드 그린과 물을 제외한 나머지 재료들을 모두 섞어 병에 담는다. 이것이 피리피리소스다.

김이 올라올 정도만 물을 데운 상태에서 콜라드 그린을 넣고, 약 5분간 물이 끓기 직전까지, 혹은 콜라드 그린의 숨이 죽을 때까지만 데친다. 피리피리소스를 붓고 뜨거운 상태로 낸다.

## 디저트 • *dessert*

### 카이카리 *Caakari* 채커리 *Chakery* 또는 티아크리 *Thiakry*

쿠스쿠스 2컵
물 2컵
소금 큰 한 꼬집
버터 4테이블스푼
헤비크림 1컵
사워크림 1컵
바닐라 농축액 조금
설탕 ½컵
으깬 생 파인애플 ½컵
건포도 작은 한 줌
민트 2가지

쿠스쿠스에 물을 붓고, 물을 빨아들일 때까지 약 5분간 가열하면서 뒤적인다. 여기에 소금과 버터를 넣고 잘 저은 후 식힌다. 헤비크림, 사워크림, 바닐라 농축액, 설탕, 파인애플, 건포도를 넣고 섞는다. 몇 시간 차게 굳히거나, 하룻밤 정도 굳히면 더 좋다. 민트 잎을 얹어 장식한다.

## 음료 • *beverage*

### 타르트 살구 넥타 *Tart Apricot Nectar*

살구 넥타와 라임 즙을 3 대 1의 분량으로 섞는다.

# 6

# 차이나 나이트

## *China Night*

***Hint***

종이와 천연 가스, 화약, 파스타, 가동 활자, 물레의 탄생지!

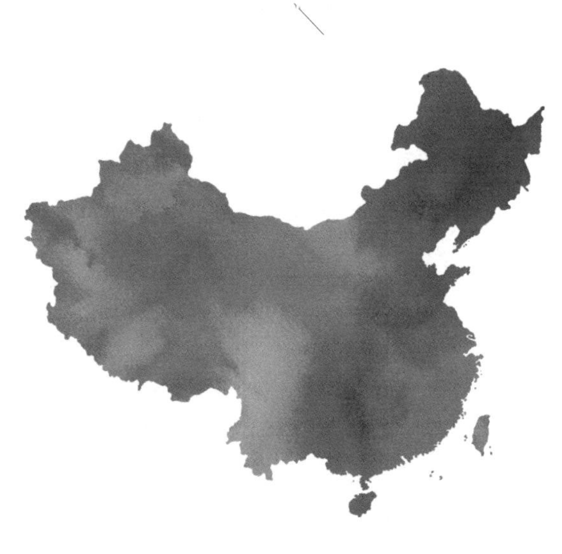

마르코 폴로가 중국에서 파스타를 가져와 이탈리아에 전파했다는 '전설'은 사실이 아닐지라도,(마르코 폴로 이전에 이탈리아에는 이미 파스타가 존재했다) 누구보다 먼저 파스타를 만든 사람들은 중국인일 것이다. 중국인들은 분명 최초로 종이를 만들어 지폐를 사용하고 화약을 만든 사람들로, 믿기지 않을 정도로 많은 발명품들이 중국에서 탄생했

다. 내가 중국의 시골 마을을 방문했을 때 밭에서 일하는 농부들은 번역기를 가진 나를 불러 "우리가 많은 것들을 발명했다"고 말하곤 했다. 그리고는 발명품들이 무엇인지 하나하나 열거하기 시작했다.

맨 처음 중국에 갔을 때 나는 모스코바에서 베이징 행 기차를 탔다. 시베리아에서 세 명의 프랑스인들이 탑승했는데, 나는 곧 그들과 친구가 되었다. 우리는 모두 베이징에 도착하자마자 진정한 중국 음식을 맛보는 것이 최우선 목표라고 입을 모았다. 어떻게 주문해야 하는가가 문제였다. 친구들은 모두 프랑스어밖에 하지 못했고, 나는 몇 개 국어를 구사할 줄 알았기 때문에 그들은 모두 내가 언어적인 문제점을 해결해 줄 거라고 생각했다. 여러 중국어 가운데 내가 할 줄 아는 말이라고는 단 한 마디도 없다고 계속 설명했지만, 소용없었다. 우리는 점심때에 맞춰 첫 번째 레스토랑에 들어갔는데, 어항이 있는 작지만 분주한 곳이었다. 어항에서 자신이 먹을 산 물고기를 직접 고르는 방식이었다. 레스토랑의 사람들은 모두 중국어밖에 하지 못했다. 우리는 커다란 라운드 테이블에 앉았고, 중국어 메뉴를 건네받았다. 웨이터가 우리에게 다가오자, 프랑스 친구들은 일제히 나를 쳐다보았다.

"칭따오." 내 생각에 제법 그럴싸한 발음으로 그렇게 말했다. 웨이터가 자리를 뜨더니 인원수에 맞게 맥주를 가지고 돌아왔다. 프랑스 친구들은 나의 주문에 깊은 인상을 받았지만, 내가 한 것이라고는 미국에 있는 중국 식당에서 알게 된 중국 맥주 브랜드 칭따오를 주문한 것밖에 없었다.

더는 속일 수 없었던 나는 프랑스 친구들을 데리고 레스토랑 안을 이리저리 누비며 다른 테이블에서 먹는 음식 가운데 맛있어 보이는 것들을 손으로 가리켰다. 그런 식으로 우리는 멋진 식사를 주문했다. 중국만큼 좋은 음식이 많고, 음식을 의식하는 사람들이 있는 곳도 없다.

여행 이후 나는『소금』이라는 책을 저술하기 위해 조사 차 다시 중국을 방문했다. 그때는 통역사를 고용하여 중국 셰프들과 중국 음식에 관한 이야기를 나눌 수 있었다. 대화 주제는 주로 한 끼의 식사를 준비하는 방법에 관한 복잡한 중국식 특질에 대한 것이었다. 균형이 관건이었다. 중국 요리에는 반드시 균형을 이루어야 하는 다섯 가지 맛이 있다고 한다. 고추의 매운 맛인 '라la', 단맛인 '티안tian', 신맛인 '수안suan', 짠맛인 '시안xian', 그리고 쓴맛인 '쿠ku'가 그것이었다. 각각의 맛은 반드시 다른 맛들과 어우러져 강화되어야 한다. 짠맛은 단맛이나 신맛에 의해 강화된다. 이를 테면, 짠맛과 매운 맛은 또 다른 맛의 조화를 불러일으키며, 이는 붉은 고추가 담긴 간장이 상업적으로 판매되는 이유이기도 하다. 또한 요리에 따라서 대단히 '라'한 매운 쓰촨 요리의 경우에는 '티안' 요리, 다시 말해 대단히 단맛이 나는 요리만이 불타는 입을 식힐 수 있다.

맛의 균형과 더불어 뜨겁고 차가운 음식 사이에도 균형이 이루어져야 한다. 온도를 기준으로 뜨겁고 차가운 것이 아니라, 재료의 본질적인 속성을 기준으로 말하는 것이다. 기름기 많은 육류, 매운 음식, 그리고 알코올은 모두 뜨거운 음식으로 간주된다. 채소와 과일은 차가운 음식이다.

이런 특질의 대부분은 서양, 그러니까 유럽에도 존재했던 것들이지만 지금은 모두 사라지고 없다. 17세기 프랑스인들이 메인 요리에서 단맛을 빼고, 이 단맛을 메인 요리 다음에 먹는 특별 코스로 내기 시작하면서 서양에서는 여러 코스로 이루어진 식사가 자리 잡게 되었다. 뜨겁고 차가운 음식에 관한 스타일은 조금 더 나중에까지 남아 있긴 했다. 차갑고 뜨거운 요리에 관한 중국의 이러한 특질은 세상이 반대되는 두 가지 힘, 음과 양으로 작동된다는 기원 전 4세기의 믿음에서 비롯된 것으로 알려져 있다. 그렇지만 그리스의 히포크라테스가 그보다 한 세기 앞선 시대에 이미 따뜻하고 차가운 음식에 관해 저술한 바 있다. 그리고 일부 아메리카 대륙 토착민들 가운데에는 유럽인들이 신대륙을 발견하기 전에 이미 뜨겁고 차가운 음식에 관한 믿음을 가지고 있기도 했다. 천주교에서는 20세기까지 이러한 생각의 흔적을 유지하고 있었다. 뜨거운 음식이 욕정에 가득 찬 생각을 갖게 만든다고 생각하여 축일에는 이러한 성질의 음식들이 금지되었는데, 참고로 말하자면 중세는 1년의 절반가량이 축일이었다. 현대까지 남아있던 이 믿음의 자취는 금요일마다 고기 대신 생선을 먹는 것이 고작이었지만, 그나마도 지금은 모두 사라지고 없다.

차이나 나이트에 해당하는 중국 요리들의 대부분은 한꺼번에 식탁에 음식을 차리는 용도로 구성했다. 수프만이 식사 후에 별도의 코스로 제공된다. 한 가지 요리를 조금 먹고, 다음 요리를 또 먹는 식으로 저녁 식사가 진행된다. 중국의 레스토랑에서는 회전 테이블 탑이 달린 식탁에 여러 가지 요리를 한꺼번에 낸다. 중국 이외의 다른 나라에 있는 중국 식당들과 달리 중국에서는 일반적으로 요리의 일부가 아닌 경우를 제외하고는 식사와 함께 밥을 내지 않는다. 밥을 곁들이는 것은 일반적으로 아주 가난한 사람들이 먹는 방식이다. 우리 가족이 구성한 메뉴는 맵거나 달거나 짜거나 쓴, 다시 말해 다섯 가지 맛 가운데 네 가지인 '라' '티안' '시안' '쿠' 요리다. 다섯 가지 맛 가운데 한두 가지를 빼는 것이 드문 경우는 아니다. 뜨거운 요리가 네 가지이고, 차가운 요리는 한 가지다.(두부와 땅콩) 좀 더 거창한 식사는 두 코스로 이루어지는 경우도 있다. 차가운 요리가 나오는 한 코스와 뜨거운 요리가 나오는 또 한 코스로 말이다.

훠궈로우(회과육)는 당시 중국 청도에서 유일하게 인증된 요리 학교의 강사였던 후왕 웬젠으로부터 배운 것이다. 쓰촨성의 수도인 청도는 중국 기준으로 볼 때는 작은 도시로, 흰 타일이 덮인 현대식 건물과 거리마다 자전거가 넘쳐나는 곳이다. 다음에 내가 제시하는 레시피대로 훠궈로우를 만들려면 삶아서 뼈와 직각으로 자른 절이지 않은 돼지 다리 햄이 필요하다. 이 재료를 구하기는 쉽지 않기 때문에 돼지 허리 살을 얇게 썬 것과 같은 다른 부위를 사용해도 상관없다. 이 레시피에는 발효 콩과 향신료로 만든 페이스트인 두반장과 발효한 노란 콩으로 만든 검은색 페이스트인 두시豆豉가 들어간다. 이 두 가지는 모두 중국 식료품점에서 구입하거나 인터넷으로 구입할 수 있다. 훠궈로우는 쓰촨 식 요리로, 쓰촨 간장은 검고 걸쭉하다. 일본 간장은 사용하지 말 것. 가능한 가장 진한 중국 간장을 사용하도록 하라.

본래의 레시피에는 MSG가 들어간다. 중국인들은 미국인들이 MSG 사용을 꺼리는 이유를 이해하지 못한다. 청도 요리 학교의 또 다른 강사인 리우 통이 내게 이런 말을 한 적이 있었다. "이건 화학조미료가 아니에요. 곡류를 발효시켜서 만든 거라고요." 사실이다. MSG는 발표시킨 밀 글루텐이나 사탕무 당밀이다. 그렇지만 어떤 사람들에게는 알러지를 유발할 수도 있다. 그렇다고 너무 걱정할 필요는 없다. 이 레시피로 MSG를 넣지 않아도, 넣은 것만큼이나 맛 좋은 요리를 만들 수 있기 때문이다.

참기름 ¼컵
얇게 저민 돼지고기 680그램
두반장 2테이블스푼
두시 2테이블스푼
설탕 한 꼬집
중국 간장 약간
마늘대 작은 한 줌(혹은 차이브)

웍이나 큰 냄비를 강불로 가열한 다음 참기름을 두르고 달군다. 참기름이 뜨거워지면 중불로 줄이고 돼지고기가 동그랗게 말리기 시작할 때까지 볶는다. 여기에 두반장과 두시를 섞는다. 소스가 불그스름해질 때까지 나무스푼으로 저은 다음 설탕 한 꼬집과 간장을 한 번 흠뻑 뿌린다.

내기 전 다진 마늘대를 위에 뿌린다. 차이브를 대신 사용해도 좋다.

### 브로콜리 *Broccoli*

중국 브로콜리인 가이란Kai-lan은 우리가 아는 브로콜리보다 맛이 쓴 품종이다. 근처에 중국 식료품점이 없다면 브로콜리니broccolini로 대체해도 좋다. 브로콜리니는 가이란과 브로콜리의 중간 정도 맛을 낸다. 브로콜리 라브broccoli rabe를 사용해도 좋다.

카놀라유 ½컵
중국 간장 1테이블스푼
껍질 까서 간 생강 2조각
미림 1테이블스푼('설탕과 향신료에 대하여' 참조할 것)
다진 마늘 2쪽
중국 브로콜리 450그램

프라이팬에 기름을 두르고 뜨겁게 달군다. 모든 재료를 넣고 브로콜리 색이 선명해질 때까지 재빨리 섞는다. 접시에 담아낸다.

### 핫 쉬림프 앤 누들 *Hot Shrimp and Noodles*

아주 얇은 중국 국수 140그램
참기름 약 ¼컵
새우 12마리(가급적 머리를 잘라내지 않은 통 새우)
얇게 저민 마늘 4쪽
다진 붉은 고추(원하는 맵기 정도의 고추를 고를 것. 그러나 중국 고추는 대단히 맵다. '설탕과 향신료에 대하여' 참조)
꼬투리 떼고 줄기 제거한 깍지 완두 8꼬투리
다진 파 2뿌리

물을 끓인 후 국수를 넣고 면발이 늘어질 때까지 약 1분간 익힌 다음, 체로 걸러 물기를 뺀다. 웍이나 큰 프라이팬을 달군 후 참기름을 두르고 새우, 마늘, 고추를 넣어 몇 분 간 뒤적이며 볶고, 깍지 완두와 파를 넣는다. 그릇에 담은 국수 위에 부어서 낸다.

### 티안 샤오 바이 *Tian Shao Bai*

문자 그대로, 이 말은 '달콤한 흰 스튜'를 뜻한다. 티안 샤오 바이는 유명한 쓰촨 요리로, 단맛과 기름진 맛을 한데 느낄 수 있다는 것이 탐탁지 않게 느껴질지도 모르지만, 쓰촨 식 식사를 하다보면 매운 입을 달래는데 이것만큼 완벽한 해독제가 없다는 사실을 알게 될 것이다. 이 요리만 따로 먹는 경우는 없지만, 식사를 하면서 한 번에 한 입씩만 먹어도 즐거울 것이다.

먼저 팥소를 구입하거나 만들어야 한다. 팥소는 중국 식료품점이나 온라인으로 구입할 수 있다. 팥소를 만들려면 당연히 팥이 필요하다. 여러 가지 종류의 팥을 이용할 수 있지만, 가장 적당한 것은 '아주키adzuki'라고 불리는 작고 길쭉한 빨간 콩이다. 중국 식료품점이나 아시아 식료품점, 또는 온라인으로 구입이 가능하다. 팥을 하룻밤 물에 불리고, 물컹해질 때까지 한 시간 이상 뭉근하게 끓인다. 푸드프로세서에 팥과 팥 양의 절반에 해당하는 설탕을 넣고 돌린다. 달군 팬에 식물성 오일을 두르고 나무스푼으로 저으면서 수분이 모두 증발되어 걸쭉해질 때까지 팥 페이스트를 볶은 다음 식힌다.

중국인들은 그들만의 방식으로 말린 베이컨을 가지고 있지만, 그냥 구하기 쉬운 두껍게 썬 훈제 베이컨을 사용해도 좋다.

팥소 2컵
두껍게 슬라이스 한 중국식 베이컨, 또는 훈제 베이컨 6장
조리하지 않은 찹쌀 1컵

베이컨 세 장에 팥소를 두껍게 바르고 겹겹이 겹쳐서 굽되 바삭해지지 않게 한다. 쓰촨에서는 노마이naw mai라고 불리는 찹쌀 위에 얹어 낸다. 찹쌀은 뭉툭하게 생긴 곡물로, 달지는 않지만 단 음식과 잘 어울리기 때문에 그런 이름을 얻게 되었다.(찹쌀은 영어로sweet rice라고도 불린다. – 옮긴이) 쌀이 완전히 물에 잠기도록 찬 물에 담가 3분간 불린 후 조리한다. 표면에서 부글대는 거품을 제거하고 물기가 사라질 때까지 중불에서 약 10분 끓인다. 불을 끄고 5분간 뚜껑을 덮은 상태로 뜸을 들인다.

겨자 잎 5~6장
피넛 오일 ½컵
생 땅콩 ¾컵
가로 2.5센티미터 세로 1.5센티미터의 직사각형으로 자른 단단한 두부 1모
다진 고수 잎(실란트로) 2컵
중국 간장 ¼컵
설탕 한 꼬집
볶은 참기름 2테이블스푼

집게손가락으로 겨자 잎을 한 장씩 끓는 물에 살짝 담갔다 건져, 접시에 담는다.

프라이팬에 피넛 오일을 두르고 뜨거워질 때까지 달궈 생 땅콩을 넣고 1분간 볶은 후 불을 끄고 땅콩이 노릇해질 때까지 계속 저어준다. 키친타월 위에 덜어낸다. 프라이팬에 남은 기름을 다시 달구고 두부를 넣어 양쪽이 노르스름해질 때까지 볶은 후 마찬가지로 키친타월 위에 놓고 기름을 뺀다.

기름기가 다 빠지면 두부를 끓는 물에 살짝 담근 겨자 잎 위에 올린다. 뜨겁게 달군 기름에 고수를 넣고 재빨리 볶는다. 고수 잎 색깔이 밝아지는 순간 꺼내서 두부 위에 올리고, 그 위에 볶은 땅콩을 올린다.

간장과 설탕, 참기름을 한데 섞어 드레싱을 만들어 접시 위에 뿌린다.

겨자 잎

중국 식사의 끝은 달콤한 디저트가 아니다. 단맛이 나는 음식에서 매운맛이 나는 음식에 이르기까지, 여러 가지 맛을 본 다음이라 식사의 마지막은 치킨 스톡에 넣은 잘게 자른 청경채와 같이 간단한 스프가 좋다. 청경채는 배추과에 속하는 채소로 양배추와 닮은 점은 없지만, 서양에서는 종종 '중국 양배추'로 불린다. 표준 중국어로는 팩초이Pak choy라고 불리는데, 이는 흰 채소라는 뜻으로 중국 전역의 주요 산물이다. 가장 좋은 청경채는 어릴 때 수확한 것으로 크기가 더 작고, 하얗다.

닭 육수를 끓여('기본 레시피' 참조) 잘게 자른 청경채를 넣으면 끝이다.

# 7

# 하와이 나이트

## *Hawaii Night*

---

***Hint***

국제적으로 인정받은 독립 국가 가운데 미국에 귀속된 두 나라 중 하나!

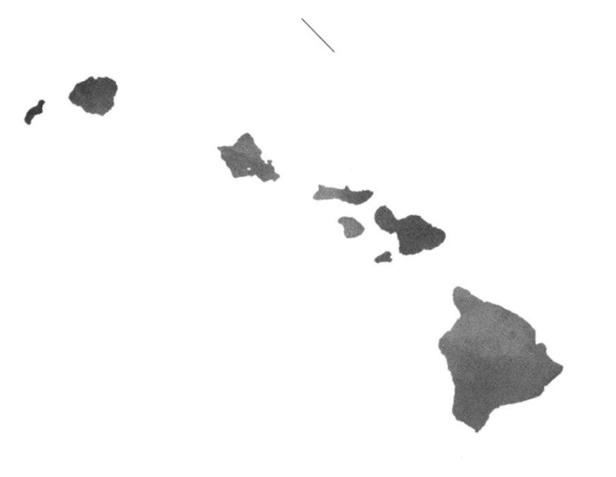

힌트의 두 나라 중 나머지 하나는 텍사스다. 하와이는 1900년도에 독립국가가 되었지만 값싼 해외 인력을 수입하던 미국에서 이주한 지주들에 의해 과두제가 진행되다, 부당한 처우에 분노한 노동자들이 통치권을 획득하게 되었다. 하와이 문화와 마찬가지로 하와이 음식도 폴리네시안, 아시안, 미국 문화의 영향이 한데 섞여 있다.

솔직히 고백하자면, 내가 가본 미국의 주는 49개주다. 내가 유일하게 가보지 못한 곳이 바로 하와이다. 아마 당신이 이 책을 읽는 동안 나는 하와이를 다녀왔을지도 모르겠다. 다섯 살 때부터 하와이에 가고 싶어 하는 탈리아로부터 극심한 압력을 받고 있기 때문이다.

그러니 탈리아의 손가락이 하와이 제도에 닿았을 때 아이가 얼마나 기뻤을지 상상이 되는가. 최소한 하룻밤이라도 하와이에 가게 되었으니 말이다. 멋진 저녁이었다. 매리엔과 나의 하이라이트는 아히 포키Ahi poke였다. 탈리아도 좋아했다. 초밥의 인기 덕분에 많은 미국 아이들이 생선회에 익숙해졌다. 그렇지만 탈리아가 가장 좋아했던 음식은 초콜릿 하우피아 파이Chocolate haupia pie와 우리만의 하와이안 펀치였다.

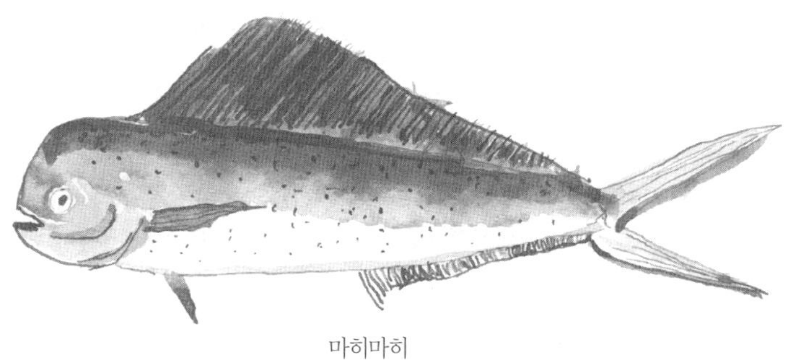

마히마히

## 피클 • *pickles*

### 타쿠완 *Takuwan*

이것은 본래 일본의 다이콘(Daikon, 아시아 무)을 피클로 만든 것으로, 하와이에서도 인기가 있다. 타쿠완(단무지)은 최소한 삼 일 전에 미리 만들어두어야 한다. 커다란 뿌리라는 뜻의 다이콘은 일본에서 가장 많이 생산되는 채소이기 때문에 아시아 전역과 심지어 텍사스에서도 재배되고 있다. 여러 가지 이름을 가지고 있음에도 불구하고 미국에서는 주로 일본어 명칭 그대로 불린다. 일본에서는 다이콘이 어마어마한 크기로 자란다. 일본에 갔을 때 한 번은 길가에서 한 여성이 거의 1미터 정도 길이의 다이콘을 판매하는 모습을 본 적도 있다. 그 다이콘을 판매하는 여성의 키는 무보다 조금 더 컸을 뿐이다. 비록 일본인들이 하와이에 다이콘을 들여오긴 했지만, 다이콘이 일본의 토종 식물은 아니라는 것이 중론이다. 중국에서부터 지중해까지 다양한 지역이 다이콘의 원산지 후보로 꼽힌다. 다이콘은 완벽한 건강식품이다. 칼로리도 거의 없는데다, 비타민 C가 풍부하여 소화력을 향상시키는 것으로 알려져 있다.

물 ¾컵
설탕 ½컵
소금 4테이블스푼
화이트 비니거 ¼컵
껍질 벗겨 2센티미터 크기로 자른 다이콘 2컵
원하는 맵기만큼의 다진 말린 붉은 고추
('설탕과 향신료에 관해서' 참조)

물에 설탕, 소금, 화이트 비니거를 넣고 소금과 설탕이 녹을 때까지 가열한 후 식힌다. 다이콘과 말린 붉은 고추를 피클 용 병에 담고 식힌 비니거 믹스를 부은 후 공기가 통하지 않게 뚜껑을 밀봉한다.

## 애피타이저 • *appetizer*

### 아히 포키 *Ahi Poke*

참깨 2테이블스푼
깍둑썰기 한 고급 옐로우 테일 참치 450그램
다진 파 2뿌리
카이엔 페퍼 2티스푼
볶은 참기름 2티스푼
일본 간장 5테이블스푼

토스트 용 오븐의 그릴 위에 참깨를 넣은 후 옅은 갈색을 띨 때까지 굽는다. 참치에 다른 재료들과 함께 참깨를 넣은 후 잘 섞어, 먹기 전 두세 시간 동안 냉장고에 넣어 둔다.

## 샐러드 • *salad*

### 오고노리와 오이 샐러드 *Ogonori and Cucumber Salad*

하와이에서 주로 오고ogo, 또는 하와이 식 명칭인 리무 마나우에아limu manauea로 불리는 오고노리(국내에서는 꼬물꼬시래기라고 불린다. – 옮긴이)는 핑크빛이 도는 가는 실과 같은 조직의 여린 해초류다. 중국 식료품점이나 일본 식료품점, 하와이 관련 제품을 파는 곳, 또는 타오 네이처 인터내셔널Tao Nature Interationa이나 다른 온라인 사이트에서 구입이 가능하다. 오노고리는 일반적으로 가염된 상태로 판매되기 때문에 '오노고리와 오이 샐러드'를 만들 때 바로 사용할 수 있다.

오이 3개
소금 ¼컵
오고노리 1컵
라이스 비니거 ¼컵
간 생강 ½테이블스푼
설탕 2테이블스푼

오이를 얇게 저며 소금을 뿌리고 상온에서 30분간 재운다. 오이가 절여지는 동안 물을 끓인다. 오고노리를 체에 밭친 상태로 끓는 물에 몇 초간 담갔다 꺼내 물기를 빼고 1.5센티미터 길이로 자른다.

화이트 비니거, 생강, 설탕을 볼에 담아 섞는다. 오이에서 나온 물을 따라 버리고, 오이를 손가락으로 눌러 남은 물까지 다 빼낸 후 소금을 털어낸다. 오이를 서빙 용 접시에 담고 비니거 믹스를 부은 후 오고노리를 섞는다.

## 크레송 샐러드 *Watercress Salad*

오고노리를 구할 수 없을 때 오고와 오이 대신 사용해 만들 수 있는 샐러드다. 레이첼 라우댄Laudan의 저서 『낙원의 음식The Food of Paradise』에서 숨죽은 크레송(물냉이)을 이용한 비슷한 레시피가 소개된 바 있다. 그에 따르면 크레송을 끓는 물에 데친 후 물기를 빼기만 하면 된다. 아마도 이 방법이 전통 요리에 더 가깝겠지만, 우리 가족은 아삭한 생 크레송을 더 선호한다.

참깨 1테이블스푼
듬성듬성 자른 크레송 450그램
설탕 1테이블스푼
일본 간장 3테이블스푼
미림 1테이블스푼('설탕과 향신료에 대하여' 참조)

참깨를 살짝 볶아 분량의 다른 재료들과 함께 섞는다.

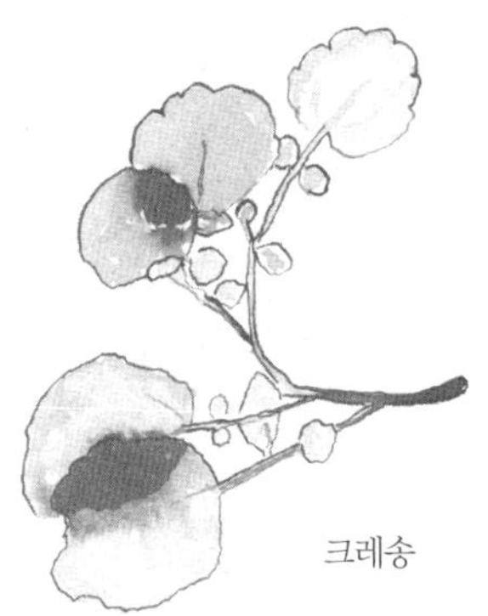

크레송

## 메인 코스 • *main course*

### 파파야 소스를 곁들인 마카다미아 크러스트 마히마히 *Macadamia-Crusted Mahimahi*

마히마히mahimahi는 과거 미국에서는 '돌고래 생선'으로 불렸다. 그렇지만 같은 이름을 가진 포유류와 혼동을 불러일으켜 지금은 일반적으로 하와이 식 이름인 마히마히로 불린다.

마히마히 살코기 680그램
밀가루 약 ½컵
푼 달걀 3개
으깬 마카다미아 너트 3컵
카놀라유 ½컵
큰 망고 1개
작은 파파야 1개
치킨 스톡 2컵('기본 레시피' 참조)
카이엔 페퍼 큰 한 꼬집
헤비크림 ¼컵

생선에 밀가루를 묻히고 달걀물을 입힌 다음 으깬 마카다미아 너트를 바른다. 한 면에 5분 정도씩, 혹은 노릇해질 때까지 튀긴다.

망고와 파파야를 잘게 잘라 살짝 잠길 정도의 치킨 스톡을 붓고 뚜껑을 덮고 끓인다. 육수의 농도가 짙어질 때까지 끓이다, 카이엔 페퍼와 헤비크림을 넣는다. 걸쭉해질 때까지 나무스푼으로 빠르게 젓는다. 불에서 내린 후 튀긴 생선 위에 소스를 붓는다.

## 디저트 • *dessert*

### 초콜릿 하우피아 파이 ***Chocolate Haupia Pie***

쇼트 패스트리 레시피('기본 레시피' 참조)
코코넛 밀크 1캔
전유 1컵
설탕 1컵
옥수수 전분 ½컵
물 ½컵
간 비터스윗 초콜릿 ½컵
잘게 조각낸 코코넛 ½컵
헤비크림 1컵

오븐을 175도로 예열한다. 쇼트 패스트리 도우를 10인치 파이 용 접시에 펼치고 40분간, 혹은 노르스름해질 때까지 굽는다.

코코넛 밀크, 전유와 설탕을 섞어 코코넛밀크 믹스를 만든 다음 가열하여 부글부글 끓는 상태를 유지한다. 물에 푼 옥수수 전분을 코코넛 밀크 믹스에 서서히 붓고 계속 끓는 상태를 유지한다. 이렇게 만든 옥수수 전분 믹스는 절반을 덜어 한쪽에 따로 보관한다. 여전히 끓고 있는 믹스의 절반에다 초콜릿을 갈아 넣고 녹을 때까지 젓는다. 초콜릿이 다 녹으면 파이 껍데기 안에 붓고 최소한 20분 냉장 보관한다. 그러는 사이 잘게 조각낸 코코넛을 따로 덜어, 보관한 나머지 절반의 옥수수 전분 믹스에 넣고 낮은 온도로 조리한다. 이렇게 만든 믹스를 냉장고에서 식힌 파이 껍데기 위에 붓는다. 최소한 하루 굳힌다. 내기 직전에 휘핑크림을 만들어 파이 위에 올린다.

## 음료 • *beverage*

### 편치 *Punch*

동량의 패션프룻, 파이애플, 구아바 주스, 진저에일과 석류 즙 약간을 넣고 섞는다. 여기에 골드 럼주를 첨가하면 어른들이 마시기에도 좋다.

# 8

## 사우디아라비아 나이트
*Saudi Arabia Night*

***Hint***
주요 종교의 탄생지!

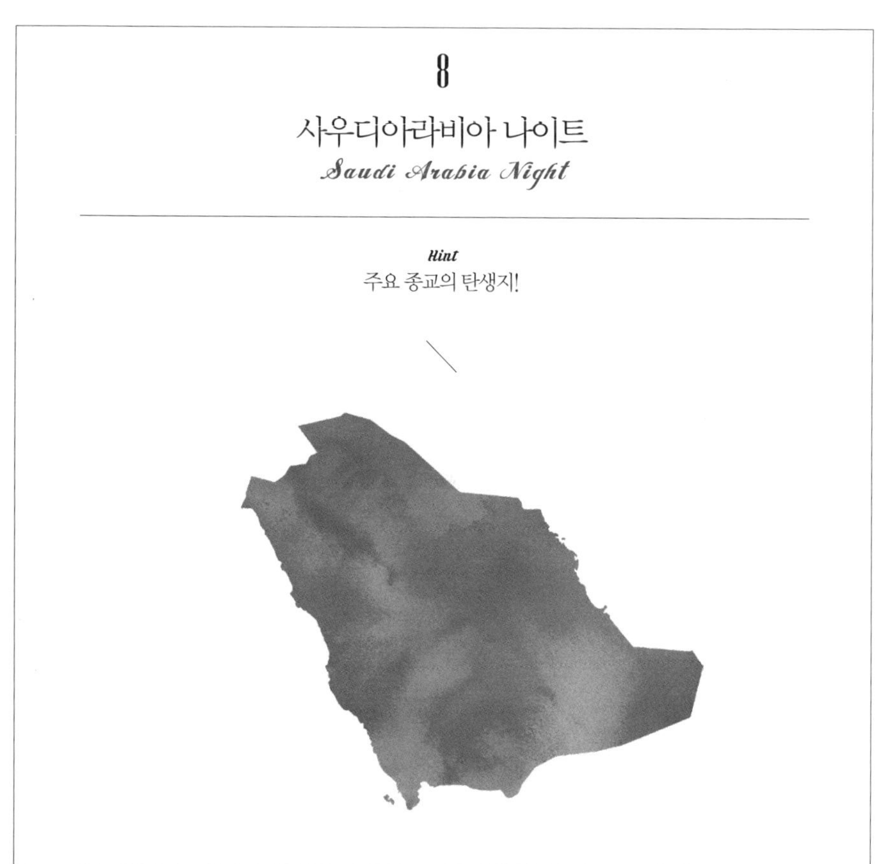

18세기에 예언자 무함마드가 이곳에서 이슬람교를 창시했다. 혹독한 사막의 기후 때문에 이 지역에 사는 부족들은 20세기가 될 때까지 하나의 국가로 통일되지 못했다. 그렇지만 사우디아라비아는 아라비아 반도에서 가장 큰 국가이며, '아랍'이라는 단어도 원래 이 반도 출신의 사람을 가리킬 때 사용되는 말이었다. 사우디아라비아는 1902년에 리야드를 정복하고 그 후 30년 동안 반도의 나머지 지역의 통치권을 장악해

나간 압둘 알 아지즈 이븐 사우드Abdul al-Aziz Ibn Saud의 이름을 따서 지어졌다.

사우디아라비아는 전통을 중시하는 국가다. 때문에 수천 년이 지났어도 먹는 음식과 조리법이 거의 바뀌지 않았다. 향신료, 그 중에서도 카다몸, 고수, 후추의 경우에는 요리에 사용한 지 500여 년 정도밖에 되지 않았는데도 비교적 새로운 혁신이라고 할 수 있을 정도다. 물론, 젊고 부유한 사우디인들이 즐겨 먹는 것으로 보이는 미국식 패스트푸드가 도입된 것이 훨씬 더 최근에 일어난 변화이긴 하지만 말이다. 그렇지만 그에 관해서는 생각도 하지 말자.

사우디 사람들은 요거트를 라반laban이라고 불리는 형태로 굳히는데, 라반은 고기용 소스에 자주 사용하는 재료이기도 하다. 사우디인들은 매년 수억 톤의 대추를 재배해 먹는다. 커피와 대추는 라마단 금식이 끝난 후 흔히 섭취하는 전통 간식이다. 예전에는 손님이 보는 앞에서 커피를 갈아 카다몸 씨앗 몇 개와 함께 볶아 주었다. 지금은 대개 미리 준비해 둔다. 사우디인들은 세계적으로 1인당 닭 소비를 가장 많이 하는 사람들이다. 한 사람당 1년에 거의 40킬로그램에 달하는 닭을 소비한다. 그렇지만 휴일이나 특별한 날에는 양고기를 선호한다. 사우디아라비아는 전 세계에서 가장 큰 양고기와 염소고기 수입국 가운데 하나다. 이슬람 율법을 엄격하게 따르기 때문에 돼지고기나 술은 안 되고, 동물도 반드시 종교적인 감독 하에 도축해야 한다.

만일 우리 가족이 현지에서 인터내셔널 나이트를 가졌다면, 사우디 '애프터눈'이 되었을 것이다. 사우디 사람들은 낮에 많이 먹고, 밤에는 가벼운 식사를 즐기기 때문이다.

## 애피타이저 • *appetizer*

### 알 모투박 *Al Motubag*

'기본 레시피'의 라이징 도우 볼 레시피대로 하루 전날 도우를 만들어 둘 것.

라이징 도우 볼
올리브 오일 3테이블스푼
다진 토마토 1개
다진 노란 양파 ½개
간 양고기 450그램
소금 한 꼬집
후추 5회전
커민가루 ½테이블스푼
카다몸가루 ½테이블스푼
즙 낸 레몬 1개
다진 파슬리 3가지
다진 고수(실란트로) 3가지
다진 시금치 225그램

오븐을 175도로 예열한다.

올리브 오일에 토마토, 양파, 간 양고기, 소금, 후추, 커민가루, 카다몸가루를 넣고 양고기가 갈색을 띨 때까지 볶는다. 레몬 즙, 파슬리, 고수, 시금치를 섞는다.

도우를 밀어 원반 모양으로 자른다. 도우 절반에 필링을 올리고 반으로 접어 필링이 나오지 않게 가장자리를 꾹꾹 눌러준다. 도우가 노릇해지고 부풀어 오를 때까지 약 40분간 굽는다.

## 메인 코스 • *main course*

### 알 호아즈 알 지르비겐 *Al Roaz Al-Zirbygen* | 지르베얀 라이스 *Zirberyan Rice*

올리브 오일 ¼컵
사등분한 닭 한 마리
다진 노란 양파 ½개
터메릭가루 3테이블스푼
소금 한 꼬집
커민가루 1테이블스푼
시판 토마토소스, 또는 토마토소스 소스 1('기본 레시피' 참조) 1컵
다진 시금치 225그램
그리스 요거트 1컵

올리브 오일에 닭, 양파, 터메릭, 소금, 커민을 넣고 닭이 노릇노릇해질 때까지 약 20분간 볶는다. 토마토소스와 시금치를 넣는다. 조금 식힌 후 요거트를 넣고, 밥 위에 부어서 낸다.

## 채소 • *vegetable*

### 콜리플라워와 타히니 *Cauliflower and Tahini*

미국, 지중해, 중동, 그리고 아시아 등지에서 볼 수 있는 타히니는 중세 시대 아랍인들로부터 기원한 것으로 추정된다. 타히니는 '갈다'라는 의미의 아랍어로, 껍질을 벗긴 참깨를 갈아 페이스트로 만든 것이니 맞는 말이라고 할 수 있다. 콜리플라워는 라틴어에서 파생한 단어로, '양배추 꽃'을 의미하는데 이것 또한 아마도 아라비아에서 온 것이 아닐까 생각한다. 12세기 아랍 과학 서적에 콜리플라워가 처음으로 언급되었기

때문이다.

꽃 부분만 따로 떼어낸 작은 콜리플라워 한 다발
다진 마늘 3쪽
타히니 ½컵
커민가루 1티스푼
즙 낸 레몬 1개
소금 넉넉한 한 꼬집
후추 3회전
카이엔 페퍼 1½테이블스푼
다진 파슬리 ½컵

콜리플라워를 찜기에 넣고 포크로 찔렀을 때 살짝 들어갈 정도로 쪄서(포크가 푹 들어가면 너무 오래 조리한 것이다) 물기를 뺀다.

마늘, 타히니, 커민, 레몬 즙을 함께 섞는다. 소금, 후추, 카이엔 페퍼로 간한다. 양념장이 크림소스보다 더 걸쭉해서는 안 된다. 너무 걸쭉하면 물을 한두 스푼 섞어 약간 묽게 만든다. 그런 다음 콜리플라워를 섞는다.

카이엔 페퍼를 조금 더 뿌린 후 파슬리를 뿌려 낸다.

## 디저트 • *dessert*

### 망고 로즈 푸딩 *Mango Rose Pudding*

옥수수 전분 ½컵
망고주스 1컵
다진 생 망고 1개
우유 3컵
설탕 3테이블스푼
로즈워터 2테이블스푼
헤비크림 ½컵
으깬 피스타치오 2테이블스푼

망고주스에 옥수수 전분의 절반을 풀어, 다진 망고를 넣고 섞는다. 인원수에 맞춰 준비한 디저트 컵들의 절반만 망고 믹스로 채우고, 냉장고에 넣어 최소 한 시간 굳힌다.

작은 냄비에 우유와 설탕 2테이블스푼을 넣고 설탕이 완전히 녹을 때까지 약불에서 끓인다. 여기에 나머지 옥수수 전분 절반을 넣고 내용물이 다 녹을 때까지 저은 다음 불에서 내려 로즈워터를 섞고 로즈워터 믹스를 만든다. 디저트 컵에 담긴 망고 믹스 위에 로즈워터 믹스를 붓고, 냉동실에서 하루 굳힌다. 먹기 직전에 로즈워터와 설탕 넉넉한 한 꼬집을 넣고 휘핑한 크림을 올리고 위에 으깬 피스타치오를 뿌린다.

## 음료 • *beverage*

### 민트 아이스 티 *Mint Iced Tea*

아랍 민트 티는 중국 녹차로 만든다. 카페인 때문에 아이들에게는 적합하지 않다. 사람들은 찻잎의 양을 줄이면 카페인 양이 줄어들 것이라고 생각하는데, 오히려 그 반대다. 카페인의 양은 찻잎을 우리는 시간에 따라 달라지기 때문이다. 찻잎을 조금만 넣으면 일반적으로 우리는 시간이 길어지기 때문에 카페인 양이 더 많아지는 반면, 잎을 많이 넣으면 빨리 우려지기 때문에 실제로 섭취하게 되는 카페인의 양도 줄어든다.

민트 맛을 좋아하는 아이들을 위해서는 민트 인퓨전를 구입하여 대체하는 것이 좋다. 민트 인퓨전은 말린 민트 잎만 가지고 만든 허브 티로, 생 민트 잎을 부글부글 끓는 물에 우려서 만들 수도 있다. 카다몸 꼬투리 몇 개를 넣고 민트를 우린다. 입맛에 맞게 꿀을 넣은 다음 차게 식혀 얼음을 넣는다. 사우디 사람들처럼 하고 싶다면 대추

한 접시를 곁들여도 좋다.

보다 고급스러운 맛의 민트 티를 원한다면 모로코 나이트의 레시피를 참조할 것.

민트

# 9

# 멕시코 나이트

*Mexico Night*

***Hint***

침략에 의해 만들어지고, 침략에 의해 절반을 잃은 국가!

북아메리카 지도를 통해 캘리포니아에서 루이지애나 주 경계선에 이르는 미국의 남서부 전체가 한때는 멕시코에 속했었다는 사실을 깨닫게 되면, 멕시코인들이 미국에 대해 가지는 복잡한 심경이 이해될 것이다. 또한 멕시코인들은 스페인에 정복당한 역사로 인해 이 점령자들과 최소한 부분적으로라도 피가 섞인 사람들이 인구의 80퍼센트를 넘게 차지하기 때문에 스페인에 대해서도 호의적이지 않다. 전통 민속 페스티벌의 마스크 댄스에서는 스페인 정복자 에르난 코르테스Cortes가 파란 눈을 가진 악마로 묘사된다.

멕시코는 스페인어가 통용되기 이전에 사용되던 예순두 개의 토착어가 현재까지도 사용되는 복잡한 사회다. 문화적으로나 식도락 측면에 있어서도 멕시코는 코르테스가 도착하기 이전과 같이 여전히 분열되어 있다. 마야인들이 남부를 지배하고, 아즈텍족들은 중앙 산악지대를 지배하며, 북부 사막 지역에는 여기저기 흩어져 있는 유목민들이 살고 있다. 미국인들이 멕시코 음식이라고 생각하는 것은 멕시코 북쪽이나 미국 남서부의 음식들인데 반해, 대부분의 멕시코 음식은 실제로 아즈텍과 마야를 비롯해 유럽의 영향을 받기 이전의 여러 문화들의 요리에 뿌리를 두고 있다.

내가 멕시코시티에 살 때는 매주 시내의 시장에서 장을 봤는데, 바닥에 쓰레기와 먼지가 많아 멕시칸 부츠를 신고 가곤 했다. 그렇지만 음식은 정말이지 기가 막힐 정도로 맛있었다.

내가 가장 좋아하던 것 중 하나는 멕시코에서만 구할 수 있는 블랑코 데 파츠쿠아로Blanco de Patzcuaro라는 생선이다. 블랑코 데 파츠쿠아로라는 이름은 이 흰 살 민물 생선이 유일하게 서식하는 미초아칸이라는 중서부 주의 호수 이름을 따서 붙여졌다. 1519년 코르테스가 지금의 멕시코시티에 해당하고, 당시 세상에서 가장 크고 제일 개발된 도시 가운데 하나였던 테노치티틀란Tenochtitlan에 도착했을 때 호수 위에 세워진 그곳에는 일련의 둑길과 운하, 그리고 내가 장을 보던 곳에서 그리 멀리 않던 장소에 중앙 시장이 있었다. 그 호수에도 블랑코 데 파츠쿠아로가 살고 있었지만, 결국에는 도시가 개발되면서 더 이상 존재하지 않게 되었다.

그곳에서 나는 남부의 강에서 잡은, 마야어로 피구아스Piguas라고 하는 바닷가재만

한 크기의 민물가재를 사곤 했다. 북부에서 온 염소와 돼지, 양고기, 그리고 멕시코에만 있는 독특한 치즈들도 있었다. 또한 매우 다양한 종류의 열대 과일, 아열대 과일, 사막 과일들도 있었는데 그 중에는 다른 곳에서는 한 번도 보지 못한 과일들도 있었다. 여러 가지 식용 선인장과 위틀라코체huitlacoche라고 불리는 검은 균류도 있었는데, 이는 우기에 옥수수 이삭에 생기는 것으로 비할 데 없이 좋은 블랙 소스를 만드는데 사용된다. 그리고 어마어마하게 많은 채소 가운데에는 끝없이 다양한 종류의 고추들, 생 고추, 훈제 고추, 말린 고추들이 있었다.

나는 2년 동안 멕시코 요리만 실컷 만든 후 그곳을 떠났다. 떠나는 순간, 재료를 구할 수 없기 때문에 다시는 멕시코 음식을 만들지 못할 거라는 생각이 엄습했다. 그래서 사용 방법을 배운 십여 종류의 말린 고추를 가지고 멕시코를 떠났다. 그런데 차를 몰고 미국으로 넘어가면서 국경을 넘을 때 이 소중한 보물들을 압수당하는 것은 아닐까, 하는 걱정으로 짐을 싸면서 옷의 주머니마다 고추를 한두 개씩을 넣었다.

그 후로 몇 년 동안이나 사교 모임이나 프레스 컨퍼런스에 가서 한동안 입지 않던 코트나 재킷의 주머니에 손을 넣어 펜을 찾을 때 놀랍게도, 그리고 민망하게도 오래된 말린 멕시코 고추가 나왔다.

고추

토르티야 ***Tortilla*** • 멕시코 음식을 먹을 때마다 절대 빠질 수 없는 것이 토르티야다. 접시에 담긴 음식을 떠먹을 때 사용하는 기구가 되기도 하는 토르티야는 옥수수로 만든다. 밀가루 토르티야, 즉 밀 토르티야는 멕시코 북부에서만 찾을 수 있는 미국적인 스타일로 몇 가지 노르테뇨(Norteno, 북쪽 지역) 요리에만 사용된다. 옥수수 토르티야는 미국에서도 어디를 가나 쉽게 구할 수 있지만, 안타깝게도 전부 기계로 만든 것이다. 이는 멕시코에서도 마찬가지다. 내가 멕시코에 도착했던 1980년대 초쯤부터 토르티야를 만드는 기계가 널리 유행하기 시작해 손으로 만든 두툼한 토르티야를 구하기가 대단히 어려워졌다. 젊은 멕시코 농부들 중에는 좋은 토르티야를 수제로 만들 수 있는 여성을 아내로 삼고 싶다고 말하는 사람이 한두 명이 아니었다.

## 애피타이저 • *appetizer*

### 과카몰리 *Guacamole*

아보카도는 멕시코, 특히 푸에블로 주에 서식하는 자생 과일로 엄밀히 말하자면 아주 큰 산딸기 류 열매에 속한다. 특이하게도 아보카도는 열매를 따고 난 후에야 비로소 익는다. 과카몰리를 만들기 위해서는 아보카도가 부드러운 크림 상태가 될 때까지 익어야 한다. 아보카도와 과카몰리라는 단어는 모두 아즈텍어인 나와틀어(Nahuatl, 멕시코 남부와 중미 일부 지방의 원주민들이 사용하는 언어 – 옮긴이)다. 지금은 과카몰리를 만들기에 가장 좋은 아보카도가 모렐로스 주에서 재배되는데, 미국에서 하스Hass라고 알려진 짙은 색을 띤 울퉁불퉁한 종류의 아보카도가 바로 그것이다. 하스는 1930년대에 처음으로 아보카도를 재배한 캘리포니아 사람인 루돌프 하스의 이름을 따서 붙여졌다. 과카몰리 애호가들에게 다행인 점은 하스가 세상에서 가장 흔한 아보카도라는 것이다.

아래에 소개하는 간단한 레시피가 제대로 된 과카몰리 조리법이라고 생각하기 때문에 나는 과카몰리가 이 레시피에 얼마나 가깝게 만들어졌는가를 기준으로 평가한다.

하스 아보카도 3개
잘게 다진 양파 ⅓개
잘게 다진 고수(실란트로) 3가지
잘게 다진 세라노 페퍼 ½개~1개

아보카도를 반으로 잘라 씨를 제거하고 살을 파낸다. 포크로 으깨되, 큼직한 덩어리가 남는 상태로 아보카도를 부드럽게 만든다. 양파, 고수, 세라노 페퍼Serrano pepper를 넣는다. 세라노 페퍼는 멕시코 음식에 매우 흔히 사용되는 중간 정도 맵기의 작은 풋고추로, 비교적 쉽게 구할 수 있다. 얼마나 많이 사용하는가는 당신의 입맛과 페퍼에 달렸다. 어떤 세라노 페퍼는 꽤 매운 것도 있다. 과카몰리를 토르티야 칩과 함께 낸다.

아보카도

---

🧄🧄 타코 데 하우치난고 ***Taco De Hauchinango***

---

미국에서는 '피시 타코'의 원산지에 대한 격렬한 논쟁이 진행 중이다. 많은 사람들은 멕시코 북서부 주로 캘리포니아에 접한 바하 칼리포르니아Baja California가 원산지라고 믿는다. 아르헨티나의 엔세나다Ensenada라고 말하는 사람들도 있고, 베네수엘라의 산 펠리페San Felipe라고 말하는 사람들도 있다.

미국에서 벌어지는 많은 논쟁들과 마찬가지로, 이 또한 멕시코 사람들은 조금 이상하게 느낄 수 있다. 왜냐하면 스페인 사람들이 도착하기 전부터 멕시코에서는 이미 1천 년이 넘는 세월 동안 피시 타코를 먹어왔기 때문이다.

이런 차이는 미국인들과 멕시코인들이 '타코'라고 했을 때 같은 것을 의미하지 않는다고 설명할 수 있겠다. 미국인들이 생각하는 타코는 공장에서 만든 '딱딱한 타코'의 발명과 더불어 캘리포니아 남부에서 개발된 것으로, 반달 모양으로 접혀져 속을 채우기만 하면 되는 바삭바삭한 토르티야를 의미한다. 이 타코는 조리할 필요가 없는 완제품이기 때문에 마찬가지로 조리할 필요가 없는 채 썬 양상추와 그 밖의 다른 채소들을 넣어 먹을 수 있다. 이 바삭한 껍질의 또르티야에 채 썬 양상추를 넣은 최근 유행하는 피시 타코는 내가 소개하는 레시피로 만드는 타코와는 다르다.

멕시코 사람들은 대개 바삭한 토르티야와 말랑말랑한 토르티야 중 어느 한 가지를 선택하지 않는다. 또르티야는 원래 말랑말랑한 것으로, 바삭하게 만들고 싶으면 튀기면 되기 때문이다. 따라서 아삭한 생 채소로 속을 채울 수 없다.

내가 제시하는 레시피에서 사용하는 그린 토마틸로Green Tomatillo는 덜 익은 토마토가 아니라, 구스베리 과에 속하는 꽈리 토마토를 뜻한다. 이 토마토는 익으면 노랗게 변하지만 대개는 안 익은 상태로 요리에 사용한다. 그린 토마틸로는 카스카라Cascara, 프레사디야Fresadilla, 그린 토마토Green Tomato라고도 불린다. 지금은 멕시코 이외의 나라에서도 쉽게 구할 수 있다.

적도미 필레 1마리 분량
옥수수유 ½컵
잘게 다진 노란 양파 ½개
오레가노 2가지
다진 그린 토마틸로 6개
커민가루 1테이블스푼
다진 마늘 3쪽
소금 한 꼬집
다진 세라노 페퍼 ½개~1개
옥수수 토르티야 6장

가열한 프라이팬에 분량의 절반의 옥수수유를 두르고 적도미 필레, 양파, 오레가노 잎, 그린 토마틸로도 넣어 볶는다. 커민, 마늘, 소금, 잘게 자른 세라노 페퍼를 기호에 맞게 넣는다. 이렇게 만든 필링의 일부를 옥수수 토르티야 위에 올리고 둘둘 말아 시가 모양의 타코로 만든 다음, 나머지 옥수수유에 바삭하게 튀긴다.

## 리플리스 멕시칸 샐러드 Leafless Mexican Salad

멕시코에서 사는 2년 동안 나는 그 유명하다는 '복통'을 단 한 번도 겪어본 적이 없다. 그 이유는 내가 워낙에 튼튼한 위장을 지니기도 했고, 몇 가지 주의를 기울였기 때문이라고 생각한다. 물은 20분 이상 끓여 마셨고, 모든 과일과 채소는 껍질을 벗겨 먹었으며, 생 양상추는 절대 먹지 않았다. 대신 멕시코 전통을 응용해서 여러 가지 이파리 없는 샐러드를 즐겨먹었는데, 리플리스 멕시칸 샐러드도 그 중 하나다.

이 레시피에 필요한 세비야 오렌지, 또는 비터 오렌지라고도 불리는 울퉁불퉁하게 생긴 산미 오렌지sour orange는 미국에서는 보기 힘들다. 찾는다 해도 대개 겨울에나 가능하다. 오렌지는 모두 아시아가 원산지로, 아랍인들을 통해 서양으로 전파되었다. 1천 년도쯤 아랍인들이 지중해에 오렌지를 전하면서 이 산미 오렌지가 가장 먼저 들어왔다. 단맛이 강한 스윗 오렌지는 거의 4천 년이 더 지날 때까지 전해지지 않았다. 산미 오렌지의 튼튼한 뿌리줄기가 스윗 오렌지를 재배하는데 이용되기 때문에 산미 오렌지가 대체로 더 오래 산다. 미국과 유럽에서는 마멀레이드를 만드는데 산미 오렌지 껍질을 사용한다. 그러나 카리브 해 연안에서는 흔히 요리에 산미 오렌지의 즙을 이용한다. 만일 이 오렌지를 찾을 수 없다면, 라임 한 개로 대체하기 바란다.

손질한 깍지콩 110그램

껍질 벗겨 0.5센티미터 길이로 길게 자른 지카마 약 450그램

굵은 소금 큰 한 꼬집

간 생 실란트로 2테이블스푼

산미 오렌지 즙 ¾컵(또는 즙 낸 라임 ½컵)

일반 오렌지주스 ½컵

카이엔 페퍼 한 꼬집

깍지콩의 색이 밝아질 때까지 약 10분간 찐다. 볼에 지카마를 넣고 소금 한 꼬집을 넣는다. 산미 오렌지 즙(또는 라임 즙)을 일반 오렌지주스와 한데 섞는다. 주스 믹스를 채소 위에 붓고 카이엔 페퍼를 살짝 뿌린다.

## 메인 코스 • *main course*

### 포요 콘 몰레 ***Pollo Con Mole***

포요 콘 몰레는 매우 간단한 요리다. 몰레(여러 가지 고추, 다양한 재료 및 향료를 넣고 만든 진한 소스로, '몰레'는 멕시코 원주민 어로 '소스'를 뜻한다 – 옮긴이)만 있다면 말이다. 미국에는 멕시코 전문 상점이 점점 더 많이 생기고 있는데, 이민자들이 많은 나라에 살 때 누릴 수 있는 즐거움 가운데 하나라고 할 수 있다. 미국에 산다면 근처에서 몰레를 파는 상점을 찾을 수 있을지 모른다. 아니면 온라인에서도 구입 가능하다. 그린, 블랙, 옐로우, 레드 몰레 등 여러 가지 다양한 종류의 몰레가 있다. 몰레 하나에 스물네 가지 이상의 재료가 들어가는 것이 보통인데, 고대 아즈텍에서부터 전해 내려온 레시피가 많다. 때로는 초콜릿을 사용하기도 하지만, 초콜릿 제조법을 발명한 아즈텍족은 몰레에 단맛을 가미하지 않았다. 씨, 고추를 비롯한 다른 재료들도 두루 사용된다. 몰레는 페이스트 형태로 판매된다.

닭 가슴살 3조각
당근 1개
반으로 갈라 얇게 썬 노란 양파 1개
오레가노 2가지
소금 2테이블스푼
몰레 약 ½컵

냄비에 몰레를 제외한 나머지 재료가 충분히 잠길 정도의 넉넉한 물을 붓고 끓인다. 닭 가슴살, 당근, 양파, 오레가노, 소금을 냄비에 넣고 뚜껑을 덮은 후 15분간 끓인다. 닭은 꺼내고 국물은 치킨 스톡으로 사용한다.

다른 냄비에 몰레를 넣고, 몰레가 녹아서 초콜릿 소스처럼 될 때까지 뭉근하게 끓인 뒤 닭 육수를 한 번에 조금씩 붓는다. 삶은 닭 가슴살 위에 몰레를 부어서 낸다.

만일, 몰레를 구할 수 없다면 간단한 다음의 레시피를 사용하여 만들 것.

---

### 피피안 로호 *Pipian Rojo*

---

이 레시피에는 두 가지 다른 종류의 말린 멕시코 고추가 필요한데, 안초Anchos와 물라토Mulato가 가장 좋다. 내가 멕시코를 떠나면서 주머니에 왜 그렇게 많은 고추를 담아왔는지 이제 조금씩 이해가 가지 않나? 안초와 물라토가 아니라도 멕시코 고추라면 그 어떤 것이라도 상관없다. 대신 붉은 빛이 도는 진한 색의 고추여야 하며, 매운 고추는 안 된다. 요즘에는, 특히 멕시코 사람들이 많이 사는 동네라면 시장마다 말린 고추를 많이 볼 수 있다. 멕시코 고추를 판매하는 웹사이트도 많다.

말린 안초 2개
말리 물라토 2개
껍질 깐 마늘 10쪽
참기름 ¼컵
껍질 깐 호박씨 1컵
볶은 참깨 ¼컵
소금 한 꼬집
닭 육수 ½컵
옥수수유 3테이블스푼

씨앗, 줄기, 꼭지를 제거한 고추는 바스러뜨려 푸드프로세서에 넣는다. 마늘은 갈색을 띨 때까지 기름에 볶은 후 푸드프로세서에 넣는다. 프라이팬에 기름을 살짝 두르고 껍질 깐 호박씨를 볶는다. 이 부분이 좀 어렵다. 호박씨가 타지 않게 저어줘야 하지만, 씨가 튀기 때문에 뚜껑을 덮어야 하기 때문이다. 뚜껑 덮은 프라이팬의 손잡이를 잡고 가끔씩 위아래로 흔들어야 한다. 1분마다 냄비 속을 살짝 들여다보다가 호박씨가 노릇해지면 꺼내어 푸드프로세서에 넣는다. 볶은 참깨를 푸드푸로세서에 넣고, 소금과 닭 육수도 넣고 함께 간다.

프라이팬을 달구고 옥수수유를 두른다. 푸드프로세서에서 갈아 만든 소스를 10분간 볶은 후 닭 위에 붓는다.

## 채소 • *vegetable*

### 속을 채운 호박꽃 ***Stuffed Squash Blossom***

멕시코에 있을 때 가장 좋아하던 음식 중에 애호박꽃을 오악사카 치즈Oaxaca cheese로 채운 요리가 있었다. 오악사카 치즈는 미국의 스트링 치즈와 몬터레이 잭 치즈의 중간쯤에 해당된다. 오악사카 치즈는 미국에서 판매되며, 때로는 신선한 호박꽃을 구할 수 있을 때도 있다.

오악사카 치즈 170그램
애호박꽃 6송이
밀가루 ½컵
푼 달걀 3개
빵가루 1컵
옥수수유 ½컵

호박꽃 안쪽에 길게 찢은 치즈를 채운다. 꽃에 밀가루를 발라 달걀물에 적시고 빵가루를 바른다. 뜨거운 옥수수유에 넣고 모든 면이 노릇노릇해지되, 타지 않을 정도로 튀긴다.

### 속을 채운 고추 *Stuffed chili*

호박꽃을 구할 수 없다면, 녹색을 띠고 살짝 매운 길쭉한 생 포블라노 고추Poblano chili를 찾아볼 것.

포블라노 3개
오악사카, 또는 몬터레이 잭 치즈 170그램
밀가루 ½컵
푼 달걀 3개
빵가루 1컵
옥수수유 ½컵

약불로 겉면에 기포가 생길 때까지 포블라노 고추를 구운 다음, 지퍼백에 넣어 밀봉하고 식힌다. 껍질이 쉽게 벗겨질 것이다. 꼭지, 줄기, 씨앗을 제거한 후 고추 속을 치즈로 채운다. 파블라노 고추에 밀가루를 바르고, 달걀물에 담갔다, 빵가루를 묻힌다. 가열한 뜨거운 옥수수유에 고추를 넣고 전체가 노릇해질 때까지 튀긴다.

## 디저트 • *dessert*

### 부딘 데 카모테 *Budín de Camote*

"카-모-테!" 고음의 목소리로 한 음절 한 음절 길게 늘여 외치던 그 소리가 아직도 잊히지 않는다. 늦은 저녁 시간, 멕시코시티 근처 외곽의 높은 산에서 차가운 바람이 불어오면, 손수레를 끄는 상인들이 나타나 뜨겁게 구운 고구마, 카모테를 팔거나 단맛이나 짭짤한 필링으로 속을 채운 옥수수 껍질에 싼 찐 타말레를 팔았다. 우리 집에서는 카모테로 이 푸딩을 만들어 먹는다.

고구마 2개
황설탕 ½컵
시나몬가루 2테이블스푼
바닐라 농축액 5~6방울(1㎖)
흰자와 노른자 분리한 달걀 4개
설탕 ¼컵
반으로 가른 호두 12개

오븐을 175도로 예열하고, 고구마를 굽는다. 껍질을 벗겨 으깬 후 베이킹 접시에 담고 황설탕, 시나몬, 바닐라 농축액, 달걀노른자를 넣어 섞어 고구마 믹스를 만든다.

볼에 달걀흰자를 넣고 부드러운 뿔이 생길 때까지 휘핑한 후 설탕을 섞는다. 달걀흰자를 고구마 믹스에 폴딩한 후 위에 호두를 올리고 부풀어 오를 때까지 약 30분간 굽는다.

뜨거운 상태로 낸다. 우리 가족은 전통을 깨고 위에 둘세 데 레체Dulce de leche 아이스크림을 한 스쿱 올려 먹었다. 바닐라 아이스크림을 올려도 맛있을 것이다.

## 음료 • *beverage*

멕시코에는 맥주와 다양한 알코올음료, 대단히 훌륭한데도 과소평가된 일부 와인들이 있다. 그렇지만 멕시코인들이 진정으로 즐기는 것은 리쿠아도licuado와 아구아 프레스카Agua fresca라는, 커다란 유리 주전자에 담아내는 알코올이 들어가지 않은 차가운 과일 음료다. 이 음료들은 대개 밝은 색을 띠는데 멕시코인들은 식탁을 차릴 때 이 화려한 음료가 담긴 커다란 유리 주전자 몇 개를 테이블 위에 올려놓는 것을 좋아한다. 우리는 핑크색과 빨간색, 녹색을 선택했다.

### 딸기 리쿠아도 *Strawberry Licuado*

미국에서는 리쿠아도를 스무디와 혼동한다. 리쿠아도에는 요거트나 으깬 얼음이 들어가서는 안 된다. 과일과 물, 우유, 설탕만 들어가야 한다. 설탕 양은 각자의 입맛대로 적절히 조절하면 된다. 멕시코인들은 설탕을 많이 넣는 것을 좋아한다. 매리엔과 나는 그다지 단맛을 좋아하지 않는다. 참고로, 탈리아는 멕시코 사람들보다는 덜 달지만 우리보다는 단맛을 좋아한다.

생 딸기 2컵
우유 2컵
설탕 2테이블스푼(원하면 더 넣도록)

블렌더나 푸드프로세서에 딸기를 넣고 갈아 퓌레로 만든다. 계속 갈면서 우유와 설탕을 넣는다. 유리 주전자에 따른다.

### 수박 아구아 프레스카 *Watermelon Agua Fresca*

리쿠아도에서 우유를 빼면 아구아 프레스카가 된다.

씨 있는 수박, 또는 씨 없는 수박 3컵
물 3컵
라임 1개
설탕 4테이블스푼(원하면 더 넣도록)

블렌더나 푸드프로세서에 수박을 넣고 퓌레로 만든다. 촘촘한 체에 거르고, 라임 주스와 설탕을 넣어, 차게 해서 낸다.

### 라임 아구아 프레스카 *Lime Agua Fresca*

즙 낸 라임 12개
라임 즙과 동량의 물
설탕 ½컵 (원하면 더 넣도록)
클럽 소다

12개의 라임은 모두 즙을 낸다. 멕시코인들은 가장 훌륭한 라임 스퀴저를 만들었는데, 마늘 짜는 것처럼 생긴 컵 모양의 도구다. 라임 즙을 동량의 물과 섞고 원하는 만큼 설탕을 넣고, 클럽 소다를 조금 붓는다.

# 10

## 브라질 나이트

*Brazil Night*

*Hint*

아메리카 대륙에서 아프리카와 가장 가까운 나라!

브라질은 과거 포르투갈의 식민지였다. 포르투갈 사람들이 아프리카 사람들을 데려와 브라질에서 노예로 일을 시켰다. 브라질의 극동 지점이 아메리카 대륙에서는 가장 아프리카에 가까운 곳이다. 지금은 인구의 절반 이상이 아프리카인들의 혈육이다. 브라질은 그 면적이 미국보다 조금 작은데, 거대한 열대우림기후 지대와 방대한 천연

자원으로 유명하지만, 인구의 80퍼센트가 넘는 대부분의 사람들은 도시에 거주한다. 리우데자네이루와 같은 도시는 사람들로 북적이지만, 북부 내륙에서는 사람을 마주치는 것이 특별한 일에 해당될 정도다. 인적이 드문 지역으로까지 인구를 분산하기 위해 1950년대에 브라질은 사람이 살지 않는 지역에 새로운 수도를 건설하기로 결정했다. 현재 약 300만 명의 인구가 살고 있는 브라질리아의 건설은 1956년도에 시작되어 4년이 조금 안 되는 기간에 완성되었다. 또한 브라질은 내륙 깊은 곳까지 이어지는 넓고 어두운 강을 따라, 소수의 사람들이 사는 마을들을 가진 나라이기도 하다. 그런 마을들은 작은 보트로만 접근할 수 있는데, 그곳에 사는 사람들은 다른 지역 사람들은 모르는 커다란 민물고기를 잡아먹으며 산다.

마라쿠자 디저트는 먹기 하루 전에 미리 만들어두어야 한다.

# 샐러드 • *salad*

## 종려나무 순 샐러드 *Hearts of Palm Salad*

종려나무 순은 종려 야자나무sabal palmetto라고 알려진 어린 야자의 부드러운 속 부분을 가리킨다. 브라질에만 있는 것은 아니며, 실제로 플로리다에서도 이 나무가 많이 자란다. 그렇지만 플로리다에서는 자르기 어렵다는 이유로 가난한 사람의 음식이라는 꼬리표가 붙어 대공황 전까지 '습지 양배추swamp cabbage'라는 이름으로 무시를 받다가, 절망적인 시기에 부드러운 종려나무 순이 상업화되면서 '백만장자의 샐러드'라는 별명을 갖게 되었다. 그런데 세상에는 생각보다 백만장자가 많은 모양이다. 왜냐하면 종려나무는 오래 지나지 않아 멸종 위기에 처하는 바람에 플로리다 주정부에 의해 수확이 금지되었기 때문이다. 지금은 플로리다의 주목州木이 되었다. 반면, 종려나무 순은 브라질에서는 주요 음식이며, 칼로리가 낮고 콜레스테롤이 거의 없기 때문에 대단히 건강에 좋은 식품이라고 생각한다.

- 종려나무 순 1캔
- 잘 익은 토마토 2개
- 앤초비 필레 약 12장
- 즙 낸 레몬 ½개
- 올리브 오일 ½컵
- 검은 후춧가루

종려나무 순 줄기를 통썰기 한 후 접시에 웨지로 썬 토마토, 앤초비 필레와 함께 올린다. 레몬 즙을 붓고 그 위에 올리브 오일을 조금 부은 후 통후추를 조금 뿌린다.

## 메인 코스 • *main course*

### 페이조아다 *Feijoada*

페이조아다는 브라질의 국민 요리로 알려져 있다. 원래는 노예들이 먹던 음식이었지만, 지금은 대부분의 브라질 사람들이 주기적으로 해먹는 요리다. 페이조아다는 본래 포르투갈 음식이다. 현재도 포르투갈에서 이 요리를 먹기는 하지만, 이 레시피와는 다른 콩으로 만든다. 페이조아다라는 단어는 콩을 의미하는 포르투갈어인 페이장feijão에서 파생한 것이지만, 지금도 과거 포트투갈 식민지와 포르투갈, 브라질에서도 고기로 이 음식을 만든다. 브라질에서는 주로 돼지 귀, 코, 꼬리, 다리 등 돼지가 전체적으로 사용되지만 반드시 그럴 필요는 없다. 비위가 약한 관광객들을 상대로 한 레스토랑에서도 이런 특수 부위를 사용하지 않는데다, 구하기도 쉽지 않다. 돼지 족을 구할 수 있다면 풍미를 더할 수 있다. 돼지 족을 이용하는 레시피는 우리 가족이 즐겨 만드는 것으로, 브라질 이외의 나라에서도 쉽게 만들 수 있도록 조금 수정한 것이다. 그런데 준비하는 데만 거의 하루 종일 걸린다. 포르투갈 링귀사linguica 소시지는 포르투갈 이민자나 아조리안Azorean 이민자들이 사는 곳이라면 어디든 구할 수 있다. 해안 지방인 뉴잉글랜드에서도 흔히 볼 수 있는 식재료다. 만일, 구할 수 없다면 대신 초리조Chorizo를 사용해도 되지만, 링귀사는 한 번쯤 구해볼 만한 재료다.

이 요리는 아주 큰 냄비에 넣어 조리해야 하며, 여러 사람이 먹을 만큼 넉넉한 양을 만드는 것이 좋다. 적은 양을 만들기가 훨씬 더 어려울 것이기 때문이다.

하룻밤 물에 불린 검은콩 680그램
삼겹살 230그램
돼지 어깨살 680그램
돼지 갈비 한 덩어리
훈제 돼지 족발smoked ham hock 2개
돼지 족 2개
5센티미터 길이의 포르투갈 링귀사 소시지 5개
얇게 저민 스윗 오렌지 1개
다진 파 2뿌리

하루 전날 검은콩을 물에 불려 놓는다.

삼겹살은 2.5센티미터 크기로 깍둑썰기 한 다음, 냄비에 넣고 돼지 어깨살과 갈비 한 덩어리의 표면이 노릇하게 구워질 정도로 기름기가 충분히 빠져나올 때까지 굽는다. 커다란 육수 냄비에 중간까지 차오를 정도로 물을 붓고, 뜨거워지면 훈제 돼지 족발과 돼지 족까지 모두 넣는다. 검은콩의 물기를 빼고 육수 냄비에 넣는다.

약불에서 세 시간 동안 뭉근히 끓인다. 소시지를 넣고, 약불 상태로 두 시간 더 끓인다.

얇게 저민 신선한 오렌지를 곁들이고, 위에 잘게 자른 파를 얹어 낸다.

## 디저트 • *dessert*

### 무스 드 마라쿠자 *Mousse De Maracuja* | 패션프룻 무스 *Passion Fruit Mousse*

무스 드 마라쿠자는 패션프룻의 자생지인 브라질에서 가장 흔한 디저트 가운데 하나다. 패션프룻은 가끔 미국에서도 판매할 때가 있다. 구할 수 없는 경우에는 식료품점이나 인터넷에서 흔하게 판매하는 무가당 패션프룻 주스 농축액을 구입하여 사용하면 된다. 주스를 사용하면 일이 훨씬 수월해지긴 하지만, 음식 위에 장식용으로 사용할 씨는 얻을 수가 없다. 브라질에서 패션프룻은 온갖 종류의 디저트를 장식하는 과일이다.

패션프룻 14개, 또는 무가당 패션프룻 농축액 ½컵
달걀흰자 4개
소금 한 꼬집
정선제당 ½컵(정선제당은 베이커의 설탕Baker's sugar이라고 불리기도 한다)
플레인 젤라틴가루 ½봉지(1티스푼보다 약간 많은 정도다)
농축우유 ½컵
장식 용 생 패션프룻 씨

패션프룻을 절반으로 잘라, 가는 체에 과육을 문질러 씨앗을 분리한다. 씨앗을 깨끗이 씻어 키친타월에서 수분을 뺀다.

중간 크기 볼에 달걀흰자와 소금을 넣고 부드러운 뿔이 생길 때까지 핸드믹서를 돌려 휘핑한다. 핸드믹서를 계속 돌리면서 천천히 설탕 ½컵을 넣고 머랭이 단단하고 윤기가 날 때까지 휘핑한다.

작은 냄비에 패션프룻 퓌레나 주스 농축액 2테이블스푼을 넣고 젤라틴가루를 뿌려 촉촉하게 만든다. 중불에서 젤라틴이 녹을 때까지만 저어준다. 불에서 내려 중간 사이즈의 볼에 옮겨 담고 남은 주스를 넣어 섞는다. 여기에 농축우유와 남은 설탕 ¼컵을 넣고 설탕이 녹을 때까지 저어 패션프룻 믹스를 만든다. 차게 식힌 패션프룻 믹스에 머랭을 크게 한 스푼 넣고 완전히 섞일 때까지 살살 젓는다. 남은 머랭을 조심스럽게 폴딩해 섞는다.

무스를 개인 디저트 컵에 담아서 냉장고 안에 넣고 하룻밤 차게 굳힌다. 먹기 직전에 패션프룻 씨앗을 위에 뿌려 완성한다.

브리가데이로는 특히 아이들에서 대단히 인기 있다. 1940년대에 네슬레가 브라질에서 당과류에 빠질 수 없는 재료인 초콜릿가루와 연유를 판매하기 시작하면서, 이 음식을 만들어 먹기 시작했다. 1946년에 대통령 선거에서 낙마한 공군 중장 에두아르도 고메스Gomes의 선거운동에서 이 음식이 특별히 등장하면서 이름이 생기고 인기도 얻게 되었다. 4년 뒤 고메스 중장이 다시 대통령 선거에 출마했지만 역시 고배를 마신 것을 보면 최소한 중장보다는 브리가데이로가 더 많은 인기를 얻은 것 같다.

아마 중장보다 브리가데이로가 먼저 존재했을 것 같은데, '작고 검은 것'을 뜻하는 네그린호스Negrinhos라고도 불린다. 어쩌면 브라질에 네슬레가 들어오기 전부터 있었을지도 모른다. 어쨌든 브라질이 카카오 열매의 주 재배국이니 말이다. 네슬레 제품이 들어오기 전에는 집에서 만드느라 더 오랜 시간이 걸렸을 것이다. 초콜릿 대신 코코넛을 사용하는 것도 있는데, 이는 브린킨호스Brinquinhos라고 부르는데, '작고 흰 것'이라는 의미이고 마찬가지로 연유를 사용한다. 이 연유도 아마 네슬레 제품일 것이다.

고메스 중장은 그렇게 여러 번의 쿠데타에 연루되고 선거에 출마했음에도 불구하고, 브리가데이로가 브라질에서 누려온 권세를 얻지는 못했다. 브리가데이로는 점점 더 인기가 높아지는 것 같다. 아이들의 파티에 등장하던 홈메이드 간식에 불과했던 브리가데이로는 이제 상파울루의 상점에서 팔리며 유행하고 있다. 브리가데이로 상점들은 뉴욕에도 문을 열었고, 심지어 몬타나에도 한 곳이 있을 정도다. 지금은 민트, 아몬드, 커피, 캐슈넛, 체리, 캐러멜 스프레드인 둘세 데 레체를 비롯한 여러 가지 다양한 맛이 있다.

다음은 상파울루 출신의 아나 마리아 세실리아 시모네티 도스 산토스의 레시피를 단순화시킨 것으로, 그녀는 자신의 딸 스테파니아와 스테파니아의 친구들에게 이 레시피로 브리가데이로를 만들어준다. 탈리아도 스테파니아의 친구다. 다음 레시피는 브리가데이로 30~40개 기준이다.

가당연유 1캔(400그램)
버터 1테이블스푼
초콜릿 드링크 파우더 2테이블스푼(네스퀵 같은 것이면 된다. 가당 코코아 파우더를 사용해도 좋은데 그럴 경우에는 양을 절반으로 줄여야 한다. 그렇지 않으면 너무 초콜릿이 많이 들어가게 된다)
장식 용 초콜릿 스파클

볼에 연유, 버터, 초콜릿 드링크 파우더를 넣고 섞어 연유 믹스를 만들어 전자레인지에 넣고 최대 출력으로 4분 돌린다.

다 되면 전자레인지에서 볼을 꺼내 안의 내용물을 섞은 다음, 다시 전자레인지에 넣고 60퍼센트 정도의 출력으로 3분 30초 동안 조리한다. 다 되면 전자레인지에서 바로 꺼낸다. 연유 믹스에 거품이 제법 생겼을 것이다. 믹스가 매끄러워질 때까지 나무 스푼으로 열심히 섞는다. 볼이 뜨거우니 손가락을 데지 않도록 주의할 것. 연유 믹스로 뿔을 만들어, 주저앉지 않고 단단히 서 있을 정도가 되게 휘핑한다. 만일 전자레인지를 사용하지 않는다면 가스레인지에 냄비를 올리고 연유 믹스가 단단할 정도가 될 때까지 완벽하게 잘 섞이도록 저어야 한다. 연유 믹스를 손으로 작업할 수 있도록 약 30분 정도 식힌다.

믹스가 식으면, 깨끗이 씻어서 물기를 제거한 볼에 장식 용 초콜릿 스파클을 뿌리고 손에 버터를 조금 바른다. 연유 믹스의 일부를 티스푼으로 덜어내어 탁구공보다 약간 작은 크기로 동그랗게 빚는다. 공 모양의 초콜릿을 장식 용 초콜릿 스파클을 뿌려 놓은 볼에 넣고 굴려, 표면에 초콜릿을 묻힌다. 종이 케이크 컵에 하나씩 놓는다.

## 음료 • *beverage*

### 카이피리냐 *Caipirinha*

이 음료의 이름은 둥근 시골 호박이라는 의미를 가진 카이피라caipira에서 파생되었다. 그렇다고 시골뜨기를 위한 음료라는 것이 아니라, 아마도 이 음료의 재료로 이용되는 라임과 설탕을 만드는 사람들을 지칭하는 것은 아니까 생각한다. 라임과 설탕은 모두 브라질의 주요 농산물이다. 실제로 브라질은 전 세계에서 가장 큰 설탕 생산국이며, 남은 설탕을 이용해 현재 그곳의 주요 에너지원인 에탄올을 만들어온 나라다.

사등분한 라임 최소 12개
물
취향만큼의 설탕
카차사(어른용)

라임을 짜서 즙을 만들되, 두세 개 정도의 라임은 깨끗이 씻어 통째로 라임 즙에 넣는다. 동량의 물과 원하는 단맛을 낼 정도의 설탕을 넣은 다음 얼음이 담긴 잔에 따르면 상큼한 무알콜 음료가 완성된다. 어른들을 위한 진정한 카이피리냐를 만들기 위해서는 사탕수수로 만든 브라질 전통주인 카차사cachaça를 넣는다. 카차샤는 증류한 사탕수수 주스에서 바로 만든 것이기 때문에 남은 당밀을 증류하여 만든 럼주와는 다르다고 한다. 그러나 프랑스령 카리브 제도에서는 사탕수수 주스로 바로 알코올을 만드는데도 럼 아그리콜rhum agricole이라고 부른다. 럼주이며, 카차사와 똑같다.

# Ⅱ

# 시칠리아 나이트

## *Sicily Night*

***Hint***

입지가 좋은 곳에 있는 섬은 자주 침략 당한다!

신혼 여행지였던 시칠리아는 매리엔과 내가 가장 좋아하는 곳이다. 우리가 결혼한 4월은 시칠리아로 여행가기에 더없이 완벽한 때였다. 물론 나는 다른 시기에도 시칠리아에 가보았는데, 그때도 아름답긴 마찬가지였다. 부활절 시즌이 되면 하늘은 수레 국화보다도 더 파랗고, 고대 그리스 신전의 유적을 중심으로 밝은 노란 꽃이 만발한 야생 펜넬이 넓게 피어 있으며, 상점의 윈도우마다 마지팬(marzipan, 으깬 아몬드나 아몬드 반죽, 설탕, 달걀흰자로 만든 말랑말랑한 과자로, 설탕과 아몬드 가루를 한데 버무린 반죽을 뜻한다.

케이크, 쿠키, 빵, 타르트, 패스트리 등을 만들 때 사용된다. 설탕과 아몬드의 배합률에 따라 '공예 용 마지팬'과 '부재료 용 마지팬'으로 구분된다. – 옮긴이)으로 만든 화려한 장식들을 볼 수 있다.

이탈리아는 여러 개의 개성 넘치는 지역들이 모여 이루어진 나라지만, 그 가운데 시칠리아만큼 독특한 곳도 없다. 시칠리아 사람들은 이따금 이탈리아어와 완전히 다른 말처럼 들리는 방언을 쓴다. 시칠리아는 페니키아Phoenician, 카르타고Carthaginian, 고대 그리스, 로마, 아랍, 동고트Ostragoth, 노르만, 독일, 프랑스, 스페인, 오스트리아, 아메리카에 점령당한 적이 있는 섬이다. 또한 시칠리아는 유적이 많은 곳으로, 스쿠버 다이버들이 왕국이 되었을 수도 있었던 나라의 잔재들이 바다 속에 산재해 있다고 보고하는 곳이기도 하다.

시칠리아는 이탈리아처럼 여겨지기도 하지만, 어떤 때는 북아프리카처럼 느껴질 때도 있고, 그밖에 다른 문화권의 영향도 남아 있다. 음식도 그런 편이다. 북아프리카의 쿠스쿠스가 이탈리아 파스타만큼이나 인기가 있으며, 시칠리아 사람들은 아즈텍족이 스페인 사람들에게 가르쳤던 방식대로 무가당 초콜릿을 즐긴다. 다음에 소개하는 네 가지 요리는 모두 우리 가족이 좋아하는 것들이다. 디저트는 먹기 하루 전에 만들어야 한다.

## 애피타이저 • *appetizer*

### 정어리 피자 *Sardine Pizza*

라이징 도우 볼 1개 분량('기본 레시피' 참조)
다진 양파 ½컵
올리브 오일 ¼컵
토마토소스 소스 2 3컵('기본 레시피' 참조)
내장 빼고 비늘 벗긴 신선한 정어리 6마리
생 오레가노 6가지
굵은 소금 큰 한 꼬집
프로볼로네 치즈Provolone cheese 3조각

라이징 도우 볼을 만들어 냉장고에 넣고 하룻밤 휴지한다.

약불에 올리브 오일을 두르고 양파를 볶되, 숨이 완전히 죽을 때까지 볶지는 말 것. 토마토소스에 섞는다.

정어리를 뜨거운 그릴에 올리고 오레가노와 소금으로 간하여, 그릴에서 한 면당 4분 정도씩만 굽는다.

그릴에 구운 정어리의 뼈를 발라낸다. 정어리 한 마리를 가져다 조심스럽게 등을 따라 길게 칼집을 넣어 꼬리 바로 앞부분까지 절개하고, 이번에는 다시 칼을 뉘여 반대편 머리 쪽으로 가만히 밀어 넣으면서 생선살을 들어올린다. 그런 다음 머리 부분의 뼈부터 들어올리면서 아래쪽 살에서 분리한다. 생선 한 마리 당 윗부분과 아랫부분, 두 개의 살코기가 나온다. 한 마리의 뼈를 발라내고, 다음 생선의 뼈를 발라낸다. 생선을 잘 구우면 뼈가 쉽게 발라진다. 두 번째 손가락으로 살코기를 가만히 눌러서 남은 뼈가 있으면 제거한다.

오븐을 200도로 예열한다. 도우를 밀대로 민 다음 지름 15센티미터 크기의 원 세 개를 만들어 베이킹 트레이에 놓는다. 가장자리를 따라 1.5센티미터만큼 남겨두고 가운데에 소스를 올린다. 도우 하나 당 정어리 살코기 네 개씩을 올린 후 프로볼로네 치즈 한 장으로 덮는다. 크러스트가 부풀어 오르고 치즈가 녹을 때까지 30분간 굽는다.

## 샐러드 • *salad*

### 펜넬 샐러드 *Fennel Salad*

이 샐러드만 보면 나는 항상 시칠리아의 바위투성이 거친 언덕에 핀 펜넬이 생각난다. 펜넬 샐러드는 풍미만 가득한 것이 아니라, 아름답고 밝은 이탈리아의 색을 내기도 한다.

페코리노는 시칠리아의 양젖으로 만든 단단한 치즈로, 쉽게 구할 수 있다.

펜넬 2송이
체리토마토, 또는 포도토마토 9개
생 오레가노 3가지
굵은 소금 넉넉한 한 꼬집
올리브 오일 ½컵
즙 낸 레몬 ½개
페코리노 치즈

펜넬을 2.5센티미터 크기로 썰어 세 개의 샐러드 접시에 토마토, 줄기를 자른 오레가노 잎과 함께 놓는다. 소금과 올리브 오일을 뿌린 후 갓 짠 레몬 즙과 깎은 페코리노 치즈를 얹어 마무리한다.

펜넬

## 메인 코스 • *main course*

### 파이시 스파타 *Pisci Spata*

섬사람들인 시칠리아인들은 생선을 먹고 살았다. 그러나 수세기에 걸쳐 지나치게 많은 생선을 남획하면서 이제는 생선이 멸종되는 위기에 처했는데, 특히 그들이 가장 좋아하는 황새치와 참다랑어처럼 큰 물고기들이 사라지고 있다. 시칠리아의 작가 조반니 베르가Giovanni Verga는 1881년에 저술한 위대한 소설 『말라볼리아가의 사람들 Il Malovoglia』에서 어부들이 너무 많은 탓에 돛과 노만 갖춘 배를 타고 위험을 무릅쓰고 더 멀리까지 나가야 했던 동부 시칠리아의 용감한 어부들에 대한 이야기를 들려준다.

엔진이 달린 보트가 생기면서 지중해의 상황은 한층 더 악화되었고, 큰 물고기들이 점점 부족해지고 있다. 따라서 이 요리를 만들기 위해 황새치를 구입하기 전에 어떻게 잡혔는지 묻는 것도 좋을 것 같다. 작살로 잡았다면 구입해도 좋지만, 그물이나 고리가 주렁주렁 달린 긴 낚싯줄로 잡았다면 다른 것을 찾아보는 것이 좋겠다.

잣 ½컵
올리브 오일 ½컵
다진 노란 양파 2컵
다진 마늘 6쪽
소금 큰 한 꼬집
후추 4회전
케이퍼 2테이블스푼
씨 빼고 다진 그린 시칠리안 올리브 ½컵
다진 토마토 2컵
발사믹 비니거 한 방울
무가당 코코아 파우더 2테이블스푼
건포도 ¼컵
황새치 680그램

프라이팬에 올리브 오일 1테이블스푼을 두른 후 잣을 넣고 노릇해질 때까지 중불에 저으면서 볶은 다음, 그릇에 담아 놓는다. 남은 올리브 오일을 팬에 두르고 양파, 마늘, 소금, 후추, 케이퍼, 올리브, 토마토, 발사믹 비니거를 넣고 볶는다. 토마토가 건더기가 씹힐 정도의 소스 상태가 되면 볶은 잣과 코코아 파우더를 넣어, 토마토 믹스를 만든다.

건포도를 체에 담아 끓는 물에 잠시 담갔다 꺼내서 물기를 제거한다. 토마토 믹스에 데친 건포도를 섞고 나무스푼으로 잘 젓는다.

황새치를 한 면당 약 10분씩, 양면을 그릴에 굽는다. 두께가 1.5센티미터 이하로 얇으면 면 당 굽는 시간을 줄이고, 두꺼우면 더 늘릴 것. 서빙 접시에 담고 소스를 붓는다. 기호에 맞게 찐 아스파라거스 등을 곁들여 완성한다.

## 시칠리안 치즈케이크 Sicilian Cheesecake

나는 오랫동안 시칠리안 케이크를 만들어왔다. 이 레시피는 내가 개발한 것이지만, 재료와 콘셉트는 시칠리아 식이다. 따라서 시칠리아에서 이것과 똑같은 케이크를 찾을 수는 없겠지만, 비슷한 디저트는 많이 볼 수 있을 것이다.

설탕 3½컵
물 ½컵
레몬 2개
라임 2개
오렌지 1개(나는 항상 스윗 오렌지를 사용해 왔지만, 산미 오렌지를 넣을 경우 맛이 더 좋아질 수 있는 요리다)
아몬드 900그램
밀가루 ¼컵
5센티미터 길이로 깍둑썰기 한 버터 115그램
소금 큰 한 꼬집
아몬드 농축액 1방울
바닐라 농축액 1방울
달걀 6개
리코타 치즈 900그램
오렌지 블로섬 워터 3테이블스푼
다진 다크 초콜릿, 또는 세미스윗 초콜릿 225그램
슈거파우더
레몬 ½개, 라임 ½개 분량의 껍질과 오렌지 몇 개 분량의 껍질

오븐을 175도로 예열한다.

프라이팬에 물과 설탕 두 컵을 넣고 중불에서 가열한다. 레몬, 라임, 오렌지의 껍질을 벗긴다. 이렇게 벗긴 껍질은 작은 정육면체로 잘라 설탕 시럽에 넣고 약불에서 한 시간 동안 천천히 끓인다. 그런 다음 시럽에 넣어둔 상태로 한 시간 동안 식힌다.(시럽이 지나치게 뜨거워지지 않게 하는 것이 중요하다. 그렇지 않으면 식혔을 때 딱딱해진다.)

아몬드가 갈색이 될 때까지 팬에서 기름 없이 볶되, 태우지 않도록 주의한다. 푸드 프로세서로 볶은 아몬드를 간 다음 아몬드가루를 반죽 갈고리가 달린 믹서에 넣고 밀가루와 함께 돌린다. 5센티미터로 깍둑썰기 한 버터를 한 번에 하나씩 넣으면서 입자

가 굵은 가루처럼 될 때까지 반죽을 섞는다. 소금과 설탕 1½컵을 넣은 다음, 아몬드 농축액과 바닐라 농축액을 넣고 달걀을 한 번에 한 개씩 풀어 넣는다. 매끄러운 도우가 되면 손에 밀가루를 바르고 24센티미터 크기의 스프링폼 팬에 도우를 눌러가며 채운다.

리코타 치즈와 달걀 네 개를 섞은 다음 설탕 시럽에 담긴 레몬, 라임, 오렌지 껍질을 시럽 채 넣고 오렌지 블로섬 워터와 초콜릿을 넣는다. 잘 섞어서 스프링폼 팬에 채운 도우 위에 붓는다. 필링이 단단해질 때까지 약 40분간 굽는다. 식힌 다음 위에 슈거파우더를 뿌린다. 슈거파우더는 가는 체에 넣고 케이크 위에서 손바닥으로 체를 살살 두드려가며 뿌리는 것이 제일 좋다. 위에 잘게 간 레몬, 라임, 오렌지 제스트를 뿌린다.

## 음료 • *beverage*

### 스푸마 데 리모나다 *Spuma de Limonada*

이탈리아에서는 대부분의 카페에서 이 음료를 주문할 수 있지만, 시칠리아야말로 이 레몬공화국의 심장부라 할 수 있다. 시칠리아의 레몬은 말 그대로 '자몽'만하다. 시칠리아와 이탈리아의 카페와 노점마다 오렌지와 레몬을 짜는 기발한 기계를 갖추고 있기 때문에 어디에서든 신선한 주스를 마실 수 있다. 그 기계는 커다란 금속 상자처럼 생겼으며 위에 감귤류 과일을 담는 철사 바구니가 달려있다. 버튼을 누르면 과일 하나가 아래로 떨어지면서 칼날에 닿는 즉시 절반으로 잘린다. 그러면 잘린 절반 두

쪽이 양쪽에 달린 빙빙 도는 돔 위에 놓여 순식간에 주스가 짜지고 남은 껍질은 껍질 더미 위에 쌓이게 된다. 이 기계는 분 당 과일 몇 개를 순식간에 주스로 짤 수 있는데, 안타깝게도 너무 크고 너무 비싸서 가정에서 쓰기에는 적합하지 않다.

레몬 최소 12개
물
취향만큼의 설탕

레몬 즙을 유리 주전자에 짠다. 즙과 거의 동량의 물을 넣고 취향대로 입맛에 맞게 설탕을 넣는다. 얇게 저민 레몬 대여섯 조각과 얼음을 몇 개 넣는다. 시칠리아에서는 더운 날이면 잘게 으깬 얼음 위에 주스를 부어 그라니테 디 리모네Granite di limone를 만들어 마신다.

어른들 용으로는 강하고 좋은 시칠리아 산 레드 와인이 있다. 시칠리아의 서부 해안에 있는 마르살라Marsala 산 스윗 와인도 디저트와 함께 마시기에 좋으며, 에스프레소로 마무리해도 좋다.

# 12

# 재팬 나이트

## *Japan Night*

***Hint***

세계에서 기대 수명이 가장 긴 나라로, 매우 북적이는 섬나라!

일본에는 육천여 개의 섬이 있지만, 사람들은 대부분 가장 큰 네 개의 섬에 분산되어 산다. 일본은 국토의 $\frac{3}{4}$에 육박하는 면적이 산으로 이루어져 있기 때문에 농사를 짓기에 부적합하다. 일본인들은 해안가를 중심으로 모여 산다. 삼천만 명이 살고 있는 도쿄도는 전 세계에서 가장 인구가 많은 메트로폴리탄 중 하나다. 그러나 이렇게 붐비는 곳에 살면서도 일본인들은 다른 나라 사람들보다 더 장수한다. 고단백에 지방이 적은 일본인들의 식습관 때문이라는 견해가 있다. 일본인들은 또한 다양한 연구결과 암과 당뇨, 중풍, 심장병을 예방하고 콜레스테롤을 낮추며 지방을 태우고 치매를 예방하는 것으로 밝혀진 '녹차'를 많이 마신다.

현재 일본은 전 세계에서 가장 부유한 국가 가운데 하나지만, 역사적으로는 거의 대부분의 시대를 가난하게 살아왔으며, 단순함에서 비롯된 미니멀리스트적인 미적 감각을 지녔다. 일본은 아주 오랫동안 창문 용 유리를 거의 생산하지 않았기 때문에 일본 전통 주택은 빛이 통하는 손으로 만든 창호지 문으로 방과 방이 나뉘어 있다. 전통가옥의 벽에 그려진 그림이라고는, 집안의 그림을 걸기 위해 특별히 오목하게 들어간 공간에 거는 두루마리 수채화가 전부다. 이런 그림은 항상 풍경화인데, 부유한 사람들의 경우 한 달에 한 번씩 계절에 맞는 풍경화로 교체하곤 한다. 때때로 특별한 손님이 올 경우 특별한 그림을 내 걸기도 한다. 이런 그림은 고대 중국 그림에서 차용한 양식대로, 주로 먹으로 그리고 이따금 화사한 색이 들어가기도 한다. 11세기 중국 작가인 곽희Kuo Hsi는 풍경화에 대해 다음과 같이 유명한 글을 썼다. "자연을 사랑하는 사람의 동정 어린 마음으로 접근하면 풍경화는 고급스럽게 보인다. 그러나 자만심과 사치의 눈을 가지고 접근하면 풍경화의 가치는 낮아진다."

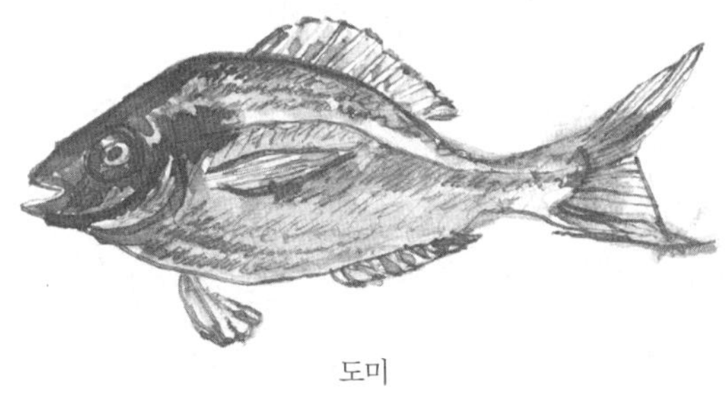

도미

이것은 일본인들이 요리에 접근하는 방식을 설명하는 말이기도 하다. 서양과 마찬가지로 유명 셰프가 인기를 얻는 추세는 일본도 마찬가지이지만, 대부분의 경우 일본식 요리는 눈에 확 띄는 개인주의가 아니라 전통을 중시하고 자연과 겸손, 단순함을 존중한다.

그림뿐만 아니라 일본 문화의 대부분이 그렇듯, 쌀 · 간장 · 된장과 같은 일본 음식의 많은 부분이 중국에서 들어왔다. 그렇지만 요리에 관해서만은 일본만의 독특한 스타일이 있는데, 중국식 요리보다 훨씬 더 제한적이라는 점이다. 일본은 땅과 자원이 한정되어 있다. 심지어 소금도 내수 수요를 충족시킬 만큼 충분히 생산되지 않기 때문에 일본 간장이 중국 간장에 비해 훨씬 연하고, 덜 짜다. 그러나 일본인들은 지방이 적고, 정교하며, 뛰어나게 창의적인 요리를 개발하여 자신들의 부족한 점을 예술로 승화시켰다. 콩은 채소가 될 수도 있고, 피클이 될 수도 있으며, 달콤한 디저트가 될 수도 있다.

일본인들에게는 먹을 것을 얻을 수 있는 주요 근원지가 바다인데, 해산물에서 바다동물에 이르기까지 모든 것을 먹는다. 다양한 종류의 해조류, 상상할 수 있는 모든 종류의 갑각류, 회, 훈제 생선, 말린 생선, 조리한 생선은 물론이고, 심지어 고래 고기까지 먹어 다른 나라들의 공분을 사기도 한다. 산에서는 야생 순과 채소를 모으고 십여 종의 야생 버섯을 채집한다. 비교적 최근이라고 말할 수 있는 시기에 산등성이에서 소를 방목해 키운 일본은 이제 지방으로 마블링된 두부처럼 부드러운 세계 최고의 소고기를 생산해낸다.

중국인들과 마찬가지로 일본인들도 먹는 것을 좋아하고, 음식에 대해 이야기하는 것을 좋아한다. 일본 내에서 주요 이동 수단으로 쓰이는 기차를 타면 여행객들이 가져

온 온갖 종류의 근사한 음식들을 먹는 광경을 보는 즐거움을 누릴 수 있다. 심지어 기차 안에서 손수레에 담아 파는 도시락도 맛있다.

사실 일본 사람들이 먹는, 진기하고 알 수 없는 것들로 가득 찬 일본 음식은 언제나 맛있다. 너무 많이 묻지는 말고, 일단 먹어보라. 대개 놀라울 것이고, 언제나 즐거울 것이다. 어느 순간 "이거 맛있는데! 뭘까?"라는 생각이 들 것이다.

20년 전의 나라면 일본 요리가 아이들의 흥미를 끌기 가장 힘든 요리들 가운데 하나라고 말했을 것이다. 만일 그랬다면, 내 생각은 완전히 틀렸던 것이다. 미국에서 일본 음식의 인기가 점점 높아지면서 일본 음식의 열렬한 팬 중에 아이들도 포함되었기 때문이다. 특히, 초밥을 비롯한 많은 요리들은 만들기도 재미있다. 그러나 일본 음식은 초밥 말고도 많다. 재팬 나이트를 위해 나는 우선적으로 일본에서 배웠던 요리들에 의존했지만, 또한 수년 전 일본 요리를 처음 접할 때 읽었던 시즈오 츠지Tsuji의 훌륭한 저서 『일본의 요리법: 단순한 예술Japanese Cookery: A Simple Art』을 통해 지식을 얻기도 하고, 영감을 받기도 했다.(시즈오 츠지는 세계 5대 요리 학교 중 하나로 손꼽히는 츠지 조리전문학교의 설립자이다. - 옮긴이)

나는 일본에서 2008년에 오랜 항구 도시인 요코하마에서 하세시게인Haseshigein이라는 작지만 멋들어지게 투박한 레스토랑을 오픈한 하세가와 시게키Hasegawa Shigeki를 비롯해 여러 사람들로부터 요리를 배웠다. 그는 교토의 전통 다도에서 차용한 가이세키kaiseki 요리를 낸다. 17세기부터 전해져 내려오는 다도는 두 시간에서 네 시간 반 동안 진행된다. 다도가 진행되는 동안 차의 장인이 몇 명의 사람들과 말차matcha를 마시는 의식을 거행한다. 말차는 말려서 으깨 가루로 만든 차로, 에스프레소처럼 강하고 쓴맛이 난다. 다도는 또한 손님을 접대하고, 대화를 나누는 기법에 관한 것이기도 하다. 이렇게 나누는 대화 가운데 정치나 금전에 관한 대화는 금지된다. 다도에 참가한 사람들은 장지에서 비추는 은은한 불빛이 빛나는 방에 방석을 깔고 앉는다. 다도의 음식은 스프와 세 가지 다른 요리로 구성된다. 가이세키 스타일의 음식은 계절에 따라 다르며, 음식의 신선함을 느낄 수 있도록 준비과정이 단순하다. 원칙적으로는 1970년대 프랑스의 누벨nouvelle 요리와 비슷하지만 일본에서는 이런 스타일이 수천 년 전부터 전해 내려왔다.

녹차

일본인들은 때때로 중국처럼 모든 음식을 한꺼번에 내기도 한다. 가족끼리 식사하는 경우가 대부분 그러한데, 안주인이 계속 앉았다 일어났다 할 필요가 없다. 그렇지만 손님을 초대했을 경우라면 사정이 다르다. 먼저 차가운 요리들을 한꺼번에 내고, 그런 다음 따뜻한 요리들을 한꺼번에 낸다.

일본 식사의 전통적인 순서는 다음과 같다.

애피타이저

스프

회나 초밥

더운 음식, 혹은 구운 음식

스튜나 냄비에 조리한 음식

튀김 음식

디저트

시게키의 말대로, 일본 요리의 가장 어려운 점은 준비 과정이다. 가능한 최대한 미리 만들어두면 저녁 식사를 쉽게 준비할 수 있다.

우리는 재팬 나이트 때 한꺼번에 모든 요리를 내는 가정식이 아니라, 한두 가지 각기 다른 전통 요리 방식에 따라 만든 일곱 가지 요리를 여섯 코스로 나누어 내기로 결정했다. 일본 미학에 코스로 나누어 내는 것이 더 격식을 갖춘 형태이기도 하지만, 더욱 특별한 분위기가 연출되기 때문이기도 하다.

처음 세 가지 레시피는 하세가와 시게키에게 배운 것으로 기본적으로 모두 같은 육수를 가지고 시작하는데, 그의 요리 가운데 다수가 이 스프를 기본으로 한다. 이 육수는 시게키의 레시피 외에 시금치와 참깨 요리, 도미 요리에도 적은 양이 쓰인다. '다시'라고 불리는 육수는 상업 용으로 병에 담아 판매되기도 하지만, 저녁 식사 전체 요리에 기본으로 사용되는 만큼 직접 만들 가치가 있다. 주 재료는 말린 다시마인 콤부kombu인데, 아시아 식료품점이나 건강 식품점, 온라인으로 구입할 수 있다. 콤부는 전통적으로 오사카 요리와 관련이 있다. 현대식 일본 요리가 점점 집착하는 감칠맛을 내기에 상당히 좋은 재료다. 1908년도까지 일본은 많은 서양인들처럼 혀가 느끼는 기본 맛이 짠맛, 쓴맛, 단맛, 신맛의 네 가지 맛이라고 생각했다. 그러나 1908년 화학박사 기쿠나에 이케다Ikeda가 네 가지 기본 맛과 마찬가지로 글루타민산이 내는 특정한 맛을 느끼는 미각 돌기가 혀에 있다는 사실을 발견했다. 바로 이것 때문에 중국인들이 음식을 글루타민산나트륨monosodium glutamate | MSG으로 간하는 것이다. 미국에서는 논란이 일고 있지만, 이 발효 곡물은 이케다 박사의 감칠맛을 막연하게 번역한 '풍미'를 더해준다는 사실을 알게 된 중국인들에 의해 오랜 세월 생산되어 왔다.

해초도 그렇지만 글루타민산 함유량이 높은 토마토와 고기, 다른 재료에서도 이 감칠맛이 난다. 일본인들은 글루타민산 함유량이 높은 식재료로 보다 자연스럽게 감칠맛을 내는 방법을 선호하는데, 시게키의 경우에는 그것이 해초 육수였다.

물 13½컵
가로세로 10×15센티미터 크기의 다시마 1조각
말린 가다랑어포 100그램

커다란 냄비에 물을 붓고 두 시간 가량 말린 다시마를 우린다. 시게키의 말에 따르면, 더운 여름날에는 물에 담그는 시간을 줄여야 한다고 한다. 다시마를 충분히 우렸으면 냄비를 상불에 올리고 물이 팔팔 끓기 전에 다시마를 건진다.

물이 팔팔 끓으면 약불로 줄이고, 이번에는 말린 가다랑어포를 넣는다. 가다랑어포는 다시마를 판매하는 곳에서 구입할 수 있다. 약 5분간 부글부글 끓고 나면 거품을 걷어내고 불을 끈 뒤 면포에 거른다. 이 정도면 다음에 소개하는 다시를 사용하는 다섯 가지 요리에 충분히 쓸 수 있는 양이 될 것이다.

## 사키즈케 • *Sakizuki*

### 구운 화이트 아스파라거스와 포도토마토 *Roasted White Asparagus and Grape Tomatoes*

사키즈케先付는 가이세키 요리에서 애피타이저보다도 먼저 내는 조그만 음식을 나타내는 일본어이다. 이 레시피는 하세가와 시게키로부터 받은 것이다. 이 사키즈케 요리는 바로 다음에 낼 애피타이저인 아스픽(aspic, 고기나 생선의 국물을 젤라틴으로 투명하게 굳힌 것 – 옮긴이)과 더불어 하루 전에 만들어두어야 한다.

화이트 아스파라거스 6개
포도토마토 3개
다시 4컵
연한 간장(우스구치쇼유 혹은 국간장) 5테이블스푼
미림 5테이블스푼
가루 젤라틴 수북하게 1티스푼
미온수 3테이블스푼
에다마메Edamame bean 6꼬투리

필러로 아스파라거스의 껍질을 벗기고 달군 프라이팬에 갈색이 돌기 시작할 때까지 몇 분간 굽는다. 끓는 물에 포도토마토를 살짝 데친 후 차가운 물에 헹군다. 그러면 껍질이 쉽게 벗겨질 것이다.

사시즈키 용 양념장과 애피타이저 용 아스픽 만들기 • 다시에 연한 간장인 우스구치쇼유(시게키는 흰 간장을 사용하는 것을 좋아하지만, 우스구치쇼유도 상관없다)와 미림('설탕과 향신료에 대하여' 참조)을 넣고 끓여 다시를 만든다. 끓는 즉시 불에서 내린다.

다시의 절반을 아스파라거스와 토마토가 담긴 그릇에 붓고 냉장고에 넣어 하룻밤 재운다. 나머지 다시를 미온수에 녹인 가루 젤라틴과 섞는다. 애피타이저 드레싱 용으로 하룻밤 냉장고에 넣어 차게 식힌다.

토마토를 반으로 잘라 아스파라거스와 함께 접시에 담는다. 시게키의 레스토랑에서는 접시에 녹색을 가미하기 위해 발효한 대두 몇 알을 올리기도 한다. 우리는 접시마다 에다마메(풋콩 – 옮긴이)를 두 개씩 올렸다.

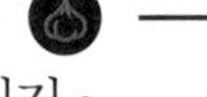



## 감칠맛 나는 아스픽 드레싱 그린 샐러드 *Greens in Umami Aspic Dressing*

시게키의 레시피는 전혀 색다른 샐러드 드레싱으로 유명하다. 이 요리의 관건은 가장 신선한 채소를 사용하는 것. 시게키의 레시피대로 만들려면 스무 장의 레드 비트 잎이 필요하다. 일본인들은 비트를 먹지 않는다. 작고 부드러운 잎이 달린 어린 비트를 따서 오로지 잎만 먹는다. 그런데 미국에서는 작고 어린 비트 잎을 구하기가 힘들다. 따라서 우리는 근대chard 잎 몇 장을 뜯어 사용했다. 비트와 근대는 같은 종으로, 비트는 뿌리를 먹기 위해 재배하고 근대는 잎을 먹기 위해 재배하기 때문에 근대로 대체해도 좋다고 생각한다.

5센티미터 크기로 자른 파 3뿌리
한 입 크기로 자른 양상추 ½포기
한 입 크기로 자른 엔다이브 1포기
한 입 크기로 자른 근대 잎 4장
라임 1개
아스픽 드레싱(사키즈케 아스픽 레시피 참조)

재료를 접시에 가지런히 담는다. 아스픽을 저어 접시 위에 붓고, 강판에 간 라임 제스트를 조금 곁들인다. 샐러드 위에 라임을 짜서 완성한다.

### 굴 조우수이 Oyster Zousui

거의 모든 것을 다 먹는 것처럼 느껴지는 일본인들도 카키kaki, 그러니까 굴만은 쉽게 믿지 않는 모양이다. 일본의 주요 섬 세 곳으로 둘러싸여 내해라고 알려진, 여기저기 흩어져 있는 섬들로 멋진 해안가를 연출하는 물줄기 연안에서 자라는 굴들이 1년간 자라는 크기는 대부분의 미국 굴들이 3년 동안 자라는 크기보다도 더 크다. 그런데 거의 모든 것을 날것으로 먹는 일본인들이 이상하게 굴만은 위험하고 건강에 좋지 않다고 믿어 생으로 먹지 않는다. 그들은 굴이 굴처럼 생기지 않을수록 더욱 안심한다. 다시 말해, 일본인들은 굴을 튀기거나 구워 먹는 것을 즐긴다는 의미다. 심지어 두부와 함께 굴을 압축하여 웨이퍼(wafer, 얇고 바삭하게 구운 과자로 주로 아이스크림과 같이 먹는다. – 옮긴이)처럼 얇고 바삭한 크래커인 카키 센베kaki sembei로 만드는 기계가 있을 정도다. 크래커도 맛있긴 하지만, 생굴을 즐기지 않다니 정말이지 안타까운 일이 아닐 수 없다. 한 번은 일본에서 가장 많은 굴을 생산하는 친구인 사토루 우라베를 만나기 위해 마루토 항구에 있는 마루토 수산 회사를 방문한 적이 있었다. 마루토 항구는 그가 굴을 양식하는 내해에 위치한 항구다. 그는 굴 껍데기를 벗겨, 씻고 찌고 얼린 다음 비닐에 넣고 밀봉하여 판매한다. 그런데 그가 탱크에서 굴을 건져 올리더니 살아 있는 굴을 내게 먹으라고 주는 것이 아닌가. 그 굴들은 일년생치고는 내가 본 것 중에 가장 컸다. 일반적으로 물이 따뜻하면 굴이 빨리 자라는 대신 아무런 맛이 나지 않는다. 내해는 제법 찬데, 특히 내가 방문했던 2월말은 더욱 그랬다. 굴은 내해의 하리마 만Harima bay에서 멋지게 펼쳐진 섬들을 따라 양식된다. 하리마 만은 식물성 플랑크톤이 풍부하고 어둡고 푸른 인근 숲의 바닥 층에서부터 축적된 영양가 높은 퇴적물이 특히 많은 곳이다. 따라서 대부분의 굴은 2, 3년 정도는 되어야 판매 가능한 크기가 되지만, 그곳에서 양식되는 굴들은 일 년만 지나도 제법 크고 놀라울 정도로 통통해지는데다, 짠맛이면서도 민물 굴처럼 뒷맛이 달다. 내가 일본에서 먹어본 것 중에 가장 맛있는 굴은 우라베의 탱크 앞에서 까먹은 그 굴이었다. 그러나 일본식으로 굴을 먹고 싶다면 시게키의 하세시게인 레스토랑에서 사용하는 레시피대로 만들어 먹는 것이 제일 좋을 것이다.

그의 레시피는 이렇게 시작한다. "껍질을 깐 굴을 1퍼센트만큼의 소금이 들어간 물에 넣고 씻는다……." 이것이 무시무시한 굴을 다루는 전형적인 일본 방식이다. 굴 이외의 다른 것들에 관해서는 일본 셰프들을 대단히 존경하지만, 굴 조우수이(zousui, 채소나 어패류, 된장 등을 넣고 끓인 죽 – 옮긴이)를 만들 때만큼은 이런 방식을 권하지 않는다. 일본인들을 굴을 씻으면 박테리아가 제거된다고 생각하지만, 내 생각에는 맛만 없어지는 것 같기 때문이다. 사실 굴을 씻지 않으면, 별도로 소금 간을 할 필요도 없다.

통통한 굴 8개
표고버섯 4개
파 1뿌리
쌀 400그램
다시 4컵
소금 넉넉한 한 꼬집
일본 간장 2티스푼
달걀 3개
얇고 길게 자른 일본 김 1장
파드득나물, 혹은 간 파슬리 ½컵
시치미shichimi

껍질 깐 굴은 약 1.5센티미터 크기로 자른다. 이때 굴 껍데기에 국물이 남아 있으면 스프 냄비에 붓되, 굴 껍질이 딸려 들어가지는 않도록 주의할 것.

표고버섯과 파를 잘게 썬다.

쌀에 동량의 물을 붓고 위에 거품이 생기고 물은 다 증발할 때까지 끓인다. 불을 끄고 뚜껑을 덮은 상태로 5분간 뜸을 들인다. 밥을 주걱으로 뒤적여 체에 담고, 찬 물로 헹군 후 물기를 완전히 뺀다. 다시를 냄비에 넣고 약불에 올린다. 다음에 소개할 시금치와 도미 레시피를 위해 다시 몇 컵은 반드시 남긴다. 소금, 간장, 버섯, 양파를 넣고 아주 약한 불에서 3분간 조리한 뒤 굴을 넣는다. 이때도 계속 약불을 유지한다. 몇 분간 조리하다 밥을 넣는데, 이때 중불로 화력을 높여 가열하고 끓기 시작하면 다시 약불로 줄인다.

달걀을 풀어 한 번에 조금씩 죽에 붓는다.(일본에서는 큰 젓가락을 가지고 하는데, 정말 훌륭한 도구다.) 스프를 작은 그릇에 담고 잘게 썬 김과(다음에 나오는 초밥 레시피 참조) 파드득나물로 장식한다. 일본 파슬리라고도 알려져 있는 파드득나물이 없으면 파슬리로 대체해도 되지만, 파슬리는 파드득나물만큼 복잡한 맛이 나지는 않는다. 시치미를 뿌린다. 시치미는 일본의 식탁 용 양념으로, 일본에서는 시치미를 비롯하여 다양한 이름으로 불린다. 붉은 고춧가루가 기본이지만, 구운 오렌지 껍질, 검은 참깨와 흰 참깨, 생강, 대마씨, 김도 들어간다. 온라인으로, 그리고 일부 식료품점에서 구입할 수도 있다.

### 참치 초밥 *Tuna Sushi*

일본인이 아닌 사람들이 일본 음식을 연상할 때마다 제일 먼저 떠올리는, 초밥을 나타내는 일본어 스시sushi는 적어도 다른 철자를 가진 단어가 다섯 가지는 더 있는 듯하다. 그 단어들마다 미묘한 언어적 차이를 반영하긴 하지만, 모두 일반적으로 '물고기'를 의미한다. 일본에서는 굳이 초밥을 먹지 않아도 멋진 식사를 할 수가 있고, 대부분의 레스토랑에서는 초밥을 판매하지도 않는다. 도쿄에서 초밥을 먹기에 가장 좋은 장소는 츠키지 시장이다. 이곳은 세계에서 가장 큰 수산물도매시장으로, 아직 동이 트지 않은 어둑한 이른 아침에 배를 채우기 더할 나위 없이 좋은 곳이기도 하다. 매일 아침 다섯 시 정도가 되면 머리가 잘린 거대한 냉동 참다랑어 수백 마리가 경매로 팔려나간다. 참다랑어가 멸종 위기에 놓여 있다고 믿는 우리 같은 사람들에게는 충격이 아닐 수 없다. 츠키지 시장에서는 이밖에도 충격적인 일들이 많이 벌어진다. 샐러드에 바삭한 식감을 가미하기 위해 건조된 0.5센티미터 크기의 정어리 새끼와 1.5센티미터 크기의 전복처럼 산란의 기회도 갖지 못한 채 잡혀온 작은 물고기들도 있다. 고래 고기 통조림도 판매된다. 기왕에 멸종 위기의 생물을 먹는다면 통조림 말고 다른 방식으로 즐기는 것이 낫지 않나?

시장에는 초밥을 판매하는 철도 차량만 한 크기의 식당들이 줄지어 늘어선 통로가 있다. 긴 카운터 하나가 놓여 있고, 바 의자에 앉은 손님들 뒤로 지나갈 공간이 거의 없다시피 한 크기다. 츠키치 시장이 일반인들을 대상으로 문을 여는 오전 아홉 시 이전에 도착하면 긴 줄을 피할 수 있다. 먹는 속도보다도 더 빠른 속도로 녹색의 긴 하란 잎Haran leaf 위에 놓인 초밥이 앞에 놓인다. 지방질 함유량이 각기 다른 다섯 종류의 참치 초밥과 성게 알이 잔뜩 쌓인 군함말이, 찐 민물 장어,(다른 곳에서 먹을 수 있는 구운 장어와는 다르다) 부드러운 무언가가 둥글납작하게 쌓여 있는 희고 맛이 풍부한 음식 등을 맛볼 수 있다. 그 부드러운 무언가가 어떤 음식인지 통역사에게 물었더니 '대구의 테스토스테론'이라고 말했다. 아마도 정자를 생산하는 장기를 말하는 것이라고 추측했지만 앞서 말했듯, 일본 음식을 즐기는 비결은 너무 많이 알려고 하지 않는 데 있다.

초밥을 만들려면 약간의 연습이 필요하다. 그래도 생각보다 그렇게 어려운 일은 아니며, 아이들은 재미있다고 생각한다. '샤리'라고 부르는, 스시를 만들 때 사용하는 길이가 짧은 쌀은 종종 '스시 라이스(단립종 쌀)'라는 이름으로 판매된다.

김은 고대 중국인들이 종이를 만드는 방법과 동일한 방식으로 홍조류를 얇게 만든 것인데, 불교도들이 서기 500년쯤에 일본에 전파했다. 연안의 홍조류를 올려놓는 평평한 대에서 자란 김을 씻고 잘라 물과 섞은 다음, 망에 걸러서 얇게 펴 압축한 후에 말린다. 종이와 마찬가지로 김은 여전히 손으로 만드는 것도 있지만, 대부분은 기계로 만든다. 기계가 얇게 펴진 상태의 김을 구워 바삭하게 만드는데, 이렇게 구우면 좀 더 가볍기도 하고 더 푸른색을 띠기도 한다. 도쿄 동부 태평양 연안의 마을인 키사라즈Kisarazu에는 50년 전에 이 기계가 도입되었는데, 고참자들은 아직도 과거 손으로 만드는 김에 대한 향수를 이야기한다. 나이가 많은 한 여성은 "기계는 너무 잘게 자른다. 손으로 만든 것은 그렇게 잘게 자르지 않아 맛도 훨씬 좋고, 영양도 더 풍부하다."고 불평했다. 손으로 만든 김은 더 두껍고, 더 부드러우며, 색이 더 검지만, 가격도 더 비싼데다 아무리 일본이라고 해도 요즘은 구하기가 대단히 어렵다.

전통적으로 참치 초밥은 참다랑어로 만들지만, 철따라 이동하는 이 거대한 바다동물은 멸종 위기에 처해 있기 때문에 참다랑어 초밥은 그리 마음 편치 않다. 그래서 가급적 긴 낚싯줄로 잡지 않은 황다랑어를 추천한다. 나는 살 때마다 상점에 물어보고 구입한다.

단립종 쌀 1½컵
라이스 비니거 3테이블스푼
설탕 3테이블스푼
설탕 2티스푼

커다란 김 1장
1.5센티미터 크기로 자른 생 황다랑어 230그램
와사비 85그램

냄비에 쌀을 넣고 쌀과 동량의 물을 붓는다. 2분간 팔팔 끓인 다음 뚜껑을 덮고 중불로 약 10분간, 혹은 물이 다 증발할 때까지 가열한다. 불을 끄고 10분간 뜸을 들인다.

밥이 다 되면 라이스 비니거, 설탕, 소금을 넣는다. 일본 요리사들은 소금 결정체가 골고루 뿌려지도록 항상 밥 위로 손을 높이 치켜 올린 상태로 소금을 친다. 일본에서는 절대 소금을 낭비하는 법이 없다.

쌀을 그릇에 담고 나무 주걱으로 밥을 뒤적이는데, 이때 다른 사람에게 밥이 식을 때까지 옆에서 부채질을 하게 해야 한다. 나의 경우에는 탈리아가 이를 대신해 주었다. 정교한 의식처럼 보이지만, 이렇게 해야 밥에 간이 제대로 배고 성공적으로 초밥을 만들 수 있는 찰기가 생긴다. 전통 일본식대로 하고 싶다면 일본 부채를 이용할 것.

김 한 장을 펴고, 삼분의 일 지점까지 밥을 평평하고 길게 깐다. 생 황다랑어를 밥 위에 얹는다.

그 위에 와사비를 살짝 뿌린다. 와사비는 같은 이름을 가진 일본 식물의 뿌리를 가지고 만든 것으로 어디에서나 쉽게 구할 수가 있다. 김을 둥글게 말아 가장자리에 물을 살짝 묻히고 꼭 만다.

차게 식힌 다음 2.5센티미터 길이로 자른다.

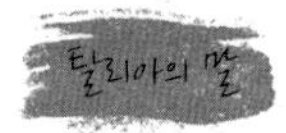


## • 초밥에 관해 •

아이들은 손으로 하는 일을 좋아합니다. 초밥을 만들어 먹는 일이 그토록 재미있는 이유 가운데 하나가 바로 손으로 만들기 때문이에요. 그리고 초밥은 고급스러운 느낌입니다. 특별한 요리이기 때문입니다. 많은 아이들이 어른처럼 행동하거나, 좀 더 세련되게 행동하고 싶어 해서 옷을 차려 입는 것을 재미있어 해요. 초밥은 마치 잘 차려 입은 옷과 같은 음식이랍니다.

일본의 초밥집에 가면 카운터에서 일하는 셰프들이 매우 빠르고 능숙하게 만들기 때문에 초밥을 만드는 일이 대단히 어렵게 느껴지지요. 그렇지만, 아이들도 배우면 충분히 초밥을 만들 수 있고, 생각만큼 그렇게 어렵지도 않아요. 먼저 알아야 할 것은 초밥 만들기에 적당한 쌀을 고르는 방법입니다. '스시 라이스'라고 적힌 쌀이 있으니 이 문제는 쉽게 해결됩니다. 그 다음 문제는 밥을 제대로 짓고, 식히고, 부채질을 해야 한다는 거예요. 실제로 두 사람이 있어야 이 모든 과정을 할 수 있어요. 밥을 제대로 준비했다면, 그 다음은 비교적 간단합니다. 김 위에 넓고 얇게 편 밥의 한가운데에다, 길게 자른 황다랑어와 와사비를 조금 얹으면 되니까요.(와사비가 대단히 매울 수 있으니, 조심해야 해요. 와사비를 너무 많이 넣으면 눈물이 날 정도라니까요. 원하는 만큼 조금씩 넣는 편이 좋아요.) 그런 다음 김초밥을 말아서 여러 조각으로 잘라 손으로 집어 먹으면 됩니다.

## 메인 코스 • *main course*

### 호렌소 노 고마아에 *Horenso no Goma-ae*

시금치 450그램
참기름 약간
간장 약간
다시 약간
다시

참깨 요리인 호렌소 노 고마아에는 시금치를 쪄서 듬성듬성 잘게 잘라, 참기름, 간장, 그리고 앞선 요리에서 만들어 남겨두었던 다시를 조금 섞어 드레싱을 만들면 된다.

### 타이 메시 *Tai Meshi*

도미Tai는 태평양에서 잡히는 물고기로, 대서양에서는 유럽 쪽에서만 잡힌다. 그럼에도 불구하고 수입되어 미국에서도 어렵지 않게 구할 수 있다.

내장과 비늘만 제거해 머리와 꼬리가 그대로 붙은 도미 1마리
쌀 1컵
다시 1컵
소금 한 꼬집
간장 소량
미림 30그램
파 2뿌리

찜 냄비에 쌀을 넣고 다시, 소금, 간장, 미림('설탕과 향신료에 대하여' 참조)을 부은 후 위에 도미를 얹어 강불에서 2분간 끓인 다음 뚜껑을 덮고, 중불로 20분간 더 가열한다. 불을 끄고 10분간 뜸을 들인다. 도미의 머리와 꼬리, 뼈를 제거한다. 쉽게 제거될

것이다. 생선과 밥을 한데 섞고, 그릇에 담은 후 위에 다진 파를 올린다.

## 디저트 • *dessert*

### 딸기 찹쌀떡 *Strawberry Mochi*

일본인들은 단것을 좋아한다. 일본에는 예쁜 파스텔 색깔의 식용 장신구를 파는 상점이 대단히 많다. 대부분은 콩과 쌀, 설탕을 섞어 만든다. 찹쌀떡은 이 세 가지 재료를 모두 사용한다. 찹쌀떡을 나타내는 모찌라는 단어는 사실 완성된 디저트를 가리키는 말이 아니라, 빻은 찹쌀을 의미한다. 이렇게 빻은 찹쌀의 속을 다양한 내용물로 채우는데, 꼭 단것만으로 채우는 것은 아니다. 코지마의 부유한 소금 상인이 살던, 1827년도 주택치고는 보존이 잘 된 노자키 맨션Nozaki mansion에는 (오늘날에도 화려하다고 느껴지는 이 맨션을 보면 일본에서 소금이 얼마나 귀한지 알 수 있다) 찹쌀떡을 만들기 위해 쌀을 빻는데 이용하는 거대한 나무 절굿공이와 직경 60센티미터 크기의 절구가 있다. 요즘도 거의 동일한 도구를 사용하여 똑같은 방식으로 찹쌀떡을 만들 때가 있다. 가정에서 만들 때는 쌀알이 가루가 되도록 많이 빻지 않기 때문에 찹쌀 알갱이 모양을 반죽에서 그대로 볼 수도 있다.

나는 일본에서 마치 로키 산맥처럼 가파르고 정상이 눈으로 덮인 산 중턱에 사는 어느 집에 초대를 받은 적이 있었는데, 그들은 직접 쌀을 빻아 찹쌀떡을 만들었다. 심지어 쌀까지도 직접 재배했다. 그런 다음 커다란 찹쌀 덩어리를 젓가락에 끼워 간 검은 참깨와 사케, 설탕, 간장으로 만든 페이스트에 굴려 살짝 구웠다.(물론 집에서 만든 숯으로.) 상점에서는 훨씬 더 고급스러운 찹쌀떡을 파는데, 안에 생과일이 든 것도 있었다. 늦은 겨울이면 딸기 찹쌀떡이 등장한다. 온실에서 재배된 것이지만, 딸기가 대단히 달고 즙도 많았다. 상점에서 딸기 찹쌀떡을 구입하면 이렇게 말한다. "반드시 열두 시간 이내에 먹어야 합니다." 물론 나는 한 시간도 안 돼서 다 먹어치웠다. 냉장고에 보관하면 열두 시간까지는 괜찮지만, 열두 시간을 넘기면 그리 좋지 않다.

찰흙 만들기처럼 만들기도 쉽고 촉감이 좋은 이 디저트는 어른이 감독만 하고, 만드는 것은 모두 아이들에게 맡길 수 있는 요리다. 주의해야 할 점은 달고 즙이 많으며 너무 크지 않은 딸기를 사용하는 것이다.

설탕 ½컵
물 1¼컵
찹쌀, 또는 끈기가 많은 쌀가루 3컵
꼭지 딴 잘 익은 딸기 6개

냄비에 물과 설탕을 넣고 가열해 설탕을 다 녹인다. 반죽 갈고리가 달린 믹서에 설탕물을 넣고 찹쌀이나 끈기가 많은 쌀가루를 넣고(차이나 나이트 참조) 저속으로 믹서를 돌린다. 너무 걸쭉하면 물을 조금 더 넣어야 할 수도 있다. 식으면 좀 덜 끈적거리기는 하겠지만, 그래도 손에 반죽이 들러붙는 것을 방지하기 위해 남은 쌀가루를 손에 발라도 좋다. 안에 딸기가 들어갈 정도의 크기로 반죽을 떼어내 굴린 다음, 가운데를 엄지손가락으로 눌러 큰 구멍을 만들고 딸기를 넣는다. 반죽을 늘려 딸기를 감싸던가, 아니면 우리 가족이 했던 방식대로 하트 모양의 구멍을 남겨두어 딸기가 보이게 만든다.

일본에는 여러 가지 다양한 형태의 딸기 찹쌀떡이 존재한다. 나는 교토에서 반죽 안에 휘핑한 크림을 먼저 조금 집어넣은 다음 딸기를 넣은 형태의 찹쌀떡을 먹은 적이 있다. 속껍질까지 벗긴 오렌지를 넣은 찹쌀떡도 인기가 많다. 츠키지 시장에서 찹쌀 반죽에다 블루베리 즙을 섞어 작은 보라색 공을 만들어 된장(차이나 나이트 참조)으로 속을 채운 것도 보았다. 손이 빠르고 민첩하다면, 찹쌀 반죽 안을 작은 아이스크림 덩어리로 채운 후 냉동실에 넣어도 좋다. 전통적인 아이스크림 맛으로 생강, 팥, 녹차 맛이 있지만 딸기 맛 아이스크림 등 자신이 원하는 것으로 속을 채워도 좋다.

## 음료 • *beverage*

### 녹차 *Green Tea*

일본에서는 자리에 앉는 경우가 생길 때마다 언제나 누군가가 녹차를 가져다주는 것 같다. 익숙해질수록 더욱 녹차를 즐기게 된다. 일반적으로 일본인들이 추구하는 녹차의 맛은 '풀맛'으로, 이 말은 방금 전에 자른 잔디의 향기와 비슷한 맛을 나타내는 매우 적절한 표현이 아닐 수 없다. 재팬 나이트를 위해서 우리 가족은 가리가네 쿠키차Karigane kukicha를 마셨다. 일본에서 귀하게 여기는 풀맛이 아주 많이 나는 차로, 교토 지방의 그늘에서만 자라는 교쿠로gyokuro 품종의 잎이 아닌, 뿌리를 가지고 만든 것이다. 저녁 식사가 끝난 후에는 호지차hojicha를 마셨는데, 역시 대부분 뿌리로 만든 교토 지방의 차다. 호지차는 찻잎을 볶아서 만들었기 때문에 엄밀히 말하면 녹차지만, 색은 갈색이다. 뿌리 차는 잎 차보다 카페인이 적다. 녹차는 뜨거운 물에 우리되, 끓는 물에 우려서는 안 된다. 물이 너무 뜨거우면 찻잎에서 쓴맛이 나기 때문이다.

## 13

# 아프가니스탄 나이트

### *Afghanistan Night*

***Hint***

석유, 천연가스, 소금, 동, 철, 보석류가 풍부한 나라. 세계에서 가장 가난한 국가 중 하나로 남은 이유 가운데 하나가 지속적인 전쟁 때문!

아프가니스탄은 끊임없는 침략과 대부분 실패한 역사로 얼룩져 있다. 그 가운데 오랜 영향을 준 몇 안 되는 사례로 아프가니스탄을 이슬람 국가로 만든 7세기 아랍의 침략과 한순간 아프가니스탄을 이슬람의 중심지로 만들었던 11세기 터키의 침략, 그리고 칭기즈칸의 후예인 아프가니스탄의 통치자 바부르Babur가 16세기 인도의 일부를 침략한 사례를 꼽을 수 있다. 음식에도 침략 민족들의 영향이 반영되어 있는데 그 중에서도 아랍, 터키, 페르시아(이란)를 들 수 있다. 그렇지만 세계 최초의 농업국 가운데 하나인 이 산악 국가는 흙이 사라져 버리는 바람에 풍요롭고 다양한 요리가 번성하지 못했다. 경제 성장에 방해가 된 부족 중심주의와 전쟁이 튼튼했던 농업을 방해하면서 경작지가 점점 사막으로 변했던 것이다.

그렇다고 해서 아프가니스탄에 흥미로운 요리가 없다는 말은 아니다. 채식 애피타이저와 고기와 스프로 이루어진 메인 코스, 달콤한 디저트로 구성된 식사를 우리 가족은 매우 맛있게 즐겼다. 제대로 발음할 수 있는 요리가 단 하나도 없었던 점을 감안하면 의외의 결과라고 할 수 있다.

디저트는 먹기 하루 전부터 만들기 시작해야 한다.

## 애피타이저 • *appetizer*

### 부라니 바운준 *Bouranee Baunjun*

가지 1개
소금
올리브 오일 1¼컵
양파 1개
다진 녹색 파프리카 ½개
다진 토마토 2개
카이엔 페퍼 1테이블스푼
다진 마늘 3쪽
치킨 스톡 ¼컵(통조림을 사용하거나, '기본 레시피'를 참조할 것)
플레인 그릭요거트 1½컵

가지는 껍질째 얇게 썰고, 소금을 잔뜩 뿌려서 20분간 절인다. 소금을 털어낸 가지는 뜨겁게 달군 팬에 올리브 오일을 두르고 살짝 익힌다. 양파, 파프리카, 토마토, 카이엔 페퍼, 마늘을 넣는다. 숨이 죽을 때까지 볶은 후 치킨 스톡을 넣는다. 5분간 천천히 뭉근하게 끓인 후 불에서 내린다. 요거트를 넣고 잘 섞는다.

## 메인 코스 • *main course*

### 코프타드 나코드 *Koftad Nakhod* | 병아리콩 미트볼

캔 병아리콩 2컵
다진 노란 양파 1개
간 양고기 170그램
소금 큰 한 꼬집
후추 4회전
시나몬가루 1테이블스푼
빵가루 1컵
달걀 2개
치킨 스톡 2컵

푸드프로세서에 병아리콩과 양파를 넣고 갈아 퓌레로 만든다. 여기에 간 양고기를 넣고 소금, 후추, 시나몬, 빵가루, 달걀도 첨가하여 잘 섞는다. 골프공만 한 크기로 둥글게 빚어, 치킨 스톡에 넣고 30분간 뭉근하게 끓인다. 원하면 밥을 곁들여도 좋다.

## 채소 • *vegetable*

### 사브지 *Sabzi* | 시금치

올리브 오일 필요한 만큼
다진 양파 ½개
다진 마늘 5쪽
고수(실란트로) 가루 2테이블스푼
고수(실란트로) 씨 6개
다진 생 딜 3테이블스푼
다진 생 고수(실란트로) 잎 3테이블스푼
시금치 450그램

양파, 마늘, 고수가루와 씨를 올리브 오일에 넣고 볶는다. 여기에 딜, 고수 잎, 사브지를 넣고 볶는다. 숨이 살짝만 죽을 정도로 재빨리 볶는다.

사브지(시금치)

물 ¾컵
설탕 1컵
즙 낸 레몬 ½개
로즈워터 소량
껍질 깐 피스타치오 2컵
설탕 2½컵
달걀 3개
필로 도우 5장
녹인 버터 1스틱
달걀노른자 1~2개

끓인 물에 설탕을 녹인 다음, 레몬주스와 로즈워터를 넣고 차갑게 식힌다. 이것은 전날 미리 만들어야 하는 밑준비다.

다음 날 오븐을 200도로 예열하고, 껍질 깐 피스타치오, 설탕, 달걀을 푸드프로세서에 넣고 갈아 피스타치오 페이스트를 만든다.

필로 도우(Phyllo dough, 그리스에서 시작된 아주 얇아 잘 휘어지는 반죽. 전채 요리와 패스트리를 준비하는 데 사용한다. – 옮긴이) 한 장을 펼친다. 직사각형의 냉동 필로 도우를 사서 녹여서 사용하면 된다. 붓으로 버터를 바르고 반으로 접은 다음, 다시 한 번 붓으로 버터를 바른다. 12센티미터의 정사각형이 될 때까지 이 과정을 반복한다.

이렇게 만든 정사각형 도우에 피스타치오 페이스트를 일자로 바른 다음 도우를 둘둘 만다. 이 과정을 다시 한 번 반복한다. 페이스트의 양이 도우에 4~5번 바를 정도로 충분해야 한다. 달걀노른자물을 도우에 바르고 설탕을 뿌린 다음 15분간 오븐에서 굽는다. 먹기 직전에 차가운 시럽을 붓는다.

## 음료 • *beverage*

### 숌레 *Shomleh*

플레인 그릭요거트 2컵
물 1½컵
생 민트 잎 5장

모든 재료를 푸드프로세서나 블렌더에 넣고 민트가 완전히 퓌레가 될 때까지 간다. 차갑게 해서 낸다.

14

# 모로코 나이트

*Morocco Night*

***Hint***

해당 지역의 서양 왕국!

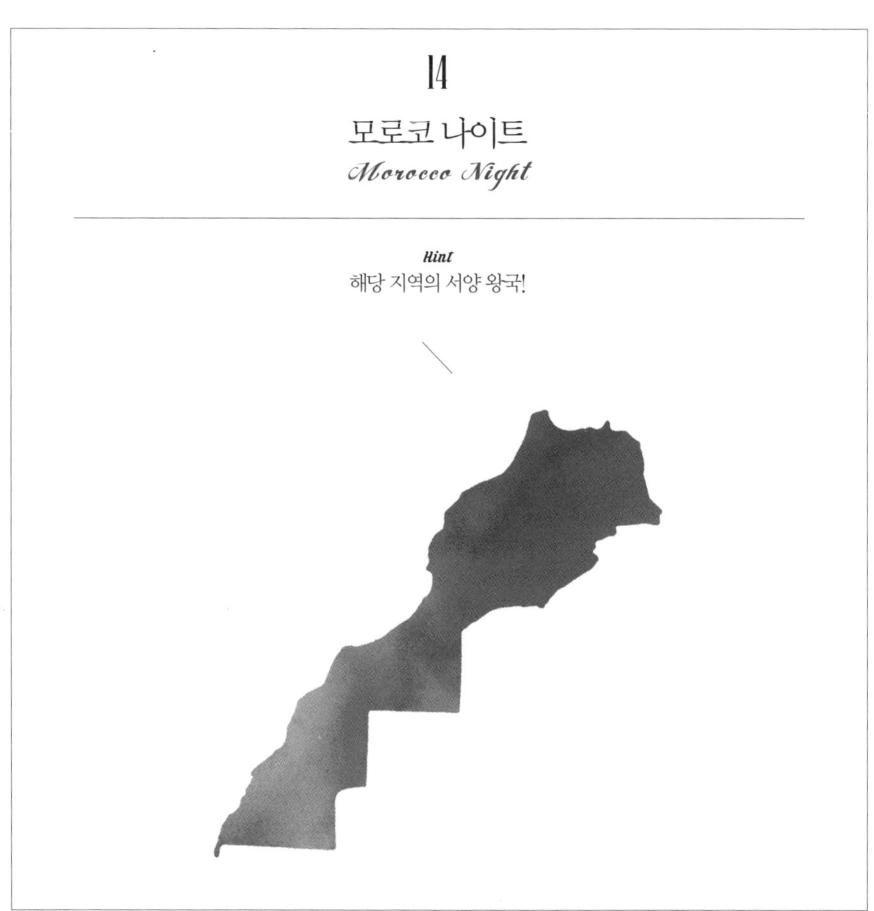

모로코의 원 아랍어 명칭은 알 맘라카트al-Mamlakat, 또는 알 마그리비야al-Maghribiyyah로 '가장 서쪽에 있는 왕국'을 뜻한다. 가장 서쪽이라는 것은 리비아, 튀니지, 알제리, 그리고 모로코를 포함하는 아랍 북아프리카 지역, 즉 마그레브Maghreb에서 가장 서쪽에 있는 국가라는 의미다. 이 나라들은 문화와 요리 면에서 굉장히 공통점이 많은데, 그 가운데에서도 모로코가 미식에 두각을 나타낸다. 모로코는 북아프리카에서 요리가 가장 뛰어난 나라이며, 어떤 이들은 아프리카 대륙을 통틀어 음식 맛이 최고인 나라로 꼽기도 한다. 탈리아의 손가락이 모로코에 닿았을 때 나는 이미 알고 있는 몇 가지 모로코 요리가 있었다. 모로코의 인접국인 튀니지에서 요리를 공부한 이후에는 더 많이 알게 되었다. 모로코 역사상 최초로 요리 학교가 생겼다는 소식을 듣자마자, 나는 탈리아와 함께 가봐야겠다고 결심했다.

요리 학교는 바위투성이의 검은 아틀라스 산맥Atlas Mountains을 등지고 펼쳐져 있는 평야 위에 세워진, 요리와 문화로 알려진 도시 마라케시의 메디나(옛 지구)에 있는 아름다운 부티크 호텔 내부에 있었다. 건물들이 흙으로 지어진 이 붉은 마을에는 고대의 벽들이 그대로 남아 있었다. 그 부티크 호텔은 최초의 역사를 가진 곳이었다. 1930년대부터 마라케시에서 살았던 프랑스 여성 헬레네 세비용 로르쉐트Lorechette와 그의 딸 수지가 1946년에 마라케시의 파샤(pasha, 터키 및 이집트 등 오스만제국의 영역과 그 영향권에서 장군 · 총독 · 사령관 따위의 신분이 높은 사람에게 사용된 칭호 – 옮긴이) 타미 엘 글라위Glaoui로부터 외국인들을 대상으로 하는 메디나 최초의 레스토랑이면서 동시에 모로코 최초로 여성들의 비즈니스를 허가 받은 곳이기 때문이다. 파샤는 단순히 허가만 해준 것이 아니라, 자신의 궁전 요리사를 보내어 모로코 요리를 알려주기까지 했다.

당시 마라케시에서 외국인들이 잘 가는 곳은 주로 메디나 외곽으로, 세계 최고의 고급 호텔 가운데 하나로 알려진 라 마뮤니아La Mamounia 같은 건축물이 있는 프랑스 식민 지역이었다. 그러나 헬레네와 수지는 윈스턴 처칠, 재클린 케네디, 찰스 드 골과 같은 유명 인사들을 북적이는 시장과 뱀 부리는 사람이 있고, 도로와 골목이 구불구불나 있는 메디나 안으로, 그리고 자신의 레스토랑인 라 메종 아라브La Maison Arabe 안으로 불러들일 수 있었다.

1995년에는 탕헤르에 있는 할머니 댁에서 여름을 보내다 모로코에 푹 빠진 이탈리아 귀족 파브리지오 루스폴리 디 포지오 수아사Suasa가 레스토랑과 그 옆 전통 모로코 주택인 리아드riad를 매입했다. 다시 한 번 역사상 최초의 일이 벌어졌는데, 그곳이 호텔로 바뀐 최초의 리아드였기 때문이다. 지금은 이런 일이 널리 행해지고 있다.

손으로 짠 양탄자, 램프, 문고리를 모두 자신의 개인적인 취향에 맞춘 파브리지오는 레스토랑과 호텔을 멋진 아랍 풍으로 꾸몄고 심지어 북아프리카에서 가장 유명한 우드(oud, 주로 아랍 국가에서 연주되는, 류트lute와 비슷한 현악기 – 옮긴이) 연주가의 제자들을 고용하여, 아라보 안달루시아Arabo-Andalusia 기타와 우드 음악을 연주하게 했다.(우드는 아랍인들이 발명한 것으로 루트 이전에 존재했던 악기다.)

아랍과 베르베르(Berber, 아프리카 북부 지중해 연안이나 사하라 사막에 아랍인 · 베두인족과 더불어 분포되어 있는 인종 – 옮긴이)의 안식처에다 파브리지오는 대리석 카운터와 십여 개의 조리 구역이 잘 갖춰져 있는 모로코 최초의 요리 학교를 세운 것이다.

우리가 학교를 방문했을 때는 어머니로부터 요리를 배운 와파 아마귀라는 매력적인 여성이 학교를 운영하고 있었다. 우리가 수강한 프로그램은 엄격했지만, 그녀는 상냥하게도 진지한 요리 수업 시간이 시작되기 전에 내게 와인 한 잔을 권했다. 어찌되었든, 오랫동안 프랑스에서 가난한 사람들에게 판매되었던 끔찍한 모로코 와인은 이제 마실 수 있는 정도를 넘어 제법 괜찮은 수준으로 발전했다.

우리는 다다dada 밑에서 요리를 배웠다. 모로코 사람들은 불과 얼마 전까지도 요리책 대신 다다에게 요리를 배웠는데, 다다란 모로코 요리의 기법, 비결, 레시피를 한 세대에서 다음 세대로 넘겨주는, 어머니에게 훈련받은 여성들을 가리킨다. 지금도 모로코 요리 지식에 대해 가장 해박한 사람들이 그들이다. 탈리아와 나는 파티하와 아야다라는 두 명의 다다로부터 요리를 배웠다.

파티하는 프랑스어와 영어로 소리치며 지시를 해대고 나를 큰 소리로 '셰프'라고 부르면서 엄격한 분위기를 풍기는 척하곤 했지만, 조금도 겁먹지 않은 탈리아는 그 모습을 도리어 재미있어 했다. 파티하가 실제로는 따뜻하고 동정심 많은 여성이라는 것을 알았기 때문이다. 그녀는 단순한 시골 요리사와는 거리가 먼 자신의 어머니로부터 요리를 배웠는데, 그녀의 어머니는 여덟 살에 마라케시의 파샤 카이드 엘 아야디Ayadi에게 입양되었다. 아야디는 1964년에 사망할 때까지 모로코에서 정치적으로 중요한 인물이었다. 파티하의 어머니는 어린 나이부터 궁전의 다다들과 함께 일했다. 그녀는 뛰어난 요리사로 명성을 떨쳤고, 마라케시의 궁전과 주요 인물들의 가정에서는 중요한 행사가 진행될 때마다 그녀에게 요리를 맡겼다. 그런 행사를 담당할 때마다 그녀는 열 명의 자녀 중 막내인 파티하와 함께 했기 때문에 파티하는 최고급 모로코 요리를 배울 수 있었다.

또 다른 다다인 아야다는 주기적으로 껄껄 웃어대는 몸집이 큰 여성이었는데, 아랍

타진

어밖에 하지 않았기 때문에 나를 다소 불안하게 만들었다. 와파가 설명해 주지 않으면 그녀가 무엇 때문에 웃는지 전혀 알 수 없었기 때문이다. 와파와 아야다는 주기적으로 의견 대립을 보였다. 아야다는 라 메종 아라브에서 일하는 사람이었기 때문에 그곳의 레시피를 가르쳐야 하는데도 불구하고, 자기만의 방식대로 바꾼 레시피를 가르치곤 했던 것이다. 그럴 때마다 와파가 저지하면 아야다는 "이건 그저 내가 개인적으로 만든 거야."라고 말할 뿐이었다. 이를 테면, 스프를 만드는 과정의 마지막에 토마토를 넣는 대신 처음에 토마토를 넣는 것처럼 대수롭지 않은 일들이었다. 그렇지만 그런 작은 변화들이 쌓여 다다의 비결이 되는데, 다다가 그런 비결을 알려줄 때면 항상 귀 기울여 들을 만한 가치가 있다.

탈리아와 나는 하루에 서너 시간씩 다다와 함께 요리를 했다. 나머지 시간은 호텔을 벗어나 거리 공연, 원숭이와 뱀, 이국적인 의상의 남자와 여자들, 양탄자, 보석류, 손으로 깎아 만든 나무 도구, 옷, 그리고 음식을 파는 작은 상점과 가판대로 넘쳐나는 매력적이면서도 지저분한 세상에서 시간을 보냈다. 우리는 또한 중세 아랍 건축 양식을 보여주는 훌륭한 건축물들과 이브 생로랑의 멋진 정원도 감상했다.

모로코 요리는 모로코인들과 마찬가지로, 여러 가지가 혼합되어 있다. 원래 모로코 원주민이었고 지금도 대다수를 차지하는 베르베르족의 일부와 20세기 거의 절반을 모로코를 지배했던 프랑스의 일부, 그리고 중세에 모로코를 점령하여 수세기 동안 통치했던 아랍도 일부 포함되어 있다. 모로코는 아랍을 통해 터키로부터 주목할 만한 영향을 받기도 했는데, 일례로 터키의 발명품 가운데 가장 널리 알려진 '필로 도우'의 사용이 그렇다. 필로는 아름다운 우드 음악을 들여오기도 한 스패니시 아랍인인 무어 족에 의해 모로코에 전해졌다. 모로코에 중요한 영향을 준 또 다른 민족으로는 유대인들이 있다. 예전에는 모로코가 세상에서 유대인이 가장 많이 사는 곳 중에 하나였지만, 지금은 모로코 유대인들이 대부분 이스라엘, 프랑스, 미국, 캐나다 등 다른 나라로 이주해버렸다. '레몬 프리저브' 같은 보존 식품이 유대인에 의해 발명되었다고 한다.

모로코 요리는 지름길 없는 '구식 요리'다. 아야다는 "좋은 요리의 비결은 시간이 오래 걸린다는 거예요."라고 말했다. 또한 재료를 대충 손질하는 법이 없다. 10분간 칼질을 해야 하는 한이 있더라도, 매우 잘게 다져야 했다. 라 메종 아라브에서 탈리아는 칼 쓰는 법을 배웠는데, 집에서는 내가 차마 가르치지 못했던 부분이었다. 모로코 음식은 재료를 자연 상태 그대로 남겨두지 않는 경향이 있다. 토마토와 고추는 껍질을 벗기고, 토마토 씨는 제거한다. 통째로 남겨두는 법이 없었다. 또한 지방이 많지 않다. 기름을 아껴 사용했는데, 유럽과 아프리카가 교차하는 나라답게 주로 올리브 오일이나 피넛 오일을 사용했다.

모로코 사람들은 기계를 사용하지 않는다. 내가 봤던 유일한 기계는 아몬드를 갈 때 사용하는 푸드프로세서가 전부였다. 전통적으로 아몬드를 갈 때 사용하는 나무 손잡이가 달린 맷돌도 주방에 있었다. 인디아 음식과 마찬가지로 모로코 음식의 우아함은 주의 깊게 섞은 허브와 향신료에 있다. 와파는 요리를 후추, 생강, 터메릭으로 시작한다고 여러 차례 반복해서 강조했다. 신선한 생강 대신 그들은 일반적으로 생강가루를 사용하는데, 나는 신선한 생강만큼 좋은 게 없다고 생각한다. 그들도 내 생각에 동의했지만, 생강을 구하기가 어렵다고 했다. 또 다른 주요 향신료는 커민이다. 많이 매운 음식은 없지만 요리를 조금 맵게 하고 싶을 때는 붉은 고추, 마늘, 커민가루나 올리브 오일과 섞어 페이스트로 만든 커민 페이스트를 블렌드한 하리사harissa를 사용한다.(붉은 고추에 대해서는 '설탕과 향신료에 대하여'를 참조할 것.) 생 파슬리와 고수(실란트로) 역시 자주 이용하는 재료이며, 다진 마늘과 양파도 마찬가지다. 사프란도 중요한 재료이긴 하지만 값이 비싸다. 사프란은 크로커스 일종의 암술머리로 긴 보라색 꽃 한 송이에 붉고 길은 암술머리가 세 개밖에 달리지 않아서 1킬로그램의 사프란을 생산해내기 위해서는 15만 송이의 사프란 꽃이 필요한데, 한 그루에 서너 송이의 꽃밖에 피지 않는다. 모로코에서는 탈리윈에서만 생산되고, 시월에만 수확할 수 있다. 그러니 사프란은 귀한 식재료일 수밖에 없다.

향신료 맛이 강한 다른 요리들과 마찬가지로 향신료들을 특별하게 블렌딩한 라스 엘 하누트Ras el Hanout가 있다. 이는 문자 그대로 '상점의 머리'라는 뜻으로, 가장 많이 팔리는 향신료를 혼합하여 만든다. 제조사에 따라 조금씩 다르게 만들기 때문에 훌륭한 모로코 셰프들은 이 혼합 향신료를 구입할 때마다 주의를 기울이지만, 일반적으로 카다몸, 메이스, 붉은 고추, 방동사니(galingale, 카다몸이 나오는 생강나무의 줄기), 넛멕, 스타아니스, 생강, 시나몬, 클로브, 벨라도나belladonna, 독일 붓꽃(orris root, 높은 아틀라스 산맥에서 자라며 향수 제작에 귀중한 재료인 아이리스로부터 파생된 것으로, 그곳에서는 우드 엘 앰버oud el amber로 알려져 있다), 라벤더, 후추, 장미꽃 봉우리, 몇 개의 다른 재료가 들어가는데 그 중 일부는 최음제로 알려져 있다.

다다의 요리 스타일에 관해서 내가 가장 좋아했던 부분은 절대로 저울로 측정하는 법이 없다는 것이다. "이것 한 줌, 저것 한 꼬집, 요것 조금" 하는 식이다. 요리는 결국 과학 공식이 아니라, 개인적인 선택과 관련이 있다. 와파가 내게 이런 말을 한 적이 있다. "나는 음식은 계량이 아니라고 가르쳐요." 그런데 서양인들은 계량을 부추기는 요리책을 보고 자란다. 그래서 나는 이 책에서 그런 이들에게 도움이 되는 양을 제시하려고 노력했다.

아야다의 요리 비결 가운데 하나는 타진tagine을 만들 때 하루 전에 오렌지 캔딩(candying, 과일과 채소를 걸쭉한 시럽에 요리하는 것 – 옮긴이)을 시작하는 것이다.('양고기와 설탕에 절인 오렌지 타진'을 참조할 것). 자알룩 샐러드 역시 하루 전에 만드는 것이 가장 좋다.

*The Recipe*

## 아몬드에 대하여

아몬드는 모로코 요리에 끊임없이 사용되는 재료로 거의 항상 블랜치(blanch, 데쳐서 껍질을 벗기는 것 – 옮긴이)한다. 모로코에서는 껍질 벗긴 아몬드를 거의 판매하지 않는다. 미리 블랜치하면 맛과 식감을 잃는다고 생각하기 때문이다. 모든 것을 어렵게, 그렇지만 가장 좋은 방식으로 처리하는 다다는 아몬드가 들어가는 요리를 위해 언제나 직접 블랜치한다. 그러기 위해서는 아몬드를 끓는 물에 몇 분간 담갔다가 찬물에 식힌 다음 키친타월로 물기를 빼고 엄지와 검지를 이용해 껍질을 벗긴다. 시간이 좀 걸리기는 하지만, 때로는 손가락 사이로 흰 아몬드가 나오는 것을 보면서 좋아하는 아이들도 있다. 귀찮으면 껍질 벗긴 아몬드를 구입하면 된다.

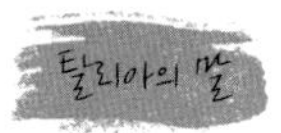


### • 마라케시로 떠난 우리들의 여행 •

마라케시의 호텔에 도착하자마자 아빠와 나는 가장 먼저 마음을 가라앉혀 주는 정원으로 나가서, 모로코에서 유명한 민트티를 마시며 라 메종 아라브의 홈 메이드 모둠 쿠키를 맛보았습니다. 아름다운 식물과 새들의 노랫소리를 저는 결코 잊지 못할 거예요.

호텔은 걸작이라고 말할 수 있을 정도의 엄청난 건축물이었어요. 모로코 전통 스타일이었지만 현대의 편리함을 모두 갖추고 있었고, 건물의 중정에는 긴장을 풀어주는 산들바람과 장미 꽃잎으로 가득한 작은 분수가 있는 정원이 있었죠. 또 다른 정원의 한 가운데에는 어서 와서 수영을 하라고 유혹하는 듯한 아름다운 수영장도 있었고요. 우리는 옛 도시에 있었기 때문에 아침마다 조금만 걸어 나가면 시장에 갈 수 있었어요.

다다와 함께 배우는 요리 수업은 너무도 재미있었습니다. 우리는 타진을 많이 만들었는데, 타진이란 모로코 식 스튜랍니다. 단맛이 날 수도, 신맛이 날 수도 있고, 채소만 가지고 만들 수도, 고기를 넣어 만들 수도 있어요. 우리는 또한 음료를 가지고 실험을 하기도 했는데, 그 중 아몬드 밀크 드링크는 대단히 맛있었어요. 모로코의 디저트도 배웠는데, 디저트를 만드는 일은 (그리고 먹는 일은) 언제나 재미있었지요. 샐러드도 만들었는데, 채소가 많이 들어갔다고는 할 수 없지만 그래도 맛있었어요. 심지어 피타 브레드와 비슷한 우리만의 빵을 만드는 법도 배웠습니다.

'토마토 장미'를 만드는 법도 배웠어요. 맨 위에서부터 사선으로 토마토 껍질을 벗기면서 너무 얇게 벗겨서 끊어지지 않게만 주의한다면 긴 토마토 껍질을 만들 수 있어요. 양탄자를 둘둘 말아 올리는 것처럼 토마토 껍질을 원통으로 맙니다. 가운데는 촘촘히 말고 바깥으로 갈

수록 느슨하게 말아야 해요. 그러면, 짜잔! 맛있는 붉은 장미가 탄생합니다.

이 여행에서 저는 요리 실력을 한 단계 발전시킬 수 있었어요. 전에는 불을 사용하거나, 칼을 많이 쓰는 것처럼 어려운 순서가 닥칠 때마다 아빠가 도와주시곤 했지만 모로코에 있는 동안 얇게 써는 방법, 깍둑썰기 하는 방법, 잘게 다지는 방법을 배웠습니다. 조심스럽게 칼을 다루면서 모든 것을 혼자 할 수 있게 되자, 훨씬 더 만족스러운 경험을 할 수 있었지요. 물론 처음으로 불과 칼을 사용하기 시작할 때는 도움을 받아야 합니다.

이 여행을 마법 같이 만들어준 또 다른 요소는 도시의 분위기였습니다. 거의 매일 밤 아빠와 저는 그날 오후에 만든 음식을 먹는 것으로 하나의 요리 과정을 마무리했는데, 그래서 더욱 기억에 많이 남습니다.

우리가 해야 할 건 한 번의 저녁식사를 차리는 일이었데, 만들고 싶은 요리가 정말이지 너무나도 많았어요. 그래서 우리는 모로코 나이트를 두 번 갖기로 했답니다. 이 가운데 몇 개의 요리를 빼서 한 번의 모로코 나이트로 해도 좋지만, 그렇다면 무슨 재미가 있겠어요? 여러분도 주말 내내 모로코 특식을 즐겨보세요!

# 첫 번째 모로코 나이트
## *First Morocco Night*

### 바트바우트 브레드 *Batbout Bread*

매번 수업이 시작될 때마다 우리는 빵을 만들었다. 모로코 음식에서 빵이 빠질 수는 없기 때문이다. 메종 아라브에는 오븐이 있었지만, 모로코의 일반 가정에 오븐이 있는 경우는 드물다. 그들은 프라이팬으로 빵을 만들거나, 마을의 공동 제빵사 communal baker에게 가서 빵을 구워온다. 그런 공동 베이커가 메종 아라브 근처의 한 모퉁이에 있었다. 작은 출입구를 지나면 자홍색과 흰색 타일이 깔린 동굴과 같은 상점으로 연결되는데, 반대편 끝에는 어둠 속에서 시뻘겋게 달아오른 나무가 활활 타오르고 있고 그 옆에서 빵들이 구워지고 있었다. 실로 짠 검은 베레모를 쓰고 전통의상인 흰 줄무늬의 면 젤라바(djellaba, 모로코 남성이 착용하는 두건과 긴 소매가 달린 헐렁한 외투 – 옮긴이)를 입은 어둠 속에 있는 사람이 마스터 베이커인데, 마스터 베이커가 되려면 최소 10년은 걸린다. 사람들이 반죽을 가지고 오면 그는 빵을 완벽하게 굽기만 하는 것이 아니라, 꼬리표를 붙이지 않고도 어느 빵이 누구 것인지를 기억하고 있어야 한다. 빵에도 일종의 사회질서가 적용되는데, 사람들이 사용하는 밀가루의 질을 보면 그 집의 경제 수준을 알 수 있다.

모로코의 빵은 내가 튀니지에서 배운 것과 매우 유사했는데, 기발한 북아프리카 발명품인 바닥이 평평한 볼인 사아gsaa에 반죽을 올려서 만든다. 빵을 다 만들고 나면 설거지거리는 사아뿐이다. 모로코와 튀니지 모두 시골 주방에서는 나무로 만든 볼을 사용하고, 마라케시 같은 도시에서는 반짝이는 도기 볼을 사용한다.

다다들은 두 가지 종류의 밀가루를 섞어 사용한다. 일반 흰 밀가루와 고품질인 조금 어두운 색의 밀가루를 함께 사용한다. 그렇지만 어떤 종류의 밀가루를 사용해도 상관없다. 다다들은 생 이스트로 빵을 만든다. 생 이스트를 사용하는 것이 가장 좋지만, 드라이 이스트를 사용해도 상관없다. 추운 방보다는 따뜻한 방에서 만들면 더 잘 만들어진다. 모로코 사람들이 여름에 빵이 더 잘 만들어진다고 말하는 이유다.

생 이스트 1테이블스푼
밀가루 3컵
소금 큰 한 꼬집
설탕 큰 한 꼬집
따듯한 물
피넛 오일 1~2테이블스푼

이스트를 밀가루, 소금, 설탕과 섞는다. 약간 끈적이면서도 치댈 수 있는 정도의 도우가 될 때까지 따뜻한 물을 조금씩 섞는다. 생 이스트를 사용한다면, 섞으면서 손가락으로 으깨야 하고 드라이 이스트를 사용한다면, 다른 재료와 섞기 전에 미리 소량의 따뜻한 물에 녹여야 한다. 손바닥으로 도우를 볼 바닥에 대고 누른 뒤 반으로 접고 치대는 과정을 반복하면서 최소 10분간 반죽한다. 도우를 둥글게 빚어 피넛 오일을 조금 발라 표면을 매끄럽게 만들되, 오일을 너무 많이 묻히지는 말 것. 그 다음 밀가루를 가볍게 뿌리고 면포로 싼다. 30분이 지나면 반죽이 커져 있을 것이다. 여러 조각으로 잘라 지름 12~15센티미터의 팬케이크 모양으로 만든다.

작은 프라이팬을 뜨겁게 달군다. 팬케이크 모양으로 만든 도우를 프라이팬에 올리고 양면이 살짝 갈색이 나고, 표면에 검은 자국이 드문드문 생길 때까지 몇 분마다 한 번씩 뒤집으며 굽는다.

## 구운 정어리 *Baked Sardines*

구운 정어리는 우리 가족이 가장 좋아하는 요리로, 모로코 나이트를 위해 준비한 메뉴 가운데 마라케시 요리 학교에서 배우지 않은 유일한 음식이다. 모로코 사람들은 정어리를 많이 먹지만, 내륙인 마라케시에서는 그리 많이 즐기지 않는다.

- 비늘과 내장만 제거한 신선한 정어리 5마리
- 잘게 다진 양파 1컵
- 올리브 오일 ¼컵
- 토마토소스 소스 1 4컵('기본 레시피' 참조)
- 커민가루 3테이블스푼
- 하리사 1테이블스푼(또는 카이옌 페퍼)
- 잘게 다진 마늘 3쪽
- 잘게 다진 고수(실란트로) 잎 ½컵
- 잘게 다진 이탈리안 파슬리 ½컵
- 블랙 올리브 7개
- 얇게 썬 모로칸 레몬 프리저브 1개('기본 레시피' 참조)

오븐을 175도로 예열한 다음 정어리를 구워, 살코기를 발라 한 마리당 두 개의 살코기가 나오도록 바른다.('시칠리아 나이트'의 '정어리 피자'와 '아키텐 나이트'의 '그릴에 구운 정어리' 참조.) 달군 팬에 올리브 오일을 두르고 양파를 볶다가 토마토소스를 넣는다. 커민가루와 하리사를 넣는다.(하리사가 싫다면 카이옌 페퍼를.) 소스의 절반을 작은 오븐 용 그릇에 담는다. 정어리 살코기 다섯 장을 껍질 쪽을 아래로 향하게 해서 가지런히 소스 그릇에 담고, 나머지 살코기 다섯 장은 그 위에 얹는다. 남은 절반의 소스를 정어리 위에 붓는다. 블랙 올리브와 얇게 썬 레몬 프리저브를 위에 올리고, 10분간 굽는다.

## 하리라 Harira

만약 당신이 탈리아와 정반대로 정어리보다 스프를 좋아한다면, 우리가 메종 아라브에서 배운 이 스프를 한번 만들어보기를. 모로코 사람들은 이 스프를 아침 식사로, 혹은 달콤한 패스트리를 곁들여 한밤중에 먹기도 한다.

한 입 크기로 자른 양고기 230그램
잘게 다진 양파 2개
말린 렌틸콩 230그램
병아리콩 통조림 ½컵
잘게 다진 셀러리 1줄기
올리브 오일 6테이블스푼
소금 큰 한 꼬집
터메릭가루 ½티스푼
정제버터 1티스푼
물 9컵
중간 크기의 토마토 3개
껍질 벗겨 잘게 자른 생강 1뿌리
토마토 페이스트 2테이블스푼
후추 4회전
쌀 ¼컵
밀가루 3테이블스푼

분량의 양고기, 양파, 렌틸콩, 병아리콩, 셀러리, 올리브 오일 3테이블스푼, 소금, 터메릭, 정제버터(아랍어로 스멘smen이라고 부르며 인도에서는 기ghee라고 한다. '기본 레시피'와 인도 나이트 참조)를 냄비에 넣고, 중불로 10분간 끓인다. 물을 넣고, 중불에서 한 시간 더 조리한다.

토마토를 직화로 표면을 태워 껍질을 벗기고 사등분하여 씨와 즙을 제거한다.(아야다는 손가락을 이용해 대단히 능숙하게 제거했다.) 푸드프로세서에 분량의 토마토와 생강을 함께 넣고 퓌레로 만든다. 이렇게 하면 칼질을 많이 하지 않아도 된다. 퓌레를 볼에 넣고 토마토 페이스트, 올리브 오일 3테이블스푼, 후추를 넣는다. 이렇게 섞은 토마토 퓌레 믹스를 스프에 넣고, 잘 저어 다시 20분간 조리한다. 여기에 쌀을 넣고, 10분 더 가열한다.

스프에서 국물을 조금 떠서 밀가루를 넣은 볼에 더해, 덩어리가 생기지 않을 때까지 잘 섞은 후 이것을 다시 스프에 넣는다. 스프를 계속 저으면서 5분 더 끓인다.

## 메인 코스 • *main course*

### 양고기와 설탕에 절인 오렌지 타진 *Lamb and Candied Orange Tagine*

조리 기구와 음식 이름 모두 타진인 이 요리는 모두 베르베르 식이다. 당연한 말을 해야겠다. '타진'을 만들려면 '타진'이 있어야 한다. 타진은 김이 빠져나갈 수 있는 높은 굴뚝이 달린 뚜껑 있는 도자기 냄비를 말한다. 상점에서 구입할 수도 있고, 온라인으로도 구할 수 있다. 유광 도자기로 된 것도 있고, 무광 도자기로 된 것도 있다. 무광 타진은 처음 사용하기 전에 최소 만 하루 정도 물에 담가 두어야 한다. 무광 타진은 점토가 음식의 맛을 흡수하기 때문에 한 가지 종류의 음식에만 사용할 수 있다. 타진은 닭고기, 양고기, 생선을 비롯해 여러 재료를 넣고 만들 수 있으며 다양한 소스를 곁들이는데, 이를 테면 무광 타진에 양고기를 요리했다면 다음번에는 생선을 조리할 수 없다. 쇠고기를 요리한 무광 타진에다 닭고기를 조리할 수 없다. 따라서 유광 타진이 확실히 더 편리하다. 굴뚝 꼭대기에 구멍이 나 있는 타진도 있지만, 구멍이 없는 것이 더 좋다. 구멍이 없으면 밀폐 찜기가 되기 때문이다. 이 요리는 타진 안에서 천천히 벌어지는 과정을 통해 만들어진다.

고기 타진은 주로 말린 과일처럼 단맛을 지닌 재료로 만든다. 내가 제안하는 레시피에서는 설탕에 절인 오렌지가 들어가는데, 아야다는 가장 맛있게 만들기 위해서는 하루 전날 미리 오렌지를 설탕에 절이기 시작해야 한다고 말한다.

우리는 세 가족이라 오렌지를 두 개만 사용한다. 5인분을 만들려면 오렌지 세 개가 적당한데, 커다란 타진 하나에 들어갈 수 있는 오렌지가 최대 세 개다. 레스토랑에서는 한 사람 앞에 하나의 타진이 나온다.

잘게 다진 노란 양파 2개
피넛 오일 3테이블스푼
버터 1테이블스푼
터메릭가루 ½테이블스푼
시나몬가루 1티스푼
후추 3회전
잘게 다진 생강 ½티스푼

뼈 있는 양다리 3조각(정육점에서 양고기의 다리 하나, 혹은 절반을 사서 잘라 달라고 하면 된다. 2센티미터 두께로 잘라달라고 할 것)
물 3컵
사프란 3가닥
스윗 오렌지 1개
설탕에 절인 오렌지(다음에 나올 레시피 참조)
참깨 3테이블스푼

타진에 피넛 오일과 버터를 두르고 양파를 넣어 약불에 익힌다. 터메릭, 시나몬, 후추, 생강을 넣는다. 기름이 달구어지면 한 사람 앞에 하나씩 양고기 다리 한 조각을 넣고, 약 20분간 조리한다. 그 다음 물과 사프란을 넣는다. 뚜껑을 덮고 한 시간 가량 뭉근하게 끓인다. 물이 완전히 졸아들지 않았는지 가끔 확인해야 한다.

오렌지의 위와 아래 꼭지 부분을 자르고, 칼로 껍질을 벗긴다. 오렌지의 ¾정도 되는 부분까지 칼집을 넣고, 타진 가장자리에 예쁘게 장식한다. 설탕에 절인 오렌지의 껍질을 길게 잘라 타진 가장자리에 햇살처럼 펼쳐 놓는다. 참깨를 가볍게 뿌린다. 식탁에 낼 때는 뚜껑을 덮은 채 가지고 와서 뚜껑을 열었을 때 극적인 효과를 내는 것이 핵심.

### 오렌지 설탕 절임 *Candied Oranges*

| | |
|---|---|
| 오렌지 2개 | 클로브 4개 |
| 시나몬스틱 2개 | 설탕 2컵 |

먹기 하루 전날 오렌지를 강판에 갈아 윤기 나는 겉껍질만 대충 제거하고, 나머지는 그대로 남겨둔다. 흰 속껍질이 드러나지 않도록 한다. 오렌지를 사등분하여 1리터의 물에 20분간 끓인다. 그런 다음 물을 버리고 다시 1리터 정도의 물을 담아 시나몬스틱, 클로브, 설탕을 넣는다. 오렌지 믹스가 캐러멜라이즈되기 시작할 때까지 물을 끓인 다음, 불을 끄고 다음 날까지 그대로 놔둔다. 다음 날 물이 다 증발하고 시럽이 될 때까지 다시 끓인다.

## 디저트 • *dessert*

### 과일 파스티야 *Fruit Pastilla*

파스티야는 필로에 쌓은 음식을 나타내는 아랍어를 프랑스어로 번역한 것이다. 아랍어에는 'P'가 없어서 때로는 비스티야Bistilla라고 불리기 때문에 어쩌면 좋은 번역은 아닐지도 모르겠다. 파스티야는 시골에서는 찾을 수 없는, 도시에서 먹는 고급 요리다.

필로 도우 1장
피넛 오일 ¼컵
전유 0.5리터
설탕 3테이블스푼

오렌지 블로섬 워터 3테이블스푼
옥수수 전분 ½컵
설탕 ¼컵
헤비크림 1컵

여름에 만들 경우

얇게 저민 딸기 6개
얇게 저민 작은 자두 2개
얇게 저민 복숭아 1개

겨울에 만들 경우

얇게 저민 바나나 1개
얇게 저민 딸기 6개

지름 10센티미터 크기의 원 모양으로 자른 필로 도우 네 개를 준비한다. 이것이 일인분이다. 이 필로 도우를 색이 변할 때까지 몇 분간 뜨거운 기름에서 튀긴 다음, 키친타월에 올려 기름기를 뺀다.

오렌지 블로섬 워터에 우유, 설탕, 옥수수 전분을 풀어 넣은 후 가열하여 오렌지 블로섬 워터 믹스를 만다. 오렌지 블로섬 워터 믹스가 걸쭉하게 되기 시작할 때까지 계속 저은 후 식힌다. 과일마다 얇게 저민 몇 조각씩을 따로 빼놓는다. 프라이팬에 물을 조금 넣고 설탕을 녹인 후 나머지 과일을 넣는다. 설탕 시럽이 뜨거워질 때까지 빠르게 젓다가 곧바로 불에서 내려 식힌다.

크림에 오렌지 블로섬 워터 몇 방울과 설탕 ¼컵을 넣고 단단해질 때까지 휘핑한다.

접시에 튀긴 필로 도우 한 장을 올린다. 도우 윗면에 오렌지 블로섬 워터 믹스를 바른다. 그 위에 필로 도우 한 장을 올린다. 스푼으로 약간의 시럽과 함께 과일을 떠서 필로 도우 위에 올린다. 또 다른 필로 도우 한 장을 올린다. 휘핑한 크림을 바른 다음 시럽에 넣지 않고 따로 빼둔 저민 과일들을 올린다. 다시 필로 도우 한 장을 올린다. 휘핑크림을 올린 후 맨 위에 얇게 저민 딸기 조각을 하나 올린다.

## 모로지토 Morojito

이슬람 국가에서 훌륭한 바텐더를 찾을 수 있을 거라는 기대를 하는 사람은 아마 없을 것이다. 독실한 이슬람교 신자라면 술을 마시면 안 된다고 말하는데다, 메종 아라브는 확성기로 하루에 다섯 번씩 예배 시간을 알리는 이슬람 사원 근처에 있었기 때문이다. 그렇지만 상냥한 라시드 에히디는 그야말로 완벽한 바텐더가 아닐 수 없었다. 당신이 말하고 싶을 때는 들어주고, 당신이 듣고 싶을 때는 즐겁게 해주면서, 정신없이 빠른 속도로 혼합 음료를 만들어낸다. 물론, 술을 마시지 않는 사람들이 많기 때문에 무알코올 음료도 만든다. 그 무알코올 음료를 탈리아는 무척이나 좋아했다. 라시드가 만든 음료 중에는 복숭아주스, 민트 시럽, 코코넛 크림과 오이를 블렌더에 넣어 갈아 만든 음료도 있고, 망고주스, 석류 즙 시럽, 바나나나 딸기를 블렌더에 간 음료도 있다. 그러나 무엇보다 그의 대표적인 음료는 알코올을 넣어도 되고 넣지 않아도 되는 것인데, 라시드는 그 음료를 '모로지토'라고 불렀다.

큰 라임 1개
파인애플 주스 1리터
다진 신선한 생강 2조각
생 민트 한 줌
민트 시럽 1테이블스푼

라임을 세워서 세로로 사등분한 후 블렌더에 넣는다. 파인애플 주스, 생강, 민트, 민트 시럽도 넣는다. 완전히 잘 섞일 때까지 간 다음 체에 내린다. 라시드가 만든 음료는 아이들과 이슬람교도들에게는 좋지만, 나는 다크 럼주를 첨가하는 것이 훨씬 더 맛 좋다는 사실을 알아냈다.

사프란이나 민트, 레몬 버베나 차는 모로코에서 가장 많이 마시는 음료다. 이런 차는 자기 집이나 상점을 찾은 손님을 맞을 때에나 내는 전통 음료다. 모로코 사람들은 설탕에 집착해서 기회가 될 때마다 엄청난 양을 사용하는데, 차를 시럽처럼 만들어 마신다. 마라케시에 사는 한 베르베르인이 내게 이런 농담을 한 적이 있다. "우리는 손님에게 '환영합니다'라는 뜻을 전하려고 차를 건네는데, 설탕이 많이 들어가 있지 않으면 '다시는 오지 마세요'라는 뜻이죠."

와파는 설탕을 넣지 않고 차를 우린 다음, 손님들이 각자의 기호대로 설탕을 넣게 하는 것이 좋다고 제안했다. 그렇지만 모로코계 프랑스인인 알린 베나윤Aline Benayoun은 자신의 저서 『카사블랑카 요리: 프렌치 북아프리카 쿠킹Casablanca Cuisine: French North African Cooking』에서 흥미로운 지적을 한 바 있다.(모로코계 프랑스인들을 가리켜 피에누아pied noir, 즉 검은 발이라고 부르는데 이는 그들이 신는 유럽 식 신발에서 기인했다.) 그녀는 북아프리카 민트 티의 비결 중 하나가 설탕을 넣은 상태로 차를 우리는 것이라고 했다. 설탕을 원치 않는 사람들에게는 문제가 되겠지만, 나 역시도 설탕이 민트의 맛을 더욱 잘 우러나게 만든다고 생각하기 때문에 찻주전자에 설탕 1테이블스푼을 넣는다.

대부분의 아프리카 대륙과 마찬가지로 모로코에서도 차를 우려서 내는 일은 정교한 의식이다. 요리는 여성이 하지만, 차를 만들어 내는 것은 집안의 가장이 한다. 차를 잘 우리는 사람은 장인으로 간주된다.

일반적인 차는 '화약 차gunpowder tea'라고 불리는 중국 녹차로, 중세부터 재배되어 온 중국 해안의 저장성Zheijiang Province에서 들여온다. 둥글게 말린 녹차 잎이 총탄 모양과 같다고 해서 영국 사람들이 화약 차라는 이름을 붙였다. 18세기에 새로운 판로를 모색하던 영국인들이 차를 북아프리카에 전파했다.

모로코의 전통 차를 만들기 위해서는 우선 모로코 식 금속 찻주전자가 있어야 한다. 가스 불 위에 올릴 수 있는 금속 찻주전자가 없다면, 뜨거운 물을 주전자에 부어서 데우는 수밖에 없다. 물을 따르고 차와 사프란을 넣고 우린다.(민트 티를 만들기 위해서는 찻잎과 생 민트를 넣거나 레몬 버베나를 넣는다.)

전통적인 방식으로 차를 만들려면 물을 주전자에 넣고 끓여야 한다. 뜨거운 물을 모로코 식 찻주전자에 조금 따라 찻주전자 전체를 따뜻하게 덥히고, 녹차를 넣는다. 주전자에서 끓는 물 한 컵을 떠서 찻주전자에 붓는다. 이렇게 섞은 첫 물을 찻잔에 따른다. 모로코 사람들은 이것을 차의 정수라고 여긴다. 다시 끓는 물 한 컵을 찻주전자에 붓고 주전자를 덥힌 후 두 번째 찻잔에 따른다. 이 차는 버릴 것이다. 이는 찻잎을 깨끗하게 씻기 위한 것으로 모로코 사람들은 이 물이 쓰다고 생각한다. 찻주전자에 사프란을 넣는다. 비싼 것은 사실이지만 사프란 맛이 날 정도로 충분히 넣어야 한다. 설탕 1테이블스푼을 넣는다. 첫 번째 잔에 따라 놓았던 차를 찻주전자에 다시 붓고, 끓는 물을 채운다. 찻주전자를 약불에 올리고 물이 끓기 시작할 때까지 가열한다. 화려하게 장식된 작은 유리잔에 차를 따른다. 내기 전에 차를 유리잔에 따랐다가 다시 찻주전자에 따르는 과정을 두세 번 반복한다. 녹차와 사프란과 설탕이 잘 섞이도록 하기 위해서다. 가능한 찻주전자를 높이 들고 차를 따를 것. 이는 유리잔에 거품이 생기게 하기 위한 것이기도 하지만, 모로코에서 차를 내는 기교이기도 하다.

# 두 번째 모로코 나이트
*Second Morocco Night*

## 샐러드 • *salad*

### 자알룩 샐러드 Zaalouk Salad

아래 소개하는 샐러드들은 맛과 식감이 서로 전혀 다르기 때문에 우리는 세 가지 샐러드를 조금씩 만들었다. 첫 번째 샐러드는 전날 미리 만들어 하룻밤 차갑게 해두면 좋다.

중간 크기 토마토 4개
작은 가지 1개
껍질 벗긴 마늘 2쪽
소금 큰 한 꼬집
올리브 오일 1테이블스푼
스윗 파프리카 1티스푼
하리사 2티스푼
커민 1테이블스푼
후추 5회전
와인 비니거 몇 방울

토마토를 직화로 태워 껍질을 벗기고, 사등분한 후 씨와 즙은 버린다. 사등분한 토마토를 갈아서 따로 둔다. 작은 가지의 껍질을 일부만 벗긴다.(가지보다 토마토의 양이 조금 더 많아야 한다). 예를 들면, 파티하는 가지에 줄무늬가 있는 것처럼 군데군데 껍질을 세로로 길게 자르라고 알려줬다. 그런 다음 깍둑썰기 한다. 마늘을 잘게 다진 후 칼의 평평한 면으로 으깬다. 스튜 냄비에 올리브 오일을 두르고 마늘과 소금을 넣는다. 기름기가 많은 음식이 아니므로 올리브 오일을 너무 많이 넣지 않도록 주의할 것. 이렇게 준비한 스튜 냄비를 중불에 올리고 가지를 넣는다. 5분간 끓인 후 갈아 둔 토마토와 파프리카, 하리사, 커민, 후추를 냄비에 넣는다. 가지를 으깨기 시작한다. 파티하는 나무 주걱으로 으깨라고 가르쳤지만, 집에서 요리할 때는 멕시칸 빈 매셔로 가지를 으깨는데, 나무 주걱만큼 효율적이다.(어떻게 멕시코 사람들만이 이런 도구를 만들어낼 생각을 했을까?) 계속 잘게 으깬다. 아야다와 함께 자알룩 샐러드를 만들 때는 그녀가 나보다 가지를 잘 으깨서, 내가 만든 요리보다 나았다. 잘 으깬 다음 와인 비니거를 조금 넣는다. 불에서 내리고 차갑게 식힌다.

### 양배추와 말린 과일 샐러드 *Cabbage and Dried Fruit Salad*

양배추 ¼통
말린 살구 5개
말린 대추 4개
반으로 가른 호두 6개
소금 한 꼬집
올리브 오일 ¼컵
즙 낸 레몬 ½개

양배추는 가능한 얇게 썬다. 살구, 대추, 호두를 갈아 양배추, 소금, 올리브 오일 약간, 레몬 즙과 함께 섞는다.

### 오렌지와 블랙 올리브 샐러드 *Orange and Black Olive Salad*

이 샐러드의 맛내기 비결은 아르간 나무에서 얻을 수 있는 과일의 씨로 만든 기름인 아르간 오일argan oil을 사용하는 것이다. 아르간 오일은 모로코에서, 그리고 여성들에 의해서만 생산된다. 미국에서는 몇 군데 고급 식료품점과 쿨루스티안닷컴Kulustyan.

com과 같은 온라인 사이트에서 판매한다. 온라인으로 구입할 때는 화장품 용 아르간 오일이 아니라, 식용 아르간 오일인지 확인하고 사야한다. 최근 들어 엄청나게 유행하고 있는 값비싼 화장품 용 아르간 오일을 먹어도 해가 되지는 않지만, 맛이 훨씬 덜하다. 좋은 식용 아르간 오일은 호두 오일과 같은 넛 오일 맛이 나기도 한다.

블랙 올리브 3개
네이블 오렌지(Navel orange, 당도가 높고 신맛이 적어 생과용으로 주로 이용되는 감미오렌지 – 옮긴이) 1개
소금 한 꼬집
후추 3회전
다진 이탈리안 파슬리 ¼컵
아르간 오일 3~4테이블스푼

올리브는 씨를 제거하고 잘게 자른다. 오렌지 꼭지 위아래를 자른 다음 칼로 껍질을 벗기고, 과도로 잘게 자른다. 작은 볼에 올리브와 잘게 자른 오렌지를 담는다. 소금, 후추로 간하고 파슬리를 넣는다. 재료를 모두 넣고 내기 직전에 아르간 오일을 뿌려 잘 섞는다.

아르간 열매

## 메인 코스 • *main course*

### 비둘기 파스티야 *Pastilla of Pigeon*

이 요리는 내가 맛본 가운데 가장 우아한 모로코 음식이다. 달고 향긋한 맛이 어우러져 있고, 향신료와 맛을 내는 첨가물이 복합적으로 사용되는데, 모로코 요리 가운데 최고라 할 수 있는 모든 것들이 이 음식 안에서 절정을 이루고 있다. 이 요리의 핵심은 비둘기를 사용하는 것인데, 사실 비둘기를 찾기란 쉬운 일이 아닐 것이다. 그렇다고, 가난했던 시절 파리의 공원에서 비둘기를 잡아먹었다고 주장하는 헤밍웨이처럼 공원에 나가 비둘기를 잡지는 말기를. 대부분의 도심 공원에서 '비둘기Pigeon'라고 불리는 새들은 실은 몸집이 작은 '비둘기Dove'다. 와파는 비둘기 대용으로 닭고기를 사용하라고 제안했지만, 닭고기는 살이 너무 하얀데다 이 요리에 쓰기에 특별한 맛이 나지도 않는다. 비둘기를 파는 상점과 정육점이 있다. 비둘기 새끼를 사용해도 좋다. 메추라기도 좋지만 이 역시 구하기가 쉽지는 않다. 일반적으로 일인당 비둘기나 비둘기 새끼 한 마리씩을 요리한다. 어떤 새를 사용하건 간에 적어도 두세 시간 이상, 아주 오랫동안 조리해서 손으로 고기를 찢을 수 있을 정도가 되어야 한다. 포크로 살을 찔렀을 때 수월하게 잘 들어가면 고기가 잘 익은 것이다.

피넛 오일 3테이블스푼
다진 노란 양파 1개
다진 고수(실란트로) 잎 1테이블스푼
다진 이탈리안 파슬리 1테이블스푼
정제 버터 (스멘이나 기, '인디아 나이트'의 '기'에 대한 설명 참조) 1테이블스푼 + 1테이블스푼
소금 한 꼬집

후추 4회전
시나몬가루 ½티스푼 + 1티스푼
간 생강 뿌리 ½티스푼
터메릭가루 ½티스푼
설탕 ½티스푼 + 1테이블스푼
사프란 5가닥
라스 엘 하누트 1티스푼

비둘기, 또는 비둘기 새끼 3마리, 또는 메추라기 6마리
달걀 6개
껍질 벗긴 아몬드 ½컵
오렌지 블로섬 워터 1테이블스푼
녹인 버터 1스틱
필로 도우 3장
꿀 4테이블스푼

중불에 피넛 오일을 두른 냄비를 올린다. 여기에 양파, 고수 잎, 파슬리, 스멘(혹은 기) 1테이블스푼, 소금, 후추, 시나몬 ½테이블스푼, 생강, 터메릭, 설탕 ½티스푼, 사프란, 라스 엘 하누트(모로코 나이트 참조)를 넣는다.

이 냄비에 비둘기나 비둘기 새끼, 혹은 메추라기를 넣고 잠길 정도로 물을 붓는다. 뚜껑을 덮은 상태로 네 시간 끓인다. 가끔씩 뚜껑을 열어 고기를 뒤집고 물이 충분한지 확인한 다음 필요하면 물을 보충한다.

포크로 찔렀을 때 잘 들어가면 고기가 다 익은 것이다. 냄비에서 꺼내 껍질은 벗기고, 고기는 손으로 잘게 찢는다.

냄비에 남은 국물이 수분이 많지 않고 걸쭉해질 때까지 조린다. 여기에 달걀 네 개를 깨 넣은 다음, 질감이 마치 스크램블 에그처럼 될 때까지 나무 주걱으로 젓는다. 이렇게 만든 달걀 믹스는 볼에 담아 식힌다.

껍질 벗긴 아몬드는 그릴에 구워 갈색을 띠면 바로 꺼낸다. 몇 초만 더 지나도 검게 타버리기 때문에 집중해서 살펴보고 있어야 한다. 이 아몬드를 푸드프로세서에 넣고 굵은 입자 상태로 간다. 가루나 도우처럼 되어서는 안 된다. 요리 위에 뿌릴 때 사용할 소량을 따로 보관하고, 간 아몬드에 나머지 설탕 1테이블스푼, 시나몬가루 1티스푼, 오렌지 블로섬 워터, 나머지 스멘(혹은 기) 1티스푼을 넣고 섞어 아몬드 믹스를 만든다.

오븐을 175도로 예열하고 베이킹 트레이에 녹인 버터를 바른 다음 필로 도우 한 장

을 깐다. 도우에도 녹인 버터를 바른다. 도우 가운데에 손으로 찢은 고기를 지름 5센티미터 크기로 쌓은 다음 달걀 믹스를 얹는다. 그 위에 아몬드 믹스도 올린다. 이렇게 속을 채웠으면 도우를 조심스럽게 싼다. 한 사람 앞에 한 장의 필로 도우를 사용하여 속을 채운 요리이니 속을 감싸고 남는 필로는 잘라 버리면 된다. 도우가 터져 내용물이 새는 부분이 있다면 달걀로 메꾸면 된다. 혹은 원한다면, 도우에 버터를 바르고 속을 채운 다른 도우를 한 층 더 올려도 좋다. 달걀물로 도우 가장자리를 막고, 도우를 뒤집어 녹인 버터를 바르고 달걀노른자도 바른다. 노릇해질 때까지 20분간 오븐에서 굽는다. 굽고 나면 소량의 물에 꿀 4테이블스푼을 넣고 가열한 도우 맨 위에 바르고, 잘게 자른 아몬드와 시나몬을 조금 얹어서 낸다.

## 음료 • *beverage*

### 아몬드 밀크 ***Almond Milk***

아몬드 밀크는 모로코의 전통 음료다. 농도가 진하기 때문에 모로코 사람들은 물을 섞지만, 나는 전유보다는 2퍼센트의 저지방 우유를 사용하는 것을 선호한다.

껍질 벗긴 아몬드 ½컵
2퍼센트 저지방 우유 2컵
오렌지 블로섬 워터 1티스푼
설탕 3테이블스푼

아몬드를 푸드프로세서에 넣고 곱게 간다. 곱게 간 아몬드와 우유, 오렌지 블로섬 워터, 설탕을 블렌더에 넣고 섞는다.

## 디저트 • *dessert*

### 아몬드 그리바 *Almond Ghriba*

모로코에서는 대개 티타임에 쿠키를 함께 낸다. 이 레시피는 매스틱 검(mastic gum, 매스틱 나무에서 얻는 천연물질로, 송진이다. 전통적으로 씹는 물질로 이용했으며 위염, 통증 등에 약물로 쓰인다. – 옮긴이)이 필요하다. 솔 맛이 나는 나무 송진으로 만드는 북아프리카 요리에 흔히 이용되는 이 재료는 약국이나, 건강식품 전문점, 온라인으로 구입할 수 있다. 물론 검을 구할 수 없어 넣지 못한다고 해도 맛있는 쿠키를 만들 수 있다.

껍질 벗긴 아몬드 450그램
매스틱 검
슈거 파우더 1½컵
시나몬가루 1테이블스푼
소금 한 꼬집
오렌지 제스트 ½컵
오렌지 블로섬 워터 3테이블스푼
말랑말랑한 버터 4테이블스푼
밀가루 2테이블스푼
베이킹파우더 2티스푼
달걀 4개
그래뉴당 2테이블스푼

아몬드를 그릴에 구워 푸드프로세서에 넣고, 매스틱 검을 구했다면 몇 부스러기를 함께 넣고 갈아 가루로 만들어 아몬드 믹스를 만든다. 다 갈았으면 이번에는 믹싱 볼에 매스틱 검을 넣고 가루로 만든 아몬드 믹스를 옮겨 담고, 슈거 파우더, 시나몬, 소금, 오렌지 제스트, 오렌지 블로섬 워터, 버터, 밀가루, 베이킹파우더를 넣고 섞는다.

주걱으로 젓는다. 다른 볼에 달걀노른자 두 개와 달걀 두 개를 풀어 그래뉴당을 넣고 섞어서 달걀 믹스를 만든다. 흰자 두 개는 따로 빼놓는다. 손으로 아몬드 믹스와 달걀 믹스를 한데 섞는다.

이렇게 만든 도우는 공기가 통하지 않게 싸서 냉장고에 한 시간 식힌다.

오븐을 175도로 예열한다. 손으로 도우를 떼서 탁구공보다 조금 작은 크기로 동그랗게 만든 다음, 슈거 파우더에 넣고 굴린다.

베이킹 트레이에 가지런히 놓고 15분간 오븐에서 굽는다. 베이킹 트레이에 쿠키를 그대로 두고 식힌다.

# 그리스 나이트

*Greece Night*

***Hint***

많은 섬과 만으로 이루어진 나라.
세계에서 아흔일곱 번째로 큰 나라이면서, 세계에서 열한 번째로 긴 해안을 가진 나라!

나는 1973년에 처음으로 그리스를 방문했다. 내가 가기 몇 해 전 그리스는 미국 정부의 지원으로 권력을 장악한 잔인하기 그지없는 대령들의 통치 하에 있었다. 당시 그리스는 군사 독재 정권이 장악한 나라가 가지는 일반적인 장점을 모두 갖추고 있었다. 말인즉, 물가가 매우 저렴했고, 방해가 되는 관광객도 거의 없었던 것이다. 아테네 인근에 있는 그림 같은 플라카Plaka 지구에 가니 남자들이 노천의 테이블에 앉아 큰 병에 담긴 우조(ouzo, 아니스 열매로 담근 그리스 술 – 옮긴이)를 작은 잔에 따라 마시며 카드 게임을 하고 있었는데, 합석하여 돈을 내지 않고 우조를 한 병이나 얻어 마실 수 있었다. 아크로폴리스에 올라 2천 500년 된 사원을 혼자 배회하고 다닐 수도 있었는데, 복원되어 통제가 잘 되고 있는 요즘에는 상상도 할 수 없는 일이다. 이로드 아티커스 극장Herod Atticus Theater에서는 그리스 국립 극단이 강한 후두음의 그리스어로 공연하는 〈소포클레스Sophocles〉의 〈엘렉트라Electra〉를 감상했다. 지금도, 흥분하며 화를 내는 엘렉트라와 근엄한 클리템네스트라Clytemnestra의 목소리가 들리는 듯하다. 극장에서 관람했던 것 중 가장 황홀한 경험으로 내 기억 속에 남아있다.

사람들의 사랑을 받지 못했던 대령들은 그 다음 해에 강제로 내쳐졌다. 7, 8년 후 다시 그리스를 방문했을 때는 그룹 투어가 아니면, 아크로폴리스에 입장이 불가능했다. 지나치게 많은 관광객들과 지나치게 많은 자동차 때문에 숨 막히는 도시의 매연으로 유적지가 파괴되고 있었기 때문이다. 플라카에서도 더 이상 카드놀이를 하는 테이블을 찾아볼 수 없었고, 줄줄이 늘어선 레스토랑 테이블들이나 끝없이 밀려드는 관광객들을 잡아 영어로 말을 걸며 자신의 레스토랑 호객행위를 하는 남자들이 그 자리를 차지하고 있었다. "들어오세요. 새우 요리 팔아요." "여기로 와요. 당신이 원하는 게 다 있어요."한 젊은 미국인 관광객이 이렇게 빠른 말로 지껄이는 호객꾼에게 다가가 했던 질문을 나는 절대로 잊을 수 없다. 관광객이 "쇼롱 소스Choron sauce 만들 수 있어요?"라고 묻자, 호객꾼은 주저하지 않고 즉시 대답했다. "물론이죠! 들어오세요."

나도 실제로 쇼롱 소스를 들어본 적이 있다. 쇼롱 소스는 토마토를 가지고 만드는 네덜란드 식 소스로, 당시 나도 에스코피에의 책을 읽으면서 소스가 중요하다는 생각을 하고는 있었지만 실제로 누가 쇼롱 소스를 언급할 거라고는 생각도 하지 못했다. 그것도 그리스에서 말이다!

음식은 간단하다. 시금치와 염소 치즈 패스트리, 오이와 토마토 잔뜩, 양상추는 없지만 요거트, 올리브, 각종 양고기 요리, 그릴에 구운 생선, 그리고 문어 요리도 많은데 섬에서는 문어를 바위에 때린다. 연하게 하기 위해서다. 음식은 이로드 아티커스 음악당에서 들었던 그리스의 언어, 그리고 지형, 그 외 다른 많은 점들과 마찬가지로 유럽식이면서도 중동 분위기를 풍긴다. 그리스와 터키는 서로를 적대하기 때문에 이런 말을 해서는 안 되지만, 많은 그리스 음식이 실제로 터키 음식과 닮아 있다. 같은 요리가 명칭만 다른 경우도 많다. 터키에서는 그리스의 차지키tzatziki와 똑같은 요리를 자즉cacik이라고 부른다. 기원 전 7천 년부터 그리스 사람들은 쓴살갈퀴bitter vetch라는 콩을 먹었는데, 이는 터키에서 들어온 것이다. 고대 그리스인들은 현대 그리스인들과 마찬가지로 엄청난 양의 양고기와 염소고기를 먹었다. 강꼬치고기pike나 장어처럼 민물고기도 많이 먹었고, 스프와 스튜를 매우 좋아했으며, 현대 그리스인들과 달리 다양한 녹색 채소를 즐겼다. 그리고 오늘날과 마찬가지로 상당히 많은 양의 빵과 치즈, 올리브 오일을 섭취했다.

다음에 소개하는 요리들은 과거에도 그랬고 지금도 마찬가지로 전형적인 그리스 음식이라고 할 수 있는 것들로, 화려한 요리는 아니다.

## 애피타이저 • *appetizer*

### 차지키 *Tzatziki*

무지방 요거트와 무지방 사워크림을 사용해도 맛있게 만들 수 있다.

요거트 2컵
사워크림 1컵
다진 딜 ¼컵
다진 마늘 4쪽
껍질을 벗기고 씨를 제거하여 얇게 저민 오이 3개
후추 3회전
소금 한 꼬집

모든 재료를 한데 섞는다. 하룻밤 냉장고에 넣어 재운다.

### 무사카 *Moussaka*

무사카는 그리스의 주요 음식이긴 하지만 터키와 발칸에서도 즐겨먹는데, 요리명은 아랍에서 왔다.

가지 1개
소금 3테이블스푼
올리브 오일 1컵
간 양고기 450그램
다진 노란 양파 ½개
다진 마늘 4쪽
말린 타임 1티스푼
말린 오레가노 1티스푼
말린 마조람 1티스푼
생 로즈마리 1티스푼
소금 큰 한 꼬집
후추 3회전
토마토소스 소스 1 ½컵('기본 레시피' 참조)
버터 1테이블스푼
밀가루 2테이블스푼
우유 2컵
달걀 3개
강판에 간 파르메산 치즈

오븐을 175도로 예열한다. 껍질째 얇게 저민 가지에 소금을 잔뜩 뿌려 20분간 재운다. 소금을 닦아 내고 뜨겁게 가열한 올리브 오일에 가볍게 볶는다. 중간 크기의 오븐용 냄비에 살짝 볶은 가지를 옮기고 뚜껑을 덮는다. 간 양고기를 양파, 마늘, 타임, 오레가노, 마조람, 로즈마리,(또는 에르브 드 프로방스 1테이블스푼, 프로방스 나이트 참조) 소금, 후추, 토마토소스와 함께 넣고 볶아 양고기 믹스를 만든다. 양고기 믹스를 가지 위에 올린다.

프라이팬에 버터를 녹이고 분량의 밀가루를 넣고 섞어, 우유를 붓고 걸쭉한 소스가 될 때까지 강불에 조리해 우유 믹스를 만든다. 불을 끈다. 다른 볼에 달걀 한 개와 달걀노른자 두 개를 넣어 푼다. 푼 달걀을 우유 믹스에 넣고 내용물이 완전히 섞이도록 저은 다음, 오븐 용 냄비에 붓고 강판에 간 파르메산 치즈로 위를 덮는다. 30분간 오븐에 굽는다.

## 메인 코스 • *main course*

### 오븐에 구운 가자미 *Baked Sole*

그리스의 해산물 섭취량은 엄청나다. 고대 그리스에서는 질 좋은 흰 살 생선을 소금물에 허브를 넣고 졸이는 것이 일반적인 방법이었다. 그보다 질 낮은, 어두운 색깔의 기름기 많은 생선들은 올리브 오일에 구웠다. 가자미는 질 좋은 생선이지만, 나는 올리브 오일에 굽는 조리방법을 선택했다. 그건 그렇고, 가자미와 넙치를 뜻하는 솔

sole은 그리스어다. 그리스인들은 이 물고기가 고대 해양 생명체의 훌륭한 샌들sandals 역할을 할 거라고 생각했다.(솔은 가자미, 넙치, 서대기 등의 생선을 뜻하는 단어이기도 하지만, 신발 밑창이라는 의미도 가지고 있다. 가자미, 넙치 류 생선들의 생김새와 바다 모래나 진흙 등 연안에 서식한다는 사실을 떠올린다면, 그리스인들이 솔을 바다의 신발, 샌들이라고 생각한 이유를 짐작할 수 있을 것이다. – 편집자)

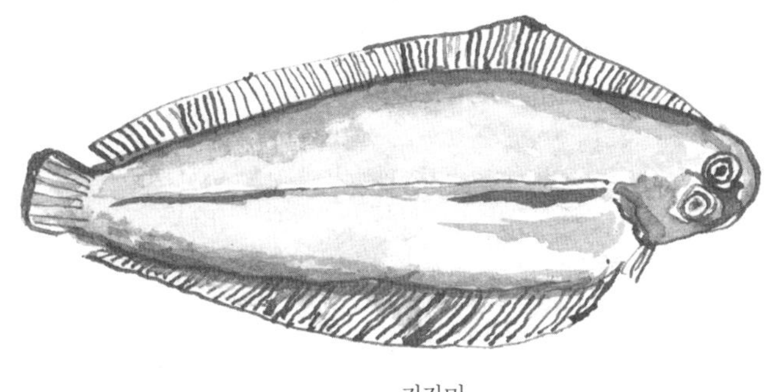

가자미

이런 종류의 생선이 사용된 그리스 최초의 레시피는 기원 전 4세기의 시인 아르케스트라토스Archestratus가 쓴 책에 등장한다. 그는 그리스인이었으면서도 그리스의 식민지였던 젤라Gela라는 시칠리아의 섬에서 살았는데, 『호화로운 삶The Life of Luxury』이라는 음식에 관한 저서를 남겼다. 이 책을 보면 예전에는 레시피에 시와 유머가 담겨 있다는 사실을 알 수 있다. 그는 키타로스kitharos 요리로 레시피를 제안하고 있는데, 키타로스는 어떤 학자도 번역할 수 없는 단어로, 가자미와 같은 편평어로 추정될 뿐이다. 아르게스트라토스의 레시피는 다음과 같다.

……날카롭게 간 곧은 칼로 몸통을 찌른다. 치즈와 오일을 충분히 바른다. 그러면 큰돈을 지불한 사람들에게는 즐거움을 안겨주면서, 사치스럽게 보이지는 않을 것이다.

우리 가족이 그리스 나이트에 만든 레시피는 다음과 같다.

머리를 자르지 않은 작은 가자미 3마리
소금 한 꼬집
올리브 오일 ½컵
페타 치즈 170그램
다진 차이브 3테이블스푼

가자미, 넙치, 서대 등 편평어를 머리부터 꼬리까지 온전한 것으로 구입한다. 작은 생선을 사면 한 사람당 한 마리씩 먹을 수 있다. 내장과 껍질을 제거하되, 머리와 꼬리는 그대로 남긴다.(편평어의 껍질을 벗기는 일은 쉽다. 꼬리 끝부분에 가로로 껍질을 살짝 넣는다. 뭔가 손에 잡히는 것이 있는 곳까지 그대로 껍질을 벗겨 내려간다. 그런 다음 손에 뭔가 잡히면 그 부분을 잡고 쭉 잡아당기면 된다.)

오븐을 175도로 예열하고, 생선에 소금을 가볍게 뿌린다. 오븐 용 냄비에 생선을 넣고 그 위에 분량의 올리브 오일을 충분히 뿌린다. 15분간 오븐에 구워 잘게 부순 페타 치즈와 차이브를 뿌린다. 다시 5분간 오븐에 굽는다.

## 허니 케이크 Honey Cake

그리스에 가면 이 단순한 케이크를 많이 볼 수 있다. 이 레시피는 그 중에서도 가장 맛있다.

잘게 부순 아몬드 ¾컵
밀가루 1컵
베이킹파우더 1½티스푼
소금 한 꼬집
시나몬 2테이블스푼
생 오레가노 제스트 ¼컵
버터 ¾컵
설탕 ¾컵
달걀 3개
우유 ¼컵

오븐이나 오븐 토스터기에 잘게 부순 아몬드를 넣고 살짝 굽는다. 아몬드를 볼에 넣고 밀가루, 베이킹파우더, 소금, 시나몬, 오레가노 제스트도 함께 넣고 섞어 아몬드 믹스를 만든다.

오븐을 200도로 예열한다. 패들이 달린 믹서에 버터와 설탕 ¾컵을 넣고 크림이 될 때까지 돌린다. 달걀을 하나씩 풀어 넣고 우유를 붓는다. 볼에 담아 놨던 아몬드 믹스도 섞는다.

9인치 케이크 팬에 버터를 바르고 밀가루를 뿌린 후 반죽을 붓는다. 40분간 오븐에 굽고, 식힌다.

시럽

설탕 1컵
물 ¾컵
레몬 1개
오렌지 블로섬 워터 ¼컵

분량의 설탕과 물을 냄비에 붓는다. 레몬 한 개를 짠 주스와 오렌지 블로섬 워터를 넣는다. 시럽을 케이크 위에 붓는다.

레몬

## 음료 • *beverage*

### 엘리니키 파나리 *Elliniki Fanari* | 그리스 랜턴 *Greek Lantern*

다진 파슬리 1컵
라임 제스트 1테이블스푼
생 라임 주스 1컵
차가운 물 1컵
설탕 ½컵(원하는 만큼 준비한다)
클럽 소다

클럽 소다를 제외한 모든 재료를 블렌더나 푸드프로세서에 넣고 갈아, 가는 체에 내리고 차갑게 식힌다. 얼음이 담긴 유리잔에 ¾만큼 채운다. 나머지 ¼을 클럽 소다로 채우고 살살 젓는다.

## 16

# 쿠바 나이트
*Cuba Night*

***Hint***
카리브 해에서 가장 큰 섬!

쿠바를 상대로 왜 그렇게 잦은 다툼이 발생하는지, 쿠바가 왜 그렇게 큰 영향력을 가지고 자주 화제로 등장하는지 이해하기 위해서는 카리브 해의 올망졸망한 작은 국가들의 세상에서 쿠바가 다른 어느 섬보다도 훨씬 더 큰 거국이라는 사실을 먼저 알아야 한다.

나는 섬나라 역사상 가장 특별한 시기로 기억될 만한 어떤 '사건'을 통해 쿠바를 알게 되었다. 비록 '쿠바혁명'의 흥미진진했던 첫 20년은 놓쳤지만, 1980년대 초 〈시카고

트리뷴〉의 카리브 해 지역 특파원으로 일하게 되면서부터 지속적으로 쿠바를 방문하게 되었던 것이다. 칼 마르크스의 '영구혁명permanent revolution'을 자기들만의 방식으로 받아들인 쿠바의 혁명은 언제나 현재진행인 상태로 남아 있다. 민주주의 국가가 아니어서 일일이 유권자들에게 해명을 해야 할 필요가 없기 때문에 쿠바 정부는 잘못을 인정한다거나, 정책을 전환하고 새로운 시도를 하는 등의 일을 마음 내키는 대로 할 수 있다. 이런 특징은 쿠바 음식을 통해서도 드러난다.

내가 맨 처음 쿠바에 갔을 때 쿠바 경제는 설탕과 오렌지, 바나나를 상당히 좋은 조건으로 '소련'에 공급하고, 원유를 공급받는 무역에 의존하고 있었다. 정치적인 움직임이긴 했지만 소비에트 연합도 쿠바 제품이 필요하긴 했다. 서 베를린 사람들은 바나나를 먹을 수 있었지만, 동 베를린에서는 바나나가 귀하다는 사실 때문에 많은 일이 발생하던 때였다. 중유럽에서는 가끔씩 바나나를 구할 수 있는 경우가 생기면 사람들이 길게 줄지어 늘어서곤 했다.

쿠바에서는 정부가 모든 것을 운영했다. 정부는 교육과 문맹 퇴치에 앞장섰고, 동독의 의약품과 의료 교육의 도움으로 근방에서 최고의 의료 시스템을 갖추고 있었다. 미연방인 푸에르토리코를 비롯한 카리브 해 인접국 국민들이 좋은 품질의 값싼 의료 서비스를 받기 위해 쿠바에 몰려들었다. 그런데 쿠바 정부는 시장과 레스토랑에 관해서만큼은 썩 훌륭하지 않았다. 방문객이었던 나는 먹을 수 있는 곳을 몇 군데밖에 찾지 못했다. 나는 몇 해 동안이나 쿠바보다 마이애미에서 쿠바 음식을 먹으며, 쿠바 음식에 대해 더 많이 알게 되었다.

그런데 아바나의 옛 지구에 있던 보데기타 델 메디오Bodeguita del Medio만은 예외였다. 그곳은 산타클라라Santa Clara 출신의 시골 소년 엔젤 마르티네스Martinez에 의해

1942년에 문을 연 레스토랑이었다. 마르티네스는 돼지고기와 바나나 튀김, 검은 콩과 쌀로 이루어진 쿠바 시골 음식의 전문가였다. 쿠바의 식문화에 그가 기여한 점은 기원이 불분명한 19세기 아바나 음료인 모히토mojito를 소생시켰다는 것이다. 쿠바에서 20년 동안 살았던 헤밍웨이는 보데기타가 모히토를 마시기에 가장 좋은 장소라고 극찬했는데, 물론 그것은 지금도 마찬가지다.

헤밍웨이는 보데기타와 더불어 좀 더 고급스런 바닷가재 전문 식당인 플로리디타Floridita를 애용했던 것으로 알려져 있다. 나는 1980년대 초 헤밍웨이를 기억하는 사람들이 그 두 레스토랑에서 근무하던 시절 플로리디타에 간 적이 있었다. 그곳에서 나는 헤밍웨이가 얼음에 라임 주스와 럼주만 넣은 무가당 다이키리daiquiri만 마셨을 뿐, 식사를 한 적은 거의 없었다는 말을 들을 수 있었다. 지금은 정부가 보데기타를 운영하는데도 마르티네스는 매일 레스토랑에 나온다. 그는 고령에, 이제는 앞이 거의 보이지 않지만 함께 이야기를 나누기에 즐거운 사람이다. 내가 헤밍웨이에 대해 묻자 그는 헤밍웨이가 단골이 아니었다고 말했다. "한, 서너 번 왔던 것 같아요. 플로리디타에 더 많이 갔지요. 여기에 오면 모히토를 마시고 사진을 찍고, 그리고 플로리디타에 가서 사진을 더 많이 찍었죠."

21세기 들어 아바나는 변하기 시작했다. 수십 년간 정부가 운영하는 따분한 레스토랑들이 사라지고, 현재의 아바나에는 다른 많은 도시들과 마찬가지로 다양한 종류의 레스토랑들이 문을 열었다. 그렇지만 외국의 레스토랑들과는 다르다. 규모가 큰 레스토랑들은 정부가 운영하는데, 레스토랑 운영에 전문성을 갖춘 유럽 투자자들(대부분 스페인인들이다)을 끌어들이는 방법을 찾은 이후로는 전혀 따분하지 않다.

또한 쿠바 정부는 소규모의 민간 비즈니스도 허용하기 시작했다. 사람들은 집에서 운영하는 한 자기만의 레스토랑을 소유할 수 있게 된 것이다.(집은 물론 정부 소유다.) 이런 작은 레스토랑들은 미각, 또는 '미각을 즐겁게 하는'이라는 뜻을 가진 스페인어 팔라다르paladar라고 부른다. 물론, 그 전에도 가족이 운영하는 레스토랑들이 있었지만 지금은 이런 작은 팔라다르들이 모두 합법화되었다. 좌석 수, 외부 직원, 음식의 종류 등은 모두 정부의 엄격한 규제를 받는다.

쿠바 정부가 2010년 시월에 레스토랑 관련법을 완화하면서 훨씬 더 고급스러운 레스토랑들이 새롭게 생기기 시작했다. 레스토랑 소유주는 이제 보다 큰 레스토랑을 운영할 수 있고, 심지어 외부 직원들도 더 많이 고용할 수 있게 되었다. 초라했던 팔라다르도 한층 고급스러워졌다. 어떤 때는 노력이 지나친 것 같아 보일 때도 있다. 이를테면, 미라마Miramar에 있는 팔라다르인 코치나 데 릴리암Cocina de Lilliam은 생선 요리를 낼 때 살아 있는 금붕어가 헤엄치는 유리잔을 곁들이는데, 이런 서비스는 도덕적으로나 미식적인 측면에서도 손님들을 당황스럽게 만들기 충분하다. 이러한 레스토랑의 성장과 더불어 수도권 주변에 시장과 심지어 유기농 농원들까지 생기기 시작했다. 음식이 더 많아진 만큼 나 또한 쿠바 음식에 대해 더 잘 이해할 수 있었다.

쿠바 음식은 쿠바의 음악과 종교처럼 스페인의 강한 영향력이 느껴지고, 아프리카와 카리브 해의 영향력도 두드러진다. 많은 카리브 해 지역 사람들, 그중에서도 특히 아이티 사람들이 쿠바로 이주해서 사탕수수 농사를 지었다. 쿠바는 카리브 해 지역 가운데에서도 다른 어떤 나라보다 더 오랫동안 노예를 부리는 대규모 농장을 가지고 있었다. 1860년대까지는 스페인이 계속해서 쿠바에 아프리카인들을 데려 왔는데, 1886년까지도 노예제도가 폐지되지 않았다. 나는 아프리카에서 태어난 조부모를 둔 쿠바 사람을 만난 적도 있다.

카리브 해의 섬들 가운데 플랜테인(plantain, 채소처럼 요리해서 먹는 바나나와 비슷한 열매 – 옮긴이)을 요리하는 토스토네를 이런저런 이름으로 부르며 전문적으로 만드는 곳이 몇 군데 있지만, 쿠바의 토스토네는 모호 데 아호Mojo de ajo에 찍어 먹는다는 점이 독특하다.

바나나보다 껍질 까기가 훨씬 어려운 이 녹색 플랜테인의 껍질을 벗기는 방법에 대해 굉장히 의견이 분분하지만, 내가 찾아낸 가장 쉬운 방법은 다음과 같다. 플랜테인을 껍질째 2센티미터 두께로 통썰기 한다. 통썰기 한 조각들을 도마 위에 평평하게 놓고, 날카로운 칼끝으로 껍질 두께만큼 칼집을 낸다. 여기에 칼의 무딘 면을 집어넣고 플랜테인 조각을 칼날 방향으로 돌린다. 이렇게 하면 껍질의 절반 정도가 과육과 분리되는데, 그러면 나머지는 손가락으로 잡아당겨 떼어낼 수 있다.

2센티미터 크기로 통썰기 한 플랜테인 3개
카놀라유 1컵

뜨겁게 달군 카놀라유에 썬 플랜테인을 넣고 양 면에 갈색이 돌 때까지 튀긴다. 키친타월 위에 올려놓고 식힌 다음 납작하게 누른다. 쿠바에서는 이 용도만으로 사용되는 알루미늄 재질의 손으로 누르는 특별한 압축기가 있을 정도다. 사람들은 대개 병으로 누른다. 물론, 나는 멕시칸 빈 매셔를 사용한다! 플랜테인 조각이 납작해졌으면 (그냥 눌러서 납작하게 만들어야지, 플랜테인을 없애버리면 안 된다) 양 면을 다시 튀긴 다음, 방금

했던 것과 마찬가지로 키친타월에 놓고 식힌다. 전체적으로 소금을 뿌린 다음 모호와 함께 낸다.

플랜테인 껍질 벗기기

### 모호 데 아호 *Mojo de ajo*

원래는 이 디핑 소스를 라임으로 만들었다고 하지만, 아바나에서 정말로 맛있게 먹었던 모호는 모두 산미 오렌지로 만든 것이었다. 산미 오렌지는 쿠바 요리에 중요한 재료 중 하나로, 껍질과 과육이 녹색이며 레몬이나 라임처럼 전혀 달지 않은 오렌지 품종이다.(멕시코 나이트의 '리플리스 멕시칸 샐러드' 참조.) 산미 오렌지를 구하기가 쉽지 않은 관계로 나는 레몬 즙에 오렌지 즙을 소량 섞어 사용한다.

- 껍질 벗긴 마늘 5쪽
- 올리브 오일 1½컵
- 즙 낸 레몬 3개
- 즙 낸 스윗 오렌지 1개
- 소금 큰 한 꼬집
- 말린 오레가노 1티스푼

푸드프로세서에 모든 재료를 넣고 갈아서 볼에 담아 낸다.

## 엔살라다 데 큄봄보 *Ensalada de Quimbombo* | 오크라 샐러드 *Okra Salad*

오크라의 기원은 조금 신비하다. 많은 역사가들은 오크라가 에티오피아나 하 이집트lower Egypt, 수단과 같은 동아프리카에서 전해졌다고 주장한다. 중동에서 왔다고 생각하는 사람들도 있다. 오크라가 어떻게 서아프리카까지 전해졌는지는 모르지만, 서아프리카에서부터는 노예무역을 통해 카리브 해 연안으로 들어오게 되었을 거라고 추정한다. 오크라는 영어식 발음으로, 나이지리아 서남부 언어인 이그보우어Igbo에서 비롯된 것이다. 스페인어로는 큄봄보Quimbombó라고 하는데 이는 중앙아프리카 반투족 언어다.

오크라를 잘 요리하려면 세 가지 요령이 필요하다. 하나는 농부가 오크라의 꼬투리가 익자마자 일일이 따야 한다는 것이고, 나머지 두 가지 요령은 요리하는 사람에게 달렸다. 너무 오래 익히면 안 되고, 조리하기 전에 자르면 안 된다는 것이다. 너무 오래 익히거나 조리하기 전에 자르면 오크라가 끈끈해진다.

꼬투리를 제거하지 않은 오크라 680그램
사등분한 토마토 2개
매우 얇게 저민 붉은 양파 1개
라임 2개
소금 한 꼬집
올리브 오일 ½컵

오크라를 씻어서 끓는 물에 삶는다. 오크라가 밝은 녹색이 되고, 포크로 찔렀을 때 표면이 잘 들어가면(약 5분이면 된다) 물에서 건진다. 줄기는 잘라서 버리고 샐러드 접시에 토마토, 얇게 저민 붉은 양파와 함께 놓는다. 라임 주스를 소금, 올리브 오일과 섞은 후 뿌린다.

## 메인 코스 • *main course*

### 카를로스의 페스카도 데 나랑하 *Carlos's Pescado de Naranja*

2010년 가을 레스토랑 관련법이 완화되자, 스페인 투자자 밑에서 개인 셰프로 일하던 카를로스 크리스토발 마르케스Marquez는 아바나 중심가에 있는 자기 집 1층에 팔라다르 산 크리스토발Paladar San Cristobal을 열었다. 그의 집은 화려한 타일 바닥과 팜 나무 화분, 크리스탈 샹들리에로 장식되어 있고 천정이 높으며 화려한 로코코 석조 위로 이리저리 임시방편으로 얽어놓은 전선들이 늘어져 있는, 허물어져가는 커다란 집이었다. 포르투갈 출신 가수 카르멘 미란다Miranda부터 피델 카스트로Castro까지 모두 야구를 하는 사진이 붙어 있는, 한때는 우아했을 방들은 지금은 초라했다. 나는 카를로스와 함께 쇼핑도 하고 요리도 했는데, 이 요리는 카를로스의 레시피를 내가 살짝 변형한 것이다. 그의 레시피에는 생선을 오렌지와 함께 높이 쌓아 올리라고 되어 있는데, 나는 오렌지를 덜 사용하고 소스처럼 조리는 방법을 더 선호한다. 카를로스가 내게 이 요리를 선보였을 때는 아바나의 해안가 지역에서 하는 것처럼 말레꼰(방파제)에서 바로 잡을 수 있는 적 도미red snapper를 사용했지만, 살은 희고 껍질은 분홍색, 지느러미는 노란 빛이 나고 세모난 머리에 뻐드렁니를 가진 페스페로pezperro라고 부르는 생선도 자주 사용했다. 쿠바의 몇몇 생선을 비롯해 카리브 해의 생선 가운데 페스페로라는 이름으로 불리는 물고기들이 많다. 내가 사는 곳 근방에는 이 생선이 없기 때문에 가자미를 사용했다.

회색 가자미 필레 3마리
밀가루 1컵
버터 약 5테이블스푼

오렌지 2개
소금 큰 한 꼬집

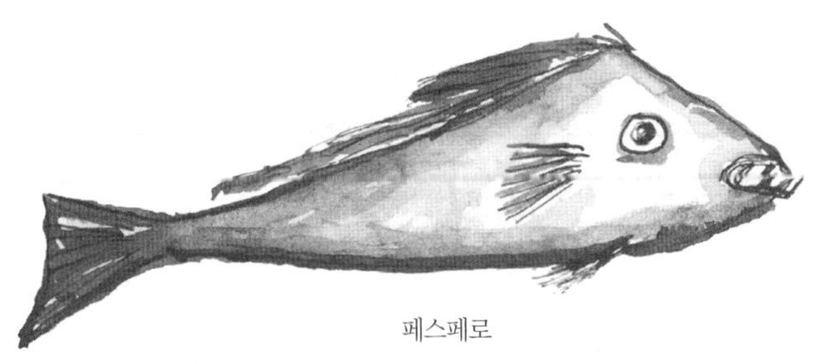
페스페로

가자미 필레에 밀가루를 묻혀 프라이팬에 버터를 녹이고 구워서 따로 보관한다. 오렌지 두 개는 모두 껍질을 벗긴다. 단순히 두꺼운 껍질만 벗겨서는 안 된다. 모로코 나이트에서 했던 것과 똑같은 방식으로 과육이 드러나도록 오렌지의 흰 부분까지 모두 제거해야 한다. 그런 다음 작은 과도로 오렌지를 밖에서부터 안쪽으로 잘라 조각낸다. 오렌지 조각이 약 1½컵 정도가 되어야 한다. 필레를 익힐 때 사용한 프라이팬에 녹인 버터 3테이블스푼을 더 넣고 오렌지 조각을 모두 넣은 후, 소금 큰 한 꼬집을 뿌린다. 나무 스푼을 사용해 오렌지를 으깨어 익히면서, 덩어리진 소스가 될 때까지 조린다. 생선 위에 소스를 부어 낸다.

토스토네와 마찬가지로 콩그리도 쿠바의 중요한 요리다. 검은 콩 통조림과 잘 어울린다.

검은 콩 통조리 ⅓컵
쌀 1컵
갈아서 작은 정육면체 덩어리로 만든 삼겹살(또는 간하지 않은 베이컨) 8조각
다진 마늘 4쪽
다진 노란 양파 ¼개
다진 녹색 파프리카 ¼개
소금 한 꼬집
후추 3회전
생 오레가노 잎 8장
간 커민 1테이블스푼
다진 차이브 큰 한 꼬집

냄비에 검은 콩과 통조림 국물, 쌀을 넣고 내용물이 잠길 정도로 물을 붓는다. 그 다음 삼겹살, 마늘, 양파, 파프리카, 소금 큰 한 꼬집, 후추, 오레가노, 커민을 넣고 쌀이 익을 때까지 뭉근하게 끓인다. 잘게 자른 생 차이브를 위에 뿌려 낸다.

## 디저트 • *dessert*

### 파스텔리토 데 구아야바스 *Pastelito de Guayabas* | 구아바 패스트리

이 패스트리는 아바나의 파르케 센트랄Parque Central에 있는 손수레 노점상과 도심지의 테이크아웃 상점 등 길거리에서 판매된다. 내가 만든 홈 메이드 버전은 탈리아가 디저트나 아침식사로 무척이나 즐긴다. 쿠바 사람들도 아침 식사로 많이 먹는다.

퍼프 패스트리 1회분('기본 레시피' 참조)
구아바 페이스트 1캔
휘핑한 크림치즈 작은 것 1통
달걀 1개
설탕 1컵

오븐을 200도에 예열한다. 퍼프 패스트리를 정사각형으로 자른다. 각 조각의 절반의 면적에 구아바 페이스트를 바르고(파스텔 데 구아야바pastel de guayaba는 쿠바, 도미니카공화국, 푸에르토리코의 상점이면 어디서든 판매한다) 위에 크림치즈 2테이블스푼을 펴 발라 삼각형으로 접는다. 가장자리에 달걀흰자를 발라 포크의 평평한 끝부분으로 눌러 자국을 낸다. 푼 달걀노른자를 패스트리 위에 바르고 설탕을 뿌린다. 오븐에 넣고 200도 온도에서 15분간 구운 다음, 175도로 온도를 낮춰 다시 20분 굽는다.

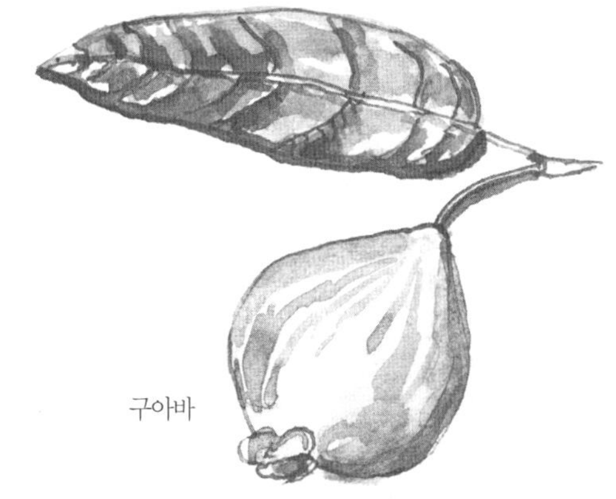

## 모히토 *Mojitos*

원래 모히토는 가라파guarapa 줄기의 주스로 만든다. 노예들이 가라파를 많이 마셨기 때문에 일부 역사가들은 모히토가 본래 노예와 관련이 있다고 연관짓기도 한다.(가라파는 가라포guarapo라고 하는 사탕수수 주스, 종려나무의 수액으로 만든 음료, 또는 발효 알코올 음료 등을 통칭한다. – 편집자) 그렇지만 그건 쿠바 시골의 설탕 농장에서나 있는 일일 뿐, 이 음료는 아바나 것으로 추정된다. 아이들 용으로는 럼주만 빼고 똑같이 만들면 된다.

설탕 1컵
물 ⅓컵
다진 생 스피어민트 잎 ¼컵
라임 12개
골드 럼
클럽 소다 1병
안고스투라 비터스

냄비에 분량의 물을 붓고 설탕을 녹인다. 불을 끄고 다진 스피어민트 잎을 넣어 스피어민트 시럽을 만들어 차게 식힌다.(둥근 잎의 민트로 대체해도 상관없지만, 정통 모히토에는 스피어민트가 들어간다.) 라임 즙을 짜고 동량의 물을 부어 라임 주스를 만든다. 스피어민트 잔가지를 유리잔에 넣고 나무 스푼으로 으깬다. 유리잔에 골드 럼을 넣는데, 될수록 아바나 클럽Havana Club을 넣는 것이 좋다. 얼음을 넣고 ⅓을 스피어민트 시럽으로, ⅓은 라임 주스로 채운 다음 나머지는 클럽 소다를 부어 세게 휘저어 섞는다. 맨 위에 안고스투라 비터스(Angostura bitters, 칵테일에 쓴맛을 내는 나무껍질 – 옮긴이)를 조금 첨가한다.

# 17

# 나폴리 나이트

*Naples Night*

***Hint***

언젠가 다시 폭발할지도 모르는 아름다운 만bay을 가진 도시!

미술사가인 버나드 베렌슨Berenson은 이탈리아가 가난 때문에 보존되었다고 말한 바 있다. 이는 건물을 부수고 다시 지을 돈이 충분치 않아서 이탈리아에 역사적인 건축물과 매력이 그렇게 많이 남을 수 있었다는 의미다. 나폴리만큼 보존이 잘 된 곳도 없다. 1970년대 초 내가 처음으로 나폴리에 갔을 때나 지금이나 그렇게 많이 달라진 것 같지 않을 정도니 말이다. 세계에서 가장 아름다운 만 가운데 하나로, 여전히 거칠고 지저분한 항구도시인 나폴리의 아름다움에는 서기 79년에 폼페이Pompeii를 묻어버린 유명한 화산폭발을 비롯하여, 여러 차례 폭발한 적이 있는 활화산 베수비오의 우아한 실루엣이 일조하고 있다.

나폴리는 사람들로 가득하고 시끄럽고 바글대는 항구를 사랑하는, 진정한 '도시인을 위한 도시'다. 나 역시 여기에 한몫했음을 인정한다.

## 애피타이저 • *appetizer*

### 앤초비 소스를 곁들인 아티초크 *Artichokes with Anchovy Sauce*

지중해 산 아티초크는(브르타뉴 나이트 참조) 원래 작은 크기로, 북유럽으로 서식지를 옮겨간 것들보다 훨씬 더 작다. 이 요리는 하지 않을 수 없었다. 반드시 필요한 요리였는지도 모르겠다. 탈리아가 가장 좋아하는 음식 두 가지가 바로 아티초크와 앤초비였기 때문이다. 실은, 우리 식구 모두가 좋아한다.

작은 아티초크 3개, 혹은 5센티미터 정도로 정말 작은 안티초크는 6개
올리브 오일 ¼컵
화이트 와인 3테이블스푼
소금 한 꼬집
후추 3회전
치킨 스톡 ½컵('기본 레시피' 참조)
소금에 절인 (통조림) 앤초비 필레 6장
다진 마늘 4쪽
다진 이탈리안 파슬리 1테이블스푼

아티초크는 끝부분을 제거하고 윗부분이 평평하게 되도록 맨 위 ¼만큼을 여유 있게 자른다. 줄기가 길면 줄기의 질긴 아랫부분은 다듬는다. 아티초크를 세로로 사등분하거나 아주 작은 것은 반만 가른다. 프라이팬에 올리브 오일을 두르고 뜨겁게 달군 후 자른 아티초크를 넣고, 한 면 당 몇 분씩 익힌다. 화이트 와인, 소금, 후추를 넣고 와인의 수분이 증발할 때까지 졸인다. 치킨 스톡을 넣고 뚜껑을 덮은 후 아티초크를 포크로 찔러 잘 들어갈 때까지 20분간 약불에 끓인 다음 아티초크를 꺼낸다.

아티초크를 익힌 팬에 앤초비와 잘게 자른 마늘을 넣고 앤초비가 녹아 소스처럼 될 때까지 끓인다. 파슬리를 넣고 아티초크 위에 붓는다.

나폴리에 대해 얘기하면서 피자를 언급하지 않을 수 없다. 나폴리에서 빵에 모차렐라 치즈와 토마토 슬라이스를 얹어 아이들에게 먹이기 시작한 것이 피자의 시초라는 설은 정확한 사실이 아닐지도 모른다. 피자라는 단어는 플랫 브레드, 즉 납작한 빵이라는 뜻의 피타pitta에서 파생했다. 중세 시대에 지금의 이탈리아 남부에 해당하는 지역에서는 포카치아focaccia와 같은 플랫 브레드에 음식을 얹어 구워 먹는 일이 흔했다. 9세기에 피자라는 단어가 나폴리 인근 마을에 등장하기 시작했지만, 나폴리에서는 아직 사용되지 않았다. 그러나 상관없다. 19세기에 등장한 현대 피자가 탄생한 곳이 나폴리인 것만은 틀림없으니 말이다. 진정한 피자인 나폴리타나Napolitana 역시 논쟁거리다. 나폴리타나는 토마토, 모차렐라, 오레가노에 마리나라marinara라는 토마토, 마늘, 오레가노로 만든 소스를 발라 만든 단순한 피자로, 마리나라라는 이름은 바다를 항해하는 배에서 사용되었다고 해서 붙여졌다.

평범한 도시에서 타는 듯이 뜨거운 하루를 보낸 나폴리 가족들은 해안가에 넓게 굽은 비아 F. 카라치올로Via F. Caracciolo로 몰려든다. 그곳에는 야외 피자 가게들이 줄지어 늘어서 있는데, 그 중에는 나폴리 사람들이 나폴리에서 가장 맛있는 피자를 만드는 곳이라고 주장하는 곳들도 있다. 나폴리만을 바라보고 앉아 시원한 바람을 느낀다. 산이 많은 카프리Capri 섬의 기하학적인 실루엣이 바로 눈앞에 펼쳐지고, 왼쪽으로는 베수비오 산이 위험한 아름다움을 드러내고 있다. 노점상들이 판매하는 풍선과 장난감을 가지고 아이들이 노는 동안 어른들은 최고의 피자를 맛본다.

나폴리탄 피자에는 없어서는 안 되는 세 가지 특징이 있다.

첫째, 도우가 얇아야 한다. 그렇다, 로마에서 파는 것처럼 얇지는 않지만 대부분의 미국 피자보다는 훨씬 얇아야 한다. 그리고 반드시 엄청나게 뜨거운 화덕에 구어야 한다. 그렇지만 나와 마찬가지로 당신에게도 화덕 같은 것은 없을 거라고 생각한다. 그러므로…… 집에 있는 오븐의 최고 온도가 어느 정도인지에 따라 오븐을 220도에서 230도 정도로 예열한다. 피자 도우가 군데군데 살짝 까맣게 탈 정도가 되어야 한다.

둘째, 소스는 반드시 아주 간단하고 단순해야 하며, 기름기가 많으면 안 되고, 대부분 생 토마토의 맛이 나야 한다.

셋째, 모차렐라 치즈는 버팔로 젖으로 만든 독특한 맛이 나는 것이라야 한다. 이에 관해 미국인들이 많이 혼동하곤 하는데, 미국 들소를 버팔로라고 잘못 이름 붙였기 때문이다. 진짜 버팔로는 소의 사촌뻘로, 현재는 유럽보다 아시아에 더 많은데 인도에 가장 많이 서식한다. 큰 뿔이 달려 있고 뿔 아래 커다랗고 뾰족한 귀가 수평으로 달려 있다. 버팔로 젖은 젖보다 훨씬 크림이 많다. 지방이 두 배나 많지만, 놀랍게도 콜레스테롤은 낮아서 건강에 더 좋다고 주장하는 사람들도 있다. 버팔로 젖으로 만든 치즈는 확실히 진한 풍미가 있다. 나폴리 인근 남쪽 지역의 작은 공장들이 세계 최고의 모차렐라 치즈를 만들지만, 미국을 비롯한 다른 여러 나라에서도 좋은 버팔로 모차렐라 치즈를 구할 수 있다. 대부분의 미국 피자를 만들 때 사용하는 것과는 전혀 다른 치즈다.

도우 *Dough*

라이징 도우 볼 ½('기본 레시피' 참조)
밀가루 약 ½컵

오븐을 230도로 예열한다. 12인치 피자 세 개를 만들기 위해서는 냉장고에서 하룻밤 발효시킨 라이징 도우 볼의 절반 분량만으로도 충분하다. 도마와 손에 밀가루를 충분히 묻히고 도우를 자몽 크기 정도로 떼어내어 원반 모양으로 얇게 편다. 도우의 끝을 잡고 가장자리를 따라 옮겨 가며 반죽의 나머지 부분이 중력에 의해 당겨지게 하면 더욱 얇게 만들 수 있다. 아니면 피자 만드는 사람처럼 반죽을 손으로 돌려보도록. 아이들에게 시켜도 좋다.(지저분해지더라도 나중에 치우면 된다.) 피자 도우는 최대한 얇게 만들어야 한다는 사실을 잊지 말기를. 오븐에 구우면 크러스트가 두꺼워지기 때문이다. 도우의 중앙에서부터 바깥쪽으로 손가락을 이용해 반죽을 밀어 나가면서 더 얇게 만들어 가장자리는 부풀어 오르게 하라.

**• 나의 피자리아 •**

캔 언 파디 포르투나 Can un pa'di fortuna – 약간의 운을 보태서

피자 도우를 최대한 얇게 만들고 싶을 거예요. 그러기 위해서는 먼저 손에 밀가루를 묻혀야 합니다. 그런 다음 도우를 피자 판에 올려 잡아당겨 늘려요. 이것이 가장 안전한 방식이긴 하지만, 이렇게 하면 도우가 그다지 얇아지지는 않아요. 도우를 더 얇게 만들려면 손가락을 벌려 도우의 가장자리를 잡고 도우를 아래로 늘어뜨린 다음 허공에 대고 살살 흔듭니다. 그

렇지만 얇게 만드는 가장 좋은 방법은 (가장 위험한 방법이긴 하지만) 도우를 프리스비처럼 허공에다 조심스럽게 던지는 것입니다. 그리고 계속 가볍게 회전시키는 거예요. 도우를 잡을 때는 조심해야 해요. 손으로 쳐서 도우를 떨어뜨리면 안 돼요. 그리고 도우가 강아지나 화분 위에 떨어지지 않게 하는 것도 중요해요. 물론 강아지는 도우를 무척 좋아합니다. 떨어뜨려도 괜찮아요. 도우는 다시 만들면 되니까요!

소스 ***Sauce***

잘 익은 중간 크기의 토마토 8개
다진 마늘 2쪽
소금 작은 한 꼬집
말린 오레가노 세 꼬집
올리브 오일 2테이블스푼
0.5센티미터 두께로 썬 생 버팔로 모차렐라 치즈 680그램

직화로 토마토의 겉면을 태운다. 식으면 껍질이 쉽게 벗겨진다. 껍질 벗긴 토마토를 사등분한 후 손가락으로 토마토 속을 끄집어낸다. 사등분한 토마토를 작게 자른다. 프라이팬에 올리브 오일을 두르고 달군 후 다진 마늘을 몇 분간 볶는다. 소금 한 꼬집과 오레가노, 토마토 조각, 물 ¼컵을 넣는다. 강불에서 감자 매셔로 토마토를 으깬다. 토마토 조각들이 덩어리 진 소스로 변하면 바로 불에서 내린다.

이렇게 만든 토마토소스를 도우 가운데에 바른다. 그 위에 썰어놓은 모차렐라 치즈를 얹는다. 피자 전체를 치즈로 완전히 덮는 것이 아니라, 치즈 조각을 여기저기에 흩어놓으면 된다.

25분간 굽거나, 필요하면 더 오래 구워서 도우를 완전히 굽는다. 가장자리가 살짝 탄 정도가 좋다. 오븐마다 온도차가 있고, 온도조절기가 정확하지 않을 수도 있기 때문에 피자를 구울 때 익힘 정도를 계속 눈으로 확인하는 편이 좋다.

앞서 말했듯이 탈리아는 정어리를 무척이나 좋아한다. 그런데다 우리가 정어리 광은 아니지만 이 요리는 그냥 지나치기엔 아쉬울 만큼 맛이 있다. 이 레시피대로 만들려면 내장과 비늘만 제거한 통 정어리를 구입해야 한다.

내장과 비늘을 제거한 신선한 정어리 6마리
밀가루 ¼컵
올리브 오일 ¼컵
다진 마늘 5쪽
화이트 와인 ½컵
화이트 와인 비니거 ½컵
다진 생 민트 잎 ¼컵

정어리에 밀가루를 묻힌다. 프라이팬에 올리브 오일을 두르고 다진 마늘과 함께 정어리를 볶아 접시에 담는다. 올리브 오일을 두른 프라이팬에 화이트 와인와 화이트 와인 비니거를 붓고 양이 절반가량 줄어들 때까지 졸여지면 정어리 위에 붓고 위에 민트 잎을 뿌린다.

## 디저트 • *dessert*

### 자발리오네 디 프라골리 *Zabaglione Di Fragoli*

원래 자발리오네는 생 무화과와 함께 낸다. 가을이라 생 무화과를 구할 수 있다면 정말 근사한 요리가 될 것이다. 생 무화과를 구할 수 없더라도 신선한 베리를 곁들이면 되는데, 이것이 더 좋다는 사람들도 있다. 가장 먼저 자발리오네를 만들어 먹기 시작한 곳이 어디인가에 관해서는 논란이 많다. 마살라를 사용하는 것을 보면 시칠리아 같기도 하지만, 때로는 무스카타muscata 같은 다른 지역에서 나는 달콤한 와인으로 만들기도 한다. 어떤 사람들은 북쪽인 튜린Turin에서 먹기 시작했다고 주장하는 사람들도 있지만, 이 디저트는 나폴리를 비롯하여 이탈리아 전역에서 즐겨먹는 요리다. 프랑스에서는 사바용sabayon이라고 불리는데, 그렇다고 프랑스 음식은 아니다. 자발리오네는 남아메리카에서도 인기가 많다. 1970년대에는 뉴욕을 비롯한 여러 곳에서 인기 있는 디저트였지만, 이후로는 다소 잊혔다. 다시 유행을 되살려보자.

달걀노른자 8개
설탕 ¾컵
마살라 ¾컵
딸기 16개

믹서에 금속 믹싱볼과 거품기를 달고 푼 달걀노른자와 설탕, 마살라를 넣은 후 내용물의 부피가 두 배가 될 때까지 휘핑한다. 이렇게 휘핑한 볼은 통째로 따뜻한 물이 든 팬에 넣어 중탕하면서, 거품이 일고 옅은 레몬색이 될 때까지 계속 휘핑한다. 생 딸기 위에 붓는다.

딸기

## 음료 • *beverage*

### 민트 레모네이드 *Minted Lemonade*

유리잔에 민트 잔가지 몇 개를 넣고 나무 스푼으로 으깬다. 레몬을 짜 넣고 동량의 물을 섞는다. 입맛에 맞게 설탕과 얼음을 넣는다.

# 18

# 이란 나이트

## *Iran Night*

***Hint***

가장 먼저 문명화가 되었던 나라 가운데 하나. 1935년에 나라 이름을 바꿈!

1935년에 페르시아Persia라는 고대 국가가 이란이라는 이름으로 다시 태어났다. 이란은 '아라얀Arayan들의 땅'이라는 뜻이지만, 당시 아라얀의 정확한 정의가 무엇인지에 관한 많은 논란이 있었다. 이란의 입장에서 아라얀은 대부분의 유럽어가 파생된 산스크리트Sanskrit 기반의 언어를 구사하는 사람들을 가리킨다. 그런 정의대로라면 핀란드인, 바스크족, 헝가리인들을 제외하고는 모두 아라얀인데, 페르시아 사람들의 말이 그것을 의미한 것은 아니라고 생각한다. 어찌되었든 간에, 그렇게 오랜 고대 문화에 걸맞게 이란에는 지역마다 차이가 큰 다양한 요리들이 존재한다.

메인 코스에 사용하는 팥은 먹기 하루 전날 차가운 물에 불려야 한다.

## 샐러드 • *salad*

### 시라지 샐러드 *Shirazi Salad*

이란 나이트를 위해 이 레시피대로 샐러드를 만들어 먹은 이후로 우리 식구의 주 메뉴가 되었다. 시라지 샐러드는 한 마디로, 18세기 영국의 작가 새뮤엘 존슨Johnson의 주장을 반박하는 요리라고 할 수 있다. 존슨은 "오이는 얇게 저며서 후추와 식초로 드레싱한 후 버려야 한다. 아무짝에도 쓸모가 없으니 말이다."라고 말한 바 있다.

잘게 자른 토마토 2개
껍질 벗겨 잘게 자른 오이 1개
다진 양파 1개
올리브 오일 ¼컵
다진 민트 잎 ½컵
후추 1회전

토마토와 오이, 양파에 올리브 오일, 민트 잎, 소금, 후추를 넣고 뒤적인다.

## 메인 코스 • *main course*

### 코라시트 에 쿼메 사브지 *Khoresht-E Qormeh Sabzi* | 양고기 스튜

팥 1컵
올리브 오일 ½컵
다진 노란 양파 1개
깍둑썰기 한 양고기 680그램
터메릭가루 1테이블스푼
물 2컵
소금 한 꼬집
후추 3회전
씻어서 다진 생 시금치 450그램
다진 고수(실란트로) 잎 ½컵
다진 이탈리안 파슬리 ⅓컵
즙 낸 라임 1개

팥은 전날 미리 차가운 물에 불려 놓는다. 프라이팬에 올리브 오일 ¼컵을 두르고 양파를 넣고 반투명해지면서 살짝 갈색이 돌 때까지 볶는다. 깍둑썰기한 양고기와 터메릭가루를 넣는다. 고기가 갈색을 띠면 분량의 물을 붓는다. 불려놓은 팥을 건져 고기가 든 냄비에 넣고 소금, 후추를 넣어 90분간 약불에서 뭉근하게 끓인다.

팬에 올리브 오일 ¼컵을 두르고 시금치, 고수, 파슬리를 넣고 살짝 볶는다. 스튜가 거의 조리가 다 될 때쯤 라임 즙을 넣고, 가볍게 저어 낸다.

### 폴로우 *Polow*

바스마티 라이스 1컵
따뜻한 물 1컵
소금 2테이블스푼
올리브 오일 1컵

따뜻한 물에 소금을 넣고 바스마티 라이스(basmati rice, '향긋한 것'이라는 뜻으로 히말라야 산기슭, 인도 북부 갠지스 강, 파키스탄에서 자생하는 이 쌀은 특유의 향과 풍미를 지녔다. - 옮긴이)를 두 시간 불린다. 그런 다음 물이 거의 다 흡수될 때까지 끓인다. 올리브 오일을 넣고, 20분간 뭉근하게 끓인다.

## 야크트 다 베에스트 *Yakt Dar Behest* | 천상의 얼음

쌀가루 1컵
차가운 우유 1컵
설탕 1컵
로즈워터 3테이블스푼
껍질 까서 으깬 피스타치오 ½컵

쌀가루를 차가운 우유에 녹인다. 계속 저어가며 약불에서 천천히, 뭉근하게 끓인다. 걸쭉하게 되면 설탕과 로즈워터를 넣는다. 서빙 컵에 붓고 으깬 피스타치오를 뿌린다.

장미와 피스타치오

## 음료 • *beverage*

이란에서 일반적으로 즐기는 음료는 세 가지다. 먼저 차cha가 있다. 15세기까지 페르시아인들은 비싼 값을 치르고 먼 곳에서 커피를 수입했다. 그러다 15세기 들어 실크로드라고 알려진 아시아의 향신료 루트로부터 차를 쉽게 구할 수 있다는 사실을 알게 됐다. 19세기에는 페르시아 내에서 차를 재배하려고 시도했으나 실패했다. 그러다 카스피 해 연안의 언덕이 홍차를 재배하기에 적합한 곳으로 입증되었다. 붉은 빛이 도는 홍차는 이란 사람들이 끊임없이 마시는 차로, 각설탕을 입에 넣고 마시기도 한다.

'두그'라는 음료도 인기가 많다.

### 두그 *Doogh*

그릭 요거트 2컵
꿀 1테이블스푼
생 민트 잎 6장 + 장식용으로 약간
소금 한 꼬집
커민가루 ¼티스푼
클럽 소다 약 1리터

요거트, 꿀, 민트 여섯 장, 소금, 커민가루를 블렌더나 푸드프로세서에 넣고 곱게 간다. 탄산수를 넣고 살살 저어 잘 섞는다. 얼음을 채운 유리잔에 따르고, 생 민트 잎으로 장식한다.

샤르바트는 여러 가지 허브나 향신료, 과일 또는 씨로 만든 차가운 음료를 말한다. 샤르바트라는 단어가 프랑스어인 소르베sorbet의 기원이라고 여긴다.

껍질 벗긴 중간 크기 오이 1개
생 민트 잎 1컵
설탕 ½컵(기호에 따라 가감할 것)
큰 레몬 4개
소금 한 꼬집
물 ½컵
클럽 소다

오이를 세로로 길게 잘라 스푼으로 씨를 긁어낸다. 소다를 뺀 나머지 재료를 모두 블렌더나 푸드프로세서에 넣고 물 ½컵을 넣은 후 부드러운 퓌레가 될 때까지 간다. 얼음을 채운 유리잔에 간 재료를 잔의 절반 정도까지 붓고, 나머지 절반은 클럽 소다로 채워 살살 젓는다.

# 19

# 이집트 나이트

*Egypt Night*

***Hint***

아프리카에서 아시아로 이어지는 유일한 다리가 되는 나라!

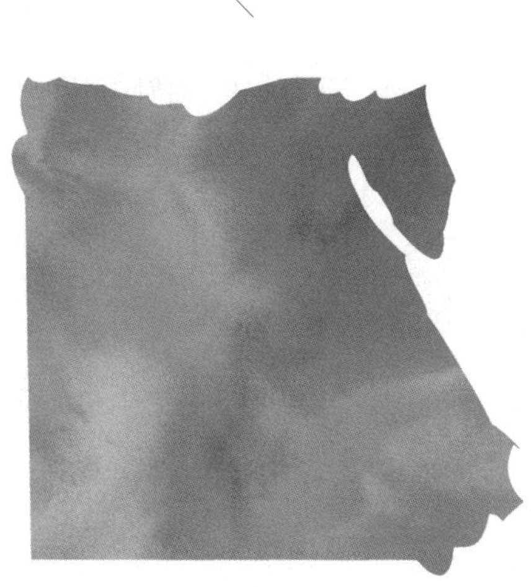

시나이 반도Sinai Peninsula는 아프리카와 아시아를 잇는 유일한 땅으로, 이런 전략적 위치로 인해 다른 이집트 영토와 마찬가지로 다른 나라의 지배를 많이 받았다.

파라오의 시대가 끝나자 그리스와 로마인들이 약 9세기 동안 이집트를 통치했고, 그 후 아랍인들이 또 다시 9세기 동안 이집트를 지배했다. 터키에 3세기 동안, 프랑스에 3년 동안 지배당했으며, 1882년부터 독립을 되찾은 1953년까지 영국의 지배를 받았다. 그러니 이집트 음식과 문화에 여러 나라로부터 받은 영향이 고스란히 담겨 있을 수밖에. 자메이칸 레게 카세트테이프에 집착했던 한 베두인이 이끄는 낙타를 타고 황량한 바위투성이의 이집트 시나이 사막을 지나면서 나는 그런 영향을 분명히 느낄 수 있었다. 내가 탄 낙타의 이름이 밥 말리Marley였던 것이다.

한때는 이집트에서 유일하게 비옥한 땅인 나일 계곡에서만 식료품을 공급받을 수 있었지만, 지금은 아프리카 전역, 중동, 지중해에서도 식재료가 들어온다. 이집트의 8천만 국민 대부분이 나일 계곡, 그 중에서도 카이로와 알렉산드리아에 가장 많이 모여 산다. 95만 5천 제곱킬로미터에 달하는 면적을 고려하면 이와 같은 사실은 이집트를 세계에서 가장 인구밀도가 높으면서도 특이한 국가 중 하나로 만든다.

현대식 건물들이 만들어 놓은 스카이라인과 중세 시대의 거대한 모스크가 공존하는 카이로는 호기심을 불러일으키는 도시다. 지금은 도시가 멀리까지 뻗어나가, 한때 먼 곳에 존재했던 것 같은 고대 피라미드들은 현재는 카이로 외곽에 위치하는 모양새가 되었다. 카이로에는 거의 모든 것을 흥정할 수 있는 시장들이 산재해 있으며, 작은 카페에는 남자들이 앉아 길고 화려한 물 담배 파이프를 뻐끔뻐끔 피워댄다. 그렇지만 내가 카이로에 대해 가장 매력적으로 느꼈던 부분은 매일 밤, 손으로 만든 빗자루를 들고 하루 동안 주변 사하라 사막에서 불어온 모래를 쓸어내는 청소부들이었다. 그들이 없다면 770여만 명이 거주하는 도시 카이로는 결국 사막에 파묻혀 버릴 것이기 때문이다.

이집트 나이트를 준비하기 위해서는 디저트 머랭을 하루 전날부터 만들기 시작해야 한다.

# 애피타이저 • *appetizer*

## 쿠프타 *Kufta*

생선 튀김인 크로켓은 아프리카 전역에서 흔한 음식이다. 이집트 식 크로켓 쿠프타는 나일 강의 생선이나 홍해에 서식하는 멸종 위기가 임박한 커다란 얼룩무늬 붉은 생선인 하무르hamour로 만든다. 하무르는 농어과에 속하기 때문에 이 레시피에는 농어로 대체해도 좋다. 그렇지만 그보다 부드러운 흰 살 민물고기를 사용하는 편이 미묘하면서도 좋은 맛을 낸다. 이집트에서는 농어와 비슷한 나일퍼치를 사용하기도 한다. 퍼치나 강꼬치고기, 화이트피시(whitefish, 송어의 일종 – 옮긴이), 틸라피아(tilapia, 아프리카 동부와 남부에서 자생하는 물고기 – 옮긴이)를 사용해도 좋다. 이 레시피대로 만들면 여섯 명이 애피타이저로 충분히 즐길 수 있는 분량의 쿠프타를 만들 수 있다.

껍질이 얇은 점질 감자 3개
생선 필레 450그램
다진 양파 1개
다진 마늘 2쪽
다진 이탈리안 파슬리 3가지
다진 고수(실란트로) 3가지
시나몬가루 1티스푼
굵은 소금 1티스푼
후추 3회전
밀가루 1컵
달걀 3개
빵가루 1컵
피넛 오일 1컵

감자를 통째로 넣고 40분에서 한 시간 동안 삶는데, 마지막 10분을 남기고 생선 필레를 넣는다. 물을 다 뺀 후 믹싱볼에 감자와 필레를 넣고 양파, 마늘, 파슬리, 고수 잎, 시나몬, 소금, 후추를 넣고 으깬다.

완전히 으깨면 손으로 약 4센티미터 길이의 길쭉한 만두 모양으로 빚는다. 밀가루를 묻히고 달걀물을 입힌 다음, 빵가루 접시에서 굴린다. 뜨겁게 달군 피넛 오일에 노릇해질 때까지 튀긴다.

## 메인 코스 • *main course*

### 닭고기와 무화과 *Chicken and Figs*

가을이라면 생 무화과를 사용해 만들면 좋지만, 말린 무화과를 사용해도 상관없다.

레몬 3개
황설탕 3테이블스푼
얇게 썬 생 무화과 6개, 또는 말린 무화과 8개
얇게 썬 레몬 프리저브('기본 레시피' 참조) 1개
닭다리 6개

오븐을 200도로 예열한다. 레몬을 짜서 즙을 낸 후 동량의 물과 황설탕을 넣어 섞는다. 얇게 썬 무화과와 레몬 프리저브를 베이킹 접시 바닥을 덮도록 깔고, 그 위에 닭다리를 놓는다. 닭다리 위에 소스를 붓고 한 시간 굽는다.

무화과

## 채소 • *vegetable*

### 바미아 **Bamia** | 오크라

오크라의 기원이 이집트는 아니다.(일부 역사가들은 그렇다고 주장하고, 아니라고 반박하는 사람도 많지만.) 그러나 현재 이집트에서는 오크라를 흔히 먹는다. 오크라에 관한 보다 상세한 사항은 쿠바 나이트를 참조할 것.

어리고 작은 오크라 230그램
피넛 오일 ¼컵
다진 노란 양파 1개
비프 스톡 ¾컵('기본 레시피'를 참조하여 만들거나, 시판 제품을 구입하여 사용해도 무방)
레몬 ½개

오크라를 씻는다. 뜨겁게 달군 피넛 오일에 양파를 넣고 숨이 죽고 불투명해질 때까지 볶는다. 여기에 오크라를 넣어, 3분간 볶는다. 비프 스톡을 넣고 오크라를 포크로 찔러 잘 들어갈 때까지 약 5분간 더 뭉근하게 끓인다. 레몬을 조금 짜 넣는다.

## 디저트 • *dessert*

### 머랭 **Meringue**

프랑스인들은 아무리 짧은 기간 동안 머물러도, 가는 곳마다 머랭을 남기고 돌아오는 것 같다. 이집트 머랭은 황설탕으로 만들기 때문에 황갈색을 띠고, 당밀 맛이 난다.

나는 당밀이 조금 덜 함유된 터비나도 설탕을 사용하는데('설탕과 향신료에 대하여' 참조) 그렇게 되면 머랭이 밝은 갈색을 띠고, 좀 더 절묘한 맛이 난다.

이 요리는 먹기 하루 전날 밤에 만들기 시작해야 한다.

상온에 둔 달걀흰자 3개
터비나도 설탕 3컵
헤비크림 1컵
블랙베리 1컵

오븐을 175도로 예열한다.

한 사람당 한 개의 달걀흰자를 사용한다. 믹서에 달걀흰자를 넣고 고속으로 휘핑하면서 천천히 설탕을 넣는다. 달걀흰자는 뿔이 무너지지 않을 정도로 단단하게 될 때까지 계속 휘핑한다. 짤주머니 입구를 넓게 벌리고 스패출라로 단단한 머랭을 떠 넣는다. 짤주머니 위를 접어, 한 손으로 접은 쪽을 꼭 잡고 다른 한 손으로 노즐의 방향을 잡고 짠다.(이것은 아이들에게 시키기에 더없이 좋은 프로젝트이다.) 가운데부터 시작하여 바깥쪽을 향해 나선형으로 머랭을 짜면서 베이킹 트레이 위에 지름 7~12센티미터 크기의 원반 모양을 만든다. 원하는 크기대로 만들면 되지만, 구우면 머랭이 퍼진다는 점만 명심하기 바란다. 30분간 구운 다음, 오븐이 완전히 꺼질 때까지 몇 시간마다 오븐 온도를 10도씩 낮춰가며 굽는다. 다 구워지면 그 상태로 하룻밤 오븐 안에 그대로 둔다.

다음 날 아침 머랭을 오븐에서 꺼낸다. 디저트를 먹기 전에 원반 모양의 머랭 위에 휘핑한 크림을 바르고 블랙베리를 얹는다. 달걀은 상온에 두었다가, 크림은 아주 차갑게 해서 휘핑하면 잘 된다.

## 음료 • *beverage*

### 카이로 쿨러 *Cairo Cooler*

카이로 쿨러라는 것이 진짜 있는지 모르겠지만, 확실히 있을만하다. 이집트는 무더운 기후의 이슬람 국가라 많은 사람들이 알코올 음료를 마시지 않기 때문에 차가운 무알콜 음료가 많다. 카이로에는 주스 바가 많으니, 카이로 쿨러도 있지 않을까? 인터넷을 찾아보면 조금씩 다른 레시피가 많지만, 이것은 내가 개발한 레시피다. 탈리아는 이 음료를 대단히 좋아한다. 물론 탈리아가 마실 것에는 럼주를 넣지 않는다.

라즈베리 약 0.5리터
즙 낸 라임 3개
설탕 3테이블스푼
생 민트 잎 10장
파인애플 주스 1리터
클럽 소다 2병
골드 럼 100그램 정도(선택 사항)

푸드프로세서에 라즈베리, 라임 즙, 설탕, 민트 잎을 넣고 가볍게 퓌레 상태가 될 때까지 돌린다.

파인애플 주스가 담긴 유리 주전자에 퓌레를 섞고, 긴 텀블러에 얼음을 넣고 ⅔를 주스로 채운 후 나머지를 클럽 소다로 채우고 살살 젓는다. 어른들이 마실 거라면 유리잔 맨 아랫쪽에 골드 럼을 먼저 한 샷 정도 넣으면 좋다.

이집트의 정통 음료를 고집하는 사람은 시나몬 워터도 좋을 것이다.

시나몬스틱 3개
물 1리터
원하는 만큼의 설탕

시나몬과 설탕을 물에 넣고 10분간 뭉근하게 끓인 후 불을 끄고 식힌다. 차갑게 식혀 입맛대로 설탕을 넣는다. 얼음을 넣어 낸다.

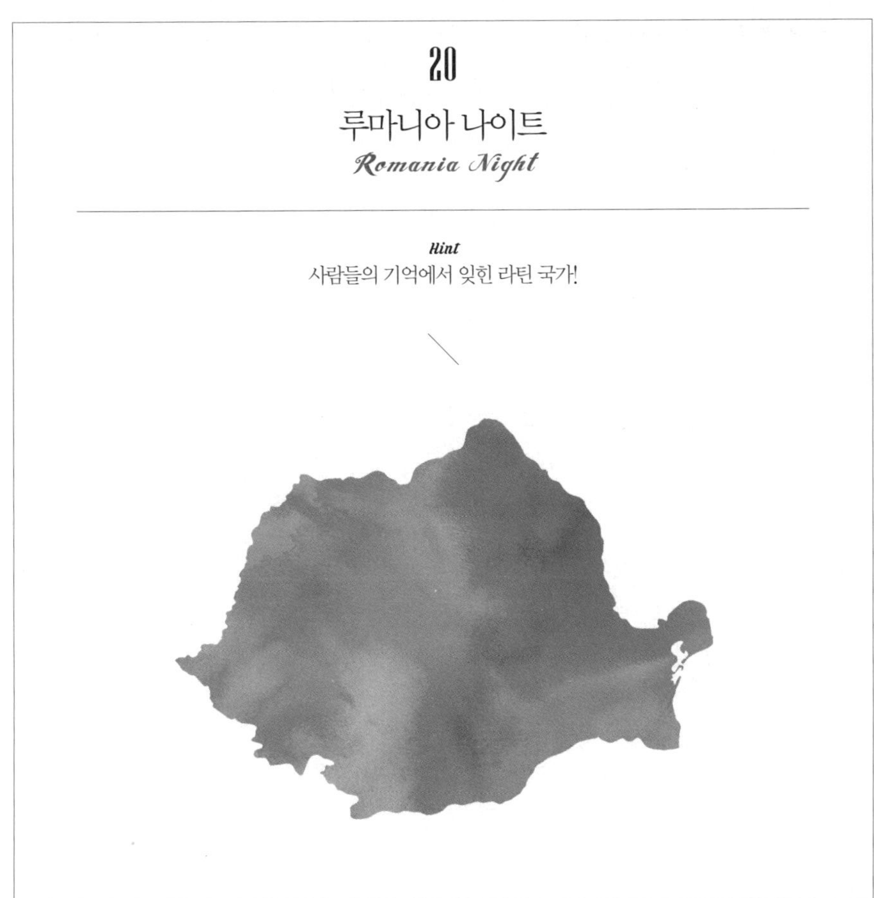

# 20

# 루마니아 나이트

*Romania Night*

***Hint***

사람들의 기억에서 잊힌 라틴 국가!

라틴어를 사용하며 스스로를 '로만Roman'이라고 부르는 발칸 국가지만, 슬라브 국가들에 둘러싸인 루마니아는 역사적으로 기이한 나라 가운데 하나다. 오스트리아 헝가리Austro-Hungarian와 터키 오스만 제국과 연관된 과거로, 음식도 헝가리와 공통점이 있고 슬라브족 국가들과도 비슷한 점이 있다. 그렇지만 이름처럼 로마나 이탈리아, 라틴어를 사용하는 다른 나라들과는 공통점이 별로 없다. 그렇다고 음식이 좋지 않다는 뜻은 결코 아니다. 사실, 예상 외로 우리가 가장 좋아했던 나이트 중 하나가 이 루마니아 나이트였다.

## 애피타이저 • appetizer

### 어란 스프레드 Fish Roe Spread

전통적으로 이 어란 스프레드는 다뉴브 강 하류에 사는 잉어나 강꼬치고기와 같은 민물고기의 알로 만들지만, 구하기가 어렵다. 그래서 우리는 붉은 새알고기red lumpfish의 알로 만들었는데, 진한 붉은 색이 스프레드를 멋지게 물들였다.

붉은 새알고기 알 ½컵
빵가루 약 ½컵
전유 2테이블스푼
즙 낸 레몬 1개
올리브 오일 ½컵~1컵
작은 둥근 토스트 약 15개

어란을 거품기가 달린 믹싱볼에 넣는다. 양이 두 배가 될 정도만 빵가루를 넣고, 전유와 레몬 즙도 부어 섞는다. 그런 다음 한 번에 올리브 오일 한 방울씩을 넣으면서 내용물이 마요네즈처럼 걸쭉해질 때까지 계속 섞는다. 둥근 토스트를 곁들여 낸다.

## 메인 코스 • main course

### 사르말레 Sarmale

사르말레는 루마니아 식 속을 채운 양배추를 말한다. 나는 평생 속을 채운 양배추를 즐겨먹었다. 한창 클 때 주로 먹었는데, 사르말레는 내가 먹어본 속을 채운 양배추 중 단연 최고였다. 물론 내가 먹어본 속을 채운 양배추 중에 유대교 기준으로, '먹기에 가장 적합하지 않은' 레시피였다는 점이 일조했을지도 모르겠다.

아래의 레시피는 여섯 조각에서 여덟 조각 기준이다.

쌀 ¼컵
다진 돼지고기 450그램
소금 1테이블스푼
간 노란 양파 ½컵
생 타임 잎 1테이블스푼
생 오레가노 잎 1테이블스푼
양배추 ½통
사우어크라우트 450그램
버터 8테이블스푼
다진 노란 양파 1컵
토마토소스 소스 1 2컵('기본 레시피' 참조)
핫 파프리카 가루 1테이블스푼
두껍게 썬 베이컨 6장

밥을 지어서 다진 돼지고기와 섞는다. 소금, 간 양파, 타임, 오레가노를 넣는다. 약 6센티미터 길이의 길쭉한 덩어리로 반죽을 만든다.

끓는 물에 양배추 잎 한 장을 넣고 3분 간 데치고 찬 물에서 식힌다. 먼저 만들어 둔 반죽을 양배추에 넣고 싼다. 양배추 잎 한 장을 끓는 물에 넣었다가 식히는 즉시 반죽을 싸는 과정을 반복한다.

오븐을 215도로 예열한다. 사우어크라우트(sauerkraut, 잘게 썬 양배추를 발효시켜 시큼한 맛이 나는 독일식 양배추 절임 – 옮긴이)를 20분간 찬 물에 담갔다 물기를 짜낸다. 녹인 버터에 다진 양파를 볶는다. 토마토소스, 사우어크라우트, 핫 파프리카 가루를 넣는다.

소스 절반을 베이킹 그릇에 붓고, 속을 채운 양배추들을 올린다. 나머지 소스를 양배추 위에 붓는다. 베이컨으로 윗면을 덮고 오븐에서 90분간 굽는다.

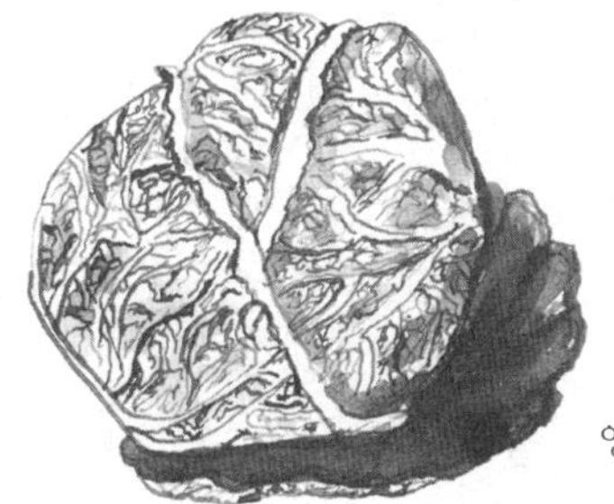

양배추

## 디저트 • *dessert*

### 알리벤치 *Alivenci*

알리벤치(밀가루 버터, 우유, 치즈 등을 넣어 만든 몰도바 식 케이크 – 옮긴이)는 기름기가 많으면서도 느끼하지 않은 디저트로, 무지방 포트 치즈(pot cheese, 그린 치즈나 커티지 치즈라고도 하며 몽글몽글 덩어리진 이 치즈는 탈지 우유나 고체 분유로 만들어 공장 처리를 거친 신선한 커드를 말한다. – 옮긴이)와 무지방 사워크림을 사용하면 지방이 많지 않으면서도 여전히 진한 맛을 느낄 수 있다는 점에서 더욱 놀랍다.

녹인 버터 2테이블스푼
밀가루 약 ½컵
포트 치즈 450그램
사워크림 230그램
설탕 ¼컵
흰자와 노른자를 따로 분리한 달걀 6개
슈거파우더 약 ½컵

오븐을 200도로 예열한다. 9인치 크기의 수플레 접시 바닥과 옆면에 골고루 녹인 버터를 바른 다음 안쪽에 전체적으로 밀가루를 뿌린다. 그릇을 뒤집어 살살 쳐서 밀가루가 너무 많이 묻지 않게 털어낸다.

포트 치즈, 사워크림, 설탕을 푸드프로세서에 넣고 섞는다. 달걀노른자를 한 번에 하나씩 넣으면서 계속 푸드프로세서를 돌려 치즈 믹스를 만든다. 달걀흰자는 따로 단단하게 휘핑하고, 고무 스패출라로 치즈 믹스에 조심스럽게 폴딩해 넣는다. 수플레 접시에 붓고, 30분간 오븐에 굽는다. 수플레 위에서 체 친 슈거파우더로 위를 덮고, 바로 낸다.

# 21

# 안달루시아 나이트

## *Andalucia Night*

***Hint***

두 개의 대륙이 만나는 곳!

내가 처음 안달루시아(Andalusia, 스페인 남쪽 끝에 위치한 지역으로, 8세기부터는 800년간 이슬람 문화의 지배를 받았다. 그 영향으로 여전히 이슬람 전통이 약간 남아 있다. - 옮긴이) 지방을 방문했을 때는 프란시스코 프랑코Franco 장군이 권력을 장악하고 있었다. 담벼락에는 파시스트 구호가 휘갈겨 적혀 있었고, 무서운 경찰들이 길거리를 활보하고 있었으며, 정치 집회에 모인 군중은 파시스트 식의 경례를 했는데 마치 40년을 거슬러 올라가 1930년대로 돌아간 느낌이었다. 안달루시아 남부 지방의 시계는 그보다 더했다. 스페인이 거의 800년간 지속되던 북아프리카 이슬람의 지배세력을 막 몰아낸 1492년, 스페인 재정복Reconquista 시대로 돌아가 있는 듯했다. 내게 안달루시아는 스페인어를 사용하는 아랍 국가와도 같았다. 건축물들은 해협 바로 너머에 있는 가까운 모로코와 흡사했다. 그 지역에서 사용하는 스페인어에는 아랍어의 억양이 담겨 있었고, 지역 방언은 더욱 심했다. 음식조차도 북아프리카를 연상시켰다. 그곳은 투우와 더불어, 전통적으로 동굴 속에서 열리던 즉흥 연주회에서 음악가들이 연주하던 아랍 블루스에 가까운 플라멩코가 발명된 가난한 지역이었다. 40년이 지난 지금도 많은 것이 변하지 않은 채 그대로 남아 있지만, 몇 세기가 지나면서 제법 발전한 것은 사실이다.

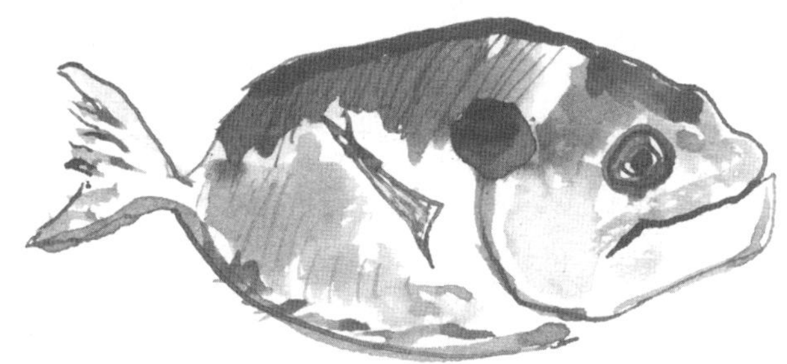

비수고(도미)

## 타파스 *Tapas*

본래 타파스는 바bar에서 생겼다. 영국인들이 하는 '술집 순례pub crawl'처럼 저녁식사 전에 이 바에서 저 바로 옮겨 다니며 술을 마시고 간식거리를 사먹어도 좋을 것이다. 물론 우리 가족은 집에서 타파스를 즐기는데, 사실 이것은 핵심을 놓친 미국 식 '타파스 레스토랑'만큼이나 모순적이라고 할 수 있다.

식사 전에 음료와 함께 먹는 이런 작은 술안주는 일반적으로 스페인 북부보다 남부쪽이 훨씬 더 단순하게 나온다.

빨간 파프리카 3개
얇게 저민 마늘 5쪽
소금 한 꼬집
올리브 오일 ½컵
절인 앤초비 약 10장
그린 아스파라거스 6개

오븐을 175도로 예열한다. 파프리카 속을 제거하고 썬 뒤 마늘, 소금, 올리브 오일과 버무린다. 파프리카의 숨이 죽을 때까지 오븐에서 굽는다. 스페인어로 보케로네boquerone라고 부르는 절인 앤초비와 밝은 색이 될 때까지 찐 그린 아스파라거스 몇 개를 곁들여 낸다.

아몬드와 마늘

## 아호블랑코 *Ajoblanco*

따뜻하고 화창한 기후에 사는 안달루시아 사람들은 차가운 스프를 먹는 훌륭한 전통을 가지고 있다. 그 중에는 오래 전 중세 시대부터 북아프리카에서 먹기 시작한 고대 음식인 가스파초gazpacho도 포함된다. 아호블랑코는 우리에게 좀 더 익숙한 토마토 가스파초보다 원조에 더 가깝다. 안달루시아 지방에서는 신대륙 발견에 나섰던 배가 돌아오기 전까지 토마토를 먹지 않았다. 뭐, 어찌되었든 간에 이런 원정에 나섰던 승무원 다수와 군인들 대부분이 안달루시아 사람들로, 라틴 아메리카에 있는 스페인 건축양식이 안달루시아 양식인 이유를 설명한다.

많은 안달루시아 사람들이 가난한 탓인지 아호블랑코는 만든 지 오래 된, 프렌치 바게트처럼 희고 바삭한 빵을 사용한다. 우리 가족은 빵을 그다지 많이 먹는 편이 아니어서 요리하기 며칠 전에 빵을 사서 묵힐 바에야 차라리 빵가루를 사용하는 편이 더 나을 거라고 생각했는데, 내 생각이 옳았다.

이 레시피는 여섯 명이 먹을 정도로 충분한 양으로, 냉장고에 넣어 보관해도 좋다.

빵가루 1컵
구운 아몬드 1컵
껍질 벗겨 깐 마늘 6쪽
소금 넉넉한 한 꼬집 + 2티스푼
올리브 오일 1컵
화이트 셰리 비니거 5테이블스푼
물 4컵
무스카텔 품종, 혹은 뮈스까 품종의 포도 9알

빵가루를 푸드프로세서에 넣고 아몬드, 마늘, 소금을 넣는다. 부드러운 페이스트가 될 때까지 가는데, 푸드프로세서를 작동한 상태로 마요네즈를 만들 때처럼 올리브 오일을 천천히 넣으며 돌린다. 화이트 셰리 비니거와 소금 2티스푼을 넣는다. 역시, 푸드프로세서를 계속 작동한 상태로 물 두 컵을 천천히 넣는다. 이렇게 만든 페이스트를 볼에 옮기고 물 두 컵을 더 붓고, 차갑게 식힌 후 젓는다. 무스카텔 포도가 나오는 계절에는 전통적으로 볼 위에 무스카텔 포도 몇 알을 띄워서 낸다. 우리는 포도의 향과 거칠면서도 멋진 토파즈 색을 내기 위해 씨 없는 뮈스까 포도를 사용했다. 포도 껍질을 벗기라고 하는 경우가 많지만, 나는 그 짓이 시간만 낭비하는 어리석은 일이라고 생각한다. 포도를 포도답게 만드는 맛과 식감을 내는 중요한 부분을 제거하기 위해 손만 많이 갈 뿐이다.

## 메인 코스 • *main course*

### 도미와 헤레스 *Sea Bream and Jerez*

이웃나라인 모로코처럼 안달루시아도 지중해와 대서양을 끼고 있다. 이 요리는 특별한 스타일의 강화 와인으로 유명한 헤레스 데 라 프론테라가 있는 지중해 쪽에서 발생했다. 항상 들으면서도 믿기 어려운 이야기에 따르면, 헤레스 와인이 영국에서 셰리로 불리게 된 이유가 와인을 많이 수입하던 영국 사람들이 헤레스라고 하려다가 셰리로 발음했기 때문이라고 한다.

도미는 유럽에서는 잡히지만 대서양에서는 잡히지 않는다. 태평양 도미도 있다. 도미를 나타내는 스페인어는 '비수고Bisugo'인데, 이 단어는 이상한 사람을 가리키는 비어로도 쓰인다. 각도에 따라 실제로 도미가 터무니없는 미소를 짓고 있는 것처럼 보이기도 한다. 그렇지만 물고기에 진지함을 기대하는 것은 너무 많은 것을 바라는 것이다. 도미를 구할 수 없다면 작은 스내퍼(snapper, 도미의 일종 – 옮긴이)나 농어와 같은 작은 흰 살 생선을 구입하도록. 중요한 점은 한 사람 당 한 마리씩 먹을 수 있을 정도의 작은 생선으로 요리하는 것이다. 이 레시피는 한 사람 기준인 만큼 인원수에 맞게 재료를 늘리는 것이 좋다.

도미 1마리
올리브 오일 약 ½컵
소금 넉넉한 두 꼬집
다진 양파 ½개
속을 제거하고 길게 자른 녹색 파프리카 2개
다진 토마토 2개
생 타임 1티스푼
후추 3회전
드라이 셰리 ¾컵
브랜디 ¼컵

오븐을 200도로 예열한다.

생선의 내장과 비늘을 제거하고 머리와 꼬리는 그대로 남긴 채, 도기로 된 베이킹 접시에 담는다. 올리브 오일을 두르고 소금을 뿌려 30분간 오븐에 굽는다.

그 동안 프라이팬에 올리브 오일을 두르고 달궈, 양파, 파프리카, 토마토, 타임, 소금, 후추를 넣고 약불에 볶는다. 셰리를 붓고 소스가 졸아들고 재료가 잘 섞일 때까지 약 30분간 뭉근하게 끓인다.

오븐에서 생선을 꺼내어 브랜디를 붓고 불을 붙인다. 불꽃이 사라지면 생선 위에 소스를 부어 낸다.

## 디저트 • *dessert*

### 플란 데 나랑하 *Flan De Naranja*

플란 데 나랑하도 탈리아가 변함없이 좋아하는 요리다. 이 레시피는 4인 기준이다.

| | |
|---|---|
| 설탕 1컵 | 달걀노른자 4개 |
| 물 ¼컵 | 헤비크림 2컵 |
| 얇게 썬 오렌지 1개 | 수직으로 길게 반 가른 바닐라 빈 1개 |

오븐을 175도로 예열한다. 분량의 설탕에서 ¾컵을 물에 섞은 후 설탕이 녹아 갈색이 돌 때까지 가열한다. 온도가 지나치게 높아 시럽이 딱딱한 사탕처럼 굳지 않도록 주의해야 한다. 라미킨(ramekin, 오븐에 구울 때 쓰는 1인 용 작은 그릇 – 옮긴이) 한 개에 오렌지 슬라이스를 하나씩을 넣은 다음, 라미킨의 ⅓을 설탕 시럽으로 채운다.

달걀노른자에 남은 설탕 ¼컵을 넣고 함께 섞는다. 바닐라 빈을 크림에 넣고 크림이 끓기 시작할 때까지 가열한 다음, 바닐라 빈은 꺼내어 따로 보관한다. 바닐라 빈 크림을 설탕을 넣고 푼 달걀노른자에 부어 바닐라 빈 크림 믹스를 만든다. 바닐라 빈 꼬투리 속에 있는 씨앗을 긁어 바닐라 빈 크림 믹스에 넣고 껍질은 버린다. 크림 믹스를 다시 냄비에 옮기고 중불에서 걸쭉하게 될 때까지 거품기로 젓는다. 불에서 내린 후 설탕 시럽이 든 라미킨에 붓는다.

베이킹 트레이에 물을 붓고 라미킨을 올린다. 이때 라미킨의 ⅔지점까지 물이 차야 한다. 오븐에 넣고 한 시간가량 구워 식힌 후에 냉장고에 넣는다. 식탁에 내기 전에 작은 칼로 라미킨 가장자리를 내용물과 분리한 후 디저트 접시 위에 뒤집어 내용물을 꺼낸다.

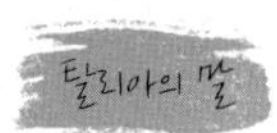


제가 가장 좋아하는 인터내셔널 나이트의 디저트 가운데 하나가 바로 플란입니다. 아이스크림 메이커가 있다면 플란 레시피로 정말 맛있는 디저트를 만들 수 있어요. 설탕에 절인 오렌지를 잘게 자른 다음 아이스크림 메이커에 넣고 액체 커스터드를 넣으면 바닐라 오렌지 아이스크림이 됩니다. 더욱 맛있게 즐기려면 초콜릿 칩을 조금 넣어보세요!

## 음료 • *beverage*

### 상그리아 *Sangria*

레드 와인 1병
스위트 셰리 ¼컵
브랜디 ¼컵
오렌지 2개

얇게 썬 레몬 1개
깍둑썰기 한 사과 1개
설탕 ¼컵
클럽 소다 1병

레드 와인을 큰 유리 주전자에 따른다. 여기에 셰리, 브랜디, 즙을 짠 오렌지 한 개, 얇게 썬 나머지 오렌지 한 개와 레몬 한 개, 그리고 사과를 넣는다. 설탕을 넣고 잘 저은 다음 클럽 소다를 충분히 듬뿍 붓는다.

아이들 용으로는 와인 대신 포도 주스를 사용하고, 브랜디와 셰리, 설탕은 뺄 것.

## 22

# 알제리 나이트

*Algeria Night*

**Hint**

아프리카에서 두 번째로 큰 영토를 가졌으며,
국토의 85퍼센트에 아무도 살지 않는 국가!

알제리의 대부분은 눈을 뗄 수 없을 정도로 아름답지만, 식물이 자랄 수 없는 사하라 사막이 차지하고 있어 사람이 거의 살지 않는다. 나는 한 시간 넘게 사하라 상공 위를 비행한 적이 있었다. 그때 사막은 마치 노란 바다가 펼쳐져 있는 것처럼 보였고, 바다를 볼 때와 마찬가지로 경탄과 두려움을 느꼈다. 사하라 사막을 건너기에 가장 좋은 이동수단은 비행기인 것 같다. 사하라를 제외한 사람들이 사는 나머지 15퍼센트의 지역에는 튀니지와 모로코 요리와 비슷하면서도 알제리만의 독특한 요리와 스타일을 가진 멋진 음식들이 있다.

## 스프 • *soup*

### 생선 스프 *Fish Soup*

스프를 좋아하지 않는 탈리아도 이 스프만큼은 먹어본 것들 가운데 가장 낫다고 인정했다.

다진 노란 양파 1개
올리브 오일 ¼컵
얇게 저민 마늘 6쪽
다진 토마토 2개
다진 셀러리 줄기 2대
다진 펜넬 ½개
하리사 1테이블스푼
다진 중간 크기의 껍질이 얇은 토마토 1개(껍질이 얇으면 벗기지 않아도 좋다)
소금 두 꼬집
후추 6회전
도다리 필레 450그램
치킨 스톡 1리터('기본 레시피'를 참조해 만들거나, 시판 제품을 구입할 것)
사프란 14가닥

커다란 냄비에 올리브 오일을 두르고 양파를 볶는다. 마늘, 토마토, 셀러리, 펜넬, 하리사, 감자, 소금, 후추를 넣어 볶는다. 모든 재료가 완전히 익으면 냄비에 도다리 필레를 넣고, 내용물이 잠길 정도로 치킨 스톡을 붓는다. 사프란 다섯 가닥을 넣고 10분간 뭉근하게 끓인다. 이렇게 끓인 모든 재료를 푸드프로세서에 넣고 돌린 다음, 다시 냄비에 넣고 15분간 더 뭉근하게 끓인다. 접시 하나에 사프란 두세 가닥씩을 넣고 식탁에 올린다.

## 밀라위 *Milawi*

나는 이 빵을 만드는 방법을 튀니지와 모로코에서 배웠지만, 밀라위는 북아프리카 전역에서 즐겨 먹는 요리다. 이 레시피에는 튀니지에 주둔하던 카르타고 사람들이 알제리에 들여온 세몰리나semolina 밀이 필요하다. 세몰리나는 쿠스쿠스의 재료이기 때문에 북아프리카에서는 특히 중요한 식재료다. 밀라위는 아이들이 만들기에도 좋다.

- 곱게 간 세몰리나 3컵
- 물 3컵
- 소금 큰 한 꼬집
- 올리브 오일 2테이블스푼

세몰리나와 물, 소금을 혼합기가 달린 믹서에 넣고 약 5분간 돌린다. 처음에는 질감이 으깬 감자 같아지다가 나중에 실크처럼 부드럽고 약간 윤기가 도는데, 그때 올리브 오일을 넣는다. 그런 다음 손에 기름을 바르고 마찬가지로 기름을 바른 작업대에 도우를 올리고, 얇고 둥글게 반죽한다. 뜨겁게 달군 주석 냄비에 넣고 뒤집어 가며 양면을 굽는다.

## 샤슈카 Chakchouka

때때로 'Shakshouka'라고 쓰기도 하는 이 요리의 이름은 '섞은 것'이라는 뜻의 베르베르어에서 파생되었다. 이 단어는 또한 현대 히브리어로 차용되어 '매우 뒤죽박죽이 된 것'이라는 의미로도 쓰인다. 샤슈카가 알제리는 물론 모로코와 튀니지에서도 인기 있다는 사실과 요리의 이름을 생각하면, 아마도 이 요리는 북아프리카를 누비고 다니던 베르베르인들의 것이 아니었을까 생각한다. 샤슈카는 일단 먹으면 반하는 요리다. 북아프리카 유대인들이 이 요리를 이스라엘에 전파한 이후로 대단한 인기를 누리고 있다. 나는 파리에 사는 알제리 친구의 집에서 이 요리를 처음 접했는데, 샤슈카는 파리에서도 인기가 많았다. 나 역시도 굉장히 맛있는 요리라고 생각해 매리엔과 탈리아에게 만들어주었는데, 역시나 대단히 반응이 좋았다. 샤슈카를 좋아하지 않을 사람이 있을까?

올리브 오일 ¼컵
깍둑썰기 한 양파 1개
깍둑썰기 한 붉은 파프리카 1개
깍둑썰기 한 녹색 파프리카 1개
다진 토마토 3개
다진 마늘 6쪽
소금 큰 두 꼬집
후추 6회전
말린 커민 1테이블스푼
하리사 페이스트 ½컵(설탕과 향신료에 대하여 '하리사' 부분 참조)
물 1컵
달걀 3개

프라이팬에 양파, 붉은 파프리카, 녹색 파프리카, 토마토, 마늘, 소금, 후추, 커민을 넣고 익을 때까지 볶는다. 그 다음 하리사를 넣어 물을 붓고 2분간 팔팔 끓인다. 달걀노른자가 터지지 않게 조심스레 깨 넣고, 달걀흰자가 불투명해질 때까지 계속 끓인다.

소금과 후추를 뿌린다. 노른자가 터지지 않게 주의하면서 국자로 떠서 접시에 담거나, 처음부터 6인치 크기의 오븐 용 그릇에 1인분씩 따로 담아 만든다.

## 디저트 • *dessert*

### 마쿠르드 엘 루스 *Makroud El Louse*

| | |
|---|---|
| 구운 아몬드 1컵 | 밀가루 ¼컵 |
| 설탕 1½컵 | 오렌지 블로섬 워터 ¼컵 |
| 달걀 1~2개 | 슈거 파우더 ¼컵 |

오븐을 175도로 예열한다.

아몬드를 가루로 만들어 설탕 한 컵, 달걀 한 개와 함께 푸드프로세서에 넣어 도우가 될 때까지 돌린다. 가루가 많아 보이면 달걀을 한 개 더 넣는다. 작업대에 밀가루를 뿌리고 도우를 올린 후 도우에도 밀가루를 바른다. 밀대로 도우를 밀어 0.7센티미터 두께로 만들고, 2.5센티미터 크기의 다이아몬드 모양이 되도록 사선으로 자른다. 노릇하게 부풀어 오르되, 딱딱해지지는 않을 정도로 약 20분간 오븐에 구운 후 식힌다.

남은 설탕 ½컵을 오렌지 블로섬 워터에 넣고 녹여서 시럽을 만든다. 다이아몬드 모양으로 구운 도우를 시럽에 담근다. 체 친 슈거 파우더를 뿌린다.

## 음료 • *beverage*

### 알제리 레몬레이드 *Algerian Lemonade*

즙 낸 레몬 3컵
물 3컵
원하는 만큼의 설탕
오렌지 블로섬 워터 ¼컵

재료를 유리 주전자에 넣고 섞은 후 차갑게 식히거나, 얼음을 넣은 잔에 따르거나, 혹은 식혀서 얼음잔에 따른다.

오렌지 블로섬

## 23
# 브르타뉴 나이트
*Brittany Night*

**Hint**
더 이상은 나라가 아니지만, 이 반도는 여전히 같은 언어를 사용하는
'여섯 국가' 가운데 하나로 여겨진다!

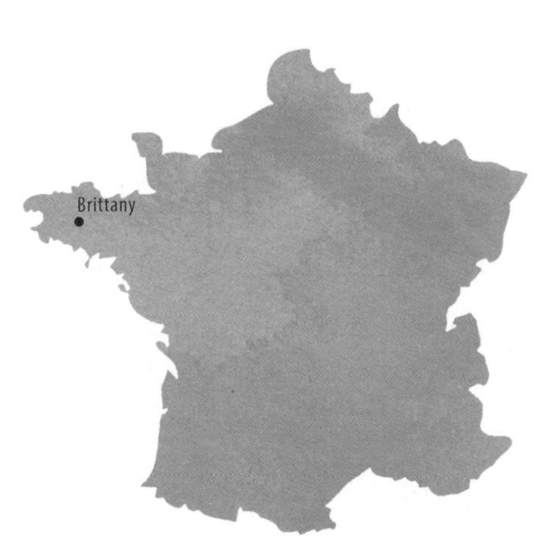


한때는 왕국이었다가, 공작의 영지로 바뀌었고, 15세기 말부터 프랑스의 영토로 편입된 브르타뉴는 지금까지도 켈트어를 사용하는 여섯 '국가' 가운데 하나다. 켈트족은 중앙 유럽에서 살던 민족으로, 철기 시대에 유럽 문화를 지배했다. 3세기에 이르러 대서양 연안까지 서쪽으로 퍼져나가면서 이베리아 반도, 영국 제도, 프랑스 대부분, 롤런드 지방, 독일을 지배했다. 켈트족은 동쪽의 흑해와 터키 일부까지 진출하기도 했

다. 지금은 유럽의 극서 해안을 빼고 이런 철기 시대 리더들의 흔적을 찾아보기 힘들다. 브르타뉴, 콘월, 맨 섬, 웨일즈, 아일랜드, 스코틀랜드만이 지금까지도 켈트어를 사용하는데, 각자 고유한 켈트다. 물론 스페인의 갈리시아Galicia 지방과 포르투갈 북부에도 켈트족 문화의 흔적이 남아 있으며, 붉은 기가 도는 금발머리와 파란 눈을 가진 사람들이 있지만 켈트어를 사용하지는 않는다. 어찌되었든 간에, 당신이 농구 팬이나 보스턴 출신이라면 된소리 'C'의 발음이 켈트어와 같다는 것을 알려주고 싶다.

브르타뉴에는 다섯 개의 데파르트망(행정구역)이 있는데, 국가 안의 또 하나의 국가라는 개념을 좋아하지 않는 프랑스는 그 중 네 개만을 공식적인 브르타뉴 지방으로 인정한다. 나머지 한 곳은 브르타뉴 사람들의 반대에도 불구하고, 루아르 지방에 속해 있다. 바스크와 알자스 지방처럼 브르타뉴도 라틴 계열이 아니기 때문에 다른 프랑스 지방들과는 다르게 느껴진다. 예전에는 이런 사실이 대단한 호기심을 불러일으켜, 파리 사람들 사이에서 브르타뉴는 이국적이면서도 멀지 않아 가볼 만한 곳으로 꼽히곤 했다. 브르타뉴 사람들은 브르타뉴의 삶을 묘사하는 토산품을 만들어 파리 사람들에게 팔았다. 많은 프랑스 작가들이 브르타뉴 사람들을 북아프리카 사람들이나 흑인, 동양인처럼 프랑스와 멀리 떨어진 제국에 사는 사람들과 비교하곤 했다.

처음 브르타뉴 지방을 방문했을 때 나는 고향인 뉴잉글랜드가 떠올랐다. 거친 북대서양 해안을 따라 길게 늘어선 흰 주택들 때문일 것이다. 물론 그곳의 하얀 주택은 나무가 아니라 돌로 지어진 집들이긴 했지만 말이다.

미식의 측면에서 살펴보면, 브르타뉴 요리는 프랑스 요리에 지대한 영향을 받긴 했지만 켈트어를 사용하는 인접 국가들과 공통된 특징도 많이 가지고 있다. 브르타뉴 사람들은 사이더(cider, 사과를 압착해서 짠 즙을 발효시켜 만든 사과주 – 옮긴이)는 만들지만, 와인은 생산하지 않는다. 요즘에는 브르타뉴 인근 루아르 지방에서 만든 품질 좋은 화이트 와인을 많이 마시긴 하지만 말이다. 또한 브르타뉴 사람들은 주요 소금 생산자다. 켈트족은 유럽 전역에서 소금을 제조한 훌륭한 전통을 가졌다. 켈트 식 음식에는 소금이 많이 들어간다. 버터도 많이 사용하는데, 프랑스의 다른 지역과 달리 대체로 가염 버터를 쓴다. 브르타뉴 사람들은 감자를 즐겨 먹는데, 프랑스에서 최초로 감자를 먹기 시작했다. 프랑스는 미국의 뿌리 식물인 감자를 18세기 말까지 먹지 않았다. 아일랜드인들과 마찬가지로 브르타뉴 사람들도 가난 때문에 감자를 재배하게 되었다.

켈트족의 또 다른 특징은 오븐이 없어서 빵, 케이크, 스콘, 쿠키를 불판에 굽는다는 것이다. 불판에 구워 만드는 케이크 가운데 가장 유명한 크레페의 발생지가 바로 브르타뉴다.

크레페 반죽은 먹기 하루 전에 만들어야 한다.

## 아티초크 *Artichoke*

아티초크는 해바라기의 친척뻘로, 아마도 나무에서 봉우리를 따지 않고 놔두면 커다랗고 아름다운 보라색 꽃이 피는 것을 확인할 수 있을 것이다. 아티초크는 원래 지중해 식물이었는데 전설에 의하면 1533년에 열네 살의 나이로 헨리 2세와 결혼한 카트린 데 메디치Catherine de' Medici가 프랑스 궁전으로 들여왔다고 한다. 메디치가 프랑스 궁전에 음식을 전파했다는 이야기의 대부분은 사실이 아니기 때문에 이 역시도 그럴 가능성이 높다. 그보다 1천 500년 전 로마인들이 유럽을 정복했을 때 영국에 아티초크를 심었기 때문에 메디치가 들여오기 훨씬 이전부터 이미 프랑스에 아티초크가 있었을 것이다. 아티초크는 모래가 많은 곳에서 잘 자라서, 지중해를 제외하고는 브르타뉴에서 아티초크가 가장 많이 난다. 그리고 브르타뉴에서 자란 아티초크가 자생지에서 자란 것보다 훨씬 더 크다.

아티초크 3개
정육면체로 큼직하게 썬 베이컨 ½컵
깍둑썰기 한 돼지고기 1컵
얇게 썬 양파 1개
얇게 썬 당근 3개
생 타임 3가지
생 로즈마리 1가지
드라이 화이트 와인 ½병
물 1컵

이 레시피는 아티초크 세 개 기준이다. 아티초크는 봉우리 위에서부터 ⅓정도 내려온 지점을 날카로운 큰 칼로 잘라 뾰족한 끝부분을 한 번에 자른다. 줄기도 자른다. 부드럽고 맛있는 아래쪽은 조금 남겨두어도 좋다. 깍둑썰기 한 베이컨과 돼지고기를 양파, 당근, 타임, 로즈마리와 함께 넣고 볶는다. 다듬은 아티초크를 팬에 넣고 와인과 물을 붓는다. 뚜껑을 덮고 국물이 ⅓로 줄을 때까지 뭉근하게 끓인다.

아티초크

## 메인 코스 • *main course*

### 해산물 크레페 *Seafood Crepes*

원래 브르타뉴의 크레페는 메밀로 만들었다. 그러다가 밀가루가 레시피에 슬며시 끼어들기 시작했다. 진정한 브르타뉴 크레페는 지금도 메밀로 만든다. 훨씬 나중에 발명된 디저트 크레페는 흰 밀가루로 만든다. 조금만 가르쳐주면 아이들도 크레페를 즐겨 만들 수 있다.

이 반죽은 먹기 하루 전에 만들어 두어야 한다.

## 크레페

달걀 3개
녹인 버터 2테이블스푼
메밀가루 1½컵
우유 1½컵

달걀에 녹인 버터, 메밀가루, 우유를 넣고 거품기로 젓는다. 반죽이 묽으면서도 크림 같아야 한다. 너무 걸쭉하면 우유를 더 넣는다. 하룻밤 냉장한다.

둘째 날에 해야 할 일이다. 크레페를 굽는 철판에는 반죽을 넓게 펴주는 자동차 와이퍼처럼 생긴 작은 장치가 달려 있다. 크레페를 굉장히 자주 만들어 먹지 않는다면 이 기구는 부엌에서 자리만 차지할 뿐 쓸모가 없다. 그래도 크레페는 아주 얇아야 하기 때문에 반죽도 묽어야 한다. 조금만 연습하면 그렇게 어렵지 않다. 탈리아는 이제 크레페 만들기에 능숙해졌다.

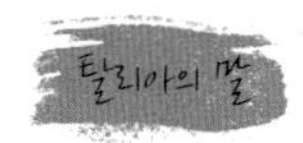


**• 크레페 메이커 •**

큰 팬에 버터를 녹인 다음 반죽을 한 국자 떠서 붓습니다. 그런 다음 국자의 둥근 바닥면을 이용해 원을 그리며 아주 얇아질 때까지 반죽을 넓게 폅니다. 반죽의 가운데 부분이 마르면 뒤집을 때가 된 거에요. 반죽이 살짝 진해지고 거품이 약간 일 수도 있어요. 그러면 커다란 스패출라를 크레페 아래로 밀어 넣어 들어 올린 다음 뒤집습니다. 솔직히 크레페가 크면 클수록 뒤집기가 더 어려워요. 그래서 저는 작은 크레페가 좋아요.

필링

| | |
|---|---|
| 간 샬롯 1테이블스푼 | 가자미 필레 450그램 |
| 얇게 채 썬 대파 1뿌리 | 국자가리비 230그램(크기가 작은 것들이다) |
| 저민 버섯 4개 | 드라이 화이트 와인 ½병 |
| 작게 깍둑썰기 한 토마토 ½개 | 헤비크림 1컵 |
| 생 타임 2가지 | 다진 생 차이브 1단 |
| 소금 큰 한 꼬집 | 작은 엔다이브 3통 |
| 버터 5테이블스푼 | 버터 2테이블스푼 |

버터 2테이블스푼에 샬롯, 대파, 버섯, 토마토, 타임, 소금을 넣고 볶는다. 모든 재료가 다 익으면 가자미 필레, 국자가리비bay scallop, 와인을 넣고 중불에 약 5분간 끓인다. 생선과 가리비를 꺼내어 각 크레페 반죽에 나누어 넣고 싼다. 국물이 담긴 프라이팬에 헤비크림을 넣고 양이 절반으로 줄어들 때까지 팔팔 끓인다. 남은 버터 3스푼을 넣고 소스와 완전히 섞이도록 세게 젓는다. 소스를 크레페 위에 붓고 잘게 다진 차이브를 뿌린다.

길쭉하게 잘라 버터에 볶은 엔다이브를 곁들여 낸다. 지금은 엔다이브가 브르타뉴의 주요 생산품이지만, 20세기 이전에는 가정에서 요리할 때만 사용하던 정원 식물이었다.

## 갸또 브레통 *Gateau Bretonne* | 쿠인 아망 *Kouign-Amann*, 또는 브르타뉴 케이크

아래에 소개하는 레시피는 내가 가장 좋아하는 것으로, 40년 전 패스트리 메이커 시절부터 줄곧 만들어오던 것이다. 이것은 나만의 방식대로 만드는 갸또 브레통인데, 비슷하게 변화한 브르타뉴의 두 가지 버터 케이크 레시피들을 차용해서 변형한 것이다. 쿠인 아망은 켈트어로 '버터 케이크'를 의미한다. 이 케이크는 반도의 서쪽 끝인 피니스테르Finistere에서 발생했는데, 19세기 중반에 최초로 만들어졌거나, 최초로 기록된 것으로 보인다.(피니스테르의 가장 전통적인 지역에서는 아직도 일부 사람들이 브르타뉴어를 사용한다.) 갸또 브레통이라는 이름은 같은 시기에 파리에서 처음으로 등장했다. 갸또 브레통은 쿠인 아망을 프랑스어로 해석해 놓은 것에 불과하다. 갸또 브레통이든 쿠인 아망이든 간에, 과거 켈트족의 레시피와 다르게 변화했다. 번철이 아니라 무쇠 팬에 넣어 오븐에서 굽기 때문이다.

켈트 요리의 비결은 버터만 많이 사용하는 것이 아니라, 맛을 내기 위해 다량의 소금을 사용한다는 데 있다.

밀가루 450그램
가염 버터 340그램
소금 큰 한 꼬집
설탕 150그램
바닐라 농축액 약간
다크 럼주 ⅓컵
달걀노른자 9개

오븐을 200도로 예열한다. 반죽 갈고리가 달린 믹서에 밀가루와 버터를 넣고 돌린다. 반죽이 옥수수가루처럼 되면 소금, 설탕, 바닐라 농축액, 다크 럼주를 넣고 한 번

믹서를 돌릴 때마다 푼 달걀노른자를 하나씩 섞는다.

도우를 기름 바른 10인치 주철 팬에('주방기구' 참조) 눌러 넣고 달걀노른자를 풀어 위에 바른다. 포크로 물결 모양의 세로줄을 만든다. 비슷한 물결 모양의 가로줄도 새긴다. 한 시간 동안 오븐에서 굽는다. 도우 윗부분의 색깔이 진해지기 시작하면 오븐의 온도를 낮춘다. 식힌 후 팬에서 바로 꺼내어 낸다.

갸또 브레통

## 크레페 *Crepes*

내가 케이크를 좋아하는 것만큼이나 아이들도 디저트 크레페에 열광한다. 크레페는 케이크만큼 브르타뉴 전통 디저트에 가깝지는 않지만, 프랑스 전역에서 인기다. 디저트 크레페는 전통 크레페와 똑같은 방식으로 만들되, 메밀 대신 밀가루를 사용한다. 안에는 가장 좋아하는 잼이나 설탕을 살짝 뿌린 생 과일, 생 딸기 류 등을 넣거나 버터를 조금 두르고 취향만큼의 설탕과 함께 볶은 복숭아나 서양 배, 사과 슬라이스를 넣어도 좋다. 핫 퍼지 소스hot fudge sauce도 좋다. 잼이나 초콜릿으로 채웠다면 슈거 파우더를 체에 내려 크레페 위에 살짝 뿌린다. 과일이나 초콜릿 크레페 위에 휘핑한 크림을 한 스쿱 올려도 맛있다.

## 음료 • *beverage*

스파클링 드라이 발효 사이더가 브르타뉴의 전통 음료이기는 하지만, 인근 루와르 지방의 상세르Sancerre 와인도 상당히 훌륭하다. 아이들 용으로는 무알콜 스파클링 사이더가 좋다.

# 24 탄자니아 나이트
*Tanzania Night*

**Hint**
인간 최초의 거주지 중 하나이자 처음으로 철을 생산한 지역 가운데 하나로, 두 나라가 합쳐진 곳!

인도양 쪽 동아프리카에 속하는 나라, 탄자니아와 탄자니아라는 국가명은 1964년에 탕가니카Tanganyika와 잔지바르Zanzibar가 합쳐 생긴 것이다. 이곳에는 200만 년 전 인간, 혹은 사람 과Hominidae에 속하는 초기 구성원이 살았던 흔적이 남아있다. 2천 년 전에는 이 지역에 살던 하야인Haya people들이 일종의 용광로를 만들어 철을 생산했다. 19세기 잔지바르는 아랍이 통치하던 노예 중심지였다.

탄자니아는 자연과 예술, 음악으로 유명하지만 음식은 사정이 다르다. 커리 소스를 곁들인 그릴에 구운 고기를 먹는 것이 일반적이다. 탄자니아는 인도로부터 많은 영향을 받았다. 우리는 망고, 코코넛, 오리, 커리를 이용하여 우리가 만든 최고의 스프 가운데 하나를 비롯해, 정말 근사한 탄자니아 식사를 차릴 수 있었다. 심지어 스프를 싫어하는 탈리아도 좋아했을 정도다. 실은 스프보다 베지터리언 스튜에 가까웠기 때문인지도 모르지만.

말린 콩을 사용할 경우에는 하룻밤 물에 담가 불려야 한다.

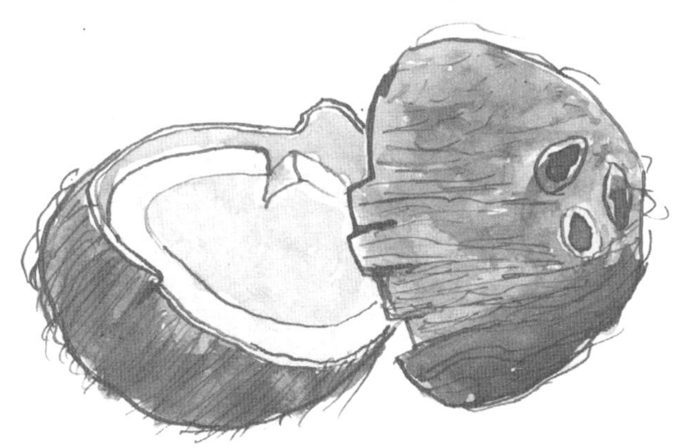

코코넛

## 코코넛 스프 *Coconut Soup*

- 말린 붉은 강낭콩 2컵
- 다진 양파 1개
- 피넛 오일 ¼컵
- 순한 마드라스 커리가루 2테이블스푼
- 소금 큰 한 꼬집 + 1½테이블스푼
- 카이엔 페퍼 1테이블스푼
- 후추 6회전
- 다진 토마토 3개
- 코코넛 1개
- 카다몸 씨 6개
- 코코넛 밀크 2컵
- 치킨 스톡 2컵('기본 레시피'를 참조해 만들거나, 시판 제품을 구입할 것)
- 쌀 1컵

하루 전날 강낭콩을 물에 불린다.

커다란 냄비에 피넛 오일을 두르고 양파를 볶는다. 커리가루('설탕과 향신료에 대하여' 중 '커리' 참조)와 소금 한 꼬집, 카이엔 페퍼, 후추, 토마토를 넣는다. 코코넛 한 통에서 짜낸 주스 전부와 (편법으로 코코넛을 깨는 방법 참조) 카다몸 씨, 남은 소금, 코코넛 밀크, 치킨 스톡을 넣고 끓으면 쌀을 넣는다. 쌀이 익을 때까지 약 10분 정도 더 끓인다. 강판에 간 생 코코넛을 위에 얹어 낸다.

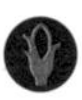

## 메인 코스 • *main course*

### 오리고기 *Duck*

나는 이 음식을 아랍어로 '평화의 항구'라는 뜻의 옛 수도 다르에스살람Dar es Salaam에서 먹었다. 이 요리를 만들기 위해서는 살이 너무 많지 않은 2.5킬로그램 정도의 손질된 어린 오리를 구해야 한다.

2.5킬로그램 정도의 오리 1마리
피넛 오일 ½컵
다진 양파 ½개
다진 플럼 토마토(plum tomato, 이탈리아 산 기다란 토마토) 3개
카다몸 씨 6개
소금 넉넉한 두 꼬집
커리가루 1테이블스푼
카이엔 페퍼나 다른 매운 붉은 고춧가루 ½테이블스푼
치킨 스톡 2~3컵('기본 레시피'를 참조해 만들거나, 시판 제품을 구입할 것)

피넛 오일을 두른 팬에 사등분한 오리를 넣고 모든 면이 갈색을 띨 때까지 굽는다. 양파, 토마토, 카다몸, 소금, 커리가루, 매운 고추를 넣는다. 재료가 잠길 정도로 치킨 스톡을 넣고 약불에 한 시간 정도 뭉근하게 끓인다.

### 우갈리 *Ugali*

오리 요리는 대개 우갈리와 함께 낸다. 사실 아프리카 요리사들은 모든 음식에 우갈리를 곁들이지만, 나는 그들이 우갈리를 함께 내는 이유 때문에 그렇게 하지 않는다. 우갈리를 먹으면 너무 배가 부르기 때문이다. 남아프리카의 팝pap이나 카리브 해

의 쿠쿠cou-cou와 마찬가지다. 물을 끓인 다음 흰 옥수수가루를 손으로 천천히 집어넣는다. 옥수수가루의 양은 물의 절반쯤이 좋다. 팬에 달라붙지 않고 덩어리가 없을 때까지 나무 스푼으로 젓는다.

## 디저트 • *dessert*

### 망고 캐슈 푸딩 *Mango Cashew Pudding*

| | |
|---|---|
| 껍질 벗게 썬 잘 익은 망고 2개 | 황설탕 ¾컵 |
| 즙 낸 레몬 1개 | 버터 ½컵 |
| 설탕 ¼컵 | 소금 1티스푼 |
| 무염 캐슈넛 ¾컵 | 시나몬가루 1테이블스푼 |

오븐을 200도로 예열한다. 설탕을 섞은 망고와 레몬 즙을 베이킹 접시에 올린다. 황설탕, 버터, 소금, 시나몬과 섞은 캐슈를 으깨서 가루로 만든다. 이 페이스트를 망고 위에 넓게 바른 후 오븐에서 30분 굽는다.

## 음료 • *beverage*

### 망고 오렌지 주스 ***Mango Orange Juice***

오렌지 4개
망고주스 1.5리터
설탕 ¼티스푼, 또는 원하는 만큼
럼주(선택사항)

오렌지 한 개를 제스트로 만들고, 망고주스와 나머지 네 개의 오렌지 즙에 넣는다. 입맛에 맞게 설탕을 넣고 얼음이 담긴 잔에 붓는다. 어른들을 위해서는 럼주 한 샷을 넣으면 좋다.

## 25

# 퀘벡 나이트

*Quebec Night*

***Hint***

기억해야 할 나라!

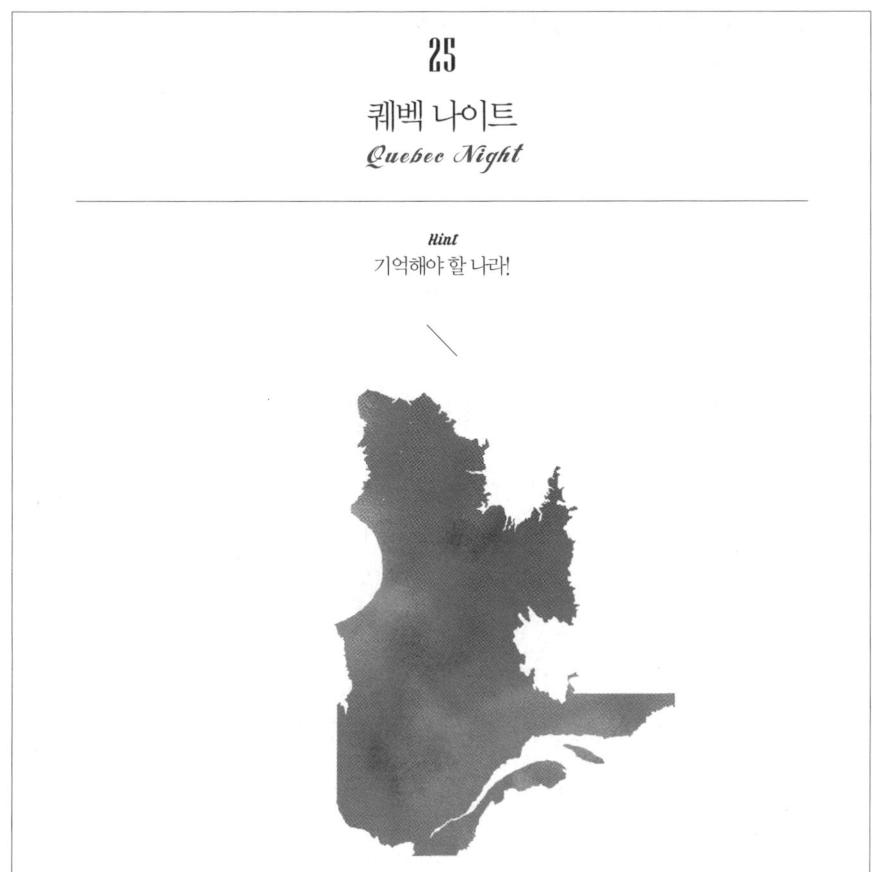

제 므 수비엥Je me souviens, '나는 기억한다'는 의미의 이 말은 주州 자동차 번호판에 쓰여 있는 퀘벡의 구호다. 나는 일주일간 몬트리올에 머물며 퀘벡당Parti Quebecois의 리더들과 함께 캐나다에서 분리 독립하고자 하는 정치적인 움직임에 관해 이야기를 나눈 적이 있었다. 바스크족이나 브르타뉴족이 프랑스로부터 독립하려는 것과는 다르다. 퀘벡주는 캐나다 면적의 $\frac{1}{3}$에 해당한다. 그런데도 양측은 폭력 사태 없이 예의 바르게, 수년 동안 이 문제를 논의해 왔다. 퀘벡은 지금까지도 프랑스령에 속하는 뉴펀들랜드 해안가에 있는 작은 섬 생 피에르Saint-Pierre와 미클롱Miquelon을 제외하고는, 한때 프랑스어를 사용하는 지역들이 많았던 북미에서 유일하게 남은 프랑스어 사용 지역이다. 많은 퀘벡 사람들에게 루이지애나의 사례가 경각심을 불러일으킬 것이다. 비록 루이지애나 요리에는 여전히 상당한 프랑스적 요소들이 남아 있긴 하지만, 이제 그곳에서는 프랑스어를 거의 사용하지 않고 프랑스 전통도 거의 남지 않았기 때문이다. 퀘벡은 루이지애나처럼 되길 원치 않는다. 나는 독립 움직임에 대해 리더들과 이야기하면서 왜 '나는 기억한다'인지, 무엇을 기억한다는 것인지, 어디에서 비롯된 말인지 물었다. 그렇지만 퀘벡당 당원들 가운데 내 질문에 답을 준 사람은 아무도 없었다.

비록 건축가 유진 에티엔 타쉬Tache가 1883년 퀘벡시의 국회의사당 건물에 새겨 넣은 문장이긴 하지만, 그래도 좀 이해하기 어렵다. 전체 문구는 다음과 같다. "나는 내가 백합 아래서 태어난 걸 기억한다, 그리고 장미 아래서 자란 걸 기억한다Je me souviens Que ne sous le lys, Je crois sous la rose"(백합은 프랑스 왕국의 상징이고, 장미는 영국 왕국의 상징이다.) 과거를 기억하는 퀘벡 사람들은 이런 문구를 덧붙인다. "그렇지만 나는 항상 나의 프랑스 혈통을 기억할 것이다mais toujours je me souviens mes origins francaise"

대부분의 퀘벡 사람들은 프랑스어를 모국어로 사용한다. 물론 그들의 프랑스인입네, 하는 태도를 피곤해하는 사람들도 있지만 말이다. 그들은 퀘벡인이지, 프랑스인이 아니다.

퀘벡주에는 북미에서 가장 매력적인 도시 중 하나인 몬트리올과 오랜 역사를 지닌 퀘벡시가 있다. 그렇지만 'r'을 떨리게 발음하는 200년 전 프랑스어 발음을 사용하고, 조용한 시골 생활을 즐기는 사람들이 모여 사는 오지가 대부분이다. 세인트로렌스 강

주변과 지금도 여전히 대구를 잡아 소금에 절이고 미국 중심부로부터 대서양을 향해 흐르는 거친 물줄기에서 북미의 마지막 야생 대서양 연어가 뛰어 오르는 가스페반도Gaspe Peninsula의 어귀에는 작은 도시들이 있다. 세찬 물을 거슬러 뛰어드는 연어의 모습을 보면 그들의 힘과 집에 가고야말겠다는 결심에 존경심마저 느낀다.

몇 차례에 걸쳐 퀘벡주의 여러 곳을 방문했던 경험 가운데 가장 기억에 남는 것은 1973년도에 몬트리올에서 '알렉산더 푸시킨'이라는 '소련' 여객선을 타고 유럽에 갔을 때다. 그때는 유람선이 아니라, 비행기 외의 교통수단으로 목적지까지 가고 싶어 하는 사람들을 위해 대서양 횡단 여객선이 다니던 시절이었다. 그러다 1970년대 석유 파동으로 이 이동 수단은 곧 자취를 감췄다. 당시는 소련과 서방 국가들 사이에 긴장이 완화되던 데탕트 시절이라, 대서양 횡단 용으로 소련이 제공한 세 척의 여객선 모두 러시아 작가들의 이름을 따서 붙였다.

대서양 횡단 여객선이 출발하면 부두에서 작별인사를 하는 친구와 가족들로 일대 소란이 빚어진다. 스피커에서 브라스 밴드의 연주가 울려 퍼지면, 배를 정박하는 데 사용되는 줄들을 일제히 던진다. 상갑판에 서서 저 아래 부둣가에 조그맣게 보이는 사람들이 손을 흔드는 모습을 바라보고 있으면, 전능한 거인이 된 것처럼 느껴진다. 그러다 어느 정도 시간이 지나 뻥 뚫린 바다에 닿으면 내 자신이 외롭고 매우 작은 존재처럼 느껴진다. 물론 이렇게 작은 존재라고 느끼게 되기까지는 몬트리올을 출발하고도 며칠이 지나야 하지만. 먼저 나무가 우거진 퀘벡의 강둑을 지나 1천 600킬로미터나 떨어진 세인트로렌스 강의 어귀까지 항해에 가야하기 때문이다. 해거름이 지면 트루아 리비에르Trois-Rivieres를 지나는 우리 배를 향해 작은 보트들이 접근하기 시작한다. 사람들은 프랑스어로 외치면서 맥주병과 와인 잔을 치켜들고는 손에 든 뿔을 큰 소리로 불어댔다. 좀 더 빠른 보트들은 우리의 커다란 흰 뱃머리를 쏜살같이 가로지르며 보트만큼이나 큰 물보라를 만들어냈지만, 광활한 북대서양 횡단을 위해 만들어진 안정적인 여객선을 탄 우리는 어떠한 미동도 느끼지 못했다. 인근 도시에서는 사람들이 나와서 커다란 러시아 여객선이 지나가는 것을 기념하며 파티를 벌였다. 그러니 세인트로렌스 강줄기를 따라 늘어선 작은 프랑스 도시에서 사는 삶이 어떻게 좋지 않다고 할 수 있을까?

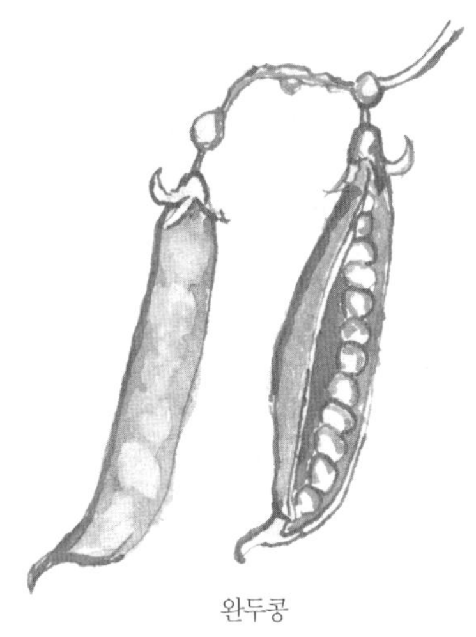

완두콩

완두콩 스프를 피해갈 방법은 없다. 이 요리 없이 퀘벡 나이트를 열 수는 없기 때문이다. 퀘벡하면 바로 이 스프다. 예전에는 영국 사람들이 프렌치 퀘벡인들을 가리켜 '완두콩 스프를 먹는 사람들pea souper'이라고 비아냥대며 부르기도 했다.

두 가지 방법으로 모두 다 해 본 결과 나는 이 레시피가 오히려 신선한 재료를 사용하지 않을 때 가장 맛이 좋은, 보기 드문 요리라는 사실을 알게 되었다. 포타주 생 제르망은 말린 완두콩으로 만들어야 한다. 퀘벡은 겨울이 길고 농사를 지을 수 있는 기간이 짧기 때문에 채소를 구하기 어렵다. 그래서 완두콩을 말려 먹는데, 그걸로 해먹을 수 있는 요리가 바로 완두콩 스프인 것이다. 퀘벡의 겨울에는 허브도 잘 마른다. 그렇지만 허브는 말린 것보다 역시 생 허브가 더 낫다.

이 스프를 만들기 위해서는 하루 전날 완두콩을 물에 담가 불려두어야 한다.

말린 완두콩 3컵
치킨 스톡 3컵('기본 레시피'를 참조하거나 시판 제품을 구입할 것)
처빌 2가지
타라곤 3가지
물에 불려 씻어 얇게 채 썬 대파 7.5센티미터
깍둑썰기 한 베이컨 130그램
버터 3테이블스푼
소금 2테이블스푼

말린 완두콩을 하룻밤 물에 불린다. 다음 날 치킨 스톡에 완두콩과 처빌(chervil, 유럽과 서아시아가 원산지로 딜, 파슬리와 함께 산형 과에 속하는 허브 – 옮긴이), 타라곤(tarragon, 시베리아가 원산지로 쑥의 일종이다. 프랑스인들이 향신료의 여왕으로 여길 만큼 달콤한 향기와 매콤하면서 쌉쌀한 맛이 일품인 허브 – 옮긴이), 분량의 대파에서 5센티미터를 썰어 넣고 뭉근하게 끓여 완두콩 믹스를 만든다. 30분간 끓인 다음 완두콩 믹스를 푸드프로세서에 넣고 갈아 퓌레로 만든다.

프라이팬에 버터를 두르고 깍둑썰기 한 베이컨을 넣는다. 남은 2.5센티미터의 대파를 넣는다. 약 10분쯤 볶아 모든 재료가 갈색이 나면 퓌레로 만든 완두콩과 소금을 넣고 20분간 뭉근하게 끓여 잘 저어 낸다.

## 메인 코스 • *main course*

### 도브 오 시드르 *Daube Au Cidre*

퀘벡은 추운 지방으로, 스튜를 많이 먹는다. 퀘벡의 요리 책에는 대부분 고기가 든 레드 와인 스튜 레시피가 포함된다. 이런 종류의 요리는 대부분 프랑스 중부에서 전해졌다. 다만 퀘벡에서는 대부분의 퀘벡인 조상들이 살던 노르망디, 브르타뉴와 마찬가지로 와인이 생산되지 않는다. 대신 그들은 애플 사이더를 만든다.

깍둑썰기 한 베이컨 조각 1컵
깍둑썰기 한 돼지고기 어깨살 680그램
밀가루 ½컵
껍질 벗겨 5센티미터 두께로 통썰기 한 당근 5개
펄 어니언 16개
반으로 자른 작은 버섯 10개, 크기가 큰 버섯의 경우 5개
소금 2티스푼
레드 와인 비니거 ¼컵
드라이 사이더, 또는 브뤼 사이더(코르크 마개가 달린 거품이 나는 종류) 1병

중불에 프라이팬을 올리고 베이컨이 익을 때까지 몇 분간 볶는다. 돼지고기 어깨살

에 밀가루를 묻힌 뒤 갈색이 돌 때까지 베이컨 기름에 볶는다. 당근, 펄 어니언, 버섯, 소금, 식초를 넣고 애플 사이더를 붓는다. 끓고 난 후 소스가 걸쭉해질 때까지 두 시간 반 정도 더 뭉근하게 끓인다.

## 디저트 • *dessert*

### 갸또 드 시로 데라블르 *Gateau de Sirop D'erable* | 메이플시럽 케이크

뉴잉글랜드에서 자란 나는 뉴잉글랜드와 퀘벡에서 주로 생산되는 북미 특유의 별미인 메이플 시럽을 무척이나 좋아한다. 메이플 나무는 온도 변화에 상당히 민감한데, 요즘은 기후의 변화로 크나큰 위협을 받고 있다.

메이플 시럽을 좋아한다면 이 케이크를 만들어 보길 바란다. 버몬트주 사람들이 뉴욕의 미식가들에게 교묘하게 속여 파는 A급 말고, B급 메이플 시럽을 구입하라. 알갱이가 조금 굵지만 더 깊은 메이플 맛을 느낄 수 있다.

케이크

- 쿠스쿠스 2컵
- 물 2컵
- 소금 큰 한 꼬집
- 버터 4테이블스푼
- 헤비크림 1컵
- 사워크림 1컵
- 바닐라 농축액 조금
- 설탕 ½컵
- 으깬 생 파인애플 ½컵
- 건포도 작은 한 줌
- 민트 2가지

오븐을 200도로 예열한다. 혼합기가 달린 믹서에 밀가루, 베이킹파우더, 버터를 넣고 고속으로 혼합한다. 믹서를 돌리면서 황설탕을 붓고 달걀을 한 번에 하나씩 넣는다. 부드러운 반죽이 될 때까지 계속 섞는다. 속도를 약으로 줄이고 메이플 시럽과 바닐라 농축액을 넣은 후 잘 섞일 때까지 믹서기를 더 돌린다.

9인치 스프링폼 팬에 버터를 바르고 밀가루를 뿌린 후 반죽을 붓는다. 부풀어 오를 때까지 약 20분간 오븐에 굽고, 온도를 175도로 줄이고 40분 더 굽는다. 식힌 다음 글레이즈를 바른다.

### 글레이즈

가당 연유 400그램
황설탕 1컵
버터 4테이블스푼
소금 2티스푼
메이플 시럽 ¼컵
바닐라 농축액 조금

중불에 연유와 황설탕을 넣고 녹인다. 버터, 소금, 메이플 시럽, 바닐라 농축액을 넣고, 중불에서 계속 젓는다. 글레이즈에 거품이 생기기 시작하면 불을 끄고 케이크 위에 바른다.

## 음료 • *beverage*

드라이 사이더나 스위트 사이더, 거품 있는 것, 또는 없는 것 모두 좋다. 아이들 용으로는 무알콜 스파클링 사이더가 좋다.

## 26

# 노르웨이 나이트

*Norway Night*

***Hint***

지금은 평화주의자들에게 상을 주는 곳이지만,
과거에는 다른 나라를 정복하고 다니던 나라!

노르웨이는 노벨 평화상과 바이킹의 고향이다. 그러나 바이킹 시대 이후로는 다른 나라를 지배하기보다, 다른 나라로부터 지배당한 일이 더 많아서 1905년까지 스웨덴으로부터 독립하지 못했다. 독립 전 스웨덴 화학자인 알프레드 노벨Nobel에 의해 만들어진 노벨상은 일부는 노르웨이, 그리고 일부는 스웨덴의 것인 셈이다. 오직 노벨 평화상만을 노르웨이에서 시상한다.

노벨상 수상자인 크누트 함순Knut Hamsun이 1917년에 저술한 노르웨이 농부들에 관한 소설 『대지의 성장Growth of the Soil』을 읽어본 사람은 노르웨이의 시골에 대해 그다지 목가적이지 않은 인상을 갖게 되었을 것이다. 가난한 노동자 계층 출신으로 문명과 동떨어진 힘든 삶을 살았던 함순은 노르웨이를 어둡게 묘사했다. 여름에는 주로 소금에 절인 생선과 유제품, 뿌리채소와 과일이 좀 있긴 했지만 노르웨이 사람들이 먹을 수 있는 것은 그게 전부였다. 수세기 동안 노르웨이 경제는 어업, 그 중에서도 특히 소금에 절인 대구 무역에 의존했다. 노르웨이는 지금까지도 생 연어와 대구, 소금에 절인 연어와 대구의 주요 생산국이다. 노르웨이 시인 피터 다스Peter Daas의 18세기 시에는 이런 질문이 담겨 있다.

> 대구가 우리를 저버리면 우리는 어떻게 살아남을까?
> 무엇을 베르겐으로 가져가 금과 교환한단 말인가?

대구 어획량이 감소하면서 노르웨이인들은 지금도 여전히 이 질문의 답을 모색하는 중이다.

노르웨이 사람들은 힘든 시절을 보내기도 했지만, 이를 통해 몇 가지 간단한 재료만 가지고도 좋은 식사를 만들 수 있는 비법을 찾았다.

레프세(lefse, 납작한 모양의 노르웨이 전통 빵 – 옮긴이)와 소금에 절인 대구는 먹기 하루 전날 만들기 시작해야 한다.

## 애피타이저 • *appetizer*

### 레프세와 연어 *Lefse and Salmon*

훈제 연어와 베이글을 먹고 자랐기 때문에 우리는 당연히 이 요리를 좋아한다. 레프세는 반드시 하루 전에 만들어야 한다. 이 레시피는 8인분 기준이다.

껍질이 얇아 껍질째 사용할 중간 크기의 감자 1개
우유 ¼컵
밀가루 1¼컵
소금 1티스푼
훈제 연어 230그램
사워크림 ½컵

푸드프로세서에 감자를 넣고 간 다음, 수분을 최대한 짜낸다. 여기에 우유를 넣고, 밀가루와 소금을 넣고 치댄다. 반죽을 냉장고에서 하룻밤 휴지한다.

다음 날 작업대에 밀가루를 바르고 밀대로 얇게 민다. 약 4센티미터 크기의 원 모양으로 자른다. 뜨겁게 달군 프라이팬에서 갈색으로 부풀어 오를 때까지 굽고, 뒤집어서 반대쪽도 굽는다. 사워크림을 얹은 훈제 연어를 곁들여 낸다.

## 메인 코스 • *main course*

### 소금에 절인 대구 *Baked Salt Cod*

이 레시피는 소금에 절이지 않은 생 대구를 가지고도 만들 수 있는데, 그런 경우 소금을 넉넉하게 한 꼬집 넣어야 한다.

소금에 절인 대구 450그램
얇게 썬 루타바가 1개
얇게 썰어 씻어 물기를 제거한 대파 1뿌리,
라이트 크림 2컵
버터 3테이블스푼

소금에 절인 대구를 하룻밤 물에 담궈 소금기를 제거한다.('소금에 절인 대구에 대하여' 참조.)

영국인들은 스웨덴 것이라고 하지만, 노르웨이 것이기도 한 루타바가(rutabaga, 뿌리가 노란 순무의 일종 – 옮긴이)와 대파를 오븐 용 접시에 담고 대구를 넣은 다음 라이트 크림을 듬뿍 올려 완전히 덮는다. 버터를 넣고, 30분간 오븐에 굽는다. 대구와 채소를 서빙 접시에 담는다. 오븐에 남은 소스가 걸쭉해질 때까지 강불에 조금 졸인 다음, 생선 위에 부어 낸다.

## 디저트 • *dessert*

### 사과 블랙베리 파이 *Apple Blackberry Pie*

우리 가족은 정말이지 단순하고, 보기에도 좋은 이 파이를 너무나 좋아한다.

쇼트 패스트리 반죽 1('기본 레시피' 참조)
가운데 심을 제거하고 껍질만 벗긴 사과 8~9개
블랙베리잼 1병
생 블랙베리 1컵
설탕 ¼컵

오븐을 200도로 예열한다. 9인치 스프링폼 팬을 쇼트 패스트리 도우로 채운다. 사과를 도우 위에 촘촘히 올린다. 사과를 얇게 저면 원래 모양대로 맞춘다고 생각하고 올리면 된다. 사과의 중심부와 빈 공간을 블랙베리잼과 생 블랙베리 몇 개로 채우고, 위에 설탕을 뿌린다. 40분간 오븐에 굽고, 온도를 175도로 줄여 30분 더 굽는다.

사과와 블랙베리

## 음료 • *beverage*

### 글로그 *Glög*

스웨덴 나이트를 참조하라.

# 27

# 콘월 나이트

*Cornwall Night*

***Hint***

여러 바다가 만나고, 가끔 고대어를 사용하는 곳!

탈리아의 손가락이 콘월을 가리켰을 때 나는 기뻤다. 영국에서 내가 가장 좋아하는 곳이 바로 콘월이기 때문이다. 나는 항상 극단적인 것에 끌렸다. 이를 테면 콘월은 극서 쪽에 위치한 데다, 내가 좋아하는 낚시를 하는 지점이기도 했다. 이 세상에서 콘월의 해안가만큼 온갖 생선을 잡을 수 있는 곳은 드물 것이다. 영국 해협과 멕시코만류, 아일랜드 해가 만나는 곳에서 영국의 켈트 해 끝자락이 북대서양으로 퍼져나가기 때문이다. 콘월이 영국의 다른 곳에 비해 더 따뜻하고, 아열대성 식물이 자라는 이유는 멕시코만류 때문이다.

콘월의 낚싯배들도 세계적인 추세로 현저히 감소하고 있다. 예전에 어촌이었던 마을들은 대부분 관광지로 바뀌었다. 펜잔스Penzance는 이제 휴양지다. 현대적인 대형 선박들이 지나가기에는 너무 좁은 항구이지만, 여기서부터 이어지는 가파른 언덕 위의 깎아지른 듯한 아름다운 모우즐Mousehole도 관광산업으로 생계를 유지한다. 수치스럽게도 영국의 역사적인 땅끝 마을 랜즈엔드Land's End는 지저분한 놀이동산으로 바뀌었다. 그렇지만 뉴린Newlyn은 여전히 노동자들이 열심히 일하는 어촌 항구로 남아 있다. 그곳은 매사추세츠의 글로스터Glocester를 연상시킨다. 영국 서부에서 이주해온 어부들이 정착한 글로스터에도 랜즈엔드와 펜잔스라는 지역이 있다. 글로스터 역시 관광지로 변한 마을에 둘러싸여 유일한 어촌으로 남았다. 이곳에는 뉴린과 마찬가지로 화강암을 채석한 역사가 있으며 위대한 예술가들이 모여 산다. 뉴린은 새로운 미술 학파뿐만 아니라 구리를 이용한 예술작품으로도 유명한데, 물고기 모양의 작품이 많다.

그 지역의 언어로 케르나우Kernow라고도 불리는 콘월은 '여섯 켈트족 국가' 가운데 하나다. 콘월어는 4천 년의 역사를 가진 고대 언어로, 마지막으로 콘월어를 쓴 원주민이 누구인가는 논란거리로 남아 있다. 한 사람은 1777년에 모우즐 근처에서 사망했는데, 1891년도까지 콘월어를 쓰는 사람이 남아 있었다고 주장하는 사람이 많다. 그렇지만 콘월어가 완전히 사라진 것은 아니다. 콘월어를 되살리자는 움직임이 점점 늘고 있다. 오늘날에는 1퍼센트 미만의 콘월 사람들, 다시 말해 2천여 명 정도의 케르노우욘Kernowyon이 켈트어인 케르노웩Kernowek을 사용한다. 여섯 개의 켈트 족 국가 가운데 켈트어를 사용하는 인구 비율이 가장 낮은 수치다. 케르노웩은 브르타뉴어와 웰시어와 밀접한 관련이 있으며 아일랜드어, 스코틀랜드어, 맨 섬어와는 먼 친척관계다.

그렇지만 콘월의 요리에는 가염 버터를 사용하고 철판에 굽는 등 켈트족으로부터 받은 영향이 강하게 남아 있다. 우리 가족은 콘월 식 애피타이저를 너무나 좋아했는다. 어느 정도였냐면 애피타이저를 한 끼 식사로 먹었을 정도다. 메인코스를 골랐다면 아마 생선요리였을 것이다. 모우즐에서는 둥그런 크러스트에 생선 한 마리가 위를 바라보는 형태로 통째로 들어간 '반짝이는 눈으로 응시하는 파이starry gazey pie'를 만들어 먹지만, 우리 가족은 그 메뉴를 저녁으로 먹기에는 너무 이상할 거라는 결론을 내렸다.

## 스크로울러 Scrowler

콘월 지역은 정어리를 필처드pilchard라고 부르는데, 이는 18세기 초부터 뉴린과 콘월 어선들의 주요 포획물이었다. 켈트족과 연관이 있는 콘월 사람들은 브르타뉴에서 바다 소금을 수입해서 정어리를 절인 후 유럽에 판매했다. 버려진 필처드 공장을 아파트로 리모델링한 곳에 사는 뉴린 지역의 역사가 마가렛 페리Perry가 내게 이 레시피를 알려주었는데, 그곳에서는 스크로울러라고 불렀다.

필처드의 비늘을 벗기고 씻은 후 반으로 갈라 잘 절인다. 달궈진 철판에 기름을 두르고 재빨리 생선의 한 면을 익히고, 뒤집어 다른 면을 익힌다. 수년 전에는 이런 생선들을 집안에서 화로에 구울 때가 많았는데, 냄새가 참을 수 없을 만큼 심했다. 그렇지만 굉장히 맛있는 바비큐 음식임에는 틀림없다!

생선을 그릴에 구워도 하루가 지나도록 냄새가 가시지 않는다. 그렇지만 그만 한 가치가 있다고 생각한다. 우리는 마가렛 페리의 레시피를 다음과 같이 조금 수정했다.

비늘 벗기고 씻은 생 정어리 6마리
굵은 소금 넉넉한 한 꼬집
생 타임 잎 1테이블스푼

스크로울러를 만드는 우리만의 간단한 방법은 비늘을 벗겨 굵은 소금으로 씻은 후 생 타임과 함께 그릴에 넣어 5분간 굽는 것이다.

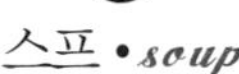



## 뉴린 크랩 스프 *Newlyn Crab Soup*

일반적으로 관광 산업은 어업에는 좋지 않은 영향을 준다. 배를 부두에 대는 비용과 물가가 오르기 때문이다. 물론 교통수단을 발전시키는 면이 있긴 하다. 1859년에는 펜잔스 항구와 런던 사이를 직접 오가는 철도가 완성되었다. 런던의 행락객들을 펜잔스로 끌어들이려는 일환이었다. 그런데 그것은 또한 뉴린이 소금에 절인 필처드 생산에만 의존하지 않고 생 해산물을 런던으로 배송할 수 있음을 의미하기도 했다. 이를 계기로 때때로 '뉴린 크랩'이라고 부르는 뉴린 지방의 갈색 게에 대한 중요한 거래가 시작되었고, 얼마 지나지 않아 뉴린은 크랩 스프로 유명해지기 시작했다.

이 스프는 어떤 종류의 게로 만들어도 상관없지만 레시피는 게의 다리 살과 집게발 살, 그리고 콘월 사람들이 '게의 크림'이라고 부르는 몸통의 내장을 뚜렷하게 구분해서 사용해야 한다. 내장은 색깔은 조금 탁하지만 대단히 맛이 좋으니 게의 크림을 충분히 얻을 수 있도록, 그리고 살도 최소한 한 컵 반 정도가 나올 정도로 큰 게를 사용하는 것이 좋다.

가염 버터 2테이블스푼
간 양파 1컵
소금 한 꼬집
밀가루 1티스푼
마드라스 커리가루 1티스푼(설탕과 향신료에 대하여에서 '커리' 참조)
즙 낸 레몬 ½개
전유 2컵
커다란 게 1마리, 또는 게살이 2컵 정도 나올 정도로 큰 게
간 파슬리 세 꼬집

달군 팬에 버터, 양파, 소금을 넣고 재빨리 볶는다. 여기에 밀가루, 커리가루, 레몬

즙을 넣고 재료가 잘 섞일 때까지 나무 스푼으로 저은 다음, 우유와 '게의 크림'을 천천히 섞어, 약간 걸쭉해질 때까지 끓인다. 나머지 게살을 모두 넣는다. 2분 더 익힌 다음, 서빙 그릇마다 간 파슬리 한 꼬집씩을 위에 뿌려 낸다.

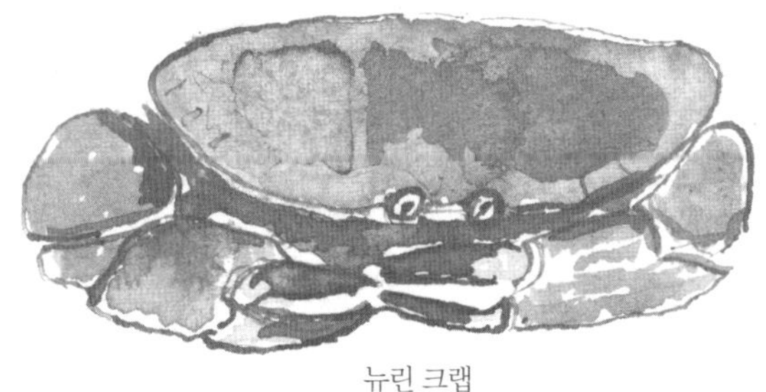

뉴린 크랩

## 메인 코스 • *main course*

### 코니시 패이스티 *Cornish Pasty*

코니시 패이스티를 콘월의 대표적인 요리로 꼽는 사람들이 많다. 2011년 7월 유럽연합 집행위원회European Commission는 보르도에서 생산된 와인이 아니면 보르도라고 부를 수 없는 것과 마찬가지로, 이 요리 이름에 특별 보호권을 부여했다. 다시 말해, 패스트리에 아주 특별한 정의를 내렸는데 이런 특징이 없으면 패스트리를 '코니시 패이스티'라고 부를 수 없게 한 것이다. 반죽의 고명으로 반드시 쇠고기와 콘월에서 '터닙(turnip, 순무 – 옮긴이)'이라고 부르는 루타바가가 들어가야 한다. 또한 반드시 덩어리가 씹히는 식감이어야 한다. 모양은 D자처럼 생겨야 하고, 도우의 둥근 부분은 주름이 잡혀야 한다. 코니시 패이스티는 주석과 구리를 캐는 작업 때문에 손가락에 독성 중금속이 묻어 있던 광부들의 점심 식사였다. 광부들은 도우의 주름 잡힌 부분을 손으로 잡고 먹다가, 다 먹고 손가락이 닿았던 부분은 던져 버렸다.

우리도 이 요리명이 요구하는 대로 따라서 만들기는 했지만, 우리의 요리를 코니시 패이스티라고 부를 수는 없을 것 같다. 왜냐면 코니시 패이스티는 콘월에서 만들어야 하기 때문이다. 그런 다음 다른 곳으로 보내져 구워진다. 유럽 법을 어기고 싶지 않기 때문에 나는 그저 요리를 콘월에서 파는 것과 놀라울 정도로 닮은 점이 많은 '우리 가족의 패이스티'라고만 하련다.

도우를 만들기 위해서는 수이트(suet, 소와 양의 콩팥 주변에서 얻는 고체 지방 – 옮긴이)가 필요하다. 콘월 식 레시피에 얼마나 수이트가 자주 들어가는지 알면 놀랄 것이다. 켈트족은 버터를 많이 먹는 반면, 수이트는 매우 영국적이라고 생각하기 때문이다. 인구의 10분의 1 정도만이 켈트어를 사용하는 만큼 어느 정도 절충이 있을 수밖에 없다. 직관적으로는 버터를 사용해서 만든 크러스트가 더 가볍다고 생각할 것이다. 언젠가 프랑스 셰프에게 도우에다 버터 외의 다른 기름을 넣자고 제안했다가 굉장히 혼난 적이 있었다. 그렇지만 실제로는 수이트나 라드, 심지어 거위 기름을 첨가하면 크러스트가 더 가벼워진다.

나는 집에 라드가 있어서 사용했다. 수이트는 대개 쉽게 구입할 수 있지만, 구할 수 없다면 정육점에서 소고기 비계를 조금 달라고 하면 된다. 비계를 팬에 넣고 가열하여 액체로 만들고, 면포로 걸러 식혀 굳힌다. 품질이 더 좋은 수이트를 만들려면 이렇게 한 번 굳힌 비계를 다시 녹여 면포에 또 거르면 된다. 나는 닭고기 비계로, 이디시어로 슈몰츠schmaltz라는 것을 이런 식으로 끊임없이 만들던 어머니를 보고 자랐다. 만들기도 쉽고, 오랫동안 보관하기에도 좋다. 어린 시절 냉장고를 열면 항상 이런 것이 몇 병 씩 있었다.

잘게 다진 루타바가 1컵
간 노란 양파 ½컵
작게 자른 등심 450그램
밀가루 3컵
수이트 ½컵
작게 자른 가염 버터 ½컵
달걀 2개

오븐을 175도로 예열하고 루뤼타바가, 양파, 등심을 섞어 필링을 만든다.

도우를 만들기 위해서는 반죽 갈고리가 달린 믹서 볼에 밀가루와 수이트를 섞어 수이트 믹스를 만든다. 수이트 믹스가 곡물과 같은 질감이 될 때까지 한 번에 버터 한 스푼씩을 넣어 섞는다. 이 믹스가 도우가 될 때까지 물을 한 번에 조금씩 넣고 섞는다.(물은 아주 천천히 넣어야 한다. 정확하게 필요한 정도만 넣어야지 물이 더 들어가면 안 되기 때문이다.) 밀가루를 바른 작업대에 도우를 놓고 얇게 밀어, 15센티미터 크기의 타원형으로 자른다.

가장자리에 필링이 묻지 않도록 주의하면서 도우의 절반가량 부위에 필링을 올린다. 그런 다음 도우를 반으로 접고, 가장자리를 포크로 눌러 주름을 만들어 붙인다. 달걀 두 개를 풀어 패이스티 위에 바른다. 한 시간 동안 오븐에서 굽는다.

코니시 패이스티와 뤼타바가

## 디저트 • *dessert*

### 레몬 푸딩 *Lemon Pudding*

이 디저트는 콘월 동부에 있는 레이밀Ley Mill이라는 마을에서 유래했다.

| | |
|---|---|
| 빵가루 ¼컵 | 설탕 ½컵 |
| 전유 2컵 | 흰자와 노른자를 분리한 달걀 3개 |
| 레몬 2개 | 헤비크림 ¼컵 |

오븐을 200도로 예열하고, 빵가루를 우유에 넣고 30분간 불린다. 분량의 레몬 두 개를 제스트로 만들고 그 중 한 개의 레몬만 짜 즙을 내고, 설탕, 달걀노른자, 헤비크림 약간을 잘 섞어 레몬 믹스를 만든다. 달걀흰자를 단단하게 휘핑한 후 레몬 믹스에 조심스럽게 폴딩한다. 20분간 오븐에 구운 다음, 오븐 온도를 175도로 낮춰서 수분이 없어질 때까지 30분 더 굽는다.

## 음료 • *beverage*

### 케미스칸스 하프 *Kemyskans Haf*

콘월은 꿀로 만든 와인의 일종인 미드mead와 같은 여러 가지 전통적인 알코올음료와 맥주, 사이더로 유명하다. 또한 사과 주스와 여름에 마시는 콘월만의 케미스칸스 하프로도 유명하다.

생 민트 잎 ¼컵
설탕 2테이블스푼
뜨거운 물 3테이블스푼
즙 낸 레몬 2개
진저에일 2½컵
사과 주스 1½컵
장식 용 레몬 슬라이스와 얼음 조각

살짝 으깬 생 민트잎, 뜨거운 물에 녹인 설탕을 유리 주전자에 담고, 레몬 즙도 넣는다. 진저에일과 사과 주스를 붓고 저은 다음, 나무 스푼으로 조금 더 으깬다. 얼음조각과 레몬 슬라이스를 얹어 낸다.

## 스위츠 • *sweets*

### 헤바 케이크 *Hevva cake*

이것은 아주 오래된 스위츠다. 대부분의 레시피에 수이트가 들어가고 오븐에서 구어야 하는 반면, 헤바 케이크는 웰시 케이크Welsh cake와 놀랄 만큼 흡사하다. 헤바 케이크도 본래 원조 웰시 케이크처럼 버터로만 만들며, 철판에 구웠을 거라고 추측한다. 원래 켈트족이 사용하던 철판은 돌로 만든 것으로 불에 얹어 구웠지만, 팬케이크를 만들 때 사용하는 것과 같은 금속 철판을 가스레인지 위에 올리고 구워도 상관없다.

옛 콘월 어장에는 두 개의 돛과, 그 위에 우아하게 가로 놓여 고물 쪽으로 기울어 있는 정사각형의 갈고리 돛이 달린 어선이 있었다. 돛이 펼쳐지면 마치 습지 조류처럼 보이는 어선들이 콘월 항구에 매력을 더해주었는데, 그런 어선들은 바다 속에 둥글게 쳐져 있다가 지나가는 정어리 떼를 동전 지갑처럼 떠올리는 건착망을 치는 데도 기동성 있게 움직였다. 무언가를 목격하고 큰 소리로 알리는 사람을 뜻하는 휴어huer 역할을 하는 이가 고기를 잘 볼 수 있는 절벽에 올라선다. 그리고 정어리 떼를 발견하면 "헤바!"라고 외치는데, 이는 콘월어로 정어리 떼나 청어 떼의 '떼'를 의미하는 '헤스바hesva'에서 파생된 말이다. 어선이 고기 떼를 찾으면 휴어는 집으로 돌아와 어부들이 돌아올 때에 맞춰 완성할 수 있게 이 케이크를 굽기 시작한다. 헤바 케이크는 종종 '헤비 케이크'라고 잘못 불리기도 한다.

밀가루 2컵
버터 8테이블스푼
설탕 ¾컵
소금 큰 한 꼬집
전유 ¾컵
말린 건포도 1컵
레몬 제스트 1개

혼합기가 달린 믹서에 밀가루, 버터, 설탕, 소금을 넣고 반죽한다. 천천히 우유를 부으면서 부드러운 도우가 될 때까지 섞는데, 우유는 필요하면 더 넣는다. 건포도와 레몬 제스트를 넣는다. 도우를 0.5센티미터 두께로 민 다음 칼로 도우 위를 사선으로 긋는다.(어망과 같은 무늬가 되도록 한다.) 7.5센티미터 크기의 정사각형 모양으로 자른다. 철판에 놓고 약불이나 중불로 굽는다. 바닥을 태우지 않으면서, 속이 완전히 익을 때까지 구워야 한다. 약불에 구우면서 윗면을 지켜보고 있어야 한다. 버터가 익으면서 윤기가 나다가 다시 윤기 없이 마른 모습으로 바뀔 것이다. 그때 불에서 내리면 부드러우면서도 쫄깃한 헤바 케이크가 완성된다.

# 28

## 헝가리 나이트

*Hungary Night*

***Hint***

제국을 통치했고 음식과 음악으로 유명하지만,
그들이 하는 말을 단 한 사람도 알아듣지 못한 나라!

헝가리는 켈트, 로마, 터키 왕국의 지배를 받기도 했지만 발칸 반도에서 폴란드 남부까지 이어진 오스트리아 헝가리 제국을 공동 통치하며 대단한 권력을 행사하기도 했다. 제1차 세계 대전에서 패배한 진영에 속한 헝가리는 영토의 약 4분의 3과 항구를 잃으면서 작은 내륙국가가 되었다.

헝가리의 언어인 마자르어는 인도 유럽 어족에 속하지 않는 세 개의 유럽어 중 하나로, 다른 언어들과는 공통점이 거의 없다.

리스트Liszt와 바르톡Bartok을 비롯하여 유진 오먼디Ormandy, 조지 셀Szell, 안탈 도라티Dorati, 프리츠 라이너Reiner, 게오르그 솔티Solti 등 20세기의 위대한 오케스트라 지휘자들의 고향인 헝가리는 오랫동안, 특히 바이올린 연주자와 현악 사중주 등 음악으로 유명하다. 헝가리는 또한 미식가들의 땅으로도 알려졌다. 소련 시절, 정부가 과학 프로그램과 의료 서비스를 주도해도, 레스토랑만은 운영하지 않았는데, 이는 소비에트 연합 가운데 헝가리만이 좋은 음식을 찾을 수 있는 유일한 나라라는 사실을 입증한다고 볼 수 있다.

헝가리 사람들은 맛이 진하고, 호사스러운 음식을 좋아한다. 음악도 마찬가지다. 공산주의 시절에도 부다페스트에서는 패스트리에 대한 열렬한 애정을 찾아볼 수 있었다. 헝가리 사람들은 터키인들이 전파한 커피하우스를 패스트리 먹는 곳으로 바꿔 놓았다. 그런 곳들이 부다페스트 일상의 중심으로 남아 있다.

부다페스트는 유럽에서 가장 아름다운 도시 가운데 하나로, 부다Buda의 카르파티아 산맥 기슭의 작은 언덕에서부터 넓은 다뉴브 강Danube river을 가로 질러 한때 유럽에 밀을 제공했던 헝가리 대평원Great Hungarian Plains이 시작되는 페스트Pest라는 도시까지 이어진다. 공산주의 시절에는 이따금 등장하는 빨간 별 말고는 광고판이나 광고가 부다의 옥상에서 바라보는 다뉴브 강 건너편의 경관을 해치는 일이 없었다.

전설적인 인물이 된 헝가리 사람들의 이름을 딴 케이크도 있고, 때로는 케이크 자체가 전설이 되기도 한다. 1962년에는 부다페스트의 어느 패스트리 메이커가 위대한 19세기 패스트리 메이커이자 헝가리 사람들이 버터크림을 발명한 사람이라고 주장하는 요제프 C. 도보스Dobos를 기념하여 가장 유명한 그의 창작 케이크인 캐러멜로 글레이즈 한 7층 초코 버터크림 케이크 도보스 토르테Dobos Torte를 지름 1.8미터 크기로 만들어 부다페스트 거리를 행진하기도 했다.

패스트리 상점들 외에도 내가 부다페스트에서 가장 좋아했던 곳 가운데 하나는 헝가리안 패스트리 박물관Hungarian Pastry Museum인데, 지금까지 남아있는지는 모르겠다. 그 박물관에는 패스트리 도구 골동품들이 전시되어 있었는데, 그곳에서 나는 1900년에 60곳에 불과했던 부다페스트의 커피 패스트리 전문점들이 1938년에는 299곳으로 늘어났다는 사실과 같은 온갖 재미있는 사소한 사실들을 알게 되었다.

헝가리 출신 소설가인 조지 콘라드George Konrad는 부다페스트의 여성 카페 모임에 관해서 다음과 같이 썼다. "그들은 비밀, 기억력, 편지, 거짓말에 관해 서로 경쟁한다. 좋은 감각을 가진 그들은 여자 대 여자의 전쟁을 벌인다. 수십 년이 지나도 그들은 여전히 모자를 쓰고 실크 스카프를 두른 채 휘핑크림을 얹은 초콜릿 케이크를 먹는다."

헝가리 사람들은 가볍게 먹는 것을 매우 싫어한다. 내가 가장 좋아하는 헝가리인들에 관한 이야기는 부다페스트에서 태어났지만 1956년 폭동 이후 부모에게 떠밀려 들판을 가로질러 서둘러 부다페스트를 떠날 수밖에 없었던 사진가 친구 실비아 플래치Plachy가 들려준 것이다. 실비아는 친구들을 만나기 위해 주기적으로 부다페스트를 방문하는데, 한 번은 그녀가 부다페스트를 다녀와서 그곳에 사는 친구들이 모두 건강을 신경 쓰고 있다고 말했다. 푸드프로세서를 구입해서 채소를 갈아 통곡물 빵에 집어넣어 샌드위치를 만든다는 것이다. 그런데 그 전에 먼저 빵에 거위 지방을 잔뜩 바른다고 했다. 실비아가 "거위 지방은 왜 발라?"하고 물었더니 "맛을 내려고 바르는 거지."라고 대답했다고 한다.

## 샐러드 • *salad*

### 칼카포스타살라타 *Kalkáposztasaláta*

이 샐러드는 헝가리 음식 가운데 가장 가벼운 요리에 속한다.

1~1.5센티미터로 채 썬 사보이 양배추 ½통
껍질 까서 잘게 다진 아삭한 사과 2컵
사워크림 1컵
머스타드 1컵
설탕 1테이블스푼
후추 4회전
다진 생 민트 잎 2테이블스푼

양배추를 사과와 섞고 사워크림, 머스타드, 설탕, 후추를 넣어 뒤적인다. 위에 민트 잎을 뿌린다.

## 메인 코스 • *main course*

### 양고기 파프리카스 *Lamb Paprikas*

붉은 파프리카로 만든 스튜, 즉 헝가리 파프리카스는 종류가 다양하다. 파프리카 자체도 매운 맛에 따라 대여섯 종이 있다. 그렇지만 미국에서는 대개 달콤한 파프리카와 매운 파프리카만 볼 수 있다. 파프리카스는 또한 여러 종류의 고기와 다양한 소스를 이용해 만들 수도 있다. 수많은 레시피를 보고 실험한 후 나는 비로소 이 요리를 만들 수 있었다. 우리 식구들은 모두 결과에 만족했다.

잘게 자른 베이컨 조각 1컵
올리브 오일 ¼컵
다진 노란 양파 1개
양고기 어깨고기 깍둑썰기 한 것 680그램
밀가루 1컵
스윗 헝가리 파프리카 2테이블스푼
핫 헝가리 파프리카 1테이블스푼
드라이 화이트 와인 1병
캐러웨이 씨 1티스푼
껍질 깐 펄 어니언 8개
비프 스톡 3~4컵('기본 레시피'를 참조하거나 시판 제품을 구입할 것)
다진 토마토 3개
사워크림 0.5리터
이탈리안 파슬리 1다발

프라이팬에 올리브 오일을 두르고 베이컨 기름이 나오도록 볶는다. 양파를 넣고 숨이 죽을 때까지 볶는다. 깍둑썰기 한 양고기 어깨살에 밀가루를 묻히고, 베이컨이 갈색이 될 때까지 기름에 볶는다. 스윗 파프리카와 핫 파프리카를 넣는다. 내용물이 ¾만큼 잠기도록 화이트 와인을 붓는다. 캐러웨이 열매와 펄 어니언을 넣는다. 팔팔 끓을 때까지 조리한 다음 불을 줄여 뭉근하게 끓인다. 고기가 완전히 잠기도록 비프 스톡을 넣고, 한 시간 더 뭉근하게 끓인 후 토마토를 넣어 다시 한 시간 더 뭉근하게 끓인다.

사워크림을 넣고 잘 저은 후 소스가 걸쭉해질 때까지 4분간 강불에 끓인다. 덤플링을 넣고 이탈리안 파슬리 다져 위에 뿌려 낸다.

### 덤플링 *Dumplings*

달걀 2개
밀가루 1컵
간 파슬리 1테이블스푼

푼 달걀에 밀가루와 파슬리를 넣는다. 부드러운 도우로 만들 수 있는 만큼 밀가루를 넣는다. 약 2.5센티미터 길이의 작은 달걀 모양으로 새알심을 빚는다. 살짝 끓는 물에 3분간 끓인다.

## 리고 얀치 *Rigó Jancsi*

리고 얀치는 그동안 누구에게도 알려주지 않았던 나의 소중한 레시피다. 1970년대 중반에 나는 맨해튼의 그리니치빌리지에 새로 오픈한 레스토랑에서 헤드 셰프로 일한 적이 있었다. 어느 날 주인이 작은 초콜릿 조각이 놓인 접시를 내게 내밀었다. 그는 좋은 사람이었기 때문에 나는 그저 그가 내게 먹을 것을 가져다줬다고 생각했다. 그렇지만 그는 "이걸 당신이 만들었으면 좋겠어요. 리고 얀치라는 거예요."라고 말했다.

그는 나의 모호한 재능을 파악한 사람이었다. 내게 레시피를 건네주면 나는 레시피와 전혀 다른 것을 만들어낸다. 나에게 어떤 음식을 주면 나는 그것을 그대로 만드는 법을 알아낸다.

작은 초콜릿 조각은 얇은 초콜릿 케이크 층 사이에 고지방의 진한 초콜릿 무스를 넣고 다크 초콜릿 글레이즈를 위에 바른 것이었다. 케이크는 쉬웠다. 단 두 번 만에 만드는 법을 알아냈는데, 조금 덜 구워야 한다는 사실을 알아내느라 두 번이나 걸렸다. 위에 바르는 초콜릿을 만드는 법을 알아내는 데도 그리 오래 걸리지 않았다. 그런데 필링은 만드는 방법을 알아내기까지 몇 주 동안 만들고 버리고 만들고 버리고를 반복해야 했다. 초콜릿은 섬세하고 만들기 쉽지 않은데다 비싸기까지 하다. 주인은 내가 포기하게 내버려두지 않았다. 결국 나는 만드는 법을 알아냈다. 얼마 후 나는 요리사를 그만두었지만, 그 이후로 친구와 가족에게 자주 이 디저트를 만들어주었다. 이것은 지방 함유량이 엄청났기 때문에 나는 아주 작은 조각만을 먹어야 했다……. 혹시 케이크를 너무 많이 만드는 것은 아닌지 걱정할 필요는 없다. 절대 상하지 않을 것 같으니 말이다. 때로는 소금보다 초콜릿이 음식을 오래 보존하는데 더 좋다는 생각이 들기도 한다. 이 작은 정육면체가 매력적인 점은 세 가지 각기 다른 색의 초콜릿으로 구성되어 있어서다.

리고 얀치는 헝가리 전설로는 집시 바이올린 연주자의 이름이라고 한다. 부다페스트 레스토랑들은 집시 바이올린 연주자에게 팁을 주고 연주를 하게 하는 오랜 전통을 가지고 있다. 엄청나게 어두운 표정의 리고 얀치가 바이올린 연주로 어느 귀족의 아내인 시메이 공주Princess Chimay를 유혹했다. 어느 날, 남편이 옆에 앉아 있는데도 그녀는 다이아몬드 반지를 손가락에서 빼 리고에게 건네줬고, 리고는 바이올린 활을 잡는 손에 반지를 낀 채 브람스Brahms의 〈헝가리안 무곡Hungarian dance〉을 완벽하게 연주했다. 그녀는 남편과 두 아들을 버리고 집시와 달아났다. 남편이 보는 앞에서 반지를 줘버렸으니 달리 말이 필요할까? 이 이야기가 부다페스트에서 유명해지면서 어느 패스트리 셰프가 이 케이크를 만들어 집시의 이름을 따서 붙였다고 한다. 이에 관한 더 자세한 내용은 나의 소설 『부가루 온 세컨드 애비뉴Boogaloo on Second Avenue』에 담겨 있는데, 재미있는 이야기들이 모두 그렇듯 이 이야기도 해피엔딩으로 끝나지는 않는다.

이 디저트는 적어도 먹기 하루 전날 만들기 시작해야 한다.

케이크 ***The Cake***

녹인 버터 2테이블스푼
버터 2스틱
녹인 무가당 초콜릿 115그램
설탕 ⅓컵 + ¼컵
흰자와 노른자를 분리한 달걀 5개
바닐라 농축액 조금
밀가루 ½컵

오븐을 175도로 예열한다.

11×17인치 정도 크기의 베이킹 트레이에 유산지를 깐다. 녹인 버터를 바른 다음 밀가루를 뿌리고 트레이의 가장자리를 두드려서 불필요한 밀가루를 털어낸다. 버터를 혼합기가 달린 믹서에 넣고 크림처럼 될 때까지 휘핑한 다음, 녹인 무가당 초콜릿과 설탕 ⅓컵을 넣고 다시 믹서를 돌린다. 계속 섞으면서 달걀노른자를 한 번에 하나씩 넣고, 바닐라 농축액을 넣어 초콜릿 믹스를 만든다.

달걀흰자에 남은 설탕 ¼컵을 넣고 단단해질 때까지 휘핑한다. 휘핑한 달걀흰자를 초콜릿 믹스에 조심스럽게 폴딩한다. 이렇게 만든 믹스에 체 친 밀가루를 넣고, 고무 스패출라를 아주 조심스럽게 움직여 한 번에 ¼ 분량씩 폴딩한다. 폴딩은 젓는 것이 아니라, 한 손으로 볼을 조금씩 돌리면서 내용물을 들었다 떨어뜨리는 동작을 반복하는 것이다.

폴딩을 마친 믹스를 베이킹 트레이 위에 펴 바른다. 두께가 약 0.5센티미터가 되어야 하는데, 아주 평평할 필요는 없다. 반죽에 구멍만 없다면 구워지면서 퍼지기 때문이다. 20분간 오븐에 넣어 굽되, 잘 지켜보고 있어야 한다. 꺼냈을 때 표면에 윤기가 돌고 촉촉해야 한다. 너무 오래 구우면 말라버린다.

리고 얀치, 바이올린, 샴페인

### 필링 *The Filling*

헤비크림 2컵
세미스위트 초콜릿 340그램
바닐라 농축액 조금
다크 럼주 ¼컵

헤비크림과 초콜릿을 약불에서 녹인다. 바닐라 농축액과 럼주를 넣어 섞어 초콜릿 믹스를 만든다. 초콜릿 믹스를 거품기가 달린 믹서에 넣고 식을 때까지 고속으로 휘핑한다. 최대 30분 정도 걸릴 수도 있다. 믹서의 볼을 냉동실에 몇 분간 넣어 차게 해서 휘핑하면 시간을 절약할 수 있다. 단, 차가우면 휘핑은 더 빨리 되지만 따뜻한 상태로 휘핑하면 더 가벼워진다는 점을 기억하라. 믹스가 연한 밀크초콜릿 색을 띠고 아이싱 반죽처럼 걸쭉해지면 다 된 것이다.

케이크를 같은 크기의 두 조각으로 자른 다음 고무 스패출라를 이용해서 한 조각에 필링을 바른다. 나머지 조각으로 필링을 덮고 하룻밤 냉장한다.

### 글레이즈 *The Glaze*

설탕 1컵
물 ⅓컵
세미스위트 초콜릿 340그램

중불에 냄비를 올리고 물과 설탕을 넣어 녹인다. 초콜릿을 섞는다. 초콜릿의 품질에 따라 결과물이 달라지는 만큼, 좋은 초콜릿을 사용하기 바란다. 잘 녹여 섞어서 케이크 위에 바른다. 최소 세 시간 동안 냉장한 후 케이크의 가장자리가 일직선이 되도록 다듬은 다음, 정육면체로 자른다. 이렇게 자르는 데는 직화에 재빨리 그을린 톱날 칼이 제격이다.

## 음료 • *beverage*

아이들을 위해서는 체리 주스와 클럽 소다를 준비한다. 어른들은 여러 가지 맛있는 헝가리 산 와인들 가운데 하나를 고르자.

## 29

# 뉴올리언스 나이트
*New Orleans Night*

***Hint***
영토의 일부가 해수면보다 낮은 항구!

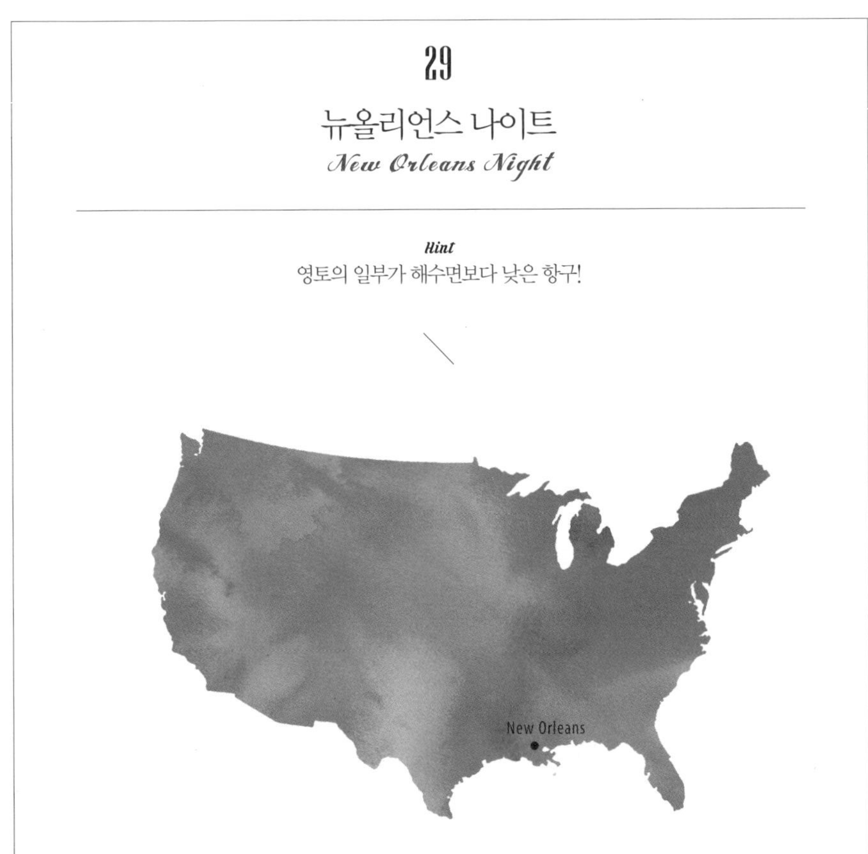


해수면보다 항구가 낮다고 말하면 일반적으로 사람들은 가장 먼저, '어떻게 도시를 바닷물에 잠기지 않게 했을까?'라는 반응을 보인다. 답은 제방이라고 불리는 흙으로 만든 댐을 이용하는 것이다. 프렌치 쿼터French Quarter처럼 원 도시에 속하는 옛 지역은 해수면보다 높아 안전하지만, 도시를 확장하면서 추가된 구역 중에는 해수면보다 3미터나 낮은 곳도 많다. 미시시피 강을 막는 제방이 없다면 1년 중 부분적으로만 땅이 드러날 것이다. 2005년에 허리케인 카트리나가 뉴올리언스를 강타하지 않았음에도, 그로 인해 비가 너무 많이 내리는 바람에 제방이 6미터 높이의 폭풍 해일을 막지 못해 도시의 80퍼센트가 물에 잠겼다.

미국 중서부와 남부는 미시시피 강을 자연 그대로 남겨 두지 않았던 오랜 역사를 가지고 있다. 이러한 이유로 강가를 따라 농지로 변한 제방이 길게 이어져 있는데, 이런 제방은 자연스럽게 봄비와 녹은 눈을 위한 범람원이 된다. 인공적인 제약을 가한 강은 제방으로 막을 수 없을 정도로 불어나는 경우가 많다. 루이지애나의 케이준(Cajun, 프랑스인 후손으로, 프랑스 고어의 한 형태인 케이준어를 사용하는 미국 루이지애나 사람 – 옮긴이) 농부들은 뉴올리언스의 홍수를 막기 위해 육군공병들이 재량껏 수문을 열기 때문에 밭이 물에 잠길 수 있다는 사실을 알고 있는 사람만이 강을 따라 이어진 땅에서 일을 할 수 있었다. 2011년에 실제로 이런 일이 일어났는데, 농부들은 단 한 마디 불평 없이 희생을 감수했다.

탈리아의 손가락이 뉴올리언스를 짚었을 때 뉴올리언스가 미국 영토의 일부로 국제적인 곳이 아니기 때문에 우리는 다시 한 번 지구본을 돌렸다. 그렇지만 뉴올리언스는 특히 음식을 비롯한 많은 면이 마치 전혀 다른 나라인 것처럼 느껴지는 곳이다. 뉴올리언스 주민들이 입버릇처럼 말하듯, 그곳은 스페인, 멕시코, 아프리카 등으로부터 다양한 영향을 받았지만 그 중에서도 가장 큰 영향을 받은 곳은 프랑스다. 20대 초반에 프랑스 요리를 배우기로 결심한 나는 프랑스 요리책이란 책은 모조리 구해서 읽었다. 그러다 프랑스에 갔는데, 그런 요리책에 나온 요리들은, 특히 파리에서는 더 이상 먹지 않는다는 사실을 확인했다. 그런데 뉴올리언스에서는 그런 요리를 찾을 수가 있었다. 19세기, 때로는 18세기 이후로 프랑스에서 먹지 않던 그런 요리들 말이다. 게다가 아프리카, 카리브 해, 멕시코, 스페인의 특징도 남아 있다. 또한 뉴올리언스에 점점 늘어나는 베트남 사람들로 인해 베트남의 영향도 받았다. 허리케인 카트리나가 지나간 후 복구를 위해 몰려든 노동자들 가운데 다수는 멕시코 사람들이나 텍사스 출신의 멕시코 미국인이었다. 그들은 자기들만의 음식과, 메누도menudo를 비롯한 여러 멕시칸 별미를 판매하는 멋진 푸드 트럭을 가지고 왔다.

그렇지만 역시 구식 프랑스 소스와 매운 멕시코 향신료, 튀김과 오크라를 넣어 걸쭉하게 만드는 아프리카 식 입맛, 피칸을 넣은 남부 특식 등 뉴올리언스의 옛 요리가 가장 많다. 뉴올리언스의 음식은 칼로리가 낮은 음식에 대한 현대의 유행을 고려하지 않은, 뻔뻔할 정도로 지방 함량이 높은 음식으로 풍미가 대단히 좋고 거부할 수 없는 매력적인 요리다.

생물학적으로 북미 대서양 연안에서 나는 굴은 멕시코 만에서 나는 것이든, 래브라도에서 나는 크라소스트레아 비르지니카Crassotrea virginica든 간에 모두 똑같다. 다르다면 그것은 굴이 자라는 곳의 조건 때문이다. 루이지애나의 따뜻한 물에서 자란 굴은 매우 빨리 자라고 통통하며 순한 맛이 난다. 그렇기 때문에 톡 쏘는 맛이 나는 북부의 작은 굴을 가지고는 절대로 하지 못할 요리가 이곳에서는 가능하다. 이 요리를 위해서는 가능한 크고 통통한 굴을 사용해야 한다.

### 굴 *The Oysters*

크고 통통한 굴 12마리
밀가루 1컵
푼 달걀 3개
빵가루 2컵
라드, 또는 카놀라유 1컵

굴 껍질을 까되, 국물은 다음 과정을 위해 버리지 않고 모은다. 굴은 밀가루, 푼 달걀, 빵가루 순서로 튀김옷을 입힌다. 뉴올리언스에서는 굴을 라드에 튀기는데, 맛이 좋다. 당연히 고려해야 하는 건강을 염려하는 사람이라면, 절충해서 아주 뜨겁게 달군 카놀라유에 튀길 것. 그렇지만 라드에 튀기는 것이 맛은 더 좋다.(‘지방과 오일에 대하여’ 참조.) 굴이 노릇하게 튀겨지면 바로 키친타월에 건져 올린다. 절대 오래 익히지 않는다.

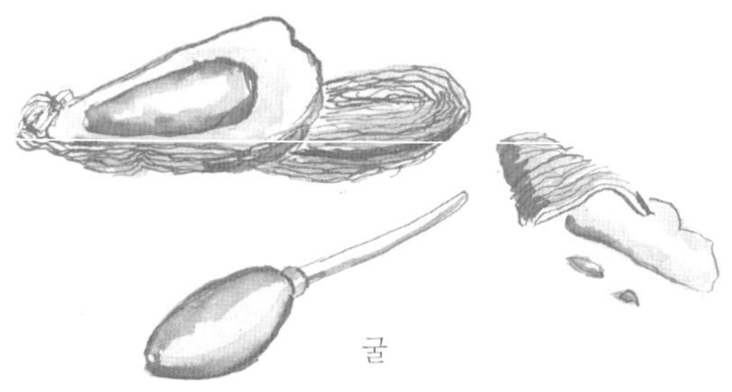

굴

마요네즈 *The Mayonnaise*

이 레시피에는 카놀라유를 사용하는 것이 좋다. 다른 재료의 맛을 떨어뜨리지 않기 때문이다.

| | |
|---|---|
| 달걀노른자 3개 | 즙 낸 레몬 ½개 |
| 껍질 깐 마늘 5쪽 | 소금 한 꼬집 |
| 카놀라유 1~2컵 | 카이엔 페퍼 1테이블스푼 |

달걀노른자 세 개와 껍질 깐 마늘 다섯 쪽을 푸드프로세서에 넣고 돌려 마요네즈를 만든다.('기본 레시피' 참조.) 카놀라유를 천천히 한 방울씩 넣는다. 마요네즈가 단단해지면, 레몬 즙을 넣고 걸쭉해질 때까지 다시 카놀라유를 넣는다. 소금과 카이엔 페퍼를 섞어 완성한다.

굴을 마요네즈에 찍어 먹을 것.

## 크랩 에투페 *Crab Etouffee*

에투페는 뉴올리언스의 기본 요리 가운데 하나다. 대부분의 뉴올리언스 요리와 마찬가지로, 종종 뉴올리언스 요리의 '신성한 삼위일체'라고 비웃음을 사는 피망, 셀러리, 마늘로 만든다. 옛날 프랑스 요리 방식으로 프랑스에서는 더 이상 찾아보기 힘든 요리이지만, 뉴올리언스에서는 필수인 루roux로 만든 소스를 곁들인다.

간 녹색 파프리카 ½개
간 셀러리 줄기 ½대
다진 마늘 5쪽
간 노란 양파 ½개
대짜은행게(던저네스 크랩) 2마리
카놀라유, 또는 옥수수유 2컵
밀가루 1컵
소금 한 꼬집
카이엔 페퍼 1테이블스푼
버터 4테이블스푼
치킨 스톡 2컵('기본 레시피'를 참조하거나 시판 제품을 구입할 것)
애피타이저 만들 때 남겨 둔 굴 국물
흰 쌀 2컵

갈아 놓은 파프리카, 셀러리, 마늘, 양파를 볼에 담는다.

찐 게의 몸통과 다리, 집게 발 속에 있는 살을 바른다. 게살이 최소한 세 컵은 나와야 한다.

이제 루를 만든다. 무쇠 프라이팬을 연기가 날 때까지 달군 후 기름을 두르고 밀가루를 넣어 2분간 볶는다. 볼에 담아 섞어 놓은 간 채소의 절반을 프라이팬에 넣고 갈색 그레이비 소스처럼 될 때까지 조리한다. 소금과 카이엔 페퍼를 넣고 소스가 걸쭉하고 색이 진해질 때까지 나무 스푼으로 젓고, 불에서 내린다.

게살과 남은 채소를 버터에 넣고 볶는다. 치킨 스톡과 애피타이저 만들 때 남겨둔

굴 국물을 넣는다. 이쯤 되면 루가 식어 페이스트가 되었을 것이다. 루를 한 번에 한 스푼씩 버터에 볶은 게에 넣고 섞어 걸쭉한 소스처럼 만든다.(루는 전부 다 사용하지 않아도 된다.) 밥 위에 얹어서 낸다.

## 채소 • *vegetable*

### 그릴에 구운 근대 *Grilled Swiss Chard*

근대 1다발
올리브 오일 1컵
다진 마늘 4쪽
즙 낸 레몬 ½개
굵은 소금 큰 한 꼬집
후추 4회전
카이엔 페퍼 1티스푼

근대는 씻어서 줄기와 잎을 분리한다. 근대 줄기에 기름을 조금 바른 후, 야들야들해지고 그릴 자국이 남을 때까지 그릴에 굽는다. 한입 크기로 자른다. 잎은 그릴에 넣어 숨이 죽고 살짝 거무스름해질 때까지 굽는다. 구운 줄기와 잎을 볼에 담는다. 팬에 올리브 오일을 살짝 두르고 마늘을 볶은 후 근대도 볶는다. 남은 올리브 오일과 레몬즙, 바다 소금, 후추, 카이엔 페퍼를 넣고 버무린다.

## 디저트 • *dessert*

### 과일 베니에 *Fruit Beignet*

솔직히 말하자면, 우리 가족은 프랄린(praline, 설탕에 졸인 견과류 – 옮긴이)으로 베니에를 만들 계획이었다. 그런데 너무 양이 많아서 베니에는 다음 날 아침식사로 먹었다. 베니에는 도넛으로, 만들어서 뜨거울 때 바로 먹어야 한다. 개인적으로 나는 차가운 도넛은 먹을 수 있는 게 아니라고 생각한다. 뉴올리언스에 가면 나는 항상 아침으로 베니에를 먹는다. 과일 베니에는 잘 먹지 않지만.

사과, 바나나, 망고, 딸기, 서양 배 등 여러 가지 과일
달걀 2개, 흰자와 노른자 분리한 것
설탕 ¾컵
밀가루 1½컵
베이킹파우더 ¼티스푼
전유 1½컵
카놀라유 1~2컵
슈거 파우더 ½컵

이 레시피는 거의 모든 과일로 만들 수 있다. 나는 사과와 바틀렛 배Bartlett pear를 얇게 썰어서 설탕을 뿌렸다. 망고와 바나나도 껍질을 까서 얇게 저몄고, 딸기는 작은 것을 골라 꼭지만 뗀 채 통째로 사용했다.

이 디저트는 볼이 두 개 있는 믹서로 만드는 것이 가장 좋다. 혼합기가 달린 믹서에 달걀노른자를 넣고 2분간 돌리다, 설탕 ¼컵을 넣고 더 돌린다. 그런 다음 밀가루를 한 번에 ¼컵씩 넣어 섞고, 베이킹파우더를 넣는다. 믹서를 계속 돌리면서 우유를 한 번에 ¼컵씩 넣는다. 설탕 ¼컵을 또 섞는다. 내용물이 덩어리지지 않고 부드러워질 때까지 계속 고속으로 섞어 달걀노른자 믹스를 만든다.

이제 볼을 바꾸고 혼합기를 거품기로 갈아 끼운다. 남은 설탕 ¼컵을 달걀흰자와

섞어 부드러운 머랭이 될 때까지 휘핑한다. 머랭을 조심스럽게 달걀노른자 믹스에 폴딩한다.

최소 4센티미터 정도 깊이의 프라이팬에 분량의 카놀라유를 붓고 뜨겁게 데운다.(이것은 물론이고, 일반적으로 뜨거운 기름을 가지고 하는 작업은 아이들에게 시키면 안 된다.) 바비큐 포크나 집게를 사용해서 과일 조각을 반죽에 넣고 전체적으로 반죽을 묻힌 다음 뜨거운 오일에 넣어 튀긴다. 한 번에 몇 조각씩 튀겨도 된다. 노릇해지면 스패출라로 뒤집고, 양면이 다 노릇해지면 꺼내 키친타월에서 기름을 뺀다. 접시에 놓고 체를 사용하여 튀김 전체가 덮일 정도로 체 친 슈거 파우더를 뿌린다.

## 음료 • *beverage*

### 허리케인 펀치 ***Hurricane Punch***

뉴올리언스는 위대한 칵테일의 고향 가운데 하나다. 19세기에는 겨울마다 뉴잉글랜드에서 얼음을 잘라 얼음 저장고에 보관했다 배달했는데, 얼음 무역의 주요 목적지 가운데 하나는 뉴올리언스 항구로, 이 얼음은 주로 칵테일에 쓰였다. 세자릭(sazerac, 호밀 위스키, 뉴올리언스에서 생산하는 리큐어인 허브세인트herbsaint, 페이쇼드 비터스Peychaud bitters, 레몬 약간), 허리케인(Hurricane, 라이트 럼주, 다크 럼주, 패션프룻, 오렌지주스, 석류 즙), 라모스 진 피즈(Ramos Gin Fizz, 진, 레몬주스, 라임 주스, 오렌지 블로섬 워터, 설탕 한 꼬집, 달걀 흰자 푼물과 우유를 넣고 거품이 일게 만든 것)이 모두 뉴올리언스 칵테일이다.

허리케인 펀치는 마디 그라Mardi Gras라는 뉴올리언스의 축제에서 아이들 용으로 인기를 얻었던 무알코올음료로 술이 많이 취한 어른에게도 좋지만, 무엇보다 아이들이 맛있게 마실 수 있는 음료다.

물 2컵
파인애플 주스 2컵
즙 낸 생 라임 6개
즙 낸 생 오렌지 3개
즙 낸 생 레몬 4개
진저에일 2컵
얇게 저민 장식 용 네이블 오렌지 1개

물, 파인애플 주스, 라임 즙, 오렌지 즙, 레몬 즙을 섞고, 차게 식힌다. 먹기 전에 진저에일을 넣는다. 칵테일 잔이나 긴 잔에 따르고 오렌지 슬라이스로 장식한다.

## 스위츠 • *sweets*

### 프랄린 *Praline*

프랑스 요리치고는 조금 오래된, 미국 남부 지역에서 즐겨 먹는 프랄린은 뉴올리언스에서 누릴 수 있는 즐거움 가운데 하나다. 피칸은 북미에서만 나는 히코리(hickory, 북미 산 단단한 나무 – 옮긴이)의 일종으로 내가 파리에 살 때는 친구들을 위해 가져 가기도 했다. 뉴올리언스 프랄린의 기원에 대해서는 여러 가지 이야기가 있는데, 그 중에는 프랄린이라는 말이 프랑스에서 캐러멜라이즈 한 아몬드를 가리키던 17세기까지 거슬러 올라가는 것도 있다. 물론, 단순하거나 가벼운 것을 좋아하지 않는 뉴올리언스에서는 견과류만 바꾸는 데 그치지 않고 버터와 크림까지 추가했지만.

뉴올리언스 사람들이 정말로 프랄린을 만들어 먹었는지는 모르겠다. 1900년도에 문을 연 에반스 크레올 팩토리Evan's Creole Factory나 1913년에 문을 연 로라스Laura's와 같이 특히 프렌치쿼터 내에서는 프랄린을 사먹을 수 있는 오래된 상점이 많기 때문이다. 그렇지만 뉴올리언스에 살지 않더라도 프랄린은 쉽게 만들어 먹을 수 있다.

이 레시피는 폴 프뤼돔Prudhomme이라는 이름의 프렌치쿼터에서 일하는 친절한 요리사의 레시피를 토대로 개발한 것이다. 모든 과정을 빨리 진행해야 하니 시작하기 전에 재료를 미리 계량해 둘 것. 아래 레시피는 프랄린 열두 개가 기준이다.

- 버터 ½컵
- 흰 설탕 ⅔컵
- 황설탕 ⅔컵
- 헤비크림 ⅓컵
- 통 피칸 1컵
- 다진 피칸 ½컵
- 전유 ⅔컵
- 바닐라 농축액 2테이블스푼

베이킹 트레이에 버터를 바른다.

냄비에 버터를 녹이고 두 종류의 설탕을 모두 넣는다. 설탕이 녹을 때까지 강불에서 손잡이가 긴 나무 스푼으로 저어준다. 크림과 피칸을 넣고 계속 세게 젓는다. 몇 분 후에 우유를 넣고 계속 젓다가, 다시 몇 분이 지나면 바닐라를 넣는다. 내용물이 도우처럼 매우 걸쭉해지고, 색깔이 옅어지고 불투명해지며 윤기가 사라질 때까지 강불에서 빠르게 젓는다. 베이킹 트레이에 한 스푼 떨어뜨려본다. 옆으로 퍼지고 윤기가 나면 안 된다. 그 상태라면 계속 불 위에서 더 저어가며 조리한다. 다 되면 베이킹 트레이에 한 스푼씩 가지런히 떠 놓고 식힌다. 하나의 지름이 대략 4~5센티미터는 되어야 한다.

피칸

# 30

# 세네갈 나이트
## *Senegal Night*

***Hint***
대륙의 서쪽 끝에 있는 나라!

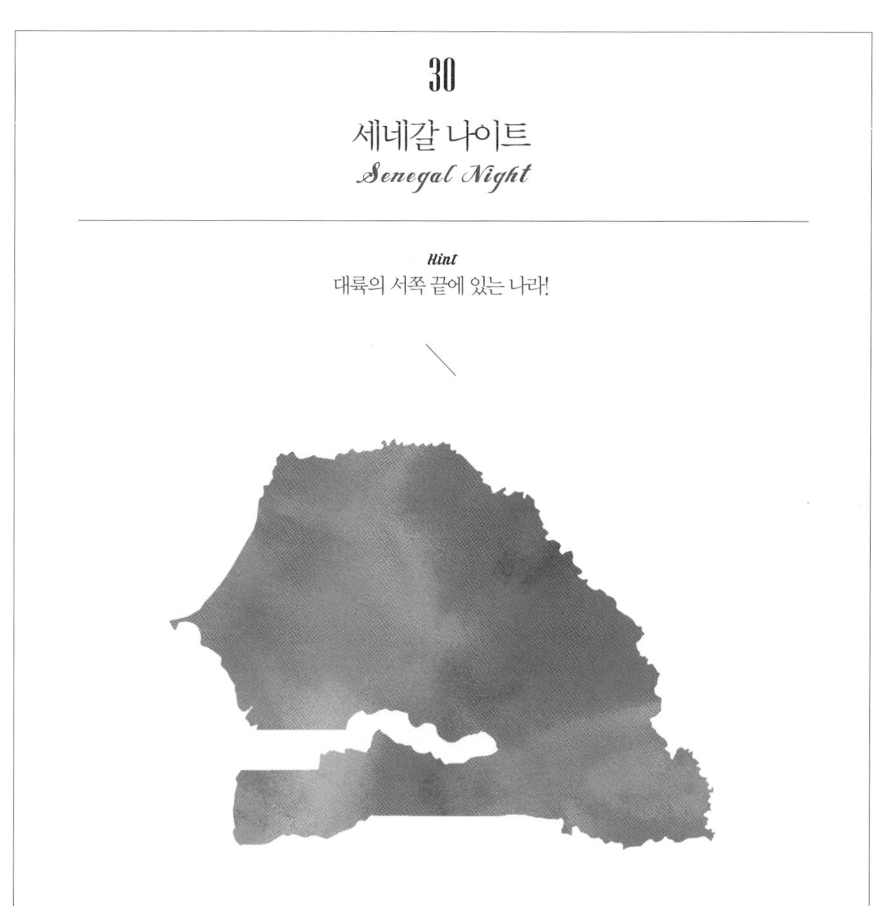

세네갈은 아프리카의 가장 서쪽에 있는 나라로, 유럽의 설탕 식민지인 카리브 해 지역까지 배로 갈 수 있는 가장 가까운 곳이다. 아프리카에서는 '튀는' 게 항상 좋은 것만은 아니다. 세네갈의 해변과 항구는 미국으로 노예를 보내는 중심지였으나, 현대에는 아프리카 국가들 가운데 비교적 평화롭고 민주적인 나라에 속한다.

세네갈은 아프리카 대륙 가운데 내가 처음으로 방문했던 나라였는데, 처음 도착했을 때의 흥분을 잊을 수가 없다. 첫날 아침 내가 머물던 다카르 호텔에서 걸어 나오는데, 한 남자가 나를 뚫어져라 쳐다보고 있었다. 뒤돌아 다시 바라보니 그는 창피한 듯 내 눈을 피해 바닥을 응시했다. 그가 내게 말을 걸고 싶어 하는 것 같아 대화를 나누기 시작했다. 우리는 그의 인생, 그의 아내, 여러 명의 자녀, 가족을 먹이기 위해 그가 하는 다양한 일들에 대한 이야기를 나눴다. 음식에 대해서도 이야기했다. 그는 카자망스Casamance라는 쌀 재배 지역 출신으로 다카르에 살고 있었다. 그는 내게 어디에서 왔으며, 자녀는 몇이고, 다카르에는 얼마나 오랫동안 머물 것인지 물었다. 대화를 나누는 동안 그는 대체로 조금 어색해 하는 것 같았고, 계속 땅을 내려다보고 있었지만, 나는 아프리카에서의 첫 대화를 이어갔다. 그는 프랑스어를 잘 했다. 그런데 한 동안 바닥만 쳐다보면서 고개조차 들지 않던 그가 마침내 내게 이렇게 물었다. "떠나실 때 제게 당신의 신발을 주세요."

세네갈에 대한 기억 가운데 가장 마음에 드는 것은 구비 굽은 아름다운 열대성 강에서 낚시를 하는 광경이다. 북쪽의 살룸Saloum과 남쪽의 카자망스는 모두 상업의 주요 요충지다. 살룸은 땅콩을 생산하는 지역, 카자망스는 쌀을 재배하는 곳이기 때문이다. 그러나 딱히 주요 상업 요충지로 보이지는 않는다. 그곳의 유일한 교통수단은 이따금 지나가는 카누가 전부인데, 그때만 해도 노를 젓는 배가 대부분이었지만 지금은 선외 엔진이 달린 배가 더 많다.

이 강들은 모두 하구 몇 마일 위부터 바닷물이 흐르고, 조용하고 깊숙이 굽은 곳들이 늘어선 보롱bolong이라는 곳으로 굽이쳐 흐르는데, 그곳에서는 독수리가 바오밥 나무(섬세하게 퍼져 있는 가지에 비해 몸통이 너무 굵은 튼튼한 나무) 위에 앉아 있다가 강으로 급강하하여 발톱으로 작은 물고기를 낚아채고, 펠리컨들이 부리로 물고기를 잡아 올린다. 나무에 매달린 원숭이들은 낚시하는 사람들을 비웃는 것 같다. 푸른 잔디가 덮인 카자망스의 숲에 푸른 밤이 드리우면 왜가리가 꼼짝 않고 지켜보고, 나뭇가지 위에서는 앵무새들이 소리를 지른다. 엄청나게 깊은 틈이 벌어져 있어 다양한 아프리카 종교의 정신적 고향이 될 정도로 신비한 몸통을 가진 커다란 프로마저 나무fromager tree들이 습지 옆에서 자라는데, 무게가 가벼워서 카누를 만드는데 이용된다. 건조한 살룸의 해안가에서는 플라밍고와 커다란 갈색 골리앗 왜가리들이 걸어 다닌다. 바다의 끝자락이라 강에서는 파도가 치는데, 파도가 낮을 때는 맹그로브(강가나 늪지에서 뿌리가 지면 밖으로 나오게 자라는 열대 나무 – 옮긴이) 뿌리에서 검은 굴을 채취할 수도 있다. 세네갈에서는 굴을 항상 조리해 먹는다. 모든 것을 익혀 먹는다. 서아프리카 사람들은 날 음식이 위험하다고 배운다.

바닷물이 흐르는 넓게 트인 강 중심부에는 다양한 해양 생물이 서식한다. 돌고래가 느릿느릿 헤엄쳐 지나가기도 한다. 현지 사람들은 대개 돌을 매단 손 낚싯줄로 물고기를 잡는다. 고기가 잘 잡힐 때면 가족을 먹이고도 남아서 팔기도 한다. 30킬로그램 정도 나가는 전갱이와 60킬로그램 정도 나가는 잉어과의 붉은 물고기, 큰 물고기보다 더 치열하게 싸우는 베라쿠다barracuda라는 15킬로그램짜리 물고기도 잡힌다. 나는 그들이 어떻게 손 낚싯줄로 이런 물고기들을 잡는지 이해할 수가 없었다. 내 경우에는 릴이 달려 있는 낚싯대로도 베라쿠다를 잡기가 정말 힘들었기 때문이다. 베라쿠다는 섬세한 턱을 가져서 주둥이에서 낚싯바늘을 빼기가 쉬운데, 마치 기름기 많은 고등어와 비슷한 맛이 난다. 잡자마자 빨리 피를 뽑아낼수록 맛이 좋다. 그렇지만 그 중 최고의 물고기는 카피텐capitaine으로, 20킬로그램 정도 나가는 줄무늬 농어를 닮은 육즙이 많은 흰 살 생선이다. 프랑스 사람들은 어디서든지 가장 좋아하는 현지 물고기를 카피텐이라고 부른다. 그래서 세상에는 서로 아무런 상관이 없는 카피텐들이 많다. 마치 영국인들은 좋아하는 물고기를 찾아내면 그것을 대구라고 부르는 것처럼 말이다. 태평양 북서쪽의 검은 대구와 호주의 푸른 대구는 카피텐들이 서로 아무런 연관성이 없는 것처럼 어떠한 관련도 없다.

세네갈 나이트를 위해서 생선 요리를 준비하고 싶었다. 아카라accara와 야사yassa도 만들고 싶은 욕심 때문에 모든 것을 다 할 수는 없었다. 다음번에는 만들지도 모르겠다. 언제나 다른 것으로 대체할 수 있다. 줄무늬 농어를 가져다 카피텐이라고 부르고, 카자망스에서 하듯이 닭고기 요리인 야사처럼 만들어도 좋다. 몇 시간 동안 절여 두었다가 그릴에 굽는 단계만 빼고 레시피대로 만들면 된다. 세네갈에서는 대부분의 서양 국가들과는 반대로 생선이 흔한 음식이고, 닭고기가 특식이다.

아카라와 야사는 하루 전에 만들기 시작해야 한다.

## 아카라 *Accara*

동부콩 450그램
다진 노란 양파 ½컵
소금 2테이블스푼
베이킹파우더 ½티스푼
피넛 오일 1~2컵

하루 전날 따뜻한 물에 10분간 동부콩black-eyed peas을 불리고, 문질러 씻는다. 동부콩의 검은 눈이 달린 투명한 껍질을 벗겨 흰 콩 부분만 남게 해야 한다. 동부를 문지르면 어떤 껍질은 쉽게 벗겨져 물 위에 뜨지만, 벗겨지지 않는 것도 있기 때문에 주기적으로 콩을 살펴보며 물에 불려 헐거워진 껍질을 벗겨내야 한다. 그렇게 껍질을 벗기고 깨끗한 물에 하룻밤 더 불린다.

다음 날 껍질이 떠 있거나 벗겨지지 않은 콩이 있는지 확인하고, 물을 따라버리고 헹군다. 양파, 소금, 베이킹파우더를 푸드프로세서에 넣고 퓌레로 만들어, 반죽으로 완성한다. 도우가 아니라 반죽처럼 만들기 위해 물을 조금 더 넣어야 할 수도 있다. 그렇다고 너무 질게 만들지는 말 것.

프라이팬에 피넛 오일을 두르고 아주 뜨겁게 달군 후 한 번에 한 스푼씩 반죽을 떠서 올리고, 스패출라를 이용해 눌러서 납작하게 만든다. 갈색이 나도록 양 면을 고루 익힌다. 다 익으면 키친타월에 올려놓고 기름기를 뺀다. 카아니를 곁들인다.

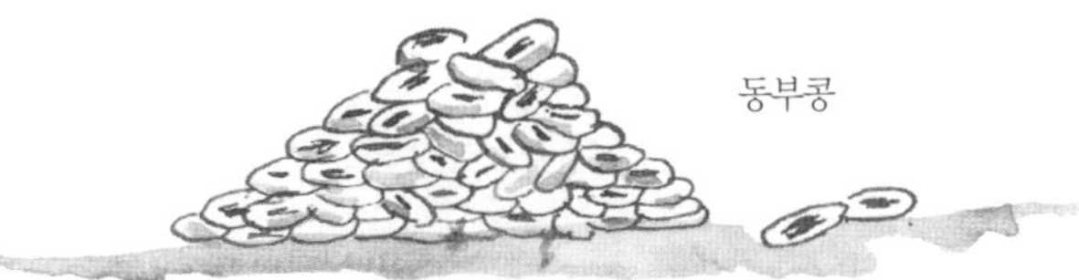

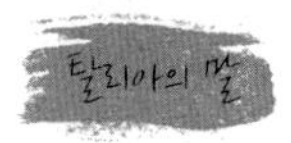


**• 동부 •**

짜고! 으깨고! 동부콩의 껍질을 벗길 때는 이렇게 해야 합니다. 먼저 볼에 따뜻한 물을 채우고, 콩을 잔뜩 집어넣어요. 10분간 불린 다음, 손으로 동부를 한 줌 잡고 쥐어짭니다. 정말 재미있어요. 동부를 한꺼번에 이렇게 짜면 껍질이 수면 위로 떠오르는데, 그러면 천천히 껍질을 걷어내면 되지요. 이 과정을 몇 번 반복해야 할 수도 있어요. 한 동안 콩을 짰으면 남은 동부를 하나씩 손가락으로 집어 누릅니다! 재미있는 점은 '검은 눈black-eyed'처럼 보이는 검은 점이 동부 껍질의 일부라는 것입니다. 껍질이 벗겨져 수면 위로 떠오르면 하얀 일반 콩처럼 보일 뿐만 아니라, 수면에 떠오른 '눈'을 보면 어쩐지 웃음이 터진다니까요.

---

### 카아니 *Kaani*

---

좋은 것을 위해 나쁜 것까지 같이 취해야 한다는 세네갈 식 표현은, "아카라를 원한다면 카아니까지 먹어야 한다." 정도일 것이다. 카아니는 고통스러울 정도로 매운 소스다. 아카라를 먹기 위해서는 조금 매운 정도가 좋지만, 본인이 원하는 정도로 맵기를 조절할 것.

다진 노란 양파 1개
다진 마늘 5쪽
소금 한 꼬집
피넛 오일 ¼컵
다진 토마토 2개
스카치 보넷 페퍼 ½개

팬에 피넛 오일을 두르고 양파, 마늘, 소금을 볶는다. 여기에 토마토와 스카치 보넷 페퍼를 넣고 여열로 볶는다.(페퍼를 넣고 섞은 후 바로 꺼내면 좀 덜 맵고, 그대로 놔두면 이보다는 더 매우며, 페퍼를 갈아서 넣으면 그보다 훨씬 매워진다.)

## 메인 코스 • *main course*

### 야사 *Yassa*

야사는 매우 단순하지만, 대단히 맛있는 음식으로, 세네갈에서 가장 유명한 요리다. 먹기 하루 전날 밤에 절여놓는다.

사등분한 닭고기 1마리
소금 한 꼬집
후추 4회전
즙 낸 라임 8개
다진 노란 양파 ½컵 + 1컵
치킨 스톡('기본 레시피'를 참조해 만들거나, 시판 제품을 구입한다)
피넛 오일 ¼컵

닭고기 조각에 소금과 후추를 바른다. 도기로 된 오븐 용 그릇에 담고 닭고기를 ⅔ 채울 정도의 라임 즙을 붓는다. 다진 양파 ½컵과 치킨 스톡을 넣는다. 냉장고에 하룻밤 재운다.

다음날 하룻밤 재운 닭에서 양념만 걷어 냉장고에 따라 보관하고, 고기만 그릴에 굽는다. 숯불에 굽는 것이 이상적이지만 그릴에 넣고 강불에 구워도 좋다. 한 면당 약 10분씩 굽는다. 닭을 굽는 동안 남은 양파 한 컵을 피넛 오일에 넣고 볶는다. 치킨 스톡 ½컵을 더 넣는다. 닭이 다 구워질 때면 소스가 걸쭉해지고, 양파가 살짝 캐러멜라이즈될 것이다. 그러면 닭고기와 냉장고에 보관해둔 양념을 넣고 소스가 졸아들어 조금 걸쭉해질 때까지 프라이팬에서 익힌다. 밥과 함께 낸다.

## 디저트 • *dessert*

### 솜비 수플레 *Sombi Souffle*

카자망스 출신의 세네갈 셰프 피에르 티암Thiam은 솜비라는 쌀 디저트를 만든다. 솜비는 쌀 재배지로 유명한 카자망스의 대표적인 디저트다. 이 요리는 쌀과 코코넛, 라임 주스, 생 망고 슬라이스 서너 개가 들어가고 위에 구운 코코넛을 얹는다. 훌륭한 조합이긴 한데 카자망스에는 미안하지만, 우리 가족은 쌀로 만든 디저트가 먹고 싶지 않았다. 정말 맛있는 아카라, 야사와 밥을 먹고 나면 가벼운 디저트가 먹고 싶어질 거라고 생각했기 때문이다. 프랑스의 식민 지배를 받은 세네갈에서 힌트를 얻어 프랑스 식 수플레를 만들었다. 정치적으로는 올바르지 않지만, 미식적인 측면에서는 완벽했다.

버터 3테이블스푼
밀가루 3테이블스푼
코코넛 밀크 2컵
세로로 길게 반 가른 바닐라 빈 1개
흰자와 노른자를 분리한 달걀 4개
설탕 2½컵
큼직하게 다진 망고 2~3개
즙 낸 라임 1개
강판에 간 코코넛 2½컵
녹인 버터 3테이블스푼

오븐을 175도로 예열한다. 프라이팬에 버터를 녹인 후 밀가루를 넣고 걸쭉해지기 시작할 때까지 가열한다. 여기에 코코넛 밀크와 바닐라 빈을 넣는다. 천천히 끓어오르면 불을 줄이고 내용물이 걸쭉해질 때까지 나무 스푼으로 계속 저어 코코넛 밀크 믹스를 만든다.

달걀노른자를 설탕 한 컵과 섞고, 여기에 코코넛 밀크 믹스를 섞는다. 바닐라 빈을 건져 포크와 스푼으로 씨를 모두 긁어내고 껍질은 버린다. 푸드프로세서에 내용물과 망고를 넣은 후 완전히 퓌레가 될 때까지 고속으로 간다. 설탕 한 컵, 라임 즙, 강판에 간 생 코코넛 1½컵을 넣고, 잘 섞어 코코넛 망고 믹스를 만든다.

달걀흰자를 설탕 ½컵과 섞어 단단해질 때까지 휘핑한다. 코코넛 망고 믹스에 휘핑한 크림을 조심스럽게 폴딩한다.

강판에 간 코코넛 한 컵을 베이킹 트레이 위에 뿌리고, 코코넛에 살짝 갈색이 돌 때까지 몇 분간 굽는다.

수플레 그릇의 바닥과 옆면에 녹인 버터를 바르고, 설탕을 뿌리고 뒤집어 두드려 설탕을 조금 털어낸다. 수플레 그릇 위로 봉긋하게 올라올 정도로 코코넛 망고 믹스 휘핑 크림을 조심스럽게 붓는다. 검지로 반죽의 가장자리를 매만져 다듬는다. 일반적으로 이렇게 촉감을 동원해야 하는 잔일은 본능적으로 맨손으로 요리하고 싶어 하는 아이들에게 맡기면 좋다.

수플레 위에 미리 오븐에 구워 놓은 코코넛을 뿌리고, 오븐에서 40분간 굽는다. 오븐에서 꺼내기 전에 부피가 최소한 ⅓정도는 부풀어 있어야 한다.

## 음료 • *beverage*

### 타마린드 주스 *Tamarind Juice*

아프리카에서는 흔한 타마린드 주스를 시중에서 구입할 수도 있지만, 타마린드 깍지 450그램만 구하면 만들기 어렵지 않게 만들 수 있다.

타마린드를 까서 거미줄처럼 얽혀 있는 심지는 버리고, 1리터 정도의 물이 담긴 냄비에 넣고, 설탕 ¼컵을 붓는다. 약불에서 약 10분간 뭉근하게 끓여, 불을 끄고 한 시간 동안 휴지한다. 과일을 나무 스푼으로 으깬 다음 체에 내리고, 차갑게 해서 낸다.

타마린드

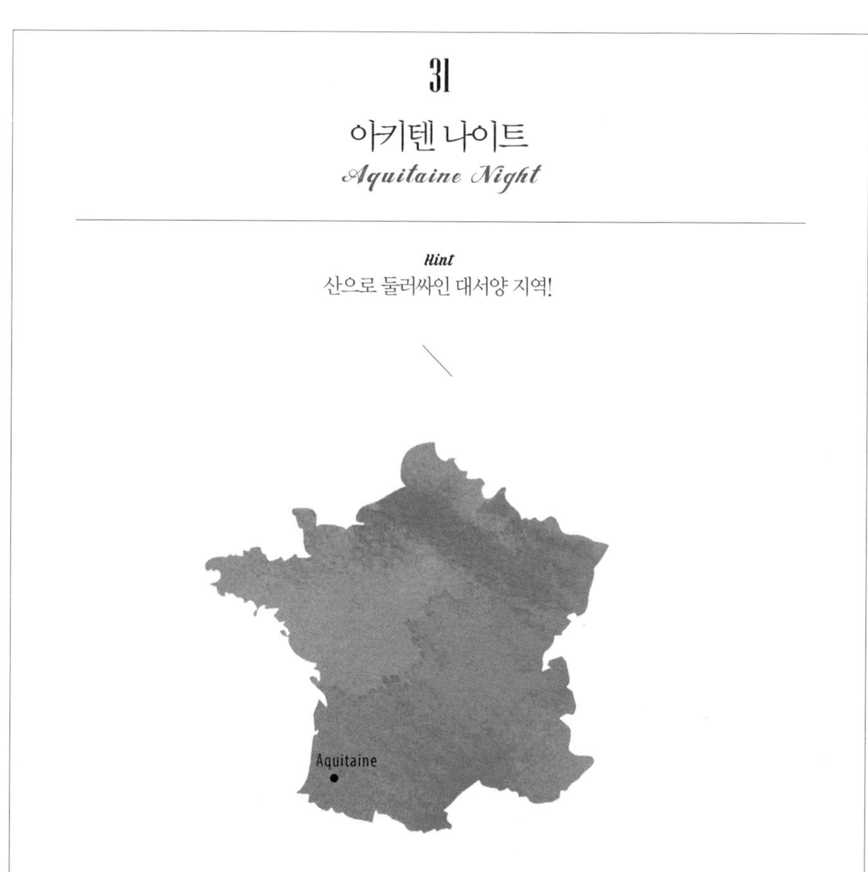


탈리아의 손가락이 스페인 바로 위 프랑스 대서양 연안을 가리켰을 때 우리는 매우 기뻤다. 프랑스 지도에는 분명 세로로 아키텐이라고 적혀 있지만, 프랑스에서는 아키텐을 시드웨스트soud-ouest, 즉 프랑스 남서부로 부르는 경우를 흔하게 볼 수 있다.

아키텐은 중세에는 왕국이었지만, 현재는 고유한 음식문화 전통을 가진 몇몇 민족들로 구성되어 있다. 와인 무역을 토대로 구축된 항구 도시에 사는 와인 생산 지역 보르도Bordeaux와 오리의 모든 부위를 즐겨 먹는 도르도뉴Dordogne, 바스크Basque를 비롯해 스페인과 맞닿은 피레네 산맥 쪽 국경을 따라 사는 여러 민족이 있다.

바스크족은 현대어를 사용하는 유럽에서 가장 역사가 깊은 고대 민족이다. 바스크어나 문화가 얼마나 오래 되었는지 제대로 아는 사람이 없지만, 고대 로마인들은 지금으로부터 2천 200년 전에 처음으로 바스크족을 만났을 때에도 그들이 '고대 사람'이라는 것을 알았다. 바스크어는 다른 어떤 언어와도 닮은 점이 없다. '네'라는 뜻은 바이bai, '아니오'라는 뜻은 에즈ez, '감사합니다'라는 뜻은 에스케리크 아스코eskerrik asko라고 한다. 현재 정의된 바에 따르면 바스크 땅은 일곱 개의 지방으로 나뉘어 있는데, 스페인에 네 군데가 있고 프랑스 아키텐 지역에 세 군데가 있다. 나는 30년 동안 매년 그곳에 갔었는데, 때로는 1년에 몇 차례씩 방문할 때도 있었다. 바스크 카운티의 아르네귀 마을을 지나는 유명한 고개에서 나는 매리앤에게 청혼했다. 탈리아도 최소한 여덟 번은 가봤을 것이다.

아키텐에 가면 우리는 바스크어로 도니반 로히츠네Donibane Lohitzune라고 불리고 연어, 정어리, 앤초비를 하선하는 생 장 드 뤼즈Saint-Jean-de-Luz의 고대 어항(fishing port, 어선이 어업을 원활히 수행하기 위하여 이용하는 항구 – 옮긴이) 근처에 있는 작은 레스토랑에서 식사를 하곤 했다. 그곳의 레스토랑들은 애피타이저로 내가 세상에서 가장 좋아하는 음식 가운데 하나인 아르카숑Arcachon 산 생굴을 자주 판매하는데, 아르카숑은 보르도 와인 카운티 근처의 바다에서 두 줄기의 강이 만나는 아름다운 만이다. 또한 매리앤이 가장 좋아하는 2.5센티미터 크기의 달팽이 과로 살이 많은 조개인 뷰로bulot도 판매한다. 뿐만 아니라, 탈리아가 제일 좋아하는 그릴에 구운 생 정어리도 자주 팔아서 우리 세 식구 모두 만족스러운 식사를 할 수 있다.

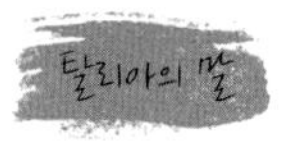


## • 생 장 드 뤼즈의 정어리 •

다른 곳에서는 찾을 수 없는 생 장 드 뤼즈만의 신성하고 독특하고 달콤한 뭔가가 있습니다. 그곳의 거리를 돌아다니면서 사람들의 말소리를 듣는 것도 특별하지만, 가장 좋은 것 중 하나는 역시 음식이에요. 바스크족은 음식 예술의 대가입니다.

생 장 드 뤼즈에서 찾을 수 있는 맛있는 음식 가운데 하나는 그릴에 구운 생 정어리입니다. 통조림에 든 것이 아니라, 정말 신선하고 맛있는 생선이에요! '정어리가 다 똑같지 뭐가 그렇게 대단하겠어?'라고 생각할지도 모르겠네요. 생 정어리는 정어리 통조림과는 비교도 할 수 없는 맛이 난답니다. 부드러운 식감에 순간 살짝 씁쓸한 맛이 나는 듯싶지만, 어느새 쓴맛이 사라지고 순하고 구수한 맛을 느낍니다. 바스크 사람들은 대개 그릴에 구운 정어리를 한입 크기의 토마토와 마늘을 곁들여 먹는데, 그러면 훨씬 맛이 좋아요.

레스토랑에서 이 음식을 주문하면 생선이 통째로 나올 거예요. 머리와 꼬리, 뼈를 제거하려면 꼬리 바로 앞을 자른 다음 칼날을 뉘여서 집어넣고 머리 바로 앞에까지 쭉쭉 밀어요. 그리고 생선의 머리 앞에 다다르면 칼을 들어 올려 생선살을 떠서 접시 한쪽에 놓습니다. 그런 다음 칼을 생선 뼈 밑으로 밀어 넣고 꼬리를 잡은 다음 살짝 잡아당겨요. 그러면 생선뼈와 꼬리, 머리가 금세 떨어져 나와 한 조각의 생선살만 남을 거예요. 생선뼈와 꼬리, 머리를 접시 한편에 놓고, 생선살을 먹습니다. 식사를 다 마칠 때까지 모든 정어리를 이런 식으로 발라 먹으면 된답니다.

### 그릴에 구운 정어리 Grilled Sardines

내가 사는 뉴욕에서는 아르카숑 산 뷰로와 굴을 찾기 힘들지만, 포르투갈에서 나는 고품질의 신선한 정어리는 구할 수 있다. 정어리는 북미 대서양 연안에서는 볼 수 없기 때문에 다른 나라에서 수입해야 하지만, 캘리포니아에서는 잡힌다. 수입한 것이든 캘리포니아에서 잡은 것이든 간에 정어리는 잘 잡히는 흔한 생선인데다, 아이들의 성장에 좋은 오메가3와 지방산이 풍부해 대단히 건강에 좋다. 또한 먹이 사슬에서 비교적 아래쪽에 해당하기 때문에 커다란 생선에 많은 오염물질을 훨씬 덜 함유하고 있다.

이것은 생 장 드 뤼즈 스타일로, 우리가 정어리를 요리하는 방법이다. 정통 방식대로 하길 원한다면, 비스카야Vizcaya 주의 살리나스 아냐나Salinas Anana에서 판매하는 고품질의 굵은 소금인 바스크 소금을 사용해야 한다. 정통 바스크 식보다 정통 아키텐 식대로 만들기를 원한다면, 아키텐 국경으로부터 북쪽으로 몇 킬로미터 떨어져 있는 일드레Il-de-Re에서 나오는 최고급 굵은 흰 소금을 사용할 수도 있다.

- 신선한 통 정어리 9마리
- 굵은 소금
- 올리브 오일 ½컵
- 다진 파슬리 ½컵
- 잘게 다진 토마토 ½개
- 잘게 다진 마늘 2쪽

생선 가게에서 정어리의 머리와 꼬리는 자르지 말고 내장과 비늘만 제거해달라고 하자. 이 요리에는 머리나 꼬리를 자른 정어리는 사용하지 않는다. 굵은 소금을 정어리 위에 뿌린 다음 그릴에 넣고 껍질이 부풀어 오를 때까지 10분간 굽는다. 프라이팬에 올리브 오일을 두르고 잘게 다진 파슬리, 토마토, 마늘을 볶는데, 마늘이 노릇해지고 파슬리가 밝은 녹색이 될 때까지 단시간 볶는다. 정어리를 서빙 접시에 올리고 위에 소스를 뿌려 낸다.

## 메인 코스 • *main course*

### 스테이크 보르드레즈 *Steak Bordelaise*

메인 코스를 위해 우리는 레드 와인의 고장 보르도의 궁극의 요리인 스테이크 보르드레즈와 골수가 든 뼈를 준비했다. 소스는 다소 복잡한 프랑스 전통 요리 버전을 내 식대로 변형한 것이다.

드라이 에이지 스테이크 용 갈비살,
또는 스트립 스테이크 3장
버터 2테이블스푼
밀가루 1티스푼
글라스 드 비앙드 ½컵
보르도 산 레드 와인 ½병
골수가 든 뼈 2조각
프렌치 빈 230그램

원하는 상태가 될 때까지 스테이크를 그릴에 굽는다. 나는 아주 레어rare한 상태가 좋지만, 탈리아는 미디움 레어medium rare를 좋아한다. 웰던well-done은 미식적인 측면에서 보자면 대단히 부적절한 것들 가운데 하나다. 최소한 핏빛이 조금은 남아 있게 구울 것.

소스는 시중에서 구입하거나, 직접 만든 비프 스톡('기본 레시피' 참조)으로 만든다. 그런 다음 글라스 드 비앙드(glace de viande, 고기 스톡을 졸인 진한 고기 육즙으로 육수fond를 반으로 졸이면 데미글라스demi-glace 소스이고, 이것을 더 졸이면 농축 소스인 글라스 드 비앙드glace de viande가 된다. – 편집자)를 만들어야 한다. 글라스 드 비앙드는 시중에서 구입할 수도 있는데, 비프 스톡을 수분이 없어질 때까지 끓이면 된다. 비프 스톡 3.5리터 정도면 두 컵 분량의 글라스 드 비앙드를 만들 수 있다. 반드시 색이 진하고 걸쭉해야 한다.

다음으로 루를 만들기 시작한다. 그런데 주의해야 할 점이 있다. 루가 지나치게 많이 들어가면 좋은 소스가 안 좋은 그레이비로 변해 버리기 때문이다. 프라이팬에 소량의 버터를 녹인다. 밀가루를 약 1티스푼 정도 넉넉하게 넣고 잘 섞일 때가지 젓는다. 글라스 드 비앙드와 와인을 넣는다. 좋은 보르도일 필요는 없다. 심지어 보르도 와인이 아니어도 되지만, 카베르네 쇼비뇽처럼 묵직한 맛의 와인이어야 한다. 요리에 어떤 종류의 와인을 사용해도 무관하다는 신화가 있지만, 재료가 좋아야 음식 맛도 좋아진다. 그렇다고 값비싼 그랑 크뤼grand cru를 사용하는 것은 낭비겠지만, 너무 싼 와인은 선택하지 말 것.

소스를 강불에 올려 원래 양에서 ¼정도로 줄어들면서, 어두운 색을 띄고, 걸쭉해질 때까지 조린다. 소스를 졸이는 동안 정강이 부위를 자른 골수가 든 소고기 뼈 두 개를 가져다 손으로 관 모양의 골수를 끄집어낸다. 골수에서 꺼낸 관 두 개를 0.8센티미터 두께로 통썰기 한다. 소스를 다 졸이기 전에 잠깐 집어넣어 골수를 데운다.

스테이크 위에 소스를 붓는다. 프렌치 빈이라는 가느다란 깍지콩을 곁들인다. 이 콩은 르 재즈le jazz처럼 미국 콩을 유럽에 가지고 갔다가 몇 세대가 지난 후 다시 미국에 들여오면서 미국인들이 '프렌치 빈'이라고 이름 붙인 것이다.

우리 집에서는 거의 신성시되다시피 하는 케이크이다. 우리 집 냉동실에는 늘 바스크 카운티에서 온 이 케이크가 한두 개씩 들어있다. 프랑스 니벨 밸리Nivelle valley에 갸또 바스크를 만드는 제빵사 친구가 있기 때문이다. 물론 우리가 직접 만들기도 한다.

생 장 드 뤼즈에서 그리 멀지 않은 곳에 니벨이라는 구불구불한 강이 있다. 니벨 밸리는 바위투성이의 녹색 벨벳과도 같은 산이 있고 그 위를 떠다니는 뭉게구름과 빨간색 테를 두른 하얀 바스크 집들, 하이알라이(jai alai, 삼면이 벽으로 된 경기장에서 교대로 공을 치며 승부를 겨루는 실내 구기 운동으로, 스쿼시와 비슷하다. – 옮긴이) 코트가 있는 비슷비슷한 마을들이 줄지어 늘어서 있는 곳이다. 이 밸리에서 발명된 라켓 스포츠는 모두 바스크의 국기가 되었다.

니벨 밸리는 갸또 바스크가 발명된 곳이기도 하다. 정확히 언제인지는 확인할 수 없지만, 아마도 가운데 체리를 넣은 빵의 형태로 시작되었을 거라고 생각한다. 유럽에서 가장 아름다운 마을 이차소Itxassou는 바스크어로 사파타xapata라고 알려진 블랙 체리로 유명하다.

바스크 케이크에는 두 종류가 있다. 체리 필링과 커스터드 필링이 든 것. 우리는 체리 필링이 든 케이크를 만들었는데, 그것은 이차소에서 받은 블랙 체리 프리저브가 있었기 때문이다. 다른 블랙 체리 프리저브도 통 블랙 체리로 만든 것이라면 사용할 수 있다. 블랙 체리가 없더라도, 커스터드 필링도 대단히 맛있다.

최고의 갸또 바스크는 하이알라이가 발명된 생 뻬피 수르 니벨Saint-Pee-sur-Nivelle 마을에 사는 친구 페레유Pereuils 집안의 레시피다. 나는 그에게 저녁 식사 초대를 여러 번 받았지만 그들은 나를 포함한 외부사람에게 절대로 레시피를 알려주지 않았다. 그 레시피는 19세기 중반부터 다섯 세대를 이어 전해진 것으로, 페레유 집안의 케이크는 현대식과는 다르다. 레시피를 알아내지 못한 나는 현재 바스크의 패스트리 상점에서 찾을 수 있는 케이크들과 비슷한 맛을 내는 나만의 레시피를 개발했다.

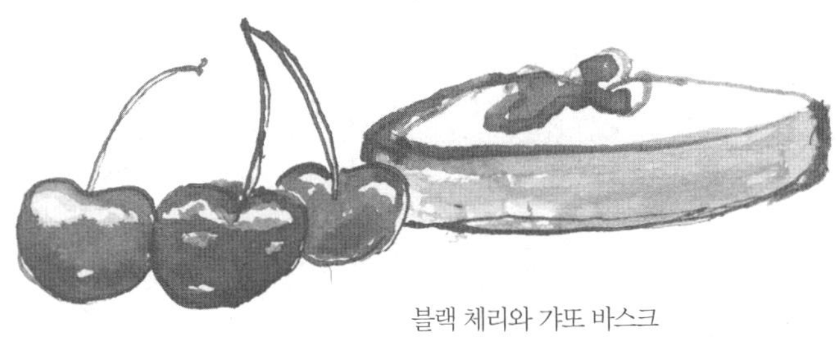

블랙 체리와 갸토 바스크

밀가루 3½컵
깍둑썰기 한 가염 버터 1스틱 + 6테이블스푼
베이킹파우더 2티스푼
설탕 2컵
바닐라 농축액 2방울
아몬드 농축액 2방울
다크 럼주 ¼컵
달걀노른자 5개
블랙 체리 프리저브 1병

갈고리가 달린 믹서에 밀가루와 버터를 넣고 섞는다. 덩어리가 없고 입자가 굵은 가루 형태가 되면, 베이킹파우더와 설탕을 넣는다. 계속 섞으면서 바닐라 농축액과 아몬드 농축액, 럼주를 넣는다. 달걀노른자 네 개를 한 번에 하나씩 풀어서 넣는다. 도우가 매끈한 덩어리가 되면 한 시간 동안 휴지한다.

오븐을 200도로 예열하고, 도우의 ⅔ 분량을 떼어 9인치 스프링폼 팬에 눌러 담는다. 옆면을 채우고 가운데에 블랙 체리 프리저브를 넣는다. 남은 도우로 위를 덮는데, 뚜껑 역할을 하는 이 도우는 좀 두툼하게 덮어야 한다. 마지막 하나 남은 달걀노른자를 풀어 도우 위에 바른다. 나는 도우를 조금 떼어서 0.8센티미터 정도의 두께로 밀어 쿠키 커터로 바스트 심벌 모양으로 잘라냈다. 쿠키 커터가 없더라도, 약간의 그림 솜씨만 있으면 칼을 가지고 모양을 내어 자를 수 있다. 달걀을 바른 케이크 중앙에 놓되, 심벌에는 달걀물을 바르지 않는다. 그래야 심벌 색이 나머지 케이크 색깔보다 조금 밝게 구워지기 때문이다. 한 시간 동안 굽는다.

바스크의 심벌

만족스러운 블랙 체리 프리저브를 찾을 수 없다면, 패스트리 크림을 만들라. 사파타 체리는 바스크 것인 반면, 크림을 넣는 것은 프랑스에서 발명된 것이기 때문에 원래 이 케이크는 체리를 넣고 만들었을 거라는 생각이 든다. 그렇지만 크림을 필링으로 넣어도 맛은 좋다.

### 패스트리 크림 *Pastry Cream*

달걀노른자 4개
설탕 ½컵
밀가루 3테이블스푼
헤비크림 1 ½컵
바닐라 빈 1개

달걀노른자에 설탕을 푼다. 노른자를 계속 휘저으며 밀가루를 섞는다. 중간 크기의 작은 냄비에 헤비크림과 바닐라 빈을 넣어 끓인다. 냄비의 가장자리에 크림이 부풀어 오르기 시작하면 재빨리 달걀노른자가 담긴 믹싱볼에 넣는다. 스푼을 가지고 바닐라 빈을 볼의 옆면에 대고 문질러 씨를 빼고 껍질은 버린다. 모든 재료를 한데 섞어 다시 냄비로 옮기고 중불에서 매우 걸쭉해질 때까지 펄펄 끓인다. 냄비 밑바닥에 크림이 눌어붙지 않도록 크림을 계속 저어주는 일이 중요하다. 걸쭉해지면 불을 끄고 식힌다.

## 음료 • *beverage*

스테이크 요리는 훌륭한 고급 레드 와인과 잘 어울린다. 이런 때야말로 좋은 보르도 와인에 돈을 쓸 수 있는 기회다. 아이들 용으로는 실제로 보르도에서 만들어 미국으로 수출하는 유기농 포도 주스가 좋겠다. 구할 수 없다면 내가 어릴 때 마시던 보랏빛 콩코드 포도 주스 말고, 좀 더 좋은 품질의 적 포도 주스를 구입할 것. 콩코드 포도 주스는 맛이 이상할 뿐만 아니라, 식사와 함께 마시기에는 너무 진하기 때문이다. 할머니는 콩코드 주스에 물을 타서 희석시켜주셨지만 그래도 마찬가지였다. 그러니 좀 더 좋은 포도 주스를 찾거나, 아니면 보르도 산 포도 주스를 구입하는 편이 낫다.

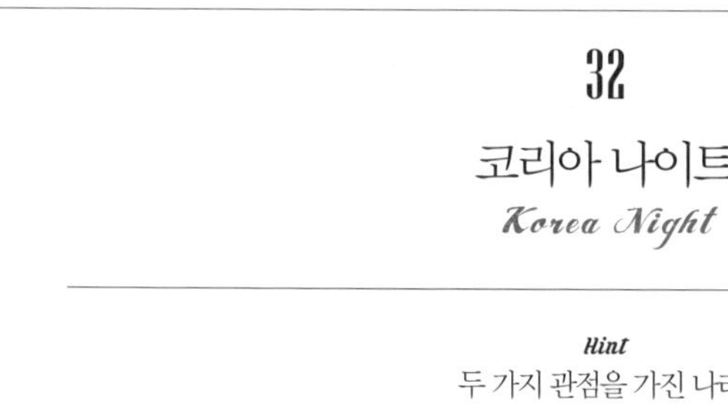

# 32

# 코리아 나이트

*Korea Night*

***Hint***

두 가지 관점을 가진 나라!

한국에 관해 내가 기억하는 가장 오랜 뉴스는 1953년에 한국 전쟁이 종식되었다는 소식이었다. 한국은 1910년부터 일본의 식민 지배를 당했는데, 제2차 세계 대전에서 일본이 패망한 이후 한국은 반으로 나뉘어 북쪽은 소련, 남쪽은 미국의 전쟁 전리품이 되어버렸다. 한국 전쟁은 분열을 더욱 강화했다. 해결할 수 없을 것처럼 보이는 정치적

분열로 인해 같은 문화를 가진 같은 민족이 두 나라를 구성하는 체제로 남게 되었다.

북아메리카, 남아메리카, 유럽에 정착한 많은 아시아계 가운데 한국은 가장 영향력이 작은 나라 중 하나다. 인도, 태국, 중국, 일본, 베트남과 비교했을 때도 한국 음식은 인기가 없다. 우리 동네에는 식료품점을 운영하는 한국인들이 직접 담근 김치를 팔기 시작했다. 뉴욕 전역에 사는 많은 한인들이 그렇듯 말이다. 김치는 배추와 고추로 만든 발효 식품이다. 근방에 한국인들이 많지 않아서 김치를 사는 사람도 얼마 없다.

나는 한국 음식에 대해 관심이 부족한 이유가 식사가 구성되는 방식이라기보다, 개별 요리에 대한 관심이 적기 때문이라고 생각한다. 한국의 식사는 중국처럼 한꺼번에 모든 것이 나오지만, 중국 요리 가운데에는 관심을 사로잡은 개별 요리가 있다. 물론 서양인들 가운데 중국식 식사를 해보는 사람도 거의 없지만 말이다. 한국 요리들은 한국식 식사를 벗어난 분위기에서는 그다지 효과를 보지 못하는 것 같다. 로메인, 초밥, 커리, 팟타이, 스프링롤처럼 관심을 사로잡은 요리가 없다는 말이다. 언젠가는 그런 음식이 생길지도 모르겠다.

한국인들은 고단백에 저지방인, 건강에 매우 좋은 식습관을 가지고 있다. 그들은 건강에 좋은 참깨를 많이 사용한다.('설탕과 향신료에 대하여' 참조)

코리안 나이트의 요리들은 친구인 '차미호'에게 받은 레시피대로 만들었다. 디저트를 뺀 나머지 요리를 한꺼번에 내야 하기 때문에 여러 가지 예쁘고 다양한 접시와 볼을 준비하는 것이 좋다.

시작하기 전에 베이킹 트레이에 참깨 세 컵을 뿌려 놓고 노릇해질 때까지 굽되, 태우지 않도록 주의한다. 한 번에 절반 분량을 구울 수 있는 오븐 토스트기를 이용해도 좋다. 굽는 정도를 육안으로 확인할 수 있기 때문이다.

## 메인 코스 • *main course*

### 불고기 *Bulgogi*

소고기 등심 450그램
간장 ½컵
설탕 3테이블스푼
다진 마늘 4쪽
소금 넉넉한 한 꼬집
미림 3테이블스푼
참기름 2테이블스푼
구운 참깨 2테이블스푼
다진 파 1컵
상추 5장

등심은 최대한 얇게 썬다. 간장, 설탕, 마늘, 소금, 미림('설탕과 향신료에 대하여' 참조), 참기름, 구운 참깨, 파를 섞어 양념장을 만들고 등심을 넣어 최소한 다섯 시간 양념에 재운다.

프라이팬에 쇠고기와 양념을 넣고 중불에 몇 분간 굽는다. 소스의 양이 절반으로 줄 때까지 볶은 다음 상추에 싸서 먹는다.

### 시금치나물 *Spinach Namul*

시금치나물은 우리 가족이 가장 좋아했던 요리다.

간장 2테이블스푼
설탕 1티스푼
다진 마늘 1쪽
간 생강 1테이블스푼
구운 참깨 1테이블스푼
소금 넉넉한 한 꼬집
다진 파 ½컵
잘 씻은 시금치 450그램

간장, 설탕, 마늘, 생강, 구운 참깨, 소금, 파를 섞어 양념을 만든다.

체에 시금치는 끓는 물에 살짝 데쳐 체로 건져 재빨리 흐르는 찬물에 헹군다. 물기가 없게 꼭 짜고, 양념에 무친다.

### 한국 식 생선구이 *Korean Fish*

이 요리는 껍질이 있는 생선이면 어떤 것으로도 만들 수가 있다. 한국 식 요리에는 바삭한 껍질이 중요하다. 나는 가장 좋아하는 생선인데다, 바삭하게 구울 수도 있기 때문에 연어를 선택했다.

가늘고 길게 썬 껍질 붙은 연어 450그램
간장 ¼컵
꿀 2테이블스푼
구운 참깨 1테이블스푼
미림 1티스푼
소금 한 꼬집
후추 4회전
카이엔 페퍼 2티스푼
다진 마늘 1쪽
간 생강 1테이블스푼
다진 파 1개

연어는 껍질이 위쪽으로 향하도록 그릴에 올려, 껍질이 부풀어 오르고 바삭해질 때까지 굽는다.

간장, 꿀, 참깨, 미림, 소금, 후추, 카이엔 페퍼, 마늘, 생강, 파를 섞는다. 소스를 구운 생선 위에 붓는다.

일종의 팬케이크라고 할 수 있는 인기 많은 이 음식은 비교적 현대 요리에 속한다. 현대 요리이거나, 레시피가 바뀌었을 가능성이 크다고 추정하는 이유는 한국 전쟁이 끝나기 전까지 밀가루가 흔치 않았기 때문이다.

달걀 2개
밀가루 1컵
물 1컵
반으로 갈라 2.5센티미터 정사각형 모양으로 자른 파 5뿌리.
소금 2테이블스푼
굽지 않은 참깨 ½컵

달걀을 풀어 밀가루, 물, 파, 소금을 섞는다. 잘 섞은 다음 10분간 휴지한다. 반죽은 질게 만들어야 한다. 큰 프라이팬을 달구고 참기름을 두른다. 반죽을 달궈진 기름에 붓는다. 그러면 팬이 가득 차게 될 것이다. 한 쪽이 노릇하게 구워지면 뒤집어서 반대 편도 노릇하게 굽는다. 반죽을 나눠 작은 팬케이크 두 개를 만들 수도 있는데, 그러면 더 쉽게 뒤집을 수가 있다. 쐐기 모양으로 잘라서 낸다.

## 디저트 • *dessert*

### 과일 *Fruit*

내가 아는 한국 사람들에게 "한국에는 맛있는 디저트가 뭐가 있어요?"라고 물으면 모두 똑같은 대답을 한다. "생 과일을 껍질 까서 자른 것이요."라고 말이다. 20세기 초 전통 프랑스 요리를 정의한 위대한 오귀스트 에스코피에조차도 훌륭한 식사는 과일로 끝내야 한다고 말했다. 솔직히 아름다운 색으로 가득 찬데다 다른 요리와 완벽한 조화를 이루는 이 과일 접시를 우리 가족 모두 너무도 좋아했다. 우리는 겨울에 '코리아 나이트'를 가졌는데, 겨울 과일이 특히 더 잘 어울리기 때문에 완벽한 시기였다.

한국 배라고도 불리는 동양 배 하나와 (그렇게 불리는 것이 우연은 아니다) 감 세 개의 껍질을 까서 자른다. 오렌지의 껍질을 까서 조각으로 나눈다.('쿠바 나이트' 중 '카를로스의 페스카도 데 나랑하' 참조) 과일을 접시에 예쁘게 담는다.

## 스위츠 • *sweets*

강정 ***Kang Jung***

열은 황설탕 1컵
꿀 5테이블스푼
물 ¾컵
구운 참깨 2컵

중불에 물을 끓여 옅은 황설탕과 꿀을 넣어 녹인 후 구운 참깨를 첨가한다. 버터를 바른 베이킹 트레이에 내용물을 붓는다. 스패출라로 1.5센티미터 두께의 정사각형 모양으로 만들어, 조금 식으면 직사각형으로 자른다.

## 수정과 *Sujeonggwa*

이것은 최소한 하루 전에 만들어야 한다.

물 8컵
껍질 벗겨 얇게 썬 생강 ½컵
시나몬스틱 6개
설탕 1컵
말린 감 6개(전문점이나 온라인에서 구입할 수 있다)
잣 ¼컵

물, 생강, 시나몬스틱을 냄비에 넣고 20분간 펄펄 끓이다, 다시 30분 뭉근하게 끓인다. 설탕을 넣어 녹여 시나몬스틱 믹스를 만든다. 믹스를 식혀서, 말린 감의 꼭지를 제거한 후 넣는다.

뚜껑을 덮은 유리 주전자나 병에 넣고 하루 차게 식힌다. 얼음이 담긴 유리잔에 붓고 잣 몇 알을 위에 띄운다. 감이 말랑말랑해져서 먹기 좋을 것이다. 과일을 접시에 예쁘게 담는다.

감

# 33
# 아이티 나이트
## *Haiti Night*

***Hint***

최초의 흑인 공화국!

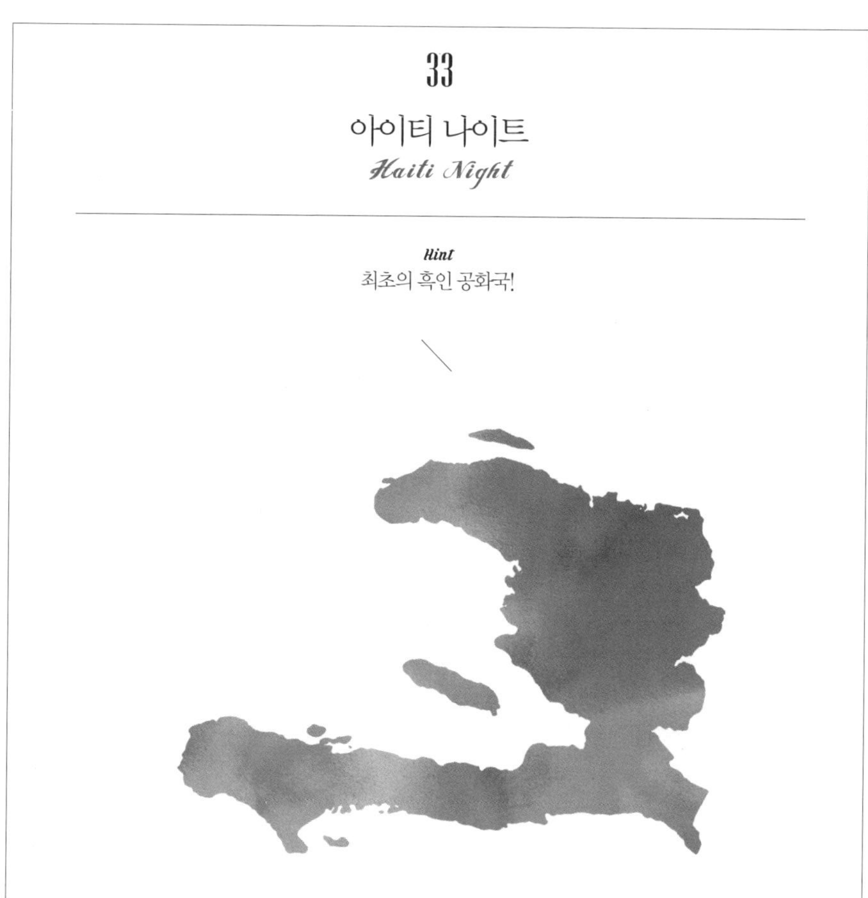

때로는 최초라는 이유로 고생을 하기도 한다. 18세기에 세상에서 가장 부유한 유럽 식민지는 지금의 아이티인 생 도맹그Saint-Domingue라는 프랑스의 식민지였다. 그곳의 경제는 순전히 노예들의 노동력에 의존한 설탕과 커피 생산이었다. 1680년부터 1776년까지 800만 명의 아프리카인들이 아이티에 노예로 끌려왔다. 그런데도 1776년에 그곳에 남은 아프리카인들은 30만 명이 채 되지 않았다. 프랑스인들은 노예가 죽을 때까지 일을 시켰다. 그리고 노예가 죽으면 새 노예를 '사는' 것이 노예를 보살피는 것보다 경제적으로 합당하다고 생각했다. 혁명이 일어났던 1791년도에는 백인의 인구가 3천 명 정도밖에 되지 않았다. 아메리카 대륙에서 노예 주인들이 가지고 있던 최악의 악몽이 아이티에서도 발생했는데, 바로 아프리카 노예들이 노예제에 반기를 들었던 것이다. 그들은 수적으로도, 의지에 있어서도 노예주들을 압도했다. 10년 넘게 전세가 바뀌는 잔인한 전쟁이 계속되었다. 나폴레옹은 아이티 섬을 되찾기 위해 군대를 파견했고, 1802년과 1803년에는 양측의 잔인함과 잔혹성이 극에 달했다. 그러나 결국 경악스러울 정도로 잔인한 사회의 잿더미를 딛고 과거 노예였던 이들을 중심으로 공화국을 구축하려는 시도가 이뤄졌다. 아이티는 세계 최초의 흑인 공화국이었지만, 그 어떠한 민주국가로부터도 환영받지 못했다. 오히려 확고히 자리 잡은 서방 세계를 두려움에 떨게 만들었다. 바티칸을 비롯한 모든 국가들이 새로운 아이티 공화국을 인정하지 않았고, 따돌렸다. 유럽인들은 카리브 해 식민지에서 생산되는 사탕수수 설탕을 대체할 품목으로 유럽에서 재배한 비트 설탕에 눈길을 주기 시작했다. 아이티는 자생할 수밖에 없었고, 고유한 문화를 가진 독자적인 사회를 이루게 되었다. 천주교와 몇 가지 아프리카 종교가 혼합된 부두교가 뿌리를 내렸고, 두 세대 만에 자리를 잡았다. 또한 몇 가지 아프리카어와 프랑스어를 합친 것에 스페인어와 영어가 조금 가미된 아이티안 크리올Haitian Creole이라는 고유한 언어를 개발했다.

아이티는 가난하지만 독특한 사회가 되었다. 나는 〈시카고 트리뷴〉의 카리브 해 특파원을 지내면서, 1980년대 중반에서 1990년대 중반까지 상당히 많은 시간을 아이티에서 보냈다. 아이티에서 많은 시간을 보낸 사람이라면 누구든 영향을 받을 것이다.

아이티에서 나는 가장 시적이고 가장 낭만적이고 가장 용감하고 가장 친절하며 가장 고귀한 인간의 모습을 보았는가 하면, 경악할 정도로 잔인하고 폭력적인 최악의 인간성도 보았다. 이 모든 것과 더불어 아이티는 영원히 내 마음과 기억에 남을 것이다.

입에 넣는 순간, 즉시 이 모든 기억을 불러일으키는 한 가지 맛을 대라고 하면 나는 피넛 버터를 꼽는다. 아이티 사람들은 매운 스카치 보넷 페퍼가 들어간 홈 메이드 피넛 버터인 맘보 피망mambo piment을 만들어 병에 담아 판매한다.

두 번 증류한 다크 럼주인 아이티의 바르반크르Barbancourt는 단연코 세계 최고의 럼주라고 할 수 있다. 놀랍게도 쿠데타, 혁명, 대학살, 파업이 일어나는 동안에도 결코 럼주의 품질은 떨어지는 법이 없었다. 다른 곳에서는 보지 못한 디종 디종djon djon이라는 작은 버섯은 밥을 검은 색으로 물들인다. 진정한 아이티 식사에 맞는 요리가 있다. 진짜 아이티 식이긴 한데, 아이티에서 먹는다면 아마도 낮에 먹을 가능성이 크다. 아이티 사람들은 점심을 많이 먹고, 저녁에는 스프 한 그릇 정도의 가벼운 식사를 하기 때문이다.

블랑망제blanc manger는 반드시 하루 전에 만들어야 하고 피클리즈pikliz는 적어도 이틀 전에는 만들어야 한다.

바나나 부시

## 피클 • *pickles*

### 피클리즈 *Pikliz*

피클리즈는 대부분의 아이티 요리에 곁들이는 것으로, 아이티 나이트에 소개하는 요리와도 잘 어울린다.

- 가늘게 채 친 양배추 ½통
- 강판에 간 당근 3개
- 얇게 썬 양파 1개
- 얇게 썬 샬롯 2개
- 완두콩 10알
- 꼭지 따고 가늘고 길게 썬 깍지콩 6개
- 스카치 보넷 페퍼 ½개~1개
- 화이트 식초 약 2컵

다듬은 분량의 채소를 모두 섞어서 1리터 크기의 피클 병에 담는다. 씨를 빼고 사등분한 스카치 보넷 페퍼를 두 개쯤 넣거나 원하는 맵기에 따라 세 개, 혹은 네 개를 전부 넣되, 반드시 잘라서 넣는다. 우리는 사등분한 보넷 페퍼 두 개를 사용했다. 네 개를 넣으면 입에 불이 날 수 있으니 취향껏 가감할 것. 뚜껑을 꼭 닫아 최소한 이틀 동안 보관한다. 피클리즈는 뚜껑만 꼭 닫아 놓으면 여러 달, 심지어 1년 이상 보관이 가능하다.

이 요리는 원래 아이티 사람들이 람비lambi라고 부르는 소라고둥으로 만들어야 한다. 그런데 소라고둥은 내가 사는 곳뿐만 아니라, 어디를 가도 구하기 힘들었다. 아이티에서는 어부들이 덜 자란 작은 크기의 소라고둥을 잡는다. 이들은 작은 크기의 소라고둥에 너무도 익숙해진 나머지, 다 자란 소라고둥이 어떻게 생겼는지 기억도 하지 못한다. 다 자란 소라고둥은 나선형 몸통에 비해 훨씬 넓은 입을 가졌다. 어부들이 작업하는 곳에 쌓여 있는 햇살에 빛바랜 흰 분홍빛 껍질 무덤을 보면 완전히 다 자란 소라고둥 껍데기는 단 하나도 찾을 수 없다.

아이티와 대부분의 카리브 해 지역에서는 소라고둥이 중요한 식재료다. 노예들은 소라고둥 껍질을 불어 기상 시간을 알렸는데, 아이티에서는 지금도 정치적 데모를 할 때 소라고둥 껍질을 분다. 이것은 아이티 사람들에게 반란과 자유의 상징이다. 소라고둥의 살은 최음제로 알려져 있다. 포르토프랭스Port-au-Prince의 외곽에서는 어부들이 보트에서 소라고둥을 그릴에 구워 내가 소개하는 레시피대로 만든 후 늦은 밤 바닷가의 '댄스 클럽'으로 배를 저어 가서 클럽에 온 남자들에게 그릴에 구운 소라고둥을 판다. 아이티 시골에서는 소라고둥 껍질을 이용해서 무덤을 표시하기도 한다.

구하기 힘들다는 점 말고도 소라고둥 대신 문어를 사용한 또 다른 이유가 있다. 드넓은 카리브 해 지역을 통틀어 문어의 포식자인 그루퍼grouper 같은 큰 물고기나 문어의 먹잇감인 소라고둥, 게와 같은 갑각류는 먹지만, 문어를 먹는 곳은 거의 없기 때문이다. 이는 곧 천적들이 감소하면서 문어의 개체수가 점점 늘어난다는 점, 그리고 소라고둥과 게를 두고 문어와 인간이 경쟁을 벌여 문어의 먹잇감이 더욱 감소한다는 것을 의미한다.

문어가 소라고둥보다 나은 식재료라는 점은 틀림없다. 그렇지만 문어가 질겨서 조직을 부드럽게 하기 위해 반드시 두들겨 먹어야 한다는 말은 사실이 아니다. 그러나 소라고둥은 그렇게 먹어야 한다. 그런데 왜 문어는 잘 안 먹는 것일까? 그 이유는 그저 어부들이 문어를 싫어하기 때문이다. 문어는 죽이기 힘든데다, 어선의 갑판이나 탱크 안에서도 가만히 누워 있는 법이 없다. 문어는 돌아다니고, 다른 생물을 자신의 몸으로 감싼다. 문어는 가방과 장비 속으로 기어들어가고, 조타실 천장에 매달리기도 하며, 엔진 출입구 속으로 기어들어간다. 그러나 문어는 귀찮게 하긴 하지만, 맛있게 귀찮은 생물이다.

이 간단한 레시피대로 하면 문어가 질기지 않다. 생선 가게에서 문어 내장 주머니와 먹물 주머니를 제거하고 가운데에 있는 주둥이와 눈을 제거해 달라고 할 것.

씻지 않은 중간 크기 문어 3킬로그램~3.5킬로그램짜리 1마리
즙 낸 라임 6개
피넛 오일 3테이블스푼
소금 한 꼬집
후추 3회전
다진 마늘 1쪽
양파의 링을 분리해 반으로 얇게 썬 자른 양파 3개
다진 스카치 보넷 페퍼 1개

끓는 물에 문어를 10초 동안 삶는다. 식힌 다음 다시 한 번 끓는 물에 10초 동안 삶는다. 이 과정에 관한 자세한 사항은 탈리아의 의견을 참조할 것. 그런 다음 펄펄 끓기 직전의 상태로 한 시간 뭉근하게 끓인다.

문어를 한 입 크기로 잘라 라임 즙, 피넛 오일, 소금, 후추, 마늘, 양파 슬라이스, 스카치 보넷 페퍼와 잘 섞는다. 식혀서 낸다.

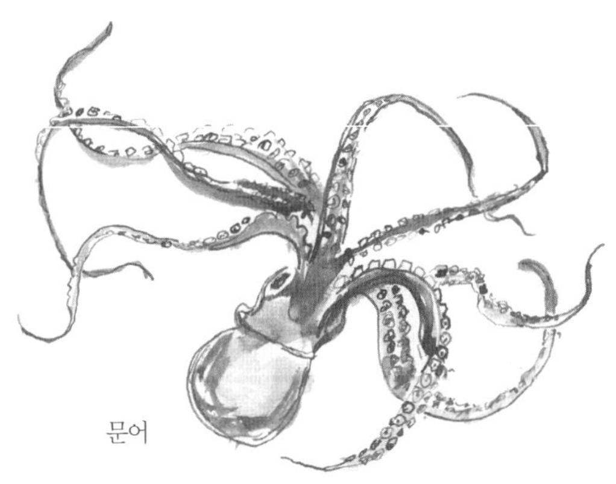

문어

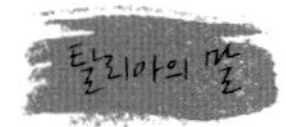


**• 문어 손질하기 •**

문어는 꼭 고무와도 같은 느낌입니다. 이상하지요. 돌고래와 함께 수영했던 때가 떠오릅니다. 돌고래도 고무와 같은 느낌이었거든요.

그렇지만 이 문어 요리는 정말이지 맛있습니다. 문어를 맛있게 먹으려면 먼저 부드럽게 만들어야 합니다. 물을 끓여 문어를 넣고, 살짝 삶아 꺼내서 식힙니다. 포크로 몸통을 찔러서 부드러운지 확인하면 끝. 이런 식이에요. 문어를 부드럽게 하는 방법은 삶고 식히고, 삶고 식히고.

## 메인 코스 • *main course*

### 그리요 드 포르 *Griyo de Pore*

1980년대까지 돼지고기는 아이티에서 쉽게 구할 수 있었다. 소위 '크레올 돼지'라고 하는 작고 검은 돼지들이 섬 주변에서 음식을 찾아다니며 살고 있었다. 아이티 농민들은 돼지들이 자라게 놔두었다가 돈이 필요할 때만 잡았기 때문에 돼지들은 조금만 투자하면 되는 일종의 '살아있는 저금'인 셈이었다. 그러다가 1978년에 이 크레올 돼지들이 가축에 대단히 위험한, 전염성 강한 아시아 돼지 인플루엔자에 감염되었다는 사실을 알게 되었다. 다른 카리브 해 국가에서도 비슷한 전염병이 발병했다. 쿠바에서는 돼지 인플루엔자가 발병하자 감염된 돼지들을 격리해 돼지의 수를 보존했다. 그런데 아이티에서는 미국국제개발처(US Agency for International Development, USAID)가 아이티에서의 전염성 발병이 카리브 해와 미국의 가축에 위협이 된다고 결정하여, 38만 마리의 크레올 돼지를 살처분하고 크고 뚱뚱한 미국 돼지로 대체하는 프로그램을 실시했다. 문제는 이런 몸집이 큰 돼지들은 정말로 '돼지'라는 이름에 걸맞은 동물이었다는 것이다. 먹는 양이 어마어마했기 때문이다. 미국인들에게는 야윈 크레올 돼지보다 훨씬 더 빨리 음식을 고기로 바꾸는 우수한 동물이었지만, 그것은 돼지가 돼지다울 수 있을 때만 가능한 일이었다. 아이티에서는 이 사건이 아이티의 농가를 파괴하기 위한 미국인들의 술수라는 흉흉한 소문이 돌았고, 국제 사회에서는 이것을 현지에 대한 지식 부족으로 빈곤국가 지원에 실패한 대표적인 사례로 꼽고 있다.

크레올어에는 (크레올어로는 크레욜Kreyol이라고 표기한다) '현명한 어른'을 나타내는 아프리카어인 그리요griyo, 혹은 그리오트griot에 대한 철자가 적어도 세 가지나 된다. 나는 항상 이 요리가 고기가 '현명'해질 때까지 요리해야 되기 때문에 그런 이름을 얻었거나, 조리하고 나면 '어른'스러워 보이기 때문에 그런 이름을 얻게 되었다고 생각하지만, 당연히 확인할 방법은 없다.

깍둑썰기 한 돼지고기 어깨살 450그램
즙 낸 산미 오렌지 2개, 또는 즙 낸 라임 3개와 스윗 오렌시 ½개('멕시코 나이트' 참소)
링을 분리하여 얇게 썬 양파 3개
다진 마늘 3쪽
피넛 오일 ½컵
소금 큰 한 꼬집
후추 3회전
생 타임 4가지

깍둑썰기 한 돼지고기 어깨살을 볼에 담고 감귤류의 즙을 첨가한다. 양파, 마늘, 피넛 오일, 소금, 후추, 타임을 넣는다. 다섯 시간 고기를 양념에 재워놓는다.

양념에 재워놓은 그대로 고기를 오븐에 넣고 약 175도로 두 시간 굽는다. 고기를 꺼내 뜨겁게 달군 피넛 오일에 튀기고, 양념은 프라이팬에서 졸여 소스로 만든다. 소스를 고기 위에 붓는다.

## 바난 프지 *Banane Pese*

소스만 다를 뿐 쿠바 나이트 때 만들어 먹은 토스토네와 레시피가 동일하다.

소스 티 말리스 **Sauce Ti Malice** • 문자 그대로 해석하면 이 소스의 이름은 '악의 흔적'이라는 뜻이다. 얼마나 사악한지는 당신에게 달렸다. 아이티에는 프랑스어로 백인을 뜻하는 단어에서 파생되었지만, 아이티 사람이 아닌 이들을 총칭하는 단어인 블란blan을 위해 소스를 특별히 순하게 만드는 레스토랑도 있다. 나는 이 소스를 조금 맵게 만들어 '파투오 블란pa two blan', 즉 백인들을 위한 너무 맵지 않은 정도라고 규정했다. 나의 그런 마음을 아이티 사람들은 언제나 이해해주었다.

다진 양파 ¼컵
즙 낸 라임 4개
피넛 오일 ¼컵
다진 마늘 1쪽
소금 한 꼬집
다진 스카치 보넷 페페 ½개~2개

볼에 잘게 자른 양파와 라임 즙을 섞어 30분간 절인다. 양파를 꺼내 피넛 오일과 마늘, 소금, 원하는 양만큼의 스카치 보넷 페퍼를 넣고 볶는다. 라임 즙과 섞은 다음 상온으로 식힌다.

## 채소 • *vegetable*

### 깍지콩과 당근 *Green Beans and Carrots*

기름기 많은 채소 요리로, 아이티 사람들이 좋아하는 것은 치즈를 넣은 소스에 채소를 굽는 옛 프랑스 요리 그라탕gratine이다. 그렇지만 양이 많은 저녁을 먹을 때 가볍게 곁들이기 위해서는 깍지콩과 당근이 일반적이다.

1.5센티미터 크기로 자른 깍지콩 230그램
1.5센티미터 크기로 자른 당근 230그램
얇게 썬 샬롯 ¾컵
얇게 썬 마늘 3쪽
버터 3테이블스푼
소금 한 꼬집

깍지콩과 당근은 2분간 찐다. 샬롯과 마늘을 버터와 소금에 넣고 볶은 후 깍지콩과 당근을 넣고 볶는다.

## 디저트 • *dessert*

### 블랑망제 마미시 *Blanc Manger Mamiche*

실제로 대부분이 가난하게 사는 아이티 사람들이 가장 흔하게 먹는 디저트는 판 파땃pan patat으로 멕시코 나이트를 위해 만들었던 디저트와 비슷한, 일종의 고구마 푸딩이다. 그러나 좀 더 잘 사는 아이티 사람들은 보다 가볍고, 고급스러운 블랑망제를 먹는다. 옛 프랑스 레시피를 열대 버전으로 바꾼 이 디저트는 18~19세기 문서에 등장하는데, 멕시코와 도미니카 공화국 등 라틴 아메리카 가운데 프랑스가 한때 통치했던 곳에는 대부분 이 디저트가 남아있다. 그렇지만 아이티에서처럼 큰 인기를 얻은 곳도 없다.

이 레시피는 아이티 출신의 아이티인 친구 지네뜨 드레퓌스 디드리드Diederich로부터 받은 것이다. 마미시는 그녀의 어머니 이름으로, 전통적인 이 아이티 디저트 레시피는 여러 세대를 거쳐 내려오면서 그녀의 가족들이 즐겨먹어온 것이다. 먹기 하루 전에 만들어야 한다.

전유 ½컵
농축 우유 ½컵
코코넛 밀크 통조림 ¾컵
가당연유 ¾컵
바닐라 농축액 조금
젤라틴가루 1봉지
강판에 간 생 코코넛 ½컵

우유와 농축우유를 섞어서 끓인다. 코코넛 밀크 통조림과 가당연유를 붓고 불에서 내린 우유에 넣고, 바닐라도 넣어 우유 믹스를 만든다.

뜨거운 물 몇 십 그램에 젤라틴을 녹인다. 완전히 액체가 될 때까지 휘젓는다. 따뜻한 우유 믹스 한 스푼을 떠서 넣고 저은 다음 젤라틴을 모두 따뜻한 우유 믹스에 붓는다. 개인 컵에 따른다. 강판에 간 코코넛을 그릴에 넣고 살짝 갈색을 띨 때까지 구운 후 위에 뿌린다. 하룻밤 냉장고에 넣어 굳힌다.

## 음료 • *beverage*

### 플랜터스 펀치 *Planter's Punch*

농장주planter라를 말이 들어간 그 어떤 것도 아이티 사람들은 상대하지 않을 것 같지만, 플랜터스 펀치는 마신다. 물론 외국인에게 판매하는 경우가 더 많긴 하지만 말이다. 이것은 어떤 즙이나 향신료로도 만들 수 있다. 골든 럼주 한 샷을 넣는 것이 어른들에게는 핵심이지만, 럼주를 넣지 않아도 맛 좋은 과일 음료다.

우리는 오렌지주스 ⅓, 구아바 주스 ⅓, 파인애플 주스 ⅓을 사용했고 강판에 간 넛멕을 위에 얹었다.

한 번은 아름답기는 하지만 해변이 없어서 관광객이 할 일이 없는 도미니카 섬에서 카릴 아자르Azar라는 이름의 레바논 농부이자 비즈니스맨인 그의 농장에서 재배한 것들로 실험을 한 적이 있다. 우리는 동량의 라임, 패션프룻, 구아바를 가지고 플랜터스 펀치를 만들었는데, 이것도 높은 평가를 받았지만 궁극의 펀치는 자몽, 라임, 파인애플, 귤 주스를 병에서 꺼낸 그 지역 럼주와 꿀, 카다몸과 섞은 것이었다. 넛멕을 넣지 않았을까 생각했을 수도 있지만 그의 농장에서는 넛멕을 재배하지 않았다.

# 34

## 뉴펀들랜드 나이트

*Newfoundland Night*

***Hint***

유럽과 가장 가까운 북미 지역!

영국인들은 존 캐봇Cabot을 통해 가장 짧은 경로로 갈 수 있는 아메리카 대륙을 발견했다. 1497년에 캐봇이 원정을 떠나기 전부터 브리스톨Bristol에는 사람들이 바다 건너 육지에 닿았다는 소문이 돌고 있었다. 제노바 출생의 지오반니 카보토Caboto인 캘봇은 숙련된 항해사로 같은 고향 출신의 탐험가가 스페인의 지원을 받아 카리브 해에 도착해서 콜럼버스Columbus라는 이름을 받았다는 사실에 시기하고 있었다. 결국 영국에서 스폰서를 찾은 캐봇은 1497년 5월 열여덟 명의 선원과 브리스톨을 출발했다. 당시에는 경도를 측정할 수 있는 기기가 발명되지 않았지만, 위도는 쉽게 확인할 수 있었다. 다시 말해, 캐봇은 동쪽과 서쪽으로 가는 방법은 알았지만 북쪽과 남쪽에 한해서는 길을 잃을 수도 있었다는 의미다. 이스팅easting, 또는 웨스팅westing이라고 불리는 표준 항법은 경도를 정한 다음 그 방향으로 가려는 것이었다. 캐봇은 브리스톨을 출발하여 아일랜드를 돌아 서쪽 항로를 유지하려고 노력했고, 그 덕분인지 육지에 닿을 때까지 고작 35일밖에 걸리지 않았다. 그가 도착한 곳이 래브라도Labrador인지 뉴펀들랜드 Newfoundland인지에 관해서는 다소 논란이 있다. 심지어 노바스코샤Nova Scotia 주의 케이프 브레턴 섬Cape Breton Island에 도착했다고 주장하는 사람들도 있지만, 그곳은 항로에서 한참 벗어난 곳이다.(케이프 브레턴, 브르타뉴 곶이라고 불리는 이유는 브리스톨의 남쪽에 있는 브르타뉴의 선원들이 나중에 아메리카를 향해 서쪽으로 항해하다가 그곳에 도착했기 때문이다.)

유럽에서 돌아오자마자, 캐봇이 대구가 풍부한 지역을 발견했다는 소식이 급속도로 번져나갔다. 런던 주재 밀란Milan 특사 라이문도 디 손치노Soncino는 대구가 너무도 많은 나머지 캐봇의 선원들이 바구니에 떠 담았을 정도라고 보고했다. 이렇듯 수상쩍은 방법 없이도, 이후 1994년까지 뉴펀들랜드의 주산업은 대구 어업이었다.

청소년 시절 뉴잉글랜드의 상업용 어선에서 일할 때 나는 함께 일한 뉴펀들랜드와 래브라도 출신의 어부들로부터 깊은 인상을 받았고 매료되었다. 그들은 건장한 아일랜드 사람들로,(뉴펀들랜드 억양은 아일랜드 사투리가 변한 형태이다) 해양 기술이 뛰어났으며 거칠고 유머 감각이 넘쳤다. 그러나 그 중에서 수영을 할 줄 아는 사람은 단 한 사람도 없었다. 뉴펀들랜드에서는 수영을 하지 않는다. 여름에도 바다가 너무 차가워 배 밖으로 떨어지면 불과 몇 분밖에 목숨을 잃고 만다.

언젠가 뉴펀들랜드에서 난간이 30센티미터밖에 안 되는 소형 보트를 타고 손낚시로 대구를 낚으려다 줄을 떨어뜨린 적이 있었는데, 몇 년 뒤에 생각해 보니 정말 아찔한 순간이었다. 뉴펀들랜드 연안에서 손낚시로 대구를 낚는 사람들은 내가 본 어부들 가운데 가장 기술이 뛰어난 사람들이었다. 그들은 마치 손에 들고 있는 낚싯줄과 몸이 하나로 연결되어 바닥을 더듬어 물고기를 찾아내는 것처럼 보였다! 대구가 미끼를 물면 릴이 달린 낚싯대처럼 빠르고 부드럽게 엄지손가락을 돌려 물고기를 물 밖으로 끄집어냈다.

대부분의 다른 나라들과 마찬가지로 캐나다 역시 1970년대에 해안가로부터 300여 킬로미터 내에서의 조업 독점권을 주장한 이후로 정부는 캐봇이 보았던 대구의 후손들을 조업하기 위해 거대한 저인망 어선에 투자했다. 저인망 어선들은 엄청난 양의 대구를 잡았지만, 연안의 어부들은 자신들의 소형 보트로 잡아 올리는 대구의 수가 점점 줄어든다고 했다. 바다에 떠 있는 큰 배들이 대구를 모조리 잡아 올린다고 불평했던 것이다. 그렇지만 그들의 불평을 귀담아 듣는 사람은 없었다. 그러다 1994년 대구가 거의 잡히지 않자 정부는 뉴펀들랜드에서의 대구 낚시를 중단한다고 선언했다. 500년 동안 지속된 뉴펀들랜드의 대구 광맥이 사라진 순간이었다.

1995년에 내가『대구: 세계의 역사와 지도를 바꾼 물고기의 일대기』집필을 위해 조사 차 뉴펀들랜드에 갔을 때 어장은 문을 닫았고, 나와 함께 물고기를 잡으러 나갔던 어부들은 과학자들이 그곳에서 무슨 일이 벌어졌는지 이해할 수 있게 도와주는 목적으로만 고기를 잡을 수 있는 허가를 받아, 대구를 잡았다가 꼬리표를 달아 다시 놔주는 일을 하고 있었다. 물고기의 등에 꼬리표를 다는 것은 새로운 기술이었지만, 이는 결코 그 어부들에게 쉬운 일은 아니었다. 나와 어부들은 대구에 꼬리표를 달려고 너무 여러 번 찌르다가 사고로 한 마리를 죽이는 바람에 부득이하게 먹을 수밖에 없었던 적이 있었다. 하얀 포가 떨어지는 갓 잡은 대구는 드물게 먹을 수 있는 특식이다.

10년 후 『마지막 물고기 이야기The Last Fish Tale』의 조사차 다시 뉴펀들랜드를 방문했을 때는 내가 알던 모든 사람들이 타르 샌드tar sand 일을 하기 위해 알버타Alberta나 브리티시 콜럼비아British Columbia로 이주해 버렸거나, 보트를 손질해 게 잡이에 나서고 있었다. 사용하지 않는 대구잡이 보트들이 습지에서 썩어가고 있었다. 지금은 뉴펀들랜드에 게 잡이가 성행하는데, 포식자인 대구가 사라졌기 때문에 게들이 뉴펀들랜드로 몰려든 것인지 아니면 원래부터 있었는데 대구를 잡느라 아무도 신경 쓰지 않은 것인지 제대로 아는 사람은 없었다. 어찌되었든 간에, 지금은 게가 대구를 대신하고 있다. 대구를 잡던 사람들은 이제 게를 잡는 사람들이 되었고, 과거 생선 공장은 현재는 게 공장으로 변했다. 뉴펀들랜드는 더 이상 존재하지 않는 대구 특산품을 관광객들에게 판매하며 어업을 관광산업으로 대체하려고 노력하고 있었다. 레스토랑들은 그 지역에서 잡은 게가 아니라, 수입해 온 대구를 요리해 팔았다. 관광객들이 뉴펀들랜드에 가는 이유가 게가 아니라, 대구를 먹기 위해서기 때문이다. 상점들은 관광객들을 대상으로 대구 모자, 대구 티셔츠, 대구 모양의 초콜릿, 대구 장식품, 대구 명함 꽂이를 팔았다. 그렇지만 그곳에 대구는 살지 않는다.

따라서 뉴펀들랜드 나이트를 위해 우리는 게 요리와 대구 요리를 모두 만들어야 했다. 그렇지만, 먼저 당밀 번부터 시작하자.

번은 뉴펀들랜드와 래브라도에서 역사적인 의미를 가진 것이므로, 만들지 않을 수 없었다. 옛날에는 꽁꽁 얼어붙은 대자연으로 향할 때 가지고 가던 것이 번이었다. 클라렌스 버즈아이Birdseye의 전기를 쓰기 위해 조사하다, 그가 래브라도에서 보낸 편지를 발견했는데 20세기 초에 개썰매 여행을 떠나면서 번을 가지고 갔던 내용이 있었다. 버즈아이는 심지어 돼지고기 번의 레시피를 기록하기도 했다. 번을 만드는 여러 가지 옛날 레시피들이 많은데, 그 중에는 한두 세기 전의 것도 있다. 다음은 당밀 번 레시피다. 당밀 번은 만들자마자 먹어도 맛있지만, 시간이 지날수록 더욱 맛이 좋아진다. 특히 2, 3주 정도 지난 번이 가장 맛있다. 당밀 번은 내가 먹었던 것 중에 가장 배를 부르게 만드는 음식이다. 작은 번 하나만 먹어도 나조차 저녁 먹고 싶은 생각이 그다지 들지 않을 정도다. 그러니 뉴펀들랜드 나이트를 위해 만든 당밀 번을 냉장고에 넣어 보관하다가 낚시나 하이킹, 스키, 스노우슈잉snowshoeing 등의 야외활동을 갈 때 가지고 가도록.

이 레시피에는 뉴펀들랜드의 주산물인 스크런천Scrunchion이 들어간다. 스크런천은 돼지 비곗살로 만든 작은 덩어리로, 바삭해질 때까지 튀겨야 한다. 번을 만들 때 사용할 수 있게 액체화된 지방은 남겨둘 것. 돼지비계를 찾을 수 없다면 베이컨 조각을 구입해서 작은 직사각형으로 잘라 사용하면 된다.

베이킹파우더 1티스푼
뜨거운 물 ¼컵
당밀 1컵
스크런천 ¼컵
녹인 돼지비계 1컵
건포도 ½컵
시나몬가루 1티스푼
간 클로브 1티스푼
간 올스파이스 1티스푼
설탕 ½컵
밀가루 약 1컵

오븐을 120도로 예열한다. 커다란 볼에 베이킹파우더와 뜨거운 물을 섞는다. 당밀을 넣고 거품이 날 때까지 휘핑한다. 그리고 스크런천 만들 때 남겨둔 녹인 돼지비계, 건포도, 시나몬, 클로브, 올스파이스, 설탕을 넣는다. 모든 재료가 잘 섞였으면 걸쭉한 도우가 돼서 손으로 빚을 수 있게 될 때까지 밀가루를 한 번에 ¼컵씩만 넣어 치댄다. 작은 눈덩이만 한 크기로 동그랗게 빚은 다음 기름을 바른 베이킹 트레이에 가지런히 놓고 로스팅 팬 위에 올려 네 시간 동안 중탕으로 굽는다. 식힌 다음 잘 싸서 냉장고에 보관한다.

## 애피타이저 • *appetizer*

### 크랩 케이크 *Crab Cake*

지금은 크랩 케이크만큼 뉴펀들랜드다운 것도 없겠지만, 우리 레시피는 탈리아와 내가 포틀랜드에 내 책 『물고기가 사라진 세상The World Without Fish』의 북 투어book tour를 갔을 때 만든 것이다. 오리건 컬리너리 인스티튜트에 있는 친구들이 직원들에게 책에 관한 이야기를 해달라고 우리를 초청해서 갔는데, 결국에는 다 같이 크랩 케이크를 만들게 되었다. 그 이후로 탈리아와 나는 꾸준히 크랩 케이크를 만들어왔다. 이 레시피는 작은 크랩 케이크 9인분 기준이다.

게살 2컵
푼 달걀 2개
다진 파 2뿌리
생 오레가노 1가지
생 타임 1가지
소금 넉넉한 한 꼬집
매운 피망가루(파프리카) ½티스푼
빵가루 ½컵
카놀라유 ½컵

볼에 게살과 달걀물을 섞는다. 파, 오레가노, 타임, 소금, 피망가루, 빵가루를 넣고 잘 섞어 게살 믹스를 만든다. 게살 믹스를 약 6센티미터 지름의 패티로 만든다. 뜨겁게 달군 카놀라유에 양면이 모두 노릇해질 때까지 튀긴 후 키친타월에 올려 기름기를 뺀다.

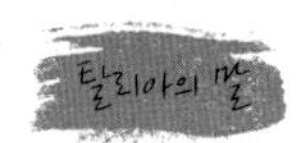


**• 크랩 케이크에 대하여 •**

크랩 케이크를 튀길 때는 진한 갈색이 나거나 시커멓게 태우는 것이 아니라, 적당히 노릇하게 튀겨야 합니다. 그러기 위해서는 오래 튀기지 않도록 손으로 케이크를 얇게 만들어야 하죠. 뜨거운 기름에 넣으면 지글거리기 시작하는데 한 면당 1, 2분 정도만 튀긴 다음 (팬에 넣고 까무룩 잠이라도 들면 안 돼요!) 뒤집어서 다시 1, 2분 정도 튀겨요.

안 익었다면 다시 뒤집으면 됩니다. 지나치게 오래 튀겨서 진한 갈색이나 나거나 타면 고양이에게 줄 것!

### 타르타르 소스 *Tartar Sauce*

매리엔과 나는 우리가 만든 이 소스가 맛있다고 생각했지만, 탈리아는 헬만스Hellman's 제품이 더 좋다고 했다. 뭐, 항상 이길 수는 없는 법이니까.

달걀노른자 3개
즙 낸 레몬 ½개
디종 머스타드Djon mustard 2테이블스푼
소금 한 꼬집
카놀라유 1~1½컵
스위트 피클 렐리시 2테이블스푼

'베이직 레시피'의 마요네즈를 참조할 것. 이 소스는 달걀노른자, 레몬 즙, 디종 머스타드, 소금 한 꼬집을 섞고 카놀라유를 천천히 섞어서 만든다. 푸드프로세서에서 꺼낸 다음 스위트 피클인 렐리시(relish, 달고 시게 초절이한 열매채소를 다져서 만든 양념류. 오이 · 고추 · 양파 등을 피클링하여 양념이 잘 되도록 다진 것이다. 만드는 과정은 피클과 같지만 한 가지, 또는 두 2종 이상의 피클을 섞어 다진 것이다. – 옮긴이)를 넣고 젓는다.

## 메인 코스 • *main course*

### 스텔라의 대구 요리 *Stella's Cod*

일반적으로 뉴펀들랜드에서는 대구를 끓여서 스크런천과 함께 낸다. 뉴펀들랜드 사람들에게 얼마나 자주 스크런천을 먹느냐고 물었더니, 꽤 자주 먹는다고 대답하는 사람들이 있었다. 대구 어장이 문을 닫은 지 2년 후인 1996년에는 그 전에도 종종 그랬듯, 연구 어장에서 잡은 대구가 시장에서 판매되었다. 세인트 존스St. John's에 있는 작고 아늑한 식당인 스텔라스Stella's에서 몇 개월 만에 처음으로 대구 요리를 팔았는데, 대구에 꼬리표를 붙이려다가 실수로 죽이는 바람에 바닷가에서 바로 먹었던 것 다음으로 맛있었다. 이 레시피는 그곳의 주방장인 메리 쏜힐Thornhill에게 받은 것이다. 그 후로 나는 계속 이 레시피대로 대구를 요리했다. 이것은 대구를 튀김옷으로 입힌다는 점에서 피시앤칩스와 같지만 그에 비해 튀김옷이 훨씬 가볍다. 메리는 스크런천이나 돼지비계를 사용하지 않는다. 건강에 좋지 않다고 생각하기 때문이다. 스크런천이나 돼지비계를 사용하지 않다니, 상상이 가는가?

밀가루 2컵
후추 5회전
스위트 파프리카가루 3테이블스푼
달걀 3개
우유 약 1컵
대구 필레 680그램
카놀라유 ¼컵
다진 이탈리안 파슬리 1다발
깍지콩 230그램

접시에 밀가루와 후추, 파프리카가루를 섞어 밀가루 믹스를 만든다.

볼에 달걀과 우유를 넣어 휘젓는다.

대구를 세 조각으로 자른다. 대구 조각을 밀가루 믹스에 묻힌 후 달걀물을 입힌다. 뜨겁게 달군 카놀라유에 전체적으로 노릇해질 때까지 튀긴다. 파슬리를 뿌린다. 깍지콩을 3분간 쪄서 대구와 함께 낸다.

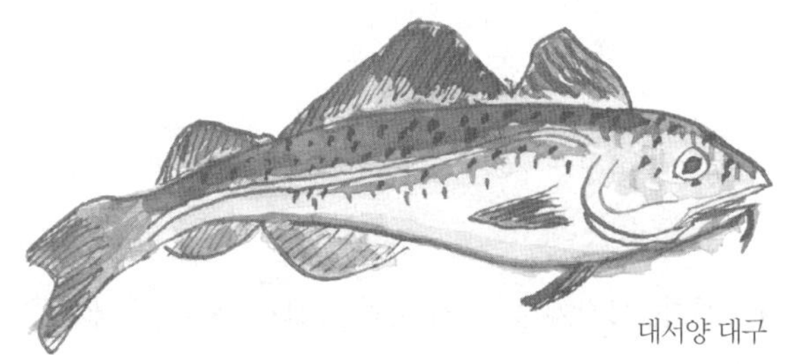

대서양 대구

# 디저트 • dessert

## 애플 크럼블 Apple Crumble

먼저 프랑스인들이 앙글레이즈Anglaise라고 부르는 커스터드 소스를 만든다.

### 커스터드 소스 The Custard Sauce

달걀노른자 4개
설탕 1컵
바닐라 빈 1개
저지방 크림 0.5리터

달걀노른자에 설탕을 넣고 휘핑한다. 바닐라 빈을 반으로 길게 갈라 저지방 크림과 함께 냄비에 넣고 끓여, 휘핑 볼에 옮긴다. 포크와 스푼으로 바닐라 빈의 씨앗을 긁어내고 껍질은 버린다. 잘 섞는 후 다시 냄비에 넣고 걸쭉하게 될 때까지 중불에 올려 열심히 젓는다. 바닥이 눌어붙지 않도록 계속 저어주어야 한다. 걸쭉해지자마자 다른 볼에 담아 냉장고에 넣는다. 며칠 동안은 상하지 않기 때문에 이 소스는 미리 만들어두어도 좋다. 뜨거운 크럼블 위에 차가운 상태로 부어야 한다.

### 케이크 The Cake

껍질 벗지 않고 얇게 썬 사과 3개
설탕 1컵
시나몬가루 3테이블스푼
즙 낸 레몬 ½개
버터 1스틱
황설탕 1컵
소금 넉넉한 한 꼬집
백설탕 3테이블스푼
오트밀 ½컵
밀가루 ¼컵

오븐을 200도로 예열한다. 껍질째 얇게 썬 사과를 설탕, 시나몬, 레몬 즙과 잘 섞어 작고 깊은 오븐 용 그릇이나 수플레 그릇에 담는다.

혼합기가 달린 믹서에 버터를 넣고 크림을 만든다. 황설탕, 소금, 백설탕, 오트밀, 밀가루를 넣는다. 재료를 섞은 다음 사과가 도우를 완전히 덮도록 눌러 담는다. 한 시간 동안 오븐에서 굽는다.

오븐에서 꺼내 따뜻한 상태로 차가운 소스를 부어 낸다. 한 번만 부으면 된다. 소스에 빠져 죽을 정도로 들이 붓지는 말 것.

## 35

# 인디아 나이트
*India Night*

***Hint***
세계에서 가장 인구가 많은 민주국가!

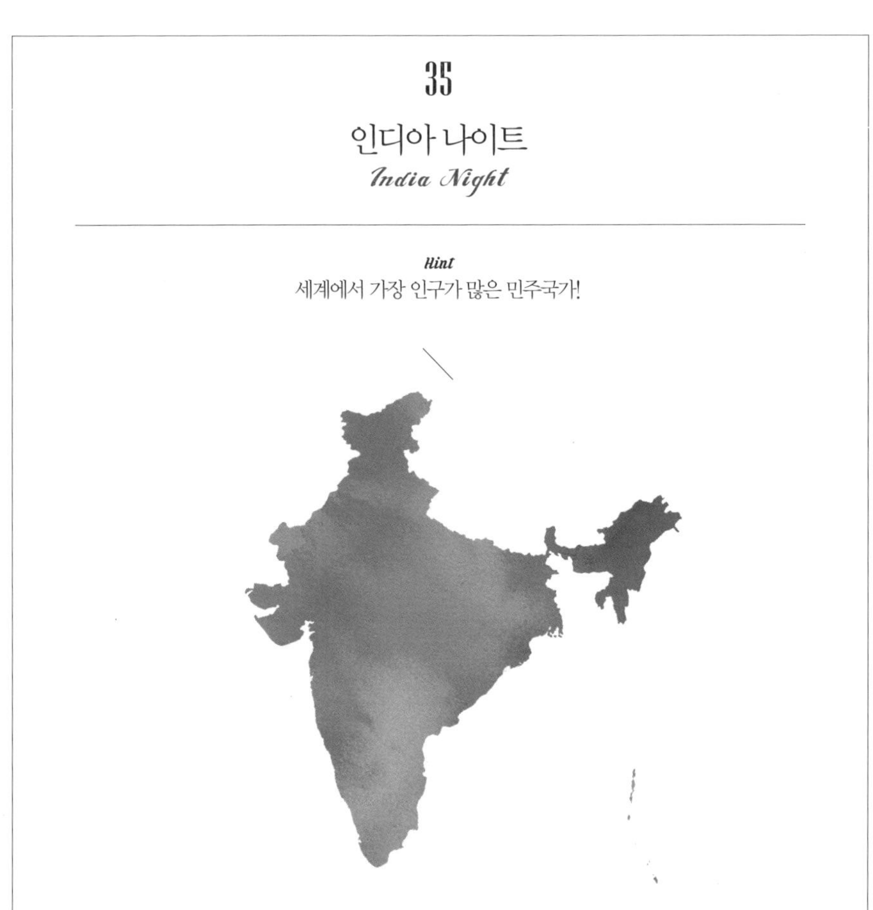

면적은 세계에서 일곱 번째로 큰데, 인구는 중국 다음으로 세계에서 두 번째로 많다는 사실을 생각하면 인도가 얼마나 혼잡한 나라인지 짐작할 수 있을 것이다.

향신료와 밝은 색에 대한 인도인들의 사랑은 서로 연관이 있다. 인도의 주방은 말려서 가루로 만들어 음식, 탁자 위, 요리하는 사람의 손, 옷 등 닿는 곳마다 밝으면서도 깊은 노란빛을 띤 오렌지색의 터메릭과 같은 향신료의 색깔로 환히 빛난다. 노란 오렌지색은 인도 생활 곳곳에 스며들어있다. 터메릭은 힌두교에서 특별한 역할을 한다. 사람들은 터메릭이 행운을 가져온다고 생각하며, 상갓집에서는 사용할 수 없는 향신료이다. 또한 우유에 우려서 기침과 감기를 낫게 하는 약으로도 쓰인다. 카다몸과 시나몬 같은 향신료는 인도 남부에서 자생하지만, 고수와 커민 같은 향신료는 지중해 지역에서 무역을 통해 수입된다. 클로브는 인도네시아에서 들어왔으며, 비교적 최근에 들어왔지만 확고하게 자리 잡은 매운 고추는 아메리카 대륙에서 이것을 발견하여 전 세계에 퍼뜨린 포르투갈 사람들에 의해 15세기에 들어왔다.

인디아 나이트는 우리 가족이 가장 좋아했던 식사 가운데 하나다. 물론, 내가 많이 손대기는 했지만 인디아 나이트에 사용한 많은 레시피는 줄리 새니Sahni의 훌륭한 요리책『클래식 인디안 쿠킹Classic Indian Cooking』에서 영감을 받았다.

인도 전통에 따라 우리는 이 식사에 은제품 식기를 사용했다. 인도 음식은 모두 손으로 먹는다. 소스를 바른 음식은 손으로 먼저 밥에 적셔서 먹거나, 우리처럼 빵으로 찍어 먹는다. 인도의 빵인 난naan은 하루 전날 만들기 시작해야 한다.

## 애피타이저 • *appetizer*

### 피아즈 파코데 *Piaz Pakode*

피넛 오일 3테이블스푼
병아리콩가루 1컵
간 커민 2테이블스푼
소금 큰 한 꼬집
카이엔 페퍼 1티스푼
뜨거운 물 1컵 이상
얇게 썬 큰 노란 양파 6개
카놀라유 ½컵

병아리콩가루에 피넛 오일을 섞는다. 가루를 조금 떠서 두 손으로 문지르는 식으로 섞으면 된다. 가루 전체에 기름이 스며들 때까지 계속 이런 식으로 문지르며 치댄다. 그런 다음 커민, 소금, 카이엔 페퍼를 넣는다. 따뜻한 물을 붓고 팬케이크 반죽과 같은 농도가 될 때까지 섞는다. 30분간 상온에서 휴지한다.

카놀라유를 뜨겁게 달군다. 얇게 썬 양파를 반죽에 넣는다. 양파의 링들이 조금 떨어져도 상관없다. 손으로 양파를 잡아 반죽을 입혔다가 오일 팬에 집어넣는다. 손이 데지 않도록 주의할 것. 바삭하고 단단하게 될 때까지 튀긴 후 스패출라로 뒤집어 반대쪽도 튀긴다. 색이 진해지고 조금 바삭해지면 꺼낸다. 키친타월에 놓고 2분간 식힌 다음 접시에 담아 낸다.

## 난*naan*

인도에서 이 빵은 레스토랑에서나 먹지, 일반적으로 집에서 만들어 먹지는 않는다. 따라서 인도 가정요리책에는 난에 관한 내용이 없다. 그렇지만 인도 음식과 곁들이기에 매우 좋은 빵인데다, 식사를 하면서 우리가 사용할 '도구'라고는 이것밖에 없었다. 난은 부모와 아이가 함께 만들기에도 상당히 좋은 음식이다. 우리는 탈리아가 난을 만들고, 내가 굽는 식으로 작업해서 빨리 만들 수 있었다. 라이징 도우 볼('기본 레시피' 참조)로 여덟 개 정도의 난을 만들 수 있기 때문에 도우 볼 레시피를 반으로 줄여야 할 수도 있다. 도우는 하루 전에 만들어 냉장고에서 발효시킨다.

손과 작업대 표면에 밀가루를 바른다. 도우를 중간 크기의 사과만큼 떼어낸다. 손으로 도우를 납작하게 눌러 원반 모양이 되게 한다. 가장자리를 잡고 돌려 중력에 의해 반죽이 더 늘어나게 할 수도 있다. 두께가 0.5센티미터 정도가 되도록 만든다.

큰 주철 프라이팬을 달군다. 뜨겁게 달궈지면 기 2테이블스푼을 넣고 도우를 올린다. 뚜껑을 덮되, 1분 정도마다 확인한다. 난이 더 이상 질척거리지 않고 아래쪽에 어두운 점들이 생기면 뒤집는다. 계속 뚜껑을 덮은 상태에서, 필요하다고 생각하면 자주 확인하며 굽는다. 난을 몇 개만 만들면 어느 정도 시간이 소요되는지 감을 잡을 수 있을 것이다. 주철은 열을 모으는 성질이 있기 때문에 어느 정도 지나면 불을 줄여야 한다. 빵을 구울 때마다 기를 새로 넣는다.

놔두면 빵이 딱딱해지는데 전자레인지에 넣고 돌리면 다시 먹기 좋은 상태가 된다.

기는 인도 요리에 주로 이용되는 지방으로, 모로코와 스리랑카 등 다른 나라에서도 사용한다. 기는 우유의 수분과 덩어리를 모두 제거해서 순수한 유지만 남긴 것이다. 버터보다는 기름처럼 작용하는 기는 장기 보관이 가능하고 고온으로 가열해도 타지 않는다. 또한 기는 민간의약품으로 쓰이기도 한다. 스트레스를 줄이고, 뇌의 작동을 돕는다고 한다. 그렇지만 포화지방산으로 가득 차 있기 때문에 심장에는 좋지 않다. 만든 지 10년 이상, 100년 미만인 것은 쿰바그르타kumbhaghrta라고 부르고, 100년이 넘었으면 마하그르타mahaghrta라고 부른다. 물론 이런 강장제로 요리를 하지는 않지만 말이다. 요리에 쓰이는 기도 오랫동안 보관이 가능해서 냉장시설이 없던 서기 100, 200년에는 기를 인도에서 로마로 보내 부유한 사람들을 위한 고급요리 용 기름으로 사용했다. 역시 로마인들은 최초의 식도락가였다.

기는 인도 식료품점이나 아시아 식료품점에서 구입할 수도 있고 집에서 만들 수도 있다. 버터 450그램을 약불에 녹인다. 완전히 다 녹으면 거품이 생길 것이다. 수분을 날리면서 치직거리고, 지글거리도록 내버려둔다. 치직하는 소리가 더 이상 나지 않으면 불을 올리고 남은 고체 덩어리가 갈색을 띨 때까지 젓는다. 불을 끄고 식혀서 잔여물이 바닥에 가라앉게 한 후 호박색이 된 기름은 걷어낸다.

## 로간 조시 Rogan Josh

로간 조시라는 이름은 페르시아어로 뜨거운 기름을 의미한다. 따라서 이 요리가 현재의 이란, 즉 페르시아에서 유래했을 것으로 추측한다. 그렇지만, 로간 조시하면 이 요리를 주로 먹는 인도 북부의 카시미르Kashimir를 떠올리는 사람들이 많다. 로간 조시는 변형된 형태가 많은데, 붉은 색과 양고기를 사용한다는 점 외에는 공통점이 별로 없다.

- 다진 노란 양파 1개
- 다진 생강 ¼컵
- 고수가루 2테이블스푼
- 카이엔 페퍼 2테이블스푼
- 플레인 그릭요거트 1컵
- 사워크림 1컵
- 소금 큰 한 꼬집
- 깍둑썰기한 양고기 다릿살 450그램
- 얇게 썬 마늘 5쪽
- 기 4테이블스푼
- 헤비크림 1컵
- 검은 커민 씨 2테이블스푼
- 카다몸가루 1테이블스푼
- 가람 마살라 2테이블스푼('설탕과 향신료에 대하여' 참조)

푸드프로세서에 양파, 생강, 고수, 카이엔 페퍼, 요거트, 사워크림, 소금을 넣고 돌려 퓌레로 만든다.

깍둑썰기한 양고기를 퓌레에 넣고 잘 섞는다. 30분간 휴지하고 프라이팬에 옮겨 20분간 뭉근하게 끓인다.

그 동안 기에 마늘을 넣고 노릇해질 때까지 볶는다. 뭉근하게 끓이고 있는 프라이팬에 마늘 넣은 기를 넣는다. 헤비크림, 검은 커민 씨, 카다몸을 넣는다. 20분간 뭉근하게 끓이고 가람 마살라를 넣는다.

이 요리는 냉장고에 넣으면 며칠 동안 보관이 가능한데, 심지어 맛이 더 좋아지기도 한다.

## 채소 • *vegetable*

### 카리 *Kari*

기 ¼컵
터메릭 1티스푼
소금 큰 한 꼬집
얇게 썬 긴 인도 풋고추 1개(또는 세라노 페퍼 반 개)
검은 머스타드 씨 1티스푼
가는 '프렌치' 깍지콩 230그램
강판에 간 코코넛 1컵
고수(실란트로) 잎 간 것 ¼컵

프라이팬에 기를 발라 달군 후 터메릭, 소금, 인도 고추, 검은 머스타드 씨를 넣는다. 그 다음 깍지콩을 넣는다. 콩이 밝은 녹색을 띨 때까지 몇 분간만 볶는다. 간 코코넛을 팬에 넣고, 고수 잎도 넣어 섞는다. 불을 끄고 팬에 든 재료를 뒤적인 후 낸다.

### 하레 고비 키 사부지 *Hare Ghobi Ki Sabzi*

줄기가 달린 상태로 자른 브로컬리 2다발
얇게 썬 마늘 8쪽
기 ¼컵
터메릭 1테이블스푼
소금 큰 한 꼬집

작은 과도로 브로콜리 줄기의 껍질을 벗긴다. 기와 마늘을 노르스름해질 때까지 볶는다. 기를 더 넣고, 터메릭과 소금으로 간하고 계속 볶는다. 브로콜리를 넣고 뚜껑을 덮지 않은 채로 브로콜리가 밝은 녹색이 될 때까지 볶는다.

## 디저트 • *dessert*

### 나리알 바르피 *Narial Barfi*

| | |
|---|---|
| 코코넛 1개 | 카다몸가루 2테이블스푼 |
| 설탕 2컵 | 시나몬가루 2테이블스푼 |

생 코코넛을 깬다.('편법으로 코코넛을 깨는 방법' 참조.) 코코넛 과육을 강판에 갈고 팬에 코코넛 주스 한 컵을 붓는다. 한 컵이 나오지 않으면 물을 추가하면 된다. 설탕을 넣고, 녹아서 투명한 시럽이 될 때까지 강불에서 긴 나무 스푼으로 살살 젓는다. 간 코

코넛을 넣고 (3컵 정도 나올 것이다) 카다몸과 시나몬가루를 넣는다. 계속 강불에서 내용물이 불투명하고 희끗희끗해질 때까지 긴 나무 스푼으로 약 7분간 세게 젓는다. 내용물을 기름을 바른 베이킹 트레이 위에 옮기고 스패출라로 눌러 약 2.5센티미터 정도의 높이가 되게 만들어 식힌다. 사각형으로 자른다.

## 음료 • *beverage*

망고주스와 배 주스를 반씩 섞는다. 카다몸가루 넉넉한 한 꼬집과 시나몬을 넣고 넛멕을 조금 강판에 갈아 넣고, 잘 흔든다. 얼음이 담긴 잔에 따른다.

우유에 향신료를 우려 만든 차이 티Chai tea 역시 후식으로 마시기에 좋다.

# 36

# 프랑스령 기아나 나이트

## *Guiana Night*

***Hint***

사람들은 이곳을 '푸른 지옥'이라고 부른다!

랑페르 베르L'Enfer vert, 푸른 지옥. 유럽인들에게 프랑스령 기아나는 어쨌든 지옥이다. 이곳을 처음 발견한 유럽인은 크리스토퍼 콜럼버스로 '버림받은 사람의 땅'이라고 이름 지었다. 1608년에 토스카나 사람들이 열대 우림에서 나는 풍요로운 먹거리를 개발하기 위해 이탈리아 식민지를 건설하려고 했는데, 그 아이디어를 낸 귀족이 갑자기 죽으면서 계획이 취소되어 버렸다. 같은 세기 프랑스인들이 세 번이나 정착을 시도했지만 실패했다. 결국 프랑스가 해안에 모여 사는 소수의 사람들로 식민지를 건설했다. 네덜란드와 영국도 식민지를 설립해서 프랑스령, 네덜란드령, 영국령 기아나가 생겼다. 그러나 좁은 해안가 너머의 빽빽한 열대 우림인 '푸른 지옥'은 지금도 뚫고 들어가기가 힘들다. 초목이 너무나 빽빽해서 카누를 타고 겉보기와 달리 위험한 강을 항해하는 것만이 유일하게 들어갈 수 있는 방법이다. 유럽인들은 카리브 해에서 시행했던 프로그램과 마찬가지로 기아나에서도 노예를 들여와 농장에서 일을 시켰지만, 아프리카 사람들은 내륙으로 도망쳐 다시 아프리카 방식대로 살고자 했다.

결국 프랑스는 그곳이 지옥임을 인정하고, 1851년에 정치범들을 보내기 시작했다. 표면적으로는 그곳에서 형량을 채우게 하겠다는 것이었지만, 1851년부터 1947년 사이에 식민지로 보낸 7만 명의 남녀 가운데 형량이 끝날 때까지 살아남은 사람은 8천 명에 불과했다. 많은 사람들이 탈출을 시도했지만 열대우림에서 살아남은 사람은 거의 없었다. 지금도 외부인이 기아나 내륙에 들어가면 기껏해야 사흘밖에 살지 못한다고 사람들은 말한다. 프랑스 정부는 범죄자 식민지의 인권 문제가 불거지는 바람에 결국 1947년에 그곳을 폐쇄할 수밖에 없었다.

한 번은 프랑스령 기아나에 갔을 때 프랑스 외인부대가 정글 서바이벌 집중 훈련 프로그램의 일환으로 마로니 강Maroni River 상류에 군인들을 내려놓고 나무를 잘라 다시 해안가로 내려오라고 명령한 일이 있었다. 그러나 열대 활엽수가 물에 뜨지 않는 바람에 결국에는 구조작업을 벌여야만 했다.

이런 재난의 전통에 내가 조금 보탠 부분이 있다. 기아나의 이웃 국가이자 네덜란드의 식민지였던 수리남에서 벌어지는 게릴라전을 취재하기 위해 〈뉴욕 타임즈〉의 특파원으로 파견된 일과 〈내셔널 지오그래픽〉의 취재 차 갔는데, 그 두 번 모두 내가 쓴

기사가 지면에 실리지 않았다.

뉴욕 타임즈 취재로 기아나에 갔을 때 나는 게릴라 군을 따라 다녔다. 게릴라 군의 리더는 마을로 내려가 예쁜 십대 소녀를 찾아 막사로 데리고 갔고, 우리에게는 캠프를 설치라고 명령했다. 전투를 벌였다는 유일한 증거는 군 헬리콥터를 총으로 쏴서 떨어뜨린 것이 전부였다. 그 헬리콥터는 아마 지금도 그곳에 그대로 남아 있을 것이다. 잡초들이 무성하게 자라서 더 이상 보이지도 않은 채 푸른 지옥에 잡아먹혔을 것이다. 60미터 상공을 나는 작은 비행기에서 바라보면 이따금 카페오레 색 리본처럼 보이는 좁고 구불구불한 강을 빼고는 빽빽한 숲이 지붕처럼 우거져 있다.

결국 뉴스 취재에 싫증이 난 게릴라 군들은 나와 노트북을 비롯한 내 짐을 모두 마로니 강의 어느 바위 위에 내려놓고 떠나버렸다. 다행히도 카누 한 대가 와서 나를 태우더니 강을 따라 몇 킬로미터 거슬러 오르는 곳에 있는 마을로 데리고 갔다. 그곳에서 나는 긴 머리에 햇볕에 그을리고 거의 벌거벗다시피 한 백인을 만났는데 그는 '밖에 너무 오래 있었던' 것 같은 인상을 풍겼다. 내 곤란한 상황을 설명하자 그는 "안심해요, 당신은 프랑스에 있어요."라고 말하면서 자신이 프랑스 정부요원임을 확인시켜주는 신분증을 보여주었다. 1946년에 프랑스령 기아나와 과달루페, 마르티니크 섬이 모두 프랑스 데파르망département이 되어 아키텐이나 프로방스 데파르망과 같은 법적 지위를 갖게 되었다.

내륙에 사는 대부분의 사람들은 수백 년 전 열대 우림 속으로 도망쳐 자기 부족의 언어를 사용하고 종교를 믿으며 아프리카를 재건한 부시 니그로bush negro라고 알려진 노예의 후손들이었다. 또한 몸집이 작고 전통을 고수하며 기둥 위에 지은 초가집에서 사는 다양한 원주민들도 있었다.

마로니 강을 따라 거슬러 올라가는 것은 비행기를 타고 가는 현대식 여행과는 정반대로 다르다. 마로니에 들어서는 순간, 신발을 벗고 안전벨트를 채우며 자유 의지와 책임감의 자취를 모두 넘겨주고 자신의 목숨은 오로지 자신의 결정에 달린다. 한 달이 넘는 여정을 위해 다시 기아나에 돌아가는 순간 나는 영어만 빼고 십여 가지의 마로니 언어를 포함하여 모든 언어를 다 구사할 것 같은 프랑스 가이드를 고용했다. 키 크고 근육질에 멋진 두 보트맨은 보트 조정 기술이 뛰어나고 대피호를 잘 만드는 것으로 유명한, 부시 니그로 부족인 은주카Ndjuka족 사람들이었다. 그들은 6미터 길이의 좁다란 통나무배를 가지고 왔는데 남미 산 콩과의 교목인 안젤리크 나무의 가운데를 파고 옆을 흑단 판으로 만든 것으로, 야마하 40 선외 모터가 달려 있었다.

하루하루 지날수록 옷이 점점 필요 없는 것처럼 느껴졌다. 가장 먼저 불필요하다고 느낀 것은 신발이었다. 강이나 강둑을 밟고 다녀야 했는데 그럴 때마다 진흙 속에 발이 빠져 신발을 손으로 끄집어내야 했다. 어쨌든 강둑에서 10미터 이상 내륙으로 들어간 적이 없었다. 셔츠도 불필요하게 느껴졌다. 우리가 머물렀던 숲속 마을들은 30명도 채 되지 않는 사람들이 나무 오두막에 사는 작은 공동체들로, 나무 오두막마다 각기 다른 모양으로 칼집을 내어 각기 다른 부족을 표시했고 조금씩 다른 언어를 사용했다. 그들은 자신들의 언어로 리비libi라고 부르는 강에 살았는데, 리비는 생명을 의미하는 리바liba에서 파생된 말이다. 그들은 강에서 물고기를 잡고, 강 속을 헤엄쳐 다니고, 강에서 씻었으며, 아이들은 강에서 놀면서 1미터 길이의 통나무배를 조종하는 기술을 익혔다. 그들은 강에서 피라냐들이 모여 있는 동굴을 찾아 물속에 작대기를 담그고 물고기들이 작대기를 둘로 자르는 모습을 지켜본다.

그들이 모방한 아프리카 사회에서처럼 만나는 사람마다 과장되게 친근감을 표현하는 것이 중요한데, 그렇지 않으면 상당한 의심을 받는다.

나는 팔을 넓게 벌리고 미소를 지으면서 "파 웨키Fa weki!"라고 외쳤다.

그러면 상대방이 나보다 훨씬 더 환한 미소를 지으며 두 팔을 잔뜩 벌리고 "유 데Yu de?"라고 묻는다.

그러면 나는 "메 데Me de"라고 대답한다.

마을에 갈 때마다 이런 대화가 열 번씩 반복된다. 잘 지내나요? 당신은요? 저는 좋아요.

어떤 마을이든 간에, 중심에는 지름이 1미터 이상 되는 무쇠 프라이팬이 장작불에 올려 있다. 쿠아크couac을 만들기 위한 것이었다. 먼저 천연 독성을 함유한 씁쓸한 카사바cassava 뿌리를 며칠 동안 물에 담가둔다. 그런 다음 강판에 갈아 대마 압축기 사이에 늘어뜨려 독성을 뺀다. 그걸 말려서 가루로 만들어 마을의 무쇠 프라이팬에서 옅은 황갈색의 곡물처럼 될 때까지 살살 저어가며 하루 종일 끓인다. 강을 따라 이동할 때마다 이렇게 만든 쿠아크를 늘 가지고 다닌다. 몇 개월 동안 상하지 않기 때문에 프랑스인 가이드와 나는 조리한 물고기나 사냥감의 즙을 빨아먹으며 식사 때마다 쿠아크를 먹었다.

저녁을 먹고 나면 해먹을 매달 나무 두 그루를 고른다. 뱀, 도마뱀, 쥐만큼 커서 6미터는 떨어진 곳에서도 보이는 곤충들이 많은 만큼 나무 위에 매달리는 것이 밤을 보낼 수 있는 유일한 방법이다. 해먹에서 잠을 잘 때는 한 가지 요령이 있는데 일직선으로 눕는 것보다 대각선으로 누우면 평평한 침대 같이 되어서 편안히 잘 수 있다는 것이다.(해먹은 이 지역 원주민의 언어에서 유래했다.) 기아나는 적도에 위치하고 있기 때문에 낮과 밤의 길이가 거의 똑같다. 아주 길고 어두운 밤이 지날 동안 숲은 끊임없는 외침

과도 같이 들리는 새와 포유동물, 곤충들이 내는 소음으로 포효한다. 우리는 강둑 근처에서 캠핑을 했기 때문에 지붕처럼 덮인 수풀 사이로 별들이 보석처럼 수놓아져 있는 밤하늘을 볼 수 있었다. 그것은 마치 햇빛에 비치는 운모편암처럼 보였다. 나는 럼주 한 병과 쿠바 산 시가를 들고 해먹에 누워 (내가 준비를 좀 잘 해갔다) 이렇게 멋진 광경을 보며 만족감을 느끼곤 했다.

아침 식사로 늘 쿠아크를 먹었고, 누군가 물고기를 잡으면 물고기도 함께 먹었다. 우리는 아침에 해가 뜨자마자 출발했다. 강은 새틴으로 마무리한 백랍 빛이었고, 반대편 강둑에 있는 나무들이 강 위에 두껍게 내리깔린 안개 위로 거대한 검은 몸체를 드러내고 있었다. 때로는 낚싯줄을 드리워 점심에 먹을 물고기를 잡거나 마을 사람들과 물물교환으로 먹을 것을 얻기도 했다. 내가 가져간 럼주는 마을마다 마련된 오비아사니스obiasanis라고 부르는 작은 바위와 나무 제단에다 영혼들을 위해 술을 따라 올리기에 제격이었기 때문이다. 한 번은 보니Boni족의 남자가 껍질을 벗긴 이구아나를 준 적이 있었는데, 대부분의 이국적인 동물들과 마찬가지로 그 또한 예상대로 닭고기와 비슷한 맛이었다. 우리는 물론 쿠아크와 함께 먹었다.

강이 잔잔할 때도 있었지만 때로는 급류를 건너야 할 때도 있었다. 은주카족은 뛰어난 기술과 침착성을 가지고 급류를 헤쳐나갔다. 랑게Lange라는 이름의 키가 크고 근육질인 은주카 남자가 단단하면서도 유연한 타카리takari 나무로 만든 긴 막대기를 가지고 뱃머리에 선다. 그는 악장처럼 막대기를 휘두르며 온 몸을 실어 여기저기에 있는 바위들을 밀어내고 막대기를 강바닥까지 똑바로 넣어 깊이를 가늠한다. 그리고는 모터 쪽에 있는 남자에게 자신이 가늠한 정도를 외치는데 물이 너무 얕으면 모터 쪽에 있는 남자가 선외 모터를 들어올린다. "가도기 단키!Gadogi danki" 아주 잘 했어요, 고맙습니다, 우리는 그렇게 끊임없이 칭찬을 했다. 단키, 단키!

은주카 사람들은 밤이면 물고기를 잡고 사냥을 하러 갔는데, 하루는 같이 가도 되느냐고 물었다. 예의상 말로는 된다고 했으나, 표정을 보니 탐탁지 않은 것이 분명했다. 그들은 두 사람이 탈 수 있는 작은 통나무배에 낚시 도구와 탄약을 실었다. 작은 통나무배들은 사람이 움직일 때마다 출렁였다. 커다란 나무 개머리판이 달린 오래된 라이플총은 내가 다루기에는 무리였다. 총을 쏠 때마다 헤비급 챔피언의 라이트훅을 맞는 것처럼 반동이 심했기 때문이다. 반동이 그렇게 심한데 불안정한 통나무배를 전복시키지 않고 어떻게 평화로이 있을 수 있겠는가? 손전등을 이리저리 비춰가며 숲속에서 반사되는 동물의 눈을 찾는 것만도 내게는 이미 충분히 어려운 일이었다. 내가 손 낚싯줄에 걸린 작은 물고기를 잡으려다 보트에 탄 우리 세 사람을 거의 물에 빠뜨릴 뻔 하자, 그들은 조용히 노를 저어 다시 캠프에 나를 내려놓았다. 나는 거부당한 사냥꾼이 되었다.

그들은 작고 귀여운 설치류로, 스튜로 만들면 썩은 냄새가 나는 아구티agouti를 잡았다. 대신 쿠아크를 엄청나게 넣어 냄새를 많이 없앴다. 또한 돼지고기 맛이 나는 맛있는 동물인 테이퍼(tapir, 맥이라고도 불리며 중남미와 서남아시아에 사는 코가 뾰족한 돼지와 비슷하게 생긴 동물 - 옮긴이)를 잡아 쿠아크를 넣고 진한 스튜를 끓였다. 테이퍼 한 마리는 며칠 동안 먹을 수 있을 정도로 크다. 우리는 멸종 위기에 처한 동물을 많이 먹었다. 열대 우림에 사는 사람들 역시나 멸종위기에 처했기 때문이다. 그들은 나무가 충분하지 않다는 생각이 말도 안 된다며 삼림파괴라는 말을 비웃었다.

강둑은 나름대로의 아름다움을 발산하며 빛나고 있었다. 후쿠시아Fuchsia 부레옥잠이 물 위에 피어 있었다. 강둑의 나무들은 주변을 날아다니는 나비들로 노란색과 파란

색으로 얼룩져 있었다. 그곳에서 그리농 푸gringon fou라고 알려진 야생 환상 나무인 검은 흑단 나무의 밝은 노란색 잎들이 먼발치에서 빛나고 있었다.

그러나 아름다운 해안가에 멈추는 순간, 무시무시할 정도로 적대적인 세상이 펼쳐진다. 진흙에 빠지면 살을 찌르는 파리들로부터 공격을 받고, 나비처럼 생긴 생물들이 침을 쏘아댄다. 풀은 가장자리가 칼날처럼 날카로워서 다리에 생채기를 만들고, 어쩌다 균형을 잡지 못해 나뭇가지라도 잡으면 따가운 가시나 엉겅퀴가 기다리고 있거나 공격적인 벌레들로 뒤덮여 있을 가능성이 크다.

탈리아의 검지가 마로니 강에 닿으면서 기아나를 똑바로 가리킬 때 나는 이 모든 생각을 비롯해 여러 가지 기억이 한꺼번에 떠올랐다. 프랑스령 기아나 나이트를 위해서는 무엇을 요리할까? 물론, 아구티를 사냥하거나 이구아나의 껍질을 벗길 생각은 없었다. 거기다 쿠아크를 만드는 방법이 기억날지도 미지수다. 만든다고 해도 아마 하루 종일 걸릴 것 같다. 그런데 내가 내륙에서 사냥감으로 배를 채울 때 먹고 싶던 해안 음식이 있었다. 그것은 프랑스령 기아나, 마르티니크, 과달루페가 공통적으로 가지고 있는 음식 스타일로, 세 곳으로 강제로 보내져 노동해야 했던 원치 않던 이민자들, 다시 말해 아프리카인들과 동양인들의 음식에서 유래한 요리였다.

아크라스 드 모뤼는 며칠 전에 만들기 시작해야 한다.

카리브 해 지역 사람들이 한때 노예와 연관 있던 음식을 열렬히 좋아하는 것을 보면 특이하다는 생각이 든다. 소금에 절인 대구는 고 단백질인데다 값싼 음식이었고, 열대의 태양 아래서 살아남는데 필요한 소금에 절여져 있었기 때문에 노예들의 기본 식량이었는데, 지금까지도 카리브 해 지역에서는 인기가 많다. 세네갈의 아크라를 기억하는가? 이 소금에 절인 대구 튀김은 아프리카어로 된 이름을 가지고 있는데 프랑스령 기아나에서는 아프리카에서처럼 팬케이크로 만드는 것이 아니라, 둥근 공처럼 만든다. 소금에 절인 대구 튀김을 변형한 요리들이 카리브 해의 거의 전 지역에서 만들어 먹고, 인기도 매우 좋다. 바칼라이토스bacalaitos라고 불리는 푸에르토리코의 염장대구만이 아프리카의 아크라처럼 납작하다.

이 요리에는 고추 소스가 잘 어울린다. 카리브 해 전역에서 집에서 만든 매운 소스를 판매한다. 나는 10년도 더 전에 과달루페에서 구입한 소스를 사용했다. 너무 매워서 아마도 전부 다 사용해버릴 날이 오지 않을 것 같은 맛이다. 아주 조금만 넣어도 상당히 맵다. 카리브 해에서 만들어진 고추 소스를 구할 수 없다면 티 말리스(ti malice, 아이티 나이트 참조)를 만들 것. 물론 기아나에서 주로 사용하는 매운 고추는 수도의 이름을 따 '카이엔'이라고 부르는 빨간 고추다. 어떤 상황에서도 타바스코Tabasco는 사용하지 말 것. 타바스코 소스는 루이지애나 제품으로, 식초를 기반으로 하기 때문에 카리브 해 음식에는 절대, 어울리지 않는다.

이 레시피는 3단계로 구성된다. 여덟 개에서 열 개 기준이며, 음료와 함께 낸다.

말린 염장 대구, 230그램
버터 1테이블스푼
밀가루 1테이블스푼
전유 1컵
달걀노른자 1개
다진 생 차이브
밀가루 약 3컵
푼 달걀 2~3개
빵가루 약 3컵
카놀라유 ½컵

먹기 며칠 전에 염장 대구를 물에 담그는데 ('소금에 절인 대구에 대하여' 참조) 하루에서 3일 동안 주기적으로 물을 갈거나, 흐르는 물에 담가놓아야 한다. 얼마나 소금기가 빠졌는지는 조금 떼어 맛을 보고 판단해도 좋다. 중요한 점은 짠기가 자기가 원하는 수준에 맞아야 한다는 것. 소금기가 너무 많이 빠져 싱거우면 나중에 소금을 치면 되지만, 사실 애석한 일이다.

먹기 하루 전날 커다란 프라이팬에 버터를 녹인다. 밀가루를 넣고 부드러운 페이스트가 될 때까지 나무 스푼으로 저어가며 조리한다. 중불에 올리고 우유를 한 번에 조금씩 넣으면서 나무 스푼으로 계속 저어 걸쭉하고 크림과 같은 소스 상태로 만든다. 우유를 다 넣고 제법 걸쭉해져 덩어리가 없어지면, 염장 대구를 잘라 프라이팬에 넣고 소스에 조릴 수 있게 불을 높인다. 대구를 소스에 조리면서 동안 구식 감자 매셔로 대구를 으깨면 걸쭉한 소스만 남게 될 것이다. 달걀노른자를 넣고 노란색이 없어질 때까지 빠른 속도로 계속 젓는다. 불을 끈 다음 차이브를 넣고 잘 뒤적인다. 그릇에 넣고 하룻밤 냉장고에 재운다.

다음 날 스푼을 이용해 냉장실에 넣어둔 생선 페이스트를 살구만한 크기로 둥글게 빚는다. 밀가루, 달걀, 빵가루 순으로 묻힌다.

프라이팬이나 냄비에 2.5센티미터 정도 올라올 만큼 기름을 붓고, 아주 뜨겁게 달군다. 둥글게 빚은 반죽을을 튀긴 후 키친타월에서 기름을 빼고 바로 낸다.

카리브 해 음식은 다 좋지만, 이 요리는 카리브 해 음식을 통틀어 내가 가장 좋아하는 것이다. 블라프 두생스는 단순함을 통해 완벽함이 이루어질 수 있다는 것을 보여주는 요리다! 주로 생선이나 새우로 만든 블라프가 많이 있지만, 누가 뭐래도 성게로 만든 블라프가 최고다.

쌀 ½컵
물 ¾컵
물 3컵을 넣은 냄비
다진 양파 ⅓컵
얇게 썬 마늘 3쪽
생 타임 2가지
소금 큰 한 꼬집
성게 12마리
얇게 썬 스카치 보넷 페퍼 1개
다진 파 1개
라임 1개

분량의 물에 쌀을 넣고 끓인다. 다른 작은 냄비에 물 세 컵을 붓고 팔팔 끓인다. 여기에 양파, 마늘, 타임, 소금을 넣고 불을 줄이고 5분간 뭉근하게 끓인다.

이렇게 만든 육수를 작은 볼이나 큰 컵에 따른다. 성게 살을 퍼서 (대개 판매하는 곳에서 성게를 따 준다) 얇게 썬 스카치 보넷 페퍼와 함께 육수에 넣는다. 먹는 사람에 따라 원하는 맵기에 맞게 잠시 후에 페퍼를 꺼내거나 그대로 둔다. 위에 파를 뿌리고 입맛에 맞게 라임 즙을 짜 넣는다. 뜨거운 상태로 낸다.

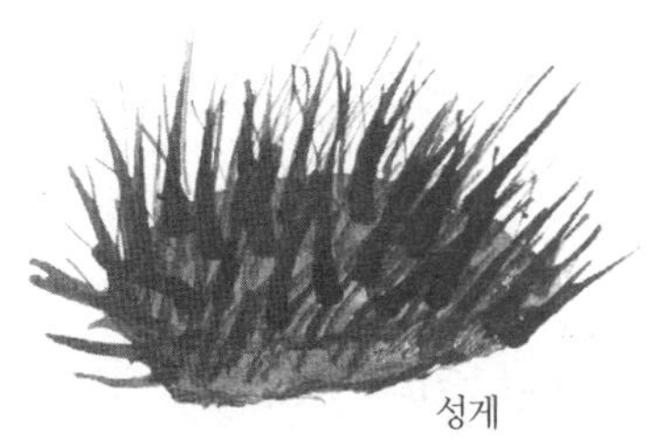
성게

## 콜롬보 드 포르 *Colombo de Porc*

콜롬보는 카리브 해의 프랑스 아프리카French-African 언어인 크레올어로, '커리'를 뜻하는 말이다. 고용계약을 맺고 카리브 해로 건너온 인도의 노동자들이 가져온 것이다. 아프리카 사람들을 노예로 활용하는 노예제도가 폐지되면서 인도 사람들이 계약을 통해 카리브 해로 왔는데, 사실상 이 또한 노예 계약이나 마찬가지였다. 콜롬보는 주로 밥과 함께 내지만, 나는 녹말 성분을 위해 카사바와 같은 뿌리채소를 커리에 넣는 것을 더 좋아한다. 영어권 카리브 해 지역에서 '녹말 성분의 채소ground provisions'라고 알려진 뿌리채소는 기아나 내륙, 해안가, 나머지 카리브 해 지역에서도 모든 요리의 기본 재료로 쓰인다.

쿠아크의 재료인 카사바가 특히 중요한데, 카사바는 정치적인 은유로도 중요하게 쓰인다. 파파야, 망고, 파인애플, 사탕수수, 코코넛, 빵나무 열매(breadfruit, 열대 나무의 열매로, 익히면 빵 맛이 난다. – 옮긴이), 염장 대구를 비롯한 대부분의 카리브 해 음식이 다른 곳으로부터 들어온 것이다. 그렇지만 '토박이'라는 의미의 카사바는 카리브 해가 원산지이다. 카사바는 기아나에서 북쪽으로 이주한 카리브 사람들과 북쪽 섬을 침범한 아라와크족이 먹는 기본 음식이다. 카리브족이 콜럼버스와 그의 원정대를 공격한 독화살이 바로 카사바 뿌리에서 추출한 독이었다. 내륙에서는 잘게 채 썬 뿌리를 먹기 전에 나무 덤불 오두막마다 걸려 있는 짚으로 만든 포대에 넣어 독성을 짜낸다. 카사바는 영어이고, 크레올어로는 마뇨크manyok이며, 프랑스어로는 마노익manoic, 스페인어로는 유까yucca라고 한다. 아이티 아리스티드Aristide 출신 정치인에서 쿠바의 카스트로에 이르기까지 정치적인 담화를 할 때마다 카사바의 이미지를 사용한다. 시장에서 판매되는 대부분의 카사바는 미국에서 판매되는 것과 마찬가지로 독성이 없는 품종이기 때문에 화살촉에 독을 바르려거든 다른 카사바를 구입해야 할 것이다.

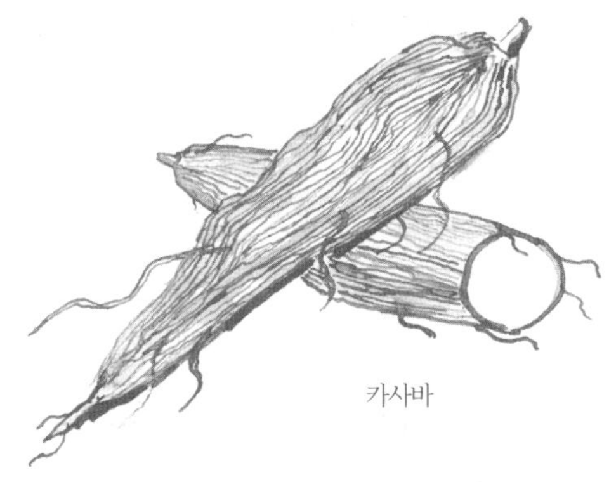

카사바

나는 과달루페에 있는 푸앵타피틀Pointe-a-Pitre 시장에서 구입했던 콜롬보를 사용했다. 푸앵타피틀 시장은 카리브 해에서 가장 화려한 색감을 자랑하는 최고의 시장 가운데 하나다. 나는 콜롬보의 색깔이 약간 탁해서 터메릭을 추가했고, 매운맛이 덜해서 카이엔 페퍼를 조금 더 넣었다.('설탕과 향신료에 대하여' 참조).

코코넛 오일 ½컵
깍둑썰기 한 돼지고기 어깨살 450그램
통썰기 한 껍질 벗긴 카사바 약 15센티미터
껍질째 반달썰기 한 얌 1개
얇게 썬 터메릭 2뿌리
속을 제거하고 길게 자른 붉은 파프리카 1개
속을 제거하고 길게 자른 녹색 파프리카 1개
다진 양파, ½개
코코넛 밀크 340그램
헤비크림 ¼컵
콜롬보(커리가루) 4테이블스푼
카다몸 씨 6개
카이엔 페퍼 1티스푼

프라이팬에 코코넛 오일을 두르고 중불에서 달군다. 돼지고기 어깨살을 넣고 모든 면이 노릇해지도록 굽는다. 카사바, 얌(yam, 참마와 같은 속에 속하는 식물 – 옮긴이), 터메릭 뿌리를 넣고, 중불에서 30분간 볶는다. 붉은 파프리카와 녹색 파프리카, 양파를 넣는다. 피망과 양파가 다 익을 때까지 5분간 더 볶는다. 코코넛 밀크, 헤비크림, 콜롬보, 터메릭, 카다몸 씨, 카이엔 페퍼를 넣는다.

강불로 올리고 재료가 바닥에 눌러 붙지 않도록 계속 뒤적이면서 걸쭉해질 때까지 약 5분 볶는다.

## 디저트 • *dessert*

### 코코넛 케이크 Coconut Cake

내륙에는 코코넛 야자수가 없지만 해안가에는 즐비하다. 코코넛은 씨앗이다. 땅에 떨어져 뿌리를 내리고, 갈라진 가운데 틈에서 순이 돋는다. 그대로 놔두면 잡초처럼 우거진다. 알프레드 드레퓌스Dreyfus 대위가 1895년에 누명을 쓰고 유배되어 철창이 처진 세 평짜리 돌집에서 사슬로 침대에 묶여 있었다던 섬을 방문한 적이 있다. 그 섬에는 인적이 없었고, 심지어 배를 댈 만한 곳도 없었다. 나는 경찰관에게 나를 바위에 내려놓고 한 시간 후에 데리러 와달라고 부탁했다. 그가 탄 배가 멀어지면서 엔진소리 너머로 그가 "또 봐요, 드레퓌스 2세!"라고 말하는 소리를 들었는데, 당시 정황상 예사로 들리지가 않았다. 그 섬은 코코넛으로 가득 차 있었다. 심지어 이제는 지붕도 없어진 드레퓌스의 감옥도 코코넛 야자수들이 새순이 돋은 코코넛들과 더불어 자라고 있었다. 야자수 한 그루에 많은 코코넛이 열린다. 나는 녹슨 철창 너머를 근심 어린 눈으로 바라보며, 코코넛만 먹으며 혼자 사는 모습을 상상했다. 짓궂은 경찰관이 돌아오는 반가운 소리를 듣기 전까지 말이다.

카리브 해의 여러 전통을 기반으로 내가 고안해 낸 이 케이크는 우리 가족이 가장 좋아하는 요리 중 하나로 코코넛을 기념하는 케이크다. 반드시 생 코코넛으로 만들어야 한다.('편법으로 코코넛을 깨는 방법' 참조) 이 레시피는 사실 밀가루와 설탕, 버터를 각각 450그램씩 넣어 만드는 파운드케이크의 레시피를 변형한 것이다. 하루 전에 만들어야 하룻밤 식힐 수 있어 더 좋다.

### 케이크 *The Cake*

강판에 간 생 코코넛 1½컵
밀가루 450그램
설탕 450그램
버터 450그램
베이킹파우더 2½테이블스푼
소금 큰 한 꼬집
바닐라 농축액 소량
카다몸가루 1테이블스푼
시나몬가루 1테이블스푼
클로브가루 1테이블스푼
생 코코넛 주스 1컵
우유 1½컵
푼 달걀 2개

오븐을 200도로 예열한다. 혼합기가 달린 믹서에 간 코코넛, 밀가루, 설탕, 버터를 넣고 섞는다. 믹서를 돌리면서 베이킹파우더, 소금, 바닐라농축액, 카다몸, 시나몬, 클로브가루를 넣는다. 계속 섞으면서 코코넛 주스를 넣는다. 고루 섞였으면 이번에는 우유와 달걀을 한 번에 소량씩 넣는다. 9인치 스프링폼 팬에 버터를 바르고 밀가루를 뿌린 다음 잘 섞인 반죽을 붓는다. 케이크가 견고해지고 케이크의 가장자리가 스프링폼에서 떨어질 때까지 약 40분간 굽는다. 가능하면 하룻밤 식히면 좋다.

시럽 *The Syrup*

| | |
|---|---|
| 물 ¼컵 | 설탕 1컵 |
| 다크 럼주 ¼컵 | 강판에 간 생 코코넛 3컵 |

중불에 물과 다크 럼주를 붓고 설탕을 넣어 녹인다. 투명한 시럽이 될 때까지 젓되, 끓이지는 않아야 한다. 시럽을 케이크 위에 붓는다. 윗면 전체에 강판에 간 생 코코넛을 얹는다.

## 음료 • *beverage*

### 티 펀치 *Ti Punch*

마로니 강을 거슬러 올라갈 때 프랑스인 가이드와 나는 사탕수수 시럽 몇 병과 생라임 한 바구니, 발효시킨 사탕수수 즙으로 만든 흰 아그리콜agricole 럼주 한 상자를 가지고 갔다. 이것들이 크레올어로 '티 펀치'라는 애정 어린 이름이 붙은 진정한 카리브 해 럼 펀치 재료들이다. 이 음료는 무관심이라는 멍한 즐거움을 느끼게 만들어 열대의 열기, 두려움, 불안감을 차단한다. 하루는 우리가 너무 일찍 출발하는 바람에 햇볕이 가장 뜨거운 오전 10시가 되었을 때 이미 돌아다닌 지 네 시간을 넘기고 있었다. 가이드가 미소를 지으며 "첫 번째 펀치를 마실 시간입니다."라고 말하면, 나 역시 그에게 동의하며 모든 사람들에게 그날의 첫 펀치를 만들어줬다.

펀치라는 말은 다섯을 의미하는 힌두어인 팍pac에서 유래한다. 영국이 인도를 통치하고 있을 때는 펀치의 다섯 가지 재료가 차, 레몬, 시나몬, 설탕, 알코올이었다. 프랑스령 카리브 해 지역에서는 재료의 가짓수가 세 개로 줄었다. 라임, 사탕수수 시럽, 그리고 럼주. 시럽은 병에 담겨 판매하는데 중불에 설탕과 물을 3 대 1로 섞어서 만들 수도 있다. 럼주는 전통적으로 흰 아그리콜 럼주를 사용한다.

내가 아는 이 중에 이제는 세상을 뜬 지 한참 되었지만, 수의사에서 철학자로 변신한 로버트 로즈 로제트Rose-Rosette는 펀치의 의미를 주제로 한 논문에서 좋은 펀치를 '관능적'으로 묘사하면서 펀치는 반드시 마시는 사람이 테이블에서 바로 만들어 즐겨야 한다고 주장했다. "어떤 사람이라도 똑같은 펀치를 만들 수는 없어요. 같이 앉아서 서로의 다른 점을 즐기면 되는 거죠." 로제트 박사와 함께 티 펀치를 몇 잔 마시고 나니 그의 주장이 옳다는 생각을 했다.

유리잔과 라임 조각, 설탕 시럽, 그리고 스푼만 있으면 된다. 티 펀치는 과실주가 아니기 때문에 라임 맛만 느낄 수 있면 된다. 물론, 각자 원하는 대로 취향껏 만들 수 있다.

아이들을 위해서는 세 번째 재료인 럼주 대신 클럽 소다나 물로 대체하면 좋다. 아이들도 자기만의 제조법을 알아서 결정하게 내버려 두라.

## 37

# 저머니 나이트
*Germany Night*

***Hint***
역사적으로 대부분 하나의 국가가 아니었던 적이 많았던 오래된 국가!

내가 가장 좋아하는 독일 시는 19세기 시인 하인리히 하이네Heine의 시이다.

Denk ich an Deutschland in de Nacht

Damn bin ich um den Schlaf gebracht

밤에 독일을 생각할 때면 나는 잠이 오지 않는다.

좋은 시가 다 그렇듯, 이 시에도 몇 가지 다른 의미가 담겨 있다. 무엇보다 그가 유배된 상태였기 때문에 고향이 그리워 불면의 밤을 보낸다는 의미다. 독일이 여러 가지 생각들로 자신의 마음을 어지럽히기 때문에 잠이 오지 않는다는 것이다. 그렇지만 독일을 생각하면 불안감으로 가득 차 잠을 이룰 수 없었다는 것을 의미하기도 한다. 몇 년 동안 독일에 관한 글을 쓰면서 나 또한 잠에 들 수 없다는 생각으로 전율을 느낀 적이 있었다. 물론, 너무 불안한 느낌이 든 나머지 수면에 영향이 미치는 때도 있었다. 대부분의 독일 작가들도 자기 나라에 대해 이와 같은 느낌, 매력, 불안감을 표현한 바 있다. 19세기 내내 독일인들은 독일어를 사용하는 사람들로 구성된 단일 국가로 통일하려고 노력했다. 동시에 그들은 이루기 위해 그토록이나 애쓰는 통일 국가에 대한 두려움을 인정할 때도 많았다. 하이네는 독일이 통일되면 "세계 역사상 한 번도 들어본 적 없는 충돌"을 낳게 될 거라고 말했다. 1871년 프러시아Prussian는 가장 강력한 독일 국가인 오스트리아를 제외하고, 독일어를 사용하는 땅의 대부분이 포함된 독일 왕국을 세웠다. 그로부터 18년 후인 1889년 프리드리히 니체Nietzsche가 "세상에서 일어난 적 없는 위기"가 발생할 거라고 예언했다.

1933년이 되어서야 그렇게 예언된 '충돌' '다른 곳에서는 볼 수 없는 위기'가 마침내 발생했다. 아돌프 히틀러Hitler가 권력을 장악하면서, 그로부터 12년 동안 전 세계에 너무나도 극심한 공포를 안겨준 바람에 일부 독일인조차 독일이라는 나라를 재건하는 것이 마땅한지 의문을 품을 정도였다. 승리한 연합국 미국, 프랑스, 영국, 소련는 독일을 네 개의 지역으로 분할하여 통치했다. 1949년 5월에 프랑스, 영국, 미국이 관할

하던 지역들을 하나의 독일 국가로 통합하는 승인을 하였고, 소련은 그해 시월, 자신들이 차지하고 있던 영역을 두 번째 독일 국가로 만들었다. 문화적으로 동독과 서독이 나뉜 적이 단 한 번도 없었기 때문에 이는 완전히 부자연스러운 분할이었다. 나뉜다면 차라리 북쪽과 남쪽 사이 여러 개의 주가 종교와 문화, 심지어 억양까지 달라서 나뉠 수 있었을 것이다. 그러나 동독과 서독은 다시 통일을 이루었던 1990년까지 그렇게 동과 서로 분열된 상태로 살았다.

여러 해 동안 독일에 관해, 독일의 역사와 함께 해야 한다는 어려움에 관해, 동서 분열에 관해, 독일의 문화, 와인, 음식에 관해 쓰는 내내 나는 하이네가 말한 충돌이 일어나지 않았다면, 히틀러가 권력을 잡지 않았다면, 독일은 위대한 음악과 예술, 알프레드 히치콕Hitchcock 감독에게 영향을 주고 〈M〉에서 독일의 두려움을 뛰어나게 표현한 프리츠 랑Lang과 같은 위대한 영화감독, 로버트 코흐Koch와 아인슈타인과 같은 뛰어난 과학자, 좋은 음식과 독특하고 희귀한 와인, 그리고 황홀할 정도로 창의적이며 매력적인 언어로 글을 쓰는 위대한 작가들의 나라로 기억되었을 거라는 생각이 들었다.

역사는 독일을 계속 따라다니며 괴롭힌다. 동 베를린이 서 베를린과 나뉘어 있던 시절 나는 확실히 느낄 수 있었다. 제2차 세계대전이 끝나고 반백년이 지난 후 그곳에는 여전히 독일 의회가 서 있었다. 그것은 히틀러가 권력을 장악한 지 한 달 만에 시민의 자유를 유예하기 위한 구실로 삼으려던 화재로 1933년에 불타고 남은 시꺼먼 유적이었다. 넋을 잃은 채로 나는 베를린의 시내였던 미테를 돌아다녔다. 그곳에는 자동소총의 총알구멍이 줄지어 있고 폭탄과 대포에 맞아 구멍이 난 건물들이 그대로 남아 있었다. 과거의 목소리가 들리는 듯했다.

나는 프랑크푸르트 외곽에 있는 한스 위트의 소시지 공장에도 가보았다. 그때까지 원조 프랑크푸르트 소시지를 만드는 곳이었는데, 핫도그라는 단어를 듣는 순간 그는 화를 냈다. 진정한 프랑크푸르트 소시지는 돼지고기로만 만들며 독일 최초의 잘게 가는 기계로 뽑아 핫도그 모양처럼 만드는 부드러운 식감이 일품이었다. 나는 맥주의 질을 연구하는 베를린에 있는 한 연구소를 찾아가 스톱워치를 들고 그들이 '머리 유지 head retention'라고 부르는, 한 잔의 맥주에서 거품이 유지되는 시간을 재기도 했다. 독일의 와인 퀸으로 선정된 여성과 그녀의 부모와 함께 그들의 농장에서 저녁식사를 하기도 했는데, 그들은 놀라울 정도로 상쾌한 맛의 프랑켄바인(Frankenwein, 북 바이에른의 마인 강변 산産 와인)과 소시지를 직접 만들기도 했다. 독일이라고 하면 나는 늘 그런 순간들이 떠오른다.

사우어브라텐sauerbraten은 반드시 먹기 이틀 전에 만들기 시작해야 한다.

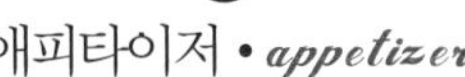



## 스팻즐 *Spatzle*

탈리아가 가장 좋아하는 음식 중에는 맨해튼에 있는 우리 가족의 단골 레스토랑에서 판매하는 스팻즐이 있다. 탈리아의 손가락이 독일에 닿았을 때, 정확히 말하면 스팻즐 카운티의 중심부에 있는 바바리아Bavaria 어딘가에 닿는 순간, 그 즉시 우리는 코스의 첫 요리로 무엇을 만들어야 할지 알 수 있었다. 이 작은 국수가 바바리아에서 유래했다고 믿는 역사가들이 있는데, 바바리아어로 스팻즐은 '작은 참새'를 뜻한다.

스팻즐을 만들려면 '스팻즐 메이커'가 있어야 한다. 스팻즐 메이커는 서랍에 들어갈 만큼 작은 도구로, 가격이 20달러도 안 되며 주방용품 가게나 온라인으로 쉽게 구입할 수 있다. 체와 나무 스푼을 가지고 만들어보려고 했지만, 그것은 쉬운 일을 어렵게 만드는 헛짓에 불과했다. 스팻즐 메이커는 아이들이 사용하기에도 매우 좋은 도구다. 탈리아는 스팻즐 메이커의 역할을 즐겼는데, 다른 아이들도 마찬가지일 거라고 생각한다.

달걀 3개
우유 1½컵
강판에 간 넛멕 1티스푼
소금 큰 두 꼬집
후추 4회전
밀가루 2컵
꾀꼬리 버섯 10개
버터 4테이블스푼
다진 생 딜 1다발

혼합기가 달린 믹서에 달걀을 넣어 풀고 우유, 넛멕, 소금, 후추를 넣는다. 도우가 아니라, 점성이 강하면서도 다른 용기에 따를 수 있을 정도의 걸쭉한 반죽이 될 때까지 한 번에 조금씩 밀가루를 넣는다. 계량보다는 눈으로 봐서 판단하는 것이 더 중요하다. 지나치게 걸쭉해서 반죽이 아니라 도우에 가깝다면 우유를 더 넣는다.

스팻즐 메이커의 윗부분과 안쪽에 요리용 기름을 바른다. 커다란 냄비에 물을 붓고 소금 큰 한 꼬집을 넣고, 팔팔 끓으면 스팻즐 메이커를 냄비 위에 걸쳐 놓는다. 반죽을 내리는 기구인 슬라이딩 슛sliding shoot에 반죽을 붓고, 대패질을 하듯이 앞뒤로 움직여 스팻즐이 끓는 물로 떨어지게 한다. 스팻즐이 수면 위로 떠오르면 다 익은 것이다. 몇 분밖에 걸리지 않을 것이다.

프라이팬에 버터를 넣고 소금 큰 한 꼬집과 함께 꾀꼬리 버섯chanterelle mushroom을 볶는다. 물기를 완전히 뺀 스팻즐을 버터와 버섯이 든 프라이팬에 넣어 뒤적여 섞고 위에 잘게 썬 생 딜을 뿌려서 낸다.

## 샐러드 • *salad*

### 붉은 양배추와 케일 ***Red Cabbage and Kale***

붉은 양배추와 케일은 독일인들이 좋아하는 전통 채소다.

다진 자른 베이컨 ½컵
다진 썬 케일 1컵
곱게 채친 붉은 양배추 2컵
사이더 비니거 ¼컵
캐러웨이 씨 1티스푼

아무것도 두르지 않은 프라이팬에 잘게 자른 베이컨 ½컵을 넣고, 바삭해지면서 프라이팬에 기름이 돌 때까지 중불에서 볶는다. 케일과 양배추를 넣고 잎이 흐물흐물해질 때까지 볶는다. 사이더 비니거와 캐러웨이 씨를 넣는다. 잘 섞어 식힌 후에 낸다.

케일

## 메인 코스 • *main course*

### 사우어브라텐 *Sauerbraten*

소시지건 스튜건 커틀릿이건 간에, 독일은 일반적으로 돼지고기를 많이 먹는다. 옛 동독에는 돼지가 엄청나게 많았는데, 내가 알던 유대인들은 돼지고기를 레몬 즙에 절여 닭고기처럼 살을 하얗게 만드는 레시피를 가지고 있을 정도였다. 그들은 '코셔화하기kosherizing'이라는 단어로 표현했다.

사우어브라텐은 돼지고기를 사용하지 않은, 흔치않은 독일의 고기 요리 가운데 하나다. 이 요리는 반드시 먹기 이틀 전부터 만들기 시작해야 한다.

- 런던 브로일London broil이라고 부르기도 하는 쇠고기 우둔살 570그램
- 얇게 썬 생강 1개 + 얇게 썬 생강 4개
- 거르지 않은 사이더 비니거 2컵
- 물 2컵
- 얇게 썬 노란 양파 ½개
- 설탕 ¼컵
- 검은 통 후추 6알
- 카다몸 씨 6개
- 통 클로브 10개
- 월계수 잎 2장
- 시나몬 1티스푼
- 메이스 1티스푼
- 카이엔 2티스푼
- 고수 씨 2티스푼
- 당근 2개, 반으로 갈라 6센티미터 두께로 반달썰기 한 것
- 반으로 갈라 5센티미터 두께로 반달썰기 한 파스닙 1개
- 방울 양배추 6개
- 밀가루 2테이블스푼

얇게 썬 생강 하나를 우둔살에 문질러, 깊은 볼에 넣는다. 나머지 얇게 썬 생강 네 개는 냄비에 넣고 사이더 비니거, 물, 양파, 설탕, 통후추, 카다몸 씨, 클로브, 월계수 잎, 시나몬, 메이스, 카이엔, 고수 씨를 넣고 끓인다. 팔팔 끓으면 볼에 넣어둔 고기 위에 붓는다. 고기가 완전히 잠길 정도로 부으면 따로 고기를 뒤집을 필요가 없다. 볼을 랩으로 덮고 이틀간 냉장고에 넣어둔다.

이틀 후 더치 오븐Dutch oven에 올리브 오일을 두르고 달군 후 고기와 당근, 파스닙(parsnip, 미나리과 식물, 설탕 당근이라고도 함 – 옮긴이), 방울 양배추Brussels sprout를 넣고 고기의 양면이 노릇해질 때까지 굽는다. 모든 재료가 노릇해지면 불에서 내려 채소를 다른 그릇에 덜어놓고 양념 두 컵을 넣되, 국물만 넣지 말고 향신료와 양파까지 조금 건져 옮긴다. 뚜껑을 덮고 약불에 두 시간 뭉근하게 끓인다. 다시 당근, 파스닙, 방울 양배추를 냄비에 넣고 10분 더 뭉근하게 끓인다. 고기와 채소를 덜어내고 국물에 밀가루를 풀고 잘 섞일 때까지 강불에서 빠르게 저으며 조린다. 남은 양념을 체에 걸러서 국물만 냄비에 붓고 걸쭉한 그레이비가 될 때까지 강불에서 조린다. 고기를 결의 반대 방향으로 얇게 저민다. 저민 고기와 채소에 그레이비를 곁들여 낸다.

할머니가 금속 테이블 위에서 작은 손등 너머로 스트루델 반죽을 한 장 한 장 늘이고 계시던 모습이 생각난다. 시간이 상당히 오래 걸리는 작업인데, 특히 스트루델 하나를 만들기 위해 반죽을 열 장 이상 사용할 생각이라면 더욱 그럴 것이다. 다행히도 식료품점에서 쉽게 구입할 수 있는 냉동 필로로도 만족스러운 결과를 얻을 수 있다. 사과 스트루델이 내가 가장 좋아하는 패스트리임을 고백한다. 두 번째로 좋아하는 것은 양귀비 씨 스트루델인데, 이것 역시 독일 디저트다.

탈리아가 우리 집안에서 스트루델을 만든 네 번째 세대라고 나는 알고 있지만, 아마도 훨씬 전부터 만들어왔을 거라고 생각한다.

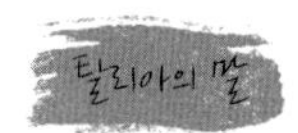


**• 스투르델에 관해 •**

스트루델이라는 말은 참 재미있어요. 말할 때도 재미있고, 만들 때도 재미있어요. 각자 자기만의 레시피를 만들어도 좋고, 우리 아빠와 제가 찾은 맛있는 사과 스트루델을 만드는 방법을 따라 해도 좋을 것 같아요. 사과 스트루델을 만들려면 필로 패스트리 도우 한 상자가 필요합니다. 안쪽의 종이처럼 얇은 도우들은 매우 약하기 때문에 부러지지 않도록 조심해야 해요. 상온에 10분 정도 두면 도우가 마르기 시작해서 작업하기 힘들어지기 때문에 빨리 작업하려고 해야 하지만, 대충하려고 들면 안돼요. 필로 도우 두 장을 펼쳐놓은 다음 그 위에 애플 필링을 두껍게 올립니다. 그런 다음 도우 두 장을 더 가져다 애플 필링을 덮고 가장자리를 아래에 깔린 도우 밑으로 집어넣어요. 이건 정말 재미있는 일이에요! 제 최초의 스트루델은 바로 손안에서 터져버렸답니다. 아빠와 제가 터진 스투르델을 보고 웃고 있는데 우리 고양이가 주방에 들어와서 바닥에 떨어진 도우를 먹어버렸어요. 그 모습을 본 우리는 웃으면서 농담을 주고받았어요. 저는 그날 그냥 손을 씻고 공부를 하러 방으로 올라갔어요. 다행히도 다음 날은 좀 성공적이었죠. 첫 번째 층을 마무리하고 나면 녹인 버터를 가져다 도우에 바릅니다. 도우 전체에 버터를 발랐으면 새로운 도우 한 장을 가져다 그 위를 덮고 처음과 마찬가지로 가장자리를 밑으로 집어넣습니다. 그리고 다시 그 위에 녹인 버터를 바릅니다. 이 과정을 반복해서 층이 열 개 정도 생기면 마지막으로 도우를 한 장 더 싸면 됩니다. 스트루델은 맛있는 음식이에요! 조만간 다시 만들고 싶네요.

스트루델이라는 단어는 회오리바람을 의미하는 독일어이지만, 아마도 독일에서 유래한 것은 아닌 듯하다. 필로 도우의 '필로'가 그리스어이긴 하지만, 터키에서 유래했듯이 말이다. 1541년부터 1718년까지 터키가 헝가리를 점령했기 때문에 '필로 도우'와 '커피 하우스' 같은 단어들이 터키를 통해 서유럽에 전파되었다. 시큼한 체리 필링을 사용하는 원조 스트루델도 아마 헝가리 음식이었을 거라고 생각한다. 다만, 헝가리의 스트루델인 레테retes는 주로 양귀비 씨나 치즈, 사과 필링을 사용한다. 오스트리아 헝가리 제국을 통해 스트루델이 발칸 반도와 오스트리아로 전해졌고, 오스트리아에서 독일로 전해졌을 것으로 추측한다.

껍질 벗겨 속을 제거하고 반으로 가른 사과 6개
다진 호두 ¼컵
설탕 1½컵
시나몬 2테이블스푼
필로 도우 약 14장
녹인 버터 10테이블스푼
달걀노른자 1개
우유 조금
휘핑크림

오븐을 175도로 예열한다. 사과, 호두, 설탕 한 컵, 시나몬을 넣고 섞는다. 필로 도우 두 장을 베이킹 트레이에 펼쳐놓고 가운데에 필링을 평평하게 쌓는다. 도우로 필링을 덮고, 위에 녹인 버터를 바르고 스트루델을 조심히 굴려 바닥면이 위쪽으로 오게 한다. 다시 녹인 버터를 바른다. 새로운 도우 한 장으로 덮고 가장자리를 아래로 집어넣는다. 버터를 바르고 뒤집어 다시 버터를 바른다. 새로운 도우 한 장으로 덮는다. 이런 과정을 최소한 도우 여섯 장을 더 덮을 때까지 반복한다. 마지막 도우는 버터를 바르는 대신 우유를 조금 섞은 노른자물로 바르고 위에 설탕을 뿌린다. 노릇노릇해질 때까지 약 한 시간 가량 굽는다. 직접 휘핑한 휘핑크림을 양껏 곁들여 낸다.

## 음료 • *beverage*

엘더베리(elderberry, 자주 빛을 띠는 검붉은 딸기 류 열매 – 옮긴이) 시럽을 구입하여 클럽 소다와 3 대 1의 비율로 섞으면 저머니 나이트의 요리들과 잘 어울리는 멋진 음료가 완성된다.

훨씬 더 근사한 어른들 용 음료로는 좋은 독일 와인을 추천한다. 독일 와인은 과소평가 되면서도 값은 매우 비싼 이상한 입장에 처해 있다. 값이 비싼 이유는 생산을 많이 하지 않는데다가, 독일 와인의 진가를 아는 사람들로 이루어진 소규모 시장을 겨냥한 고강도의 노동 때문이다. 독일의 포도밭은 다른 나라의 포도밭보다 북쪽에 위치해 있어서 포도가 충분한 햇볕을 받기 위해 별도의 노력을 기울여야 하는데, 그로 인해 독일만의 독특하고 달콤한 와인이 탄생한다. 독일에서는 포도나무가 대개 라인 강과 모젤 강의 경사진 강기슭에서 재배되어 강물에 반사되는 빛을 통해 부족한 햇볕을 보충한다. 독일 와인의 평판이 나빠진 것은 제2차 세계대전 이후 인정머리 없는 와인 생산자들이 와인의 천연 당도를 따라 하기 위해 설탕을 첨가하기 시작하면서부터다. 그로 인해 드라이 화이트와인이 좋은 와인이라는 잘못된 인식이 생겨났다. 와인은 포도즙의 당도에 따라 등급이 매겨지는데, 포도의 당은 햇볕을 받아 생성된다. 따라서 북쪽에 있는 포도밭들은 가능한 당도 높은 포도를 재배하는 것이 목적이다. 뿐만 아니라, 귀하게 여기는 포도로 리즐링Riesling이 있는데 이 품종은 매우 시큼하면서도 달콤함이 가미될 때 진가를 발휘하는 섬세한 맛을 지녔다. 이 품종은 추위에는 잘 견디지만 비생산적이다. 어떤 포도밭에서는 겨우 두 송이만 생산될 때도 있으니 말이다. 가지치기를 하면 더 많은 포도를 생산할 수 있지만 맛의 질은 떨어진다. 당도가 높을수록, 오래 자랄수록, 포도가 적게 열릴수록, 더 비싸고 더 가치가 있다. 카비네트Kabinet 품종이 가장 당도가 낮은데 포도를 수확하지 않고 조금 쪼글쪼글해질 때까지 내버려두면 당도가 높아진다. 대신 '나중에'라는 의미의 스파트레제spatlese라고 불리는 와인에 사용할 즙은 줄어든다. 포도를 따지 않고 얼지도 모를 위험을 감수하면서 포도나무에 더 오래 매달려 있게 내버려두면 아우스레제auslese를 얻게 되고, 풍년

일 때는 최상의 포도만 선별하여 만드는 베렌아우스레제beerenauslese를 얻을 수 있으며, 대단히 풍작인 해는 오십 개 당 하나의 포도가 선별되어 트로켄베렌아우스레제Trkoenbeerenauslese라는 복합성과 강도, 가격 면에서 놀라운 와인을 만드는 데 사용할 수 있다.

그렇지만 독일 와인은 대부분 음식과 잘 어울리지 않는다. 햄과 소시지와 같이 마시거나, 식사 전후에 마시기 좋을 뿐이다. 한 번은 라인가우Rheingau의 옛 성에 사는 독일 최고의 와인생산자 가운데 한 사람으로부터 저녁식사 초대를 받은 적이 있는데, 메인 코스를 먹을 때 캘리포니아 산 레드와인을 내는 것 아닌가. 그러나 저머니 나이트를 위해 우리가 준비한 요리는 모두 독일 와인과 잘 어울린다. 매리엔과 나는 모젤에서 생산된 스파트레제를 마셨다.

# 38

# 몽고 나이트

## *Mongolia Night*

***Hint***

세상에서 가장 인구밀도가 낮은 나라지만
한때 세계에서 가장 큰 제국의 중심지였던 곳!

몽고 기차 횡단을 했을 때 가지고 다닌 수첩을 열어보니, "몇 시간이 지났는데도 사람의 흔적조차 보이지 않는다"고 불평해 놓은 메모가 눈에 들어왔다. 중국과 러시아라는 강국들 사이에 낀 초라하고 작은 공화국을 여행하니, 한때 몽고가 세상을 장악할 정도로 큰 힘을 가졌다는 사실을 인정하기 힘들었다. 13세기 몽고의 장군이었던 칭기즈 칸Khan은 막강한 군대의 힘으로 역사상 그 어느 정복자보다도 더 넓은 영토를 장악했다. 전성기였을 때는 중국의 태평양 연안에서 서쪽의 카스피 해까지, 현재 아프가니스탄과 이란의 일부를 포함해 아시아에서 유럽 대륙에 이르는 드넓은 땅을 통치했다. 몽고 군사들은 문맹이었지만 대단히 뛰어난 기술을 가진 기수들이었고, 당시 대부분의 유럽 군대에 비해 자신들이 침략한 나라의 사람들을 비교적 덜 잔인하게 대했다. 그럼에도 불구하고 그들은 항상 '몽고의 대군'으로 회자된다.

마르코 폴로는 자신이 태어나기도 전에 사망한 칭기즈 칸을 만난 적은 없지만, 몽고가 아직 상당한 권력을 쥐고 있을 당시 그들이 중국 원주민 언어를 사용하지 않는 독특한 민족이라는 것은 알고 있었다. 나는 몽고가 소련의 붕괴로 떨어져 나와 독립국이 되었던 1990년대에 몽고를 방문했는데, 마르코 폴로의 책을 가지고 갔다. 내가 읽은 책의 내용과 실제로 내 눈으로 보는 것 사이에 비슷한 점이 상당히 많았다. 사람들과 마주치는 경우는 드물었고, 그들은 마르코 폴로가 묘사했던 게르gers라고 불리는 둥근 천막에서 살고 있었고, 밖에는 항상 말들이 묶여 있었다. 아침이면 식사 준비를 위한 장작불이 텐트 옆에서 활활 타오르고 있었다.

내가 만난 몽고인들은 거의 대부분이 말 옆에 서 있거나, 말을 타고 있었다. 기차에 수신호를 보내는 직원도 말을 타고 있었다. 인구의 ⅓은 여전히 유목 생활을 하면서 북쪽의 대초원인 좀 더 비옥한 스텝지대를 떠돌아다닌다. 그들은 말을 타고 양을 몬다. 남쪽에는 매우 건조한 고비 사막이 있다. 마르코 폴로는 고비 사막의 가장 좁은 곳을 가로지르는데 한 달이 걸렸다고 기술했는데, 나는 기차로 몇 시간 만에 횡단했다. 이 나라에서 농사를 짓기에 적합한 땅은 거의 없다.

마르코 폴로가 일기장에 "먹을 것이 없다"라고 적었는데, 내가 갔던 때도 먹을 것이 부족했다. 생과일도 없고, 고기는 주로 양, 말, 낙타였다. 남쪽으로 더 내려가니 풀이 더 없었고, 땅에는 돌이 더 많았으며, 이 지역에는 말이 적은 대신 털로 뒤덮인 혹이 두 개 달린 낙타들이 많았다.

수도인 울란바토르Ulan Batar만이 '사람들의 무리 비슷한 것'을 볼 수 있는 유일한 곳이었는데, 몽고 인구의 절반가량인 100만여 명이 모여 산다. 17세기에 생긴 울란바토르는 러시아 동부의 거대한 도시와 같은 구 소련의 도시를 연상케 했다. 공장과 주택공급 프로젝트가 진행되는 곳에서는 여전히 망치와 낫 같은 도구가 사용되고 있었다.

내가 울란바토르에 관해서 가장 흥미롭게 생각한 부분은 몽고인들의 옷이었다. 여자들은 긴 실크 코트에 밝은 색의 허리띠를 두르고 있었고, 남자들은 굉장한 모자를 쓰고 있었다. 알프스 산을 오르는 등산가들이 쓰는 모자 같은 것도 있었고, 노란 가두리 장식이 달린 붉은 벨벳 챙과 금색의 장식용 매듭이 위에 묶여 있는 군청색 실크 돔이 달려 사원의 돔처럼 보이는 것도 있었다.

몽고에 대한 내 설명을 듣고, 마르코 폴로가 관찰한 대로 먹을 것이 별로 없다는 점 말고 음식에 대한 설명이 많이 부족하다는 사실을 당신이 눈치챘을지 모르겠다. 그런데 꼭 그렇지만도 않았다. 다양한 고기를 넣은 맛 좋은 만두가 있기 때문이다. 만두 안에 들어가는 고기가 염려스러울지 모르지만, 모두 맛있는 양념에 재운 것들이다. 채소라 할 만한 것은 어디서나 찾을 수 있는 '파'가 전부였지만 말이다.

수많은 인터내셔널 나이트를 준비하면서 몽고 나이트만큼 메뉴를 정하기 위해 자료를 찾고 고민을 많이 해야 했던 경우도 없었지만, 내가 매리엔과 탈리아에게 미안해하지 않아도 될 정도로 멋진 메뉴를 생각해냈다! 진짜 몽고 식 식사를 하려면 게르 밖에 펴 놓은 불가에 말들과 함께 앉아 고기 덩어리를 익히고 냄비에 넣을 돌들을 달군 다음 뚜껑 덮은 냄비나 알루미늄 캔을 다시 게르 안으로 가지고 들어가 음식을 조리해야 한다. 호르헉horhog은 뜨거운 돌로 조리하는 양고기다. 보오득boodog은 염소고기를 가지고 만드는 호르헉과 비슷한 음식이다. 조리가 끝난 후에 건강에 좋다는 이유로 돌을 핥기도 한다. 몽골 요리는 우리가 사는 뉴욕 아파트보다는 캠핑 용으로 더 적합할 것 같다.

기적처럼 우리 세 가족은 가장 만족스러워했던 요리를 만들 수 있었다. 고백하건데, 정통성을 철저하게 고수하지는 않았다. 그렇지만, 아마도 그 점이 만족스러운 몽고 나이트를 가질 수 있는 열쇠가 아니었는가 싶다.

핫 팟은 게르 옆에 피워놓은 불가에 둘러앉아 음식을 먹는 몽골에서 실제로 유래했을 가능성이 크다. 핫 팟은 칭기즈 칸 전에 이미 중국 북부로 퍼졌는데, 그곳에는 지금도 몽고 민족들이 많이 살고 있다. 핫 팟은 다시 중국 북부에서 중국 전역으로 퍼졌고, 지금은 '몽골리안 핫 팟'이라고 불린다. 일반적으로 테이블 중앙에 중국 전통의 회전판이 놓이는 대신 숯이나 가스로 달구는 움푹 들어간 금속 볼이 놓인다. 몽골리안 핫 팟은 중국의 각기 다른 성마다 다른 특징을 보인다. 『소금 세계사를 바꾸다』 집필 중 조사차 갔던 쓰촨성의 쯔궁Zigong에서 알게 된 중국 역사가들 한 팀이 내게 쓰촨 식 몽골리안 핫 팟을 대접한 일이 있었다. 육수에 상당히 매운 고추들을 어찌나 많이 넣던지, 나는 시종 눈물을 흘리고 숨도 쉬기 힘들 지경이었으며 입안 전체에서 극심한 통증을 느꼈다. 이미 그 매운 맛을 터득한 현지 사람들은 내가 경험했던, 내 인생 가장 얼얼한 음식에 전혀 영향을 받지 않은 듯 너무도 맛있게 식사를 즐기고 있는 것처럼 보였다. 변형된 형태의 몽골리안 핫 팟은 아시아 곳곳에서 찾아볼 수 있다. 일본에는 스키야키Suki Yaki와 샤브샤브shabu-shabu가 있고, 태국에는 타이 수키Thai Suki가 있다. 베트남의 러우 맘lau mam에는 염장 생선을 넣는다. 그리고 싱가포르에서는 스티stea, '스팀보트steamboat'라고 부른다.

몽고 나이트를 위해 우리가 준비한 핫 팟은 몽고, 중국, 일본의 요소가 다 가미되어 있다. 맛있는 육수를 만들기 위한 재료는 무엇이든 넣어도 좋다는 점이 바로 핫 팟의 묘미다. 나는 전기 퐁듀 팟을 사용해서 정통성과는 한층 더 멀어졌다. 그렇지만 몽고 방식은 아니라도 먹는 데는 전혀 문제가 없었다.

육수 *The Broth* • 정통 몽골리안 핫 팟은 양고기 육수로 시작하지만, 나는 비프 스톡을 사용했다.('기본 레시피' 참조.) 거기에 다진 파와 마늘 몇 쪽, 육수 1리터 당 간장 반 컵, 생강 몇 조각을 첨가했다. 육수를 끓이면서 아래 재료들을 다듬는다. 먹는 방법은 간단하다. 먹고 싶은 채소를 끓는 육수에 담갔다가 포크나 젓가락으로 집어먹으면 된다.

**얇게 저민 쇠고기** 정육점에 카르파초carpaccio를 만들 거라고 하면 알맞게 고기를 썰어준다. 냉동 상태의 쇠고기를 그대로 테이블로 가져와 육수에 넣었다 뺀다. 소기가 얼었어도 금방 익는다.

청경채
당근 스틱
여러 색깔의 파프리카 스틱
두꺼운 양파 링
깍지콩
중국 당면
통밀 소바 면
깍둑썰기 한 단단한 두부
표고버섯
팽이버섯
링 모양으로 자른 오징어
반시(다음 레시피 참조)

반시 *Bansh* • 원래 이 만두는 전통적으로 다 자란 양고기로 만들지만, 우리는 좀 더 쉽게 구할 수 있는 어린 양고기로 만들었다. 이 레시피는 만두 9~10개 기준이다.

간 양고기 230그램
소금 큰 두 꼬집
고수가루 2테이블
곱게 다진 양파 2테이블스푼
다진 마늘 2테이블스푼
곱게 다진 파슬리 2테이블스푼
곱게 다진 생 딜 2테이블스푼
후추 3회전
물 2컵

간 양고기를 소금 큰 한 꼬집과 고수, 양파, 마늘, 파슬리, 딜, 후추와 섞고 치댄다. 이것이 만두소다.

혼합기가 달린 믹서에 밀가루를 넣고 소금 큰 한 꼬집, 물을 넣고 반죽해서 실크처럼 부드러우면서도 끈적끈적한 도우로 만든다. 잘 섞어서 끈적임이 조금 줄어들면 작업대와 손에 밀가루를 묻히고 손으로 만두를 빚기 시작한다. 도우를 조금 잘라 납작하게 누른 다음 10센티미터 지름의 원모양으로 얇게 민다. 중앙에 만두소를 조금 쌓아 올리고, 도우 가장자리를 잡아당겨 만두소 위로 모은 다음 비틀어서 그림과 같이 만든다. 몽고 요리사는 이런 모양으로 만두를 빚는 데에 엄청난 자부심을 느낀다. 끓는 육수에 만두를 넣고 약 10분 더 끓인다.

반시

## 디저트 • *dessert*

### 울부브 *Ul Boov*

이것은 '신발'이라는 뜻으로, 패스트리 모양을 의미한다. 사실, 이 요리를 만들 때 문제가 조금 있긴 했지만 내가 생각할 수 있는 유일한 몽고 디저트가 이것뿐이었다.

몽고인들은 나무로 된 부브에 패턴을 새겨 넣어 패스트리에 찍어 모양을 내지만, 나는 그게 실용적이지 않다고 생각했고, 부브 도장을 어디에서 구해야 하는지도 알지 못했다. 더욱이 기름진 도넛과 같은 이 패스트리가 먹을 만하긴 했지만, 뭔가 더 필요하다는 생각도 들었다. 몽고인들은 부브를 두 개는 같은 방향으로 쌓고, 한 개를 다른 방향으로 교차해서 쌓아올린다. 나이가 많고 덕망 있는 가족 구성원일수록 부브를 더 많이 먹는다. 이를 테면, 할머니나 할아버지는 부브를 일곱 개나 먹는다. 물론, 우리 가족은 그렇게까지 많이 먹고 싶은 마음은 없었다. 또한 부브는 전통적으로 요거트, 단단한 치즈, 캔디를 위에 올린다. 나는 그게 썩 마음에 들지 않았다. 고민 끝에 나는 유제품 대신 바닐라 아이스크림을 올리고, 캔디 대신 딱딱한 캐러멜 소스를 올리기로 마음먹었다. 몽고인은 어떻게 생각할지 모르지만, 우리는 이 디저트를 정말 맛있게 먹었다.

우리는 한 사람당 신발 한 짝씩을 만들었다. 따라서 이 레시피는 신발 세 짝이 기준이다.

| | |
|---|---|
| 밀가루 1½컵 | 물 1컵 |
| 설탕 1¼컵 | 카놀라유 ½컵 |
| 버터 1스틱 + 6테이블스푼 | 바닐라 아이스크림 6스쿱 |

혼합기가 달린 믹서에 밀가루와 설탕 ¾컵, 버터 1스틱을 넣고 돌리고, 그 다음 물 ½컵을 넣고 믹서를 돌려 도우가 될 때까지 혼합한다. 도우를 세 덩어리로 나누고, 아이 신발만 한 크기로 길게 굴린다. 이때가 나무 도장이 필요한 상황인데, 밀대나 손가락을 이용해도 된다. 6센티미터 두께가 되도록 가운데 부분을 누르고 피자처럼 가장자리 쪽으로 밀어 두툼해지게 한다.

이때도 몽고의 정통성 문제가 다시 발생한다. 이 반죽을 양고기 기름에 튀겨야 하는데, 건강에 좋지 않기도 하고 구하기도 어려워 그냥 카놀라유에 튀겼다.(양고기 기름에 튀기면 더 맛이 있었을 것이다.) 뜨겁게 달군 기름에 도우의 양면을 완전히 튀긴다. 키친타월에서 기름을 빼고, 접시 하나에 한 개씩 올린다.

설탕 ½컵, 버터 6테이블스푼, 물 ½컵을 냄비에 넣고 강불에서 내용물이 걸쭉해지고 갈색이 날 때까지 끓인다.

신발 하나에 아이스크림을 두 스쿱씩 올린다. 뜨거운 캐러멜 소스를 아이스크림 위에 붓는다. 차가운 아이스크림 때문에 캐러멜 소스가 딱딱해질 것이다.

## 음료 • *beverage*

### 몽골리안 티 ***Mongolian Tea***

몽골리안 티는 이름처럼 몽고에서 가장 흔히 마시는 음료다. 탈리아가 좋아하기 때문에 이제는 우리 집에서도 자주 마신다. 한 주전자를 만들 분량의 녹차를 찻주전자에 넣는다. 그런 다음 끓는 우유와 입맛대로 취향만큼의 설탕을 넣는다. 몽고인들은 설탕을 넣지 않고 마시는 경우가 많다.

## 39

# 페루 나이트
*Peru Night*

***Hint***
열대에 속해있지만, 열대 기후가 아닌 나라!

페루는 남회귀선과 적도 사이에 있어 열대에 속하지만, 아마존 열대우림에 있는 한 지역을 제외하고는 열대기후가 아니다. 이는 페루 영토의 대부분이 높은 안데스 산맥에 위치해 있기 때문이기도 하지만, 칠레 남부의 아한대에서 오는 훔볼트 해류 Humboldt Current가 페루 해안을 휩쓸어 차갑게 만들기 때문이기도 하다. 카리브 해의 멕시코만류가 영국 해안을 따뜻하게 만드는 것과 같은 이치다.

내게 리마는 경험한 곳 가운데 가장 험악한 도시로 기억되는 장소다. 아마도 평생 소리를 질러댔을 거친 이웃주민들이 넘치는 하트포드는 물론이고 뉴욕, 산후안, 멕시코시티, 마닐라, 킹스턴, 자메이카 등 세상에서 가장 악명 높은 빈민가들을 가보았어도 리마에서처럼 빈번하게 지갑을 소매치기 당할 뻔한 곳은 없었기 때문일 것이다. 소매치기들은 해묵은 수법을 사용했다. 어떤 남자가 내 어깨에 일종의 액체 세제를 뿌렸다. 세제가 묻은 부분을 살펴보려고 뒤돌아보는 순간 그가 내 주머니에 손을 넣고 지갑을 가져가는 것이 아닌가. 정말로 나를 화나게 만든 것은 서투른 소매치기의 수법이었다. 그는 지갑을 몰래 꺼내려는 수고조차 하지 않고, 내 주머니에 자기 손을 쑤셔 넣더니 그냥 도망쳐버렸다. 나는 그를 뒤쫓기 시작했다. 그 전 주에 고도가 3킬로미터가 더 되는 안데스 산맥의 쿠스코Cuzco에 있다가 다시 해수면 높이의 리마로 내려오니 갑자기 폐활량이 늘어난 느낌이었다. 나는 리마의 거리를 누비며 30분가량 젊은 소매치기를 쫓아갔다. 그러다 힘이 빠진 그가 "아, 미친 놈!Aye, que loco!"이라고 외치며 내게 지갑을 던졌다.

유럽인들이 도착하기 전에 페루는 방대한 잉카 제국의 중심지였다. 페루 인구와 문화의 상당한 부분을 그들의 후예가 구성하고 있는데, 이는 음식에도 반영되어 있다.

옥수수

## 세비체 Ceviche

나는 이 요리를 수년간 만들어 먹었다. 아마도 페루에서 유래했을 것으로 추정되는 세비체는, 어찌되었든 간에 페루에서 대단한 인기를 누리고 있다. 스페인 사람들은 이 이름이 아랍어에서 왔으며, 안달루시아에서 유래했다고 주장하지만, 페루 해안가에 사는 원주민인 모체Moche족이 발효시킨 패션프룻에 생선을 재워 먹기 시작한 것은 스페인 사람들이 도착하기 이전부터였다. 2천 년 전 잉카인들은 생선을 발효 옥수수인 치치chichi나 카사바에 재웠다. 라임은 스페인 사람들이 들여온 것이다. 이 요리는 맛이 진하고 기름기가 거의 없으며 제대로 준비하면 형형색색으로 아름답기까지 하다. 그래서 나는 늘 세비체를 이상적인 요리라고 생각했다.

페루 사람들은 이 레시피에 페루에서는 흔한 노란 고추를 사용한다. 나는 매운 헝가리안 파프리카를 사용했는데 색은 달라도 맵기는 비슷하다. 간 스카치 보넷 페퍼를 조금 사용해도 되지만, 훨씬 더 맵다는 점을 유념하길.

5센티미터로 썬 가자미 필레 3장
라임
굵은 소금 한 꼬집
얇게 저민 마늘 2쪽
저민 샬롯 2쪽
다진 생 고수 잎(실란트로) 작은 1다발
붉은 통 후추 1테이블스푼

볼에 가자미 필레를 넣고 라임을 짜넣은 다음 소금, 마늘, 샬롯을 넣는다. 고수 잎을 위에 올리고 붉은 통후추를 뿌린다. 열두 시간 이상 재운다.

이 샐러드는 색은 아름답지만, 녹색 채소는 별로 들어가지 않는다. 내가 페루에 있을 때는 녹채소가 무척이나 먹고 싶었다. 뉴욕에 사는 페루 친구에게 페루 사람들은 어떤 녹채소를 먹느냐고 물은 적이 있었다. 그는 잠시 생각하더니 "없어요. 여기서 먹는 법을 배웠죠."라고 말했다. 페루가 아스파라거스와 다른 녹색 채소의 주요 수입국이 된 지금도 페루인들은 녹채소를 그다지 많이 먹지 않는다.

아보카도는 스페인 사람들이 오기 전에 중앙 멕시코에서 유래한 것으로 추정한다. 아보카도라는 이름은 아즈텍어이다. 그렇지만 아보카도를 많이 먹는 페루인들은 잉카 식 이름인 팔타palta라고 부른다. 그렇다면 스페인 사람들이 오기 전에 잉카인들이 아보카도를 먹고 있었다는 것일까? 이는 해결이 되지 않는 논쟁거리로 남아 있다. 안데스 산맥에서 자라는 야생 아보카도가 있지만 항상 지저분한 산길 근처에서만 발견되기 때문에 야생이라기보다는 재배되었거나 여행자들이 버린 씨에서 자랐을 수도 있다. 결정적으로, 아보카도가 녹색인 것은 맞지만 아보카도는 채소가 아니라 과일이다.

페루 사람들은 토마토를 많이 먹는데, 토마토 역시 아즈텍어이다. 스페인 사람들이 페루에 도착하기 전부터 토마토가 페루에서 재배되고 있었을지도 모른다. 식물학자라면 토마토 역시 채소가 아니라 과일이라고 할 테지만, 토마토는 사실 열매다. 1893년에 미국의 어느 수입업자가 토마토가 과일이라고 주장하면서 채소에 적용되는 관세를 물지 않으려고 했다. 이 사건은 대법원까지 갔는데, 대법원은 토마토가 채소처럼 사용되기 때문에 채소라고 결정했다. 얼마나 멍청할 수 있는지 보여주는 사례라고 할 수 있다.

사파요zapallo는 오렌지 색깔의 커다란 페루 토종 호박으로, 다른 곳에서는 찾기 어렵다. 가장 비슷한 버터넛 스쿼시, 땅콩 호박butternut squash으로 대체하면 된다. 감자는 스페인 사람들이 페루에 오기 전부터 가장 먼저 재배되었던 야생 안데스 식물이다. 감자, 즉 포테이토는 스페인어 빠따따patata에서 파생되었다. 빠따따는 다시 잉카어인 케추아Quechua어로 파파papa에서 나왔다. 양파는 페루를 비롯해 거의 전 세계에서 자생한다. 옥수수와 붉은 고추도 페루에서 자생한다. 따라서 라임 주스만 빼면 진정한 페루 요리라 할 수 있다.

큼직큼직하게 썬 버터넛 스쿼시 1개
중간 크기의 껍질이 얇은 감자 1개
사등분한 토마토 3개
얇게 썬 아보카도 1개
얇게 썬 양파 1개
옥수수 오일 ¼컵
즙 낸 라임 1개
소금 한 꼬집
카이엔 페퍼 1티스푼

썰어 놓은 버터넛 스쿼시의 껍질을 벗기고, 포크로 찔렀을 때 부드럽지만 곤죽이 되지 않을 정도의 상태가 될 때까지 쪄서(약 15분 정도) 1.5센티미터 크기의 조각으로 자른다. 감자를 20분간 삶은 다음 껍질째 얇게 썬다. 버터넛 스쿼시와 감자를 샐러드 접시에 담고 토마토, 아보카도, 양파도 가지런히 놓는다.

볼에 옥수수유와 라임 주스, 소금, 카이엔 페퍼를 넣는다. 잘 섞어 샐러드 접시 위에 붓는다.

뿌리와 함께 요리하는 방식은 이키토스Iquitos에서 유래했다. 인구 40만의 이키토스는 차로 들어갈 수 없는 곳 가운데 세계에서 가장 큰 도시다. 그곳은 열대 우림에 둘러싸인 아마존 강의 항구로 푹푹 찌는 날씨에 금방이라도 녹아 버릴 듯한 열대 지역인데, 1980년대에 그곳에 갔을 때는 훨씬 더 작아보였다. 나는 이키토스에 비행기를 타고 갔다. 그런데 일단 도착하고 보니, 주변을 돌아다닐 수 있는 방법이 배밖에 없었다. 현금이 부족했던 나는 부서질 것 같은 보트 선착장의 비바람을 맞으며 빛바랜 말뚝에 파란 아메리칸 익스프레스 표시를 발견하고는 안심이 되면서도 의심이 들었다. 나는 선착장의 직원에게 카드를 건넸고, 그는 조금의 망설임도 없이 카본지에 대고 카드를 누르더니 거친 열대 나무로 문지르고는 영수증을 건네주며 서명을 하라고 했다. 다행히도 다음 달 아메리칸 익스프레스 청구서에 정확한 비용 내역이 포함되어 있었다.

내가 오리고기를 사러 간 날 상점에는 뼈 없는 오리 가슴살밖에 없었기 때문에 나는 이 요리에 뼈 없는 오리 가슴살 세 조각을 사용했지만, 사등분 한 오리고기 한 마리를 전부 사용할 수도 있다. 물론, 이 레시피에 맞게 오리고기의 뼈를 추려내는 요령이 있다. 오리를 반으로 자른 다음 껍질이 위로 향하게 해서 20분간 굽는다. 오리를 식히면 등뼈부터 시작해서 등뼈와 갈비를 잡아당길 수 있다. 다리와 날개에는 여전히 뼈가 남아 있겠지만, 몸통에는 뼈가 없을 것이다.

옥수수유 ¼컵 + 1테이블스푼
굵은 소금 약 ¼컵
오리 2마리
터메릭 2뿌리
통마늘 7쪽
커민가루 2테이블스푼
카사바(유카) 1뿌리
물 2컵

프라이팬이나 오븐 용 접시에 옥수수유를 조금 두르고 달군다. 뚜껑이 있는 것으로 사용할 것. 오리고기의 껍질에 굵은 소금을 문지른 다음 껍질이 아래쪽으로 향하도록 달궈진 뜨거운 옥수수유에 넣고 껍질이 노릇해질 때까지 굽는다. 뒤집어서 굽는다. 푸드프로세서에 껍질을 긁어낸 터메릭 뿌리(터메릭 뿌리를 구할 수 없으면 터메릭가루 2테이블스푼을 사용하면 된다)와 마늘, 남은 옥수수유 1테이블스푼을 넣고 갈아 퓌레로 만든다. 오리고기가 들어 있는 프라이팬이나 오븐용 접시에 퓌레를 붓고, 커민가루를 넣는다. 카사바 뿌리의 껍질을 벗기고 약 1센티미터 두께로 통썰기 한다. 뿌리가 너무 두꺼우면 반달썰기 한 후 오리고기에 넣고 양면을 굽는다. 분량의 물을 붓고 뚜껑을 덮어 약 두 시간 가량 천천히 끓인다. 마지막 15분은 뚜껑을 열고 강불에서 끓인다.

## 디저트 • *dessert*

### 초클로 케이크 Choclo Cake

초클로는 옥수수를 뜻하는 말로, 파스텔 데 초클로pastel de choclo는 말 그대로 옥수수 케이크를 의미한다. 그러나 때로는 고기를 넣어 만들기도 하고, 실은 원래 디저트가 아니다. 그렇지만 이 초클로는 농민들이 즐겨먹는 간단한 디저트다.

| | |
|---|---|
| 건포도 ½컵 | 베이킹파우더 1테이블스푼 |
| 설탕 ¼컵 + 1컵 | 아니스가루 3테이블스푼 |
| 피스코 약 ½컵 | 녹인 버터 1스틱 |
| 달걀 3개 | 오렌지 2개 |
| 옥수수가루 2컵 | 우유 2컵 |
| 밀가루 1컵 | 강판에 간 코코넛 1컵 |

오븐을 175도로 예열한다. 냄비에 건포도를 넣고 설탕 ¼컵과 페루의 알코올음료인 피스코pisco를 건포도가 잠길 정도로 충분히 넣는다. 천천히 끓인 다음 불을 끄고 식힌다.

달걀을 혼합기가 달린 믹서에 넣고 가볍게 푼다. 옥수수가루, 밀가루, 베이킹파우더, 아니스, 남은 설탕 한 컵을 넣는다. 그런 다음 녹인 버터, 오렌지 두 개의 제스트와 즙, 우유, 강판에 간 코코넛, 피스코에 불린 건포도를 넣고 섞는다.

내용물이 잘 섞이면 버터를 바르고 밀가루를 뿌린 8인치 스프링폼 팬에 붓고 한 시간 굽는다.

## 음료 • *beverage*

### 피스코 사우어 *Pisco Sour*

1980년대에 기자 신분으로 페루에 갔을 때는 센데로 루미노소(Sendero Luminoso, 빛나는 길)라고 불리는 좌익 게릴라 단체가 활동 중이었다. 그들은 아야쿠초Ayacucho 시 주변에 있는 중앙 고랭지에 사는 토종 농민들 사이에서 특히 인기가 많았다. 때로는 십여 명의 사람들을 죽이며 공격하는 동안 정전사태를 일으키는 걸로 봐서, 센데로 루미노소는 그 지역의 전력회사와 연줄이 있는 것 같았다. 페루 정부는 아야쿠초에 있는 내 호텔 방 밖에 군인을 한 명 배치해 주었는데, 원래는 보호해주려는 명목이었지만 페루 군대 역시 센데로 만큼이나 사람들을 많이 죽였기 때문에 그다지 안심은 되지 않았다. 게다가 내 방 밖에 있는 군인은 열여덟 살밖에 안 된 잔뜩 긴장한 어린애였다. 그가 자동소총의 클립을 만지작거리며 안절부절 못하는 소리가 방 안에까지 들렸다.

잠을 이룰 수 없던 나는 호텔 바로 가서 피스코 사우어를 주문했다. 바텐더가 달걀 흰자의 거품을 내기 위해 블렌더에 넣고 섞는데 갑자기 정전이 됐다. 고음으로 들리던 블렌더의 소음이 한 옥타브 낮아지더니 멈췄다. 어둠 속에서 바텐더가 "센데로"라고 속삭이는 소리가 들렸다.

잠시 기다려 보았지만 더는 어떠한 소리도 들리지 않았다. 그래서 나는 바텐더에게 "기다리는 동안 주문한 술을 마실 수 있을까요?"라고 속삭였다. 어둡고 조용한 공간에서 내 앞에 유리잔이 하나 놓이는 소리가 들렸다. 피스코 사우어는 완벽했다.

피스코는 페루의 포도로 만드는 증류주로 스페인에서 아구아르디엔테aguardiente라고 부르는 음료와 비슷한 흰 브랜디다. 이 이름은 어떤 도시, 도기로 만든 병, 또는 '새'를 뜻하는 그 지역 언어에서 따왔다. 그렇지만 대부분의 사람들은 피스코 사우어가 1920년대에 페루에 있었던 아메리카 바텐더인 빅터 번 모리스Morris가 발명한 것이거나, 그가 운영하던 리마의 바에서 일하던 또 다른 바텐더 마리오 브리겟Bruiget이 만든 거라고 말한다. 칠레에서는 영국 사람이 발명했다고도 한다. 영국 사람이 만들었다고 말하는 페루 사람들도 있다. 어쨌든, 누군가는 피스코를 사우어를 발명했을 것이다.

설탕 ½컵 보다 조금 적게
물 1½컵
갓 짠 라임 주스 1½컵
피스코 2컵
달걀흰자 1개
안고스투라 비터스('쿠바 나이트'의 '모히토' 참조)

간단한 시럽을 만든다. 분량의 설탕에 물 한 컵을 붓고 약불에 녹여 식힌다. 라임 주스와 물 ½컵을 넣고 시럽 ¼컵과 섞는다. 식혀서 피스코를 붓고 섞는다.

라임 주스를 피스코와 섞는다. 블렌더에 넣고 달걀흰자를 넣은 후 고속으로 돌린다. 센데로가 전력을 끊기 전에 거품이 생기기를 바란다. 칵테일 잔에 따르고 안고스투라 비터스를 한두 방울 넣는다.

피스코를 넣지 않으면 아이들이 먹기에도 맛있는 음료지만, 아이들은 피스코 사우어를 조금 달게 만들어달라고 할 수도 있다.

# 40

## 스위스 나이트

*Switzerland Night*

*Hint*

세상에서 가장 전쟁이 빈번한 대륙의 한가운데 있는
세계에서 가장 중립적인 나라!

비록 지난 50년 동안은 비교적 평화로웠지만, 유럽은 몇 천 년 동안 끊임없이 전쟁으로 몸살을 앓던 곳이다. 1300년대와 1400년대에 이어진 백년 전쟁은 프랑스를 점령하려던 영국이 실패를 거듭하면서, 하나의 전쟁이 세기를 넘어 이어지기도 했다. 현재의 스위스는 과거 게르만족 연방 국가였던 공격적인 신성 로마 제국Holy Roman Empire의 일부여서 대륙의 분쟁에서 제외돼 있었다. '신성 로마 제국'은 아이들이 학교에서 배우는 것처럼 신성하지도, 로마에 속하지도, 제국도 아니었다. 신성 로마 제국은 1648년에 분리 지역의 독립을 인정했는데, 그 지역이 스위스가 되었다. 그러다 야욕이 불타오르는 나폴레옹이 침략해 스위스를 차지하려고 했으나 패배하고 물러났다. 그 후 1815년에 새로운 유럽의 질서를 확립한 비엔나 의회Congress of Vienna가 스위스를 비동맹 독립국으로 인정했고, 이후로 스위스는 계속 그 상태로 남았다. 나라의 중립성을 지키기 위해 스위스는 상비군을 보유하고 있지만, 스위스 아미Swiss Army는 군대라기보다 아마도 훌륭한 포켓 나이프로 더 잘 알려져 있을 것이다.

장관을 이루는 알프스 산맥의 경치와 매력적인 마을, 무성한 푸른 목초지의 땅인 스위스는 유럽의 주류에서 다소 벗어나 있었다. 스위스는 전 세계 악당들이 검은 돈을 숨길 수 있는 비밀 은행과 진정으로 유럽 최고의 것으로 인정받기에는 지나치게 상업화되어 버린 초콜릿으로 유명하다. 스위스 여성들은 1971년도까지 투표권을 갖지 못했다. 물론, 1999년도에 루트 드라이푸스Dreifuss가 스위스 최초의 여성 대통령이자 최초의 유대인 대통령이 된 이후로 다른 여성 대통령들도 있었지만 말이다. 2002년에는 국제연합에 가입했는데 그로 인해 스위스가 더 이상 공식적인 중립국이 아니라고 하는 사람들도 있다. 아마도 스위스에 관한 가장 유명한 말은 그레이엄 그린Green이 멋진 시나리오를 쓰고, 오손 웰즈Welles가 그만큼 멋지게 연기한 〈제3의 사나이The Third Man〉 속 대사일 것이다. 영화 속에서 오손 웰즈는 장갑을 끼면서 이런 말을 한다. "이탈리아에서는 보르지아Borgia 가문의 통치 하에 30년간 전쟁, 테러, 살인, 유혈사태가 벌어졌지만 미켈란젤로와 레오나르도 다 빈치를 낳고 르네상스를 일으켰지. 스위스에서는 동포애를 갖고 500년 동안 민주주의와 평화를 유지했지만, 무엇을 낳았지? 뻐꾸기시계?"

그러나 사실 뻐꾸기시계도 스위스에서 탄생한 것이 아니다. 뻐꾸기시계는 독일 남서부 삼림지대인 블랙포레스트Black Forest 지역에서 유래했다.

스위스의 공식 언어는 독일어, 프랑스어, 이탈리아어, 로만시어Romansh 이렇게 네 가지다. 로만시어는 라틴어의 방언으로, 본래 로마 정복자들이 사용하던 것인데 역사적인 입장에도 불구하고 소수의 사람들만 사용한다. 스위스에서는 다른 언어에 비해 독일어를 사용하는 사람들의 수가 훨씬 많다.

나는 항상 스위스의 각기 다른 문화 때문에 이탈리아 식 애피타이저, 프랑스 식 메인 코스, 독일 디저트 등 세계 최고의 것들을 모아 이상적인 식사를 만들 수 있을 거라고 상상하곤 했다. 그러나 유럽 국가들은 점점 통합해가는 반면, 스위스의 지역들은 놀라울 정도로 개별적으로 남아있기 때문에 그런 내 생각이 환상에 불과하다는 것을 깨닫게 되었다. 이는 곧 스위스의 어느 지역에 있느냐에 따라 완전히 독일식이거나 완전히 이탈리아 식, 아니면 완전히 프랑스 식 식사를 하게 된다는 것을 의미한다. 심지어 이 지역들의 요리도 스위스만의 방식으로 받아들여진 것이라 실제로 프랑스, 독일, 이탈리아의 요리와 다른 점이 많다.

스위스 나이트를 위해 우리 가족은 가장 큰 지역인 독일 스위스German Switzland 지역의 요리를 준비했다.

## 샐러드 • *salad*

### 헤이즐넛 샐러드 *Hazelnut Salad*

다진 꽃상추 2통
다진 펜넬 ½개
깍지콩 150그램
통 헤이즐넛 12개
굵은 소금 넉넉한 한 꼬집
올리브 오일 ½컵
라즈베리 비니거 2테이블스푼

꽃상추와 펜넬을 섞어 꽃상추 믹스를 만든다. 깍지콩을 다듬어 살짝 찐 다음 꽃상추 믹스와 섞고 헤이즐넛, 소금을 넣는다. 올리브 오일과 라즈베리 비니거를 거품기로 저어 섞은 후 샐러드와 버무린다.

## 메인 코스 • *main course*

### 치즈 퐁듀 *Cheese Fondue*

많은 스위스 요리들과 달리 치즈 퐁듀는 스위스 전역에서 인정받는 진정한 '국민 요리'다. 치즈 퐁듀는 취리히에서 유래했기 때문에 독일식이지만 퐁듀라는 이름은 프랑스어로 '녹인'이라는 뜻이다. 17, 18세기 스위스 퐁듀는 달걀이 들어가서 치즈 수플레처럼 만들었는데 이 또한 프랑스 요리다. 현재 스위스 퐁듀라고 알려진 것은 분명 세상 사람들이 스위스 치즈라고 알고 있는 그뤼에르 치즈Gruyere cheese가 생산되는 스위스의 프랑스 지역에서 유래했다. 가족이라면 스위스 나이트를 위해 절대 지나칠 수 없는 요리가 치즈 퐁듀로, 대부분의 아이들이 무척 좋아하는데다 아이들이 만들기도 쉽기 때문이다. 퐁듀 냄비가 필요한데, 테이블에서 가열할 수 있는 것이라면 어떤 종류의 냄비라도 상관없다.

마늘 1쪽
에멘탈 치즈, 그뤼에르 치즈, 숙성된 치즈, 덜 숙성된 치즈 등 여러 가지 스위스 치즈 모듬 900그램
키르슈 ⅓컵
드라이 화이트 프루티 와인 1½컵
옥수수 전분 2테이블스푼
강판에 간 생 넛멕 2티스푼
1.5센티미터 두께로 통썰기 한 후 반으로 자른 프렌치 바게트 2개

냄비를 가열하기 전에 마늘 한쪽을 반으로 잘라 냄비 안쪽에 전체적으로 문지른다. 치즈를 강판에 갈아서 키르슈(kirsch, 버찌를 양조 · 증류하여 만든 증류주로 키르슈바서 Kirschwasser라고도 한다. – 옮긴이), 화이트 와인, 옥수수 전분, 강판에 간 넛멕과 함께 냄비에 넣는다. 냄비를 불에 올리고 나무 스푼으로 계속 젓는다. 젓는 일을 담당하고 있던 탈리아의 표현을 빌자면, "녹인 아이스크림처럼 될 때까지" 계속 저어야 한다.

포크 끝에 빵조각을 끼워 퐁듀에 담갔다 먹는다.

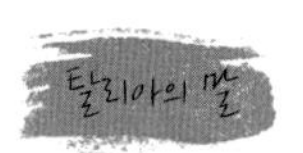


**• 퐁듀에 대하여 •**

맛있는 인터내셔널 나이트 레시피 가운데 하나로 가장 빠르고 쉽게 만들 수 있는 요리인 것이 마음에 듭니다. 준비하는 데 10분 정도밖에 걸리지 않아요. 모든 재료를 넣고 녹이기만 하면 되니 말이에요! 딱딱한 빵 껍질이 치즈와 잘 어울리지만, 저는 꽃상추 잎과 붉은 고추는 물론 삶은 감자도 잘 어울릴 거라고 생각해요. 여러 가지 것들을 가지고 즐기면서 시험해 봐

도 좋습니다. 부드럽고 끈적끈적한 녹인 치즈와 어울리지 않을 것이 뭐겠어요? 음, 아마 구미 베어Gummy bear 정도? 모든 것이 다 어울리는 건 아닌가 보네요.

## 디저트 • *dessert*

### 엥가디너 누스토르테 *Engadiner Nusstorte*

독일어로 된 이름을 번역하면 엥가딘Engadine에서 온 넛 케이크라는 뜻이다. 엥가딘은 스위스 동부의 산이 많은, 로만시어를 사용하는 지역이다. 나는 여러 해 동안 이 케이크를 만들어왔는데 지금까지는 항상 거의 정확하게 만들어왔다. 1970년대 패스트리 메이커로 일할 때 나의 레퍼토리 가운데 하나였기 때문이다. 그런데 갑자기 스위스 나이트를 준비하다가 윗 껍질 대신 위에 초콜릿을 올려야겠다는 거부할 수 없는 충동에 사로잡혔다. 이는 잘못된 방식이다. 내가 마음대로 전통을 훼손한 점을 엥가딘 사람들에게 사과한다. 그렇지만 다크 세미스윗 초콜릿과 호두는 정말 잘 어울리는 한 쌍이 아닐 수 없다.

호두

### 크러스트 *The Crust*

밀가루 2컵
간 호두 1컵
설탕 1½컵
버터 2½스틱
키르슈 ¼컵
달걀 2개
시나몬 2테이블스푼
소금 넉넉한 한 꼬집
레몬 제스트 1개의

반죽 갈고리가 달린 믹서에 밀가루, 간 호두(푸드프로세서에 넣고 갈아도 된다), 설탕을 넣고 돌린다. 버터를 열 조각으로 깍둑썰기하고 믹서가 돌아가는 상태에서 한 번에 하나씩 넣는다. 키르슈, 달걀, 시나몬, 소금을 넣는다. 한 덩어리의 도우가 될 때까지 섞은 다음 9인치 스프링폼 팬의 바닥과 옆면에 눌러 채운다. 레몬 제스트를 고루 뿌린 후 도우 속으로 들어가도록 누른다.

### 필링 *The Filling*

설탕 1½컵
물 ⅓컵
키르슈 ¼컵
헤비크림 ⅓컵
꿀 3테이블스푼
호두 3컵

오븐을 175도로 예열한다. 약불에 올린 물에 설탕을 넣어 녹이고 캐러멜처럼 되기 시작할 때까지 잘 젓는다. 키르슈, 헤비크림, 꿀을 넣는다. 잘 섞어 캐러멜라이즈되면 호두를 넣어 섞은 다음 크러스트 안에 붓는다. 한 시간 동안 굽는다.

### 초콜릿 글레이즈 Chocolate Glaze

설탕 1컵
물 ⅓컵
고급 다크 세미스윗 초콜릿 230그램
고급 다크 비터 초콜릿 340그램

토르테가 식으면 약불에 물을 올리고 설탕을 넣어 녹인다. 다크 비터스윗 초콜릿을 넣고 녹인다. 초콜릿의 품질이 중요하기 때문에 좋은 초콜릿을 사용할 것. 고무 스패출라를 가지고 섞은 것을 토르테 위에 표면이 매끄럽게 바른 다음 냉장실에서 최소 두 시간 식힌다.

다크 비터 초콜릿을 중탕으로 녹인다. 세미스윗 초콜릿 글레이즈 위에 골고루 바른다. 식기 전에 호두 몇 알을 위에 얹어 장식한다.

## 음료 • *beverage*

당도를 조절할 수 있도록 가급적 무가당 블랙커런트 주스를 구입할 것. 설탕을 조금 넣어 쓴 맛이 강하지 않게 한다. 설탕을 조금 섞은 주스로 유리잔의 ⅓을 채우고 나머지를 클럽 소다로 채우되, 위에 멋진 핑크빛 거품이 일도록 약간의 공간을 남긴다.

# 41

## 아일랜드 나이트

### *Ireland Night*

***Hint***

천 년 가까이 독립을 위해 애써왔던 섬!

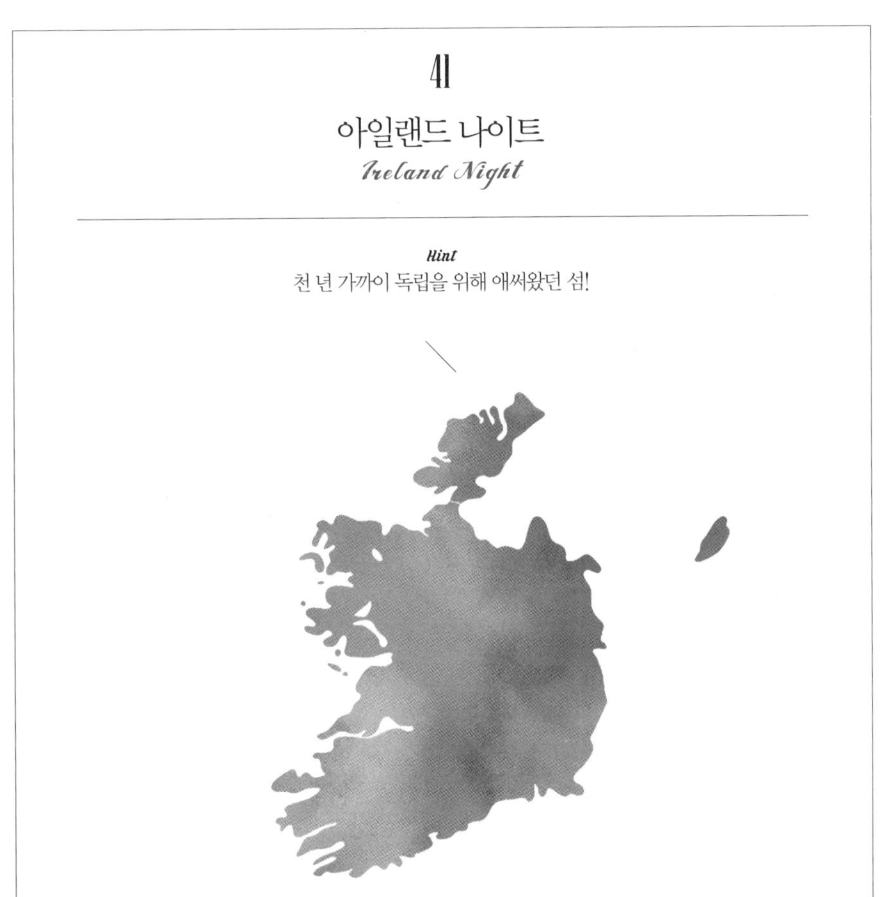

여섯 곳의 켈트 국가 중 세 번째로 탈리아의 손가락이 닿은 곳은 그 가운데 가장 넓으면서 가장 영향력 큰 나라였다. 전설에 의하면 1169년 5월 1일에 한 세기 전 영국을 정복했던 북프랑스 사람들인 노르만 기사들이 아일랜드를 침략하면서 달갑지 않은 영국의 지배가 시작되었다. 15세기에 이르러 켈트족 아일랜드 사람들이 다시 통치권을 회복했지만, 1500년대 중반 무렵 헨리 8세와 그의 딸 엘리자베스 1세가 다시 아일랜드를 통치하기 시작했다. 아일랜드의 저항과 영국의 압력, 경제적 박탈이 고통스런 역사의 특징으로 남아 아일랜드 사람들을 전 세계로 몰아냈다. 1840년 대기근으로 이어진 흉작으로 100만 명의 아일랜드인들이 굶어 죽었으며, 또 다른 100만 명의 사람들이 해외로 이주하는 바람에 1850년 현재 미국 이민자의 절반이 아일랜드 사람들로 구성되었고, 뉴욕과 보스턴 주민의 상당수 역시 이들이었다. 미국은 아일랜드 문화로부터 강한 영향을 받은 여러 나라 가운데 하나일 뿐이다.

폭력적인 투쟁은 결국 1923년에 아일랜드의 독립을 이끌었다. 그렇지만 영국이 아일랜드 북쪽의 개신교 카운티 여섯 곳을 계속 통치하면서 1960년대 말부터 일종의 내전이 일기 시작했다. 아일랜드에서는 이를 가리켜 완곡한 표현으로 '더 트러블스the Troubles'라고 일컫는다. 이런 분쟁으로 인해 영국군이 완전히 철수하기 시작한 2007년까지 거의 4천 명이 사망했다.

이 모든 투쟁과 슬픔 속에서 아일랜드는 노래와 시, 위대한 작가, 그리고 오랜 추억을 간직한 사람들의 땅이 되었다. 지금까지 불리는 유행가 가운데 카운티 앤트림County Antrim의 지역 저항군 리더로 영국에 의해 사형당한 로디 맥콜리McCorley의 죽음에 관한 노래가 있다. 맥콜리는 1978년도에 사망했는데, 아일랜드 사람들은 영국군이 반Ban 강의 툼Toome 다리에서 맥콜리를 저격한 사실을 잊지 않고 있다.

아일랜드에 도착해서 나는 아일랜드와 영국의 문제가 무엇인지 알 수 있었다. 따뜻하고 투박하며 관광객이나 방랑자, 가난하고 소외된 사람들에게 공감하고 지독히 인습 타파적이며 무관심한 아일랜드 사람들은 미국인들과는 공통점이 많았지만, 언어에 대한 애정 말고는 영국 사람들과는 공통점은 거의 없었던 것이다.

나는 줄곧 아일랜드에 가고 싶었다. 아일랜드 문학의 아름다움에 매료되었기 때문이다. 나는 예이츠Yeats, 싱Synge, 오케이시O'Casey, 그리고 조이스Joyce의 땅에 가서 도대체 아일랜드가 어떤 곳이기에 심지어 그들만의 고유 언어가 아닌 언어로 이렇게 훌륭한 작품들이 나올 수 있었는지 직접 보고 싶었다. 한 번은 뉴욕의 한 레스토랑에서 점심을 먹는데, 담당 웨이터가 슬라이고Sligo 출신의 아일랜드 사람이라는 것이 아닌가! 나는 슬라이고를 노래한, 내가 가장 좋아하는 예이츠의 시를 읊었다. 그는 예이츠의 시를 들으니 떨린다면서 내게 샴페인 한 잔을 서비스로 주었다.

아일랜드는 켈트어를 사용하는 사람들이 가장 많은 나라이지만, 대부분의 문학 작품은 그들이 그다지 좋아하지 않는 영국의 언어로 쓰였다. 나는 일렉트릭 피크닉Electric Picnic이라는 행사에 초대되어 아일랜드를 방문했다. 매우 아일랜드다운 행사였다. 포트리셔Port Laoise의 드넓은 열린 공간에서 진행된 그 행사에는 음식 부스들과 엄청난 양의 음료, 아이들 전용 극장, 아이들 게임, 락 콘서트, 그리고 문학을 위한 텐트가 한두 개 마련되어 있어 재능을 가진 신인 작가들은 물론 로디 도일Doyle과 같은 유명한 아일랜드 작가까지 참여했다! 아일랜드 작가가 읽어주는 아일랜드의 문학 작품을 듣는 것은 즐거운 일이었다. 그들은 연민을 자아내는 힘과 유머감각으로 가득 찬 타고난 이야기꾼들이었으며, 그들의 말은 음악처럼 들렸다. 이런 특성은 많은 아일랜드인들에게서 찾아볼 수 있다. 거의 모든 문장이 욕으로 시작한다는 점이 탈리아에게는 상당한 충격이었던 것 같지만.

새조개 스프는 켈트 요리에 자주 등장하는 골이진 작은 쌍각류 조개로 만드는 아일랜드 음식이다. 이 스프는 홍합으로 만들어도 되고, 홍합과 새조개를 모두 넣어 끓여도 된다. 새조개와 홍합은 '몰리 말론(Molly Malone, 우리나라의 〈아리랑〉과 유사한 민요로, 영국 식민지 시절의 한과 가난이 담겨 있다. 또한 무장독립투쟁을 벌였던 아일랜드공화국군의 광복군가로 불렸다. - 옮긴이)'에 관한 유명한 노래 가사처럼 더블린Dublin 음식이다.

소녀들이 너무 예쁜

제법 큰 도시 더블린에서,

나는 먼저 상냥한 몰리 말론에게 시선이 갔다.

손수레를 몰면서

넓고 좁은 길을 누비며

"새조개와 홍합 있어요. 살아있어요, 살아있어요, 아!"라고 외치는 그녀에게.

진정 아일랜드다운 이야기로, 결말이 비극적인, 순전히 지어낸 이야기다. 노래의 끝에 어린 몰리는 열병을 앓고 죽는다. 1988년 더블린 밀레니엄Dublin Millennium을 기념해 불운한 몰리를 기념하는 동상이 세워졌는데, 그녀의 손수레는 조개로 가득 차 있었다.

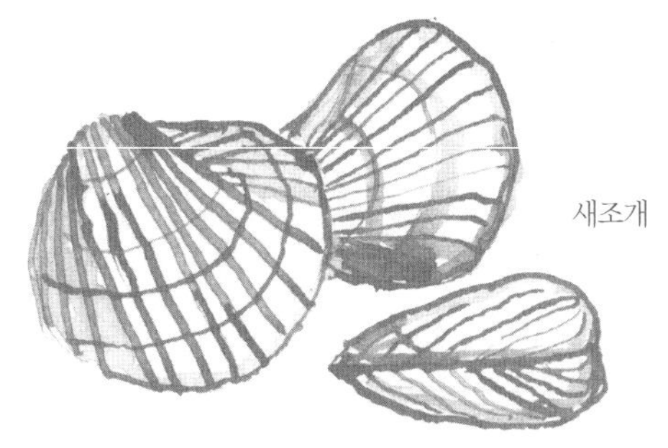

새조개

새조개 450그램
소금 약 4테이블스푼
전유 2컵
간 셀러리 줄기 1대
간 파슬리 ¼컵

새조개를 껍질째 깨끗이 씻어 소금물에 담근다. 전통적으로는 바닷물에 집어넣어야 하지만, 바닷물을 구할 수 없다면 물에 소금을 타면 된다. 바닷물은 소금이 최소한 3퍼센트 정도 되는데다 새조개가 다 잠길 만큼 물이 충분해야 하기 때문에 수북이 담은 한 스푼 정도의 소금이 필요하다. 소금을 끓여 조개가 열리는 순간 불에서 내린다.

구멍이 나 있는 긴 스푼으로 조개를 소금물에서 건져내어 식힌다. 냄비의 소금물을 절반 정도 따라 버리고, 분량의 우유와 셀러리를 넣는다. 새조개 살을 껍질에서 발라 냄비에 넣고 뒤적이다가 끓여 따뜻하게 덥인 후 파슬리를 올려 낸다.

이 스프는 양이 많은 식사의 시작이다. 앞으로 먹을 것이 많기 때문에 새조개 스프는 소량만 먹는 것이 좋다. 아일랜드 식 소다빵과 함께 낸다.

## 소다 빵 Soda Bread

조그맣고 둥근 빵을 만드는 레시피다. 이 빵은 식감이 뛰어나고 바삭할 뿐만 아니라, 만들기도 쉽다.

밀가루 2컵
소금 넉넉한 한 꼬집
베이킹 소다 ⅓티스푼
버터밀크 약 ¾컵

오븐을 175도로 예열하고, 반죽 갈고리가 달린 믹서에 밀가루, 소금, 베이킹 소다를 넣고 중속으로 돌린다. 버터밀크를 한 번에 ¼컵씩 넣으면서 반죽이 한 덩어리가 되게 믹서를 돌리되, 너무 질게 되지 않을 때까지 섞는다. 그러기 위해서는 버터밀크가 ¾컵 정도 필요한데, 믹서의 속도와 하느님의 기분에 따라 조금 더 많이, 혹은 적게 필요할 수 있다.

손 전체에 밀가루를 바르고 도우를 공처럼 둥글린다. 둥글게 빚은 도우를 베이킹 트레이 위에 얹고 칼로 큰 십자가 모양을 만든다. 예수님께서 베이킹을 축복해주길 바라서가 아니라, 열이 구석구석 분산되어 빵이 골고루 부풀어 오르게 하기 위해서다. 40분 정도 굽는다. 꼬치로 빵을 깊숙이 찌르면 김이 나올 텐데, 빵이 다 구워지면 꼬치를 뺐을 때 반죽이 묻어나지 않을 것이다.

## 메인 코스 • *main course*

### 비프 기네스 *Beef in Guinness*

질소를 주입하여 거품이 크림과도 같은 비터 맥주인 기네스는 아일랜드에서 가장 인기 있는 알코올음료로 시장을 장악하고 있다. 기네스는 1759년부터 더블린의 한 장소에서만 양조되어왔다. 독립운동이 일던 20세기 초만 해도 그곳이 전 세계에서 가장 큰 맥주 양조장이었다. 기네스는 스타우트stout 맥주로, 본래 포트만portman이라고 불리는 다른 스타일의 맥주에 넣고 만드는 것이었다고 말하는 사람들도 있다. 포트만은 더 이상 양조되지 않는다. 포트만과 스타우트가 같은 것이라고 주장하는 사람들도 있고, 포트만이 스타우트보다 순했다고 말하는 사람들도 있다. 아일랜드에서는 항상 논쟁이 끊이지 않는다. 비프 기네스의 소스는 진하고 약간 쓴맛의 검은 소스로, 건 자두의 단맛에 의해 쓴맛이 중화된다.

썰지 않은 베이컨 50그램
올리브 오일 약 ⅓컵
깍둑썰기 한 소고기 450그램
밀가루 ½컵
5센티미터 길이로 통썰기 한 당근 3개
껍질 벗긴 펄 어니언 12개
씨 없는 건 자두 1½컵
헤이즐넛 8알
기네스 스타우트 1~2캔
물
반으로 가른 버섯 6개

팬에 올리브 오일을 두르고 깍둑썰기 한 베이컨을 약불에 볶는다. 소고기에 밀가루를 입히고 베이컨을 볶은 팬에 넣고 전체적으로 갈색이 돌 때까지 볶는다. 당근, 펄 어니언, 건 자두, 헤이즐넛을 넣고, 기네스와 물을 3 대 1의 비율로 붓는다. 마지막으로 버섯까지 넣고 팔팔 끓인 다음 중불로 줄이고 뭉근하게 끓인다. 뚜껑을 덮고 소스가 걸쭉하고 검은 색을 띨 때까지 두 시간 가량 끓인다.

## 채소 • *vegetable*

### 콜캐넌 **Coleannon**

원래는 케일로 만드는 이 훌륭한 옛날 요리를 사람들은 예전만큼 많이 먹지 않는다. 게다가 양배추와 으깬 감자가 뒤섞여 질척거리는 통에 요리를 망치는 경우도 많다. 그렇지만 내가 제시하는 레시피는 콜캐넌의 유래를 떠올리게 하는 좀 더 나은 버전이다. 이 요리는 전통적으로 할로윈 즈음에 먹는데, 아일랜드에는 드루이드 의식(druid rites, 신의 의사를 전하는 존재로서 정치와 입법, 종교, 의술, 점, 시가, 마술을 행한 자들을 드루이드라고 한다. – 옮긴이)과 영혼들에 관한 전설과 전통이 넘쳐난다. 금반지, 단추, 골무, 아일랜드의 옛 6펜스짜리 동전을 요리 속에 감춘다.(나는 1센트를 사용했다.) 콜캐넌에서 동전을 찾으면 부자가 되고, 반지를 찾으면 결혼을 한다. 남자아이가 단추를 찾거나 여자아이가 골무를 찾으면 평생 결혼하지 못한다. 아이들은 이 게임을 재미있어 하지만, 골무와 단추는 콜캐넌 안에 아예 넣지 않는 것이 좋겠다. 아니면 음식에 넣어도 안전한 부적을 가져다 자신만의 의미를 부여한 후 숨겨도 좋겠다.

케일 큰 다발 1개
버터 1스틱
얇게 썬 리크 1대
다진 파 1뿌리
다진 중간 크기 껍질이 얇은 감자 1개
소금 큰 한 꼬집
후추 3회선
라이트 크림 0.25리터

뿌리를 제거한 케일은 잘게 잘라 버터를 두른 팬에 대파, 파, 감자와 함께 넣고 약불에 볶는다. 재료를 완전히 볶았으면 소금, 후추, 크림을 넣고, 약불에 10분간 끓인다.

## 디저트 • *dessert*

### 애플 샬롯 *Apple Charlotte*

샬롯이 자기네 나라에서 유래했다고 주장하는 유럽 국가들이 많다. 애플 샬롯은 아일랜드에서 즐겨먹긴 하지만, 영국에서 유래했을 가능성을 직시하지 않으면 안 된다. '샬롯'이라는 이름은 커스터드를 가리키는 고대 영어에서 파생되었거나, 독일인이었던 조지 3세의 아내에게서 나왔을 가능성이 크다. 이 디저트가 독일 것이라는 또 다른 주장도 있고, 19세기 니콜라스 1세 황제의 아내였던 프러시아의 샬롯의 이름을 따서 만들었다는 역사가가 있는 만큼, 러시아 것이라는 주장도 있다. 나는 주로 샬롯을 바바리안 크림Bavarian cream으로 필링을 채우고 레이디핑거(ladyfinger, 손가락 모양의 카스텔라 – 옮긴이)를 두르는 형태로 만들곤 했다. 이는 샬롯을 만드는 옛날 방식으로, 빵을 어떤 식으로 놓느냐에 따라 특이하고도 멋진 디저트가 될 수 있다. 소다빵이나 크러스트가 있어 식감이 좋은 다른 흰 빵으로 만들어도 좋지만, 아무 맛도 나지 않고 스펀지 같은 식감의, 공장에서 만든 흰 빵만은 사용하지 말 것.

- 식감이 좋은 흰 빵 1덩어리
- 녹인 버터 1스틱 + 버터 1½스틱
- 껍질 벗겨 속을 제거하고 얇게 썬 사과 6개
- 설탕 1컵
- 레몬 1개
- 달걀노른자 3개
- 라이트 크림 0.25리터
- 슈거 파우더 ¼컵

오븐을 175도로 예열한다. 빵을 1센티미터 두께로 얇게 썬다. 자른 빵을 다시 반으로 잘라 한쪽에 녹인 버터를 바른 다음 버터를 바른 면을 아래쪽으로 향하게 해서 8인치 스프링폼 팬의 바닥이 덮이도록 나란히 놓는다. 빵을 1.5센티미터 길이로 잘라 한면에 버터를 바른 후 버터 바른 면이 팬에 닿도록 바깥쪽 테두리를 따라 세로로 놓는다. 크러스트의 끝이 팬 테두리 윗부분에 닿을 듯 말 듯 할 정도여야 한다.

얇게 썬 사과를 버터 1½스틱과 함께 부드러워질 때까지 볶은 후 설탕과 레몬 ½개를 짠 즙을 첨가하여 사과 믹스를 만든다. 그 동안 달걀노른자를 믹싱볼에 넣어 풀고, 다른 팬에 크림을 끓인다. 달걀노른자를 크림에 넣고 약불에서 걸쭉해질 때까지 빠르게 젓는다. 불이 너무 세면 커스터드가 엉기므로 주의할 것. 커스터드를 사과 믹스에 붓고 이것을 다시 스프링폼 팬에 붓는다. 얇게 썬 빵을 녹인 버터에 담갔다가 위에 올리고, 30분 굽는다.

살롯이 식으면 위에 레몬 ½개를 짜서 올린다. 슈거 파우더를 뿌리고 레몬 제스트로 장식한다.

## 옐로우맨 토피 *Yellowman Toffee*

매년 영국 밸리캐슬Balleycastle에서 열리는 가축 박람회는 300년이 넘게 이어져 왔는데, 그곳에서는 항상 '옐로우맨'을 판다. 거의 모든 아일랜드 요리책마다 옐로우맨을 확인할 수 있는데, 레시피는 모두 동일하다.

버터 2테이블스푼
콘시럽 1컵
황설탕 1컵
사이더 비니거 2테이블스푼
베이킹 소다 1티스푼

냄비에 버터를 넣고 약불에 녹이고, 콘시럽과 황설탕을 넣는다. 황설탕의 질이 좋을수록 토피의 질도 좋아진다. 사이더 비니거를 넣고, 내용물을 다 녹인다. 찬물에 한 방울 떨어뜨려 제법 단단해질 상태까지 끓여 황설탕 믹스를 만든다. 여기에 베이킹 소다를 넣으면 황설탕 믹스가 '쉬익' 소리를 내면서 노란색으로 변할 것이다. 찬물 한 컵을 떠서 베이킹 소다를 섞은 황설탕 믹스에 주기적으로 한 방울씩 물에 떨어뜨리고 엄지와 검지로 둥글려 본다. 떨어뜨린 방울이 부드러우면서도 단단해지면 믹스를 불에서 내릴 때다. 기름을 바른 베이킹 트레이 위에 믹스를 붓고 완전히 굳기 전에 정사각형으로 잘라 식혀서 낸다.

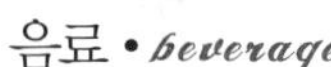



## 아이리시 로즈 *Irish Rose*

원래 아이리시 로즈에는 아이리시 위스키가 들어간다. 그래서 어른들이 마시기에는 좋다. 그렇지만 이 레시피는 아이들을 위한 무알코올음료로도 만들 수 있다.

갓 짠 레몬 즙과 체리 주스를 1 대 1로 섞고 취향껏 설탕을 넣는다. 체리 주스가 달기 때문에 원하지 않으면 설탕을 넣지 않아도 된다. 유리잔에 따르고, 잔마다 소다를 조금씩 붓는다. 체리 통조림의 체리로 장식한다.

어른들의 경우 이 음료 대신 기네스를 마셔도 좋다. 크림 같은 거품을 마시면 뭔가 진정되는 느낌이다. 단순히 질소 때문인가?

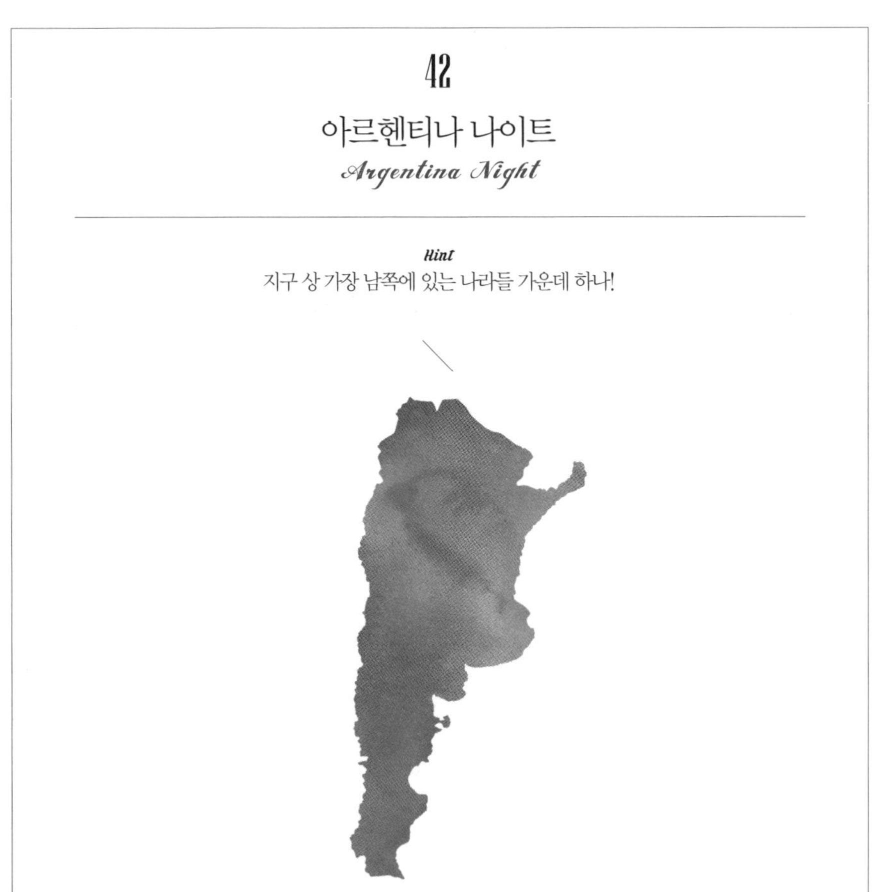

# 42

## 아르헨티나 나이트
### *Argentina Night*

**Hint**
지구 상 가장 남쪽에 있는 나라들 가운데 하나!

아르헨티나는 지구 상에서 세 번째로 남쪽에 붙은 나라다. 최남단은 아르헨티나 근처에 위치한 사우스 조지아 사우스 샌드위치 제도South Georgia South Sandwich Islands로, 사실 국가가 아니라 영국 연구원들과 관료들만 거주하는 영국의 피보호국이다. 아르헨티나는 간발의 차이로 이웃나라 칠레에 최남단 국가 2위의 자리를 빼앗겼다. 그러나 사우스 조지아 사우스 샌드위치 제도가 가장 남쪽에 있는 나라로 인정받기 위해서는 반드시 독립국가여야 한다는 아르헨티나의 주장을 만에 하나 영국이 받아들인다면, 아르헨티나는 세상에서 가장 남쪽에 있는 나라로 인정받을 수 있을 것이다.

기자라는 직업의 장점은 여러 곳에 가게 될 뿐만 아니라 가서 할 일이 있다는 것인데, 그로 인해 관광객의 신분으로는 마주치지 않을 만한 사람들과 장소를 찾게 된다. 반대로 단점은 자신이 취재하는 내용 때문에 그 나라에 대한 관점이 이상한 방식으로 왜곡된다는 것이다. 한 번은 관광객으로 아르헨티나를 간 적이 있었는데, 두 차례 기자의 신분으로 방문했던 기억의 그늘에 가려 여행이 빛을 바라고 말았다. 두 번 모두 아르헨티나에 대해 상당히 안 좋은 인상을 갖게 되었기 때문이다. 첫 번째 방문은 군사정권이 전복되었던 1970년대 중반이었는데, 강과 들판에서 시체가 발견되면서 아르헨티나 국민들은 군사정권이 정확히 얼마나 많은 사람들을 조용히 납치해서 살해했는지 파악하려고 노력하던 중이었다.

두 번째 방문은 이탈리아가 나치 전범인 여든세 살의 베를린 태생 에릭 프리케Priebke를 본국으로 송환하기로 결정했던 1990년대 중반이었다. 아르헨티나는 나치 전범들을 숨겨주는 것으로 악명을 떨쳤는데, 본국으로 송환된 사람은 프리케가 처음이었다.

그렇지만 내게는 다른 기억들도 있다. 특히, 칠레와의 국경 인근에 있는 안데스 산맥을 흐르던 어느 넓은 강에서 경험했던 급류 래프팅의 스릴과 같이 자연의 아름다움에 관한 기억이 많다. 음식에 관한 나의 기억은 대부분 소고기와 관련이 있다. 분명 다른 음식들도 먹었을 텐데 말이다.

2012년 한해 아르헨티나 국민들은 1인당 58킬로그램의 소고기를 섭취했다. 스스로 소고기를 즐기는 사람이라고 생각하는 미국인들의 1인당 소고기 섭취량이 26킬로그램이라는 점을 고려하면, 정말 엄청나게 먹는다고 할 수 있다. 그러나 소고기 섭취를 자신들의 정체성과 동일시하는 아르헨티나에서 이것은 문화적인 위기사태라고 할 만한 상황이었다. 이는 1956년도 아르헨티나 국민 1인당 소고기 섭취량의 절반을 조금 웃도는 수준으로 급락한 수치이기 때문이었다. 지금은 우루과이가 아르헨티나를 앞질렀다. 1인당 소고기 섭취량에 관한 한 아르헨티나는 세계 2위에 불과하다. 물론, 그래도 여전히 엄청난 양이긴 하지만 말이다.

어찌되었든 간에 아르헨티나 나이트는 가장 간단하면서도 가장 맛있게 즐긴 식사 가운데 하나였다. 특히 탈리아가 긴 드레스에 빨간 꽃을 머리에 꽂고 나와 탱고를 추었기 때문에 더욱 즐거운 식사가 되었다.

나머지 라틴 아메리카 국가들은 인디언의 뿌리에 경의를 표하는데 반해, 아르헨티나 사람들은 자신들의 유럽인다운 점을 끝없이 주장한다. 우리는 부에노스아이레스가 유럽 도시라고 들었지만, 아메리카 대륙의 다른 많은 도시들보다 더 유럽 같은 점이라고는 찾을 수 없었다. 인디언의 존재와 토착민의 문화가 두드러진 유일한 지역은 칠레와 볼리비아, 파라과이 국경에 둘러싸여 있는 살타Salta 지역이다. 이런 곳들의 전통 음식에는 크로케타스 데 사파오와 같은 토속 요리의 맛이 담겨 있다.

껍질 벗겨 다진 겨울 호박 1컵
달걀 2개
우유 1컵
옥수수가루 1컵
밀가루 1컵
소금 한 꼬집
시나몬 2티스푼
간 클로브 2티스푼
간 커민 2티스푼
간 올스파이스 2티스푼
베이킹 소다 2티스푼
버터 3테이블스푼

호박을 끓는 물에서 20분간 삶는다. 푸드프로세서에 버터를 제외한 나머지 재료와 함께 호박을 넣고 갈아 퓌레로 만든다.

프라이팬에 버터를 넣고 지글거릴 때까지 녹인다. 나무 스푼으로 녹인 버터에 반죽을 조금씩 떨어드려 몇 분간 튀긴 후 스패출라로 뒤집어서 반대쪽도 익힌다. 양쪽 모두 노릇해져야 한다.

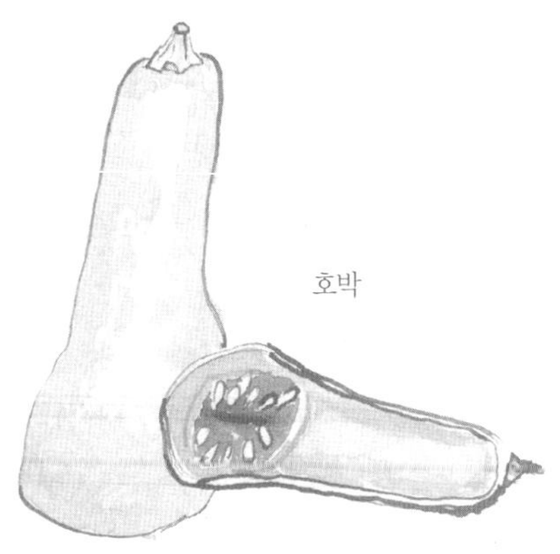

## 메인 코스 • *main course*

### 스테이크와 아지 아사도 *Steak and Aji Asado*

이 요리를 만들기 위해서는 가능한 청초를 먹여 키운 최고급 스테이크를 구입해야 한다. 우리 가족은 5센티미터 두께의 드라이 에이징 뉴욕 스트립 스테이크를 구입했다.

스테이크 3장
굵은 소금
녹색 파프리카 2개
노란 파프리카 1개
붉은 파프리카 1개
올리브 오일
말린 오레가노 한 꼬집
카이엔 페퍼 1티스푼

스테이크에 굵은 소금을 조금 뿌리고 굽는다.

아지를 만들기 위해서는 파프리카를 하나씩 불에 올려 껍질이 까맣게 될 때까지 뒤집어가며 전체적으로 구워 종이 백에 넣고 식을 때까지 입구를 봉한다. 그런 다음 까맣게 된 껍질을 문질러 벗기고 씨앗을 제거한 다음 길게 찢는다. 길게 찢은 피망을 바퀴살 모양으로 접시 위에 놓는다. 올리브 오일, 굵은 소금, 말린 오레가노 한 꼬집, 카이엔 페퍼를 뿌린다.

## 디저트 • *dessert*

### 둘세 데 레체 크레페스 *Dulce de Leche Crepes*

탱고를 제외하면, 문자 그대로 우유로 만든 당과라는 뜻의 둘세 데 레체가 아르헨티아에서 가장 유명한 발명품일 것이다. 요즘은 가당연유 한 캔을 끓여서 만드는 방법을 가장 많이 사용한다. 그런데 캔은 물에 완전히 잠기지 않는데다, 물을 너무 오래 끓여 줄어들면 캔이 폭발하는 경우도 흔하지는 않지만 발생한다. 가족끼리 요리를 준비하다 캔이 폭발할까 불안해하는 것이 좋지 않다고 생각한 우리는 옛날 방식으로 만들기로 했다. 재료를 많이 졸여야하기 때문에 주저 말고 많이 만들 것. 내가 제시한 레시피에 적힌 분량만큼 준비하고, 재료의 두 배가 들어갈 만큼 크고 바닥이 두꺼운 좋은 냄비를 사용해야 한다. 처음 조리하기 시작할 때 재료가 부풀어 오르기 때문이다.

#### 필링 *The Filling*

전유 4컵
설탕 2컵
바닐라 농축액 조금
베이킹 소다 1티스푼

우유가 끓으면, 불을 낮추고 설탕, 바닐라, 베이킹 소다를 넣는다. 살짝 보글거릴 정도로 계속 약불에 끓이면서 내용물이 걸쭉한 캐러멜 소스가 될 때까지 약 세 시간 조리한다.

크레페 ***The Crepes***

달걀 3개
우유 1½컵
녹인 버터 2테이블스푼
소금 한 꼬집
밀가루 1컵 + 2테이블스푼
휘핑크림, 또는 바닐라 아이스크림

달걀에 우유와 녹인 버터, 소금을 넣고 섞는다. 잘 섞였으면 밀가루를 넣는다. 농도가 크림처럼 될 때까지 잘 섞는다. 최소 한 시간 냉장고에 넣어둔다. 프라이팬이나 불판에 버터를 올려 지글거릴 정도로 녹인 후 국자로 떠서 반죽을 조금씩 올린다. 위쪽이 말라보일 때까지 몇 분간 기다린 후 스패출라로 끄집어낸다.(브르타뉴 나이트 참조.) 둘세 데 레체로 채운다. 크레페로 필링을 감싼 후 위에 휘핑크림이나 바닐라 아이스크림을 올린다. 같은 이름의 둘세 데 레체 아이스크림도 있지만, 그걸 이 디저트에 올리는 것은 좀 지나친 듯하다. 물론 결정은 당신 몫이지만.

## 음료 • *beverage*

아르헨티나 사람들은 캐모마일 차에 꿀을 넣어 달게 마시는 것을 좋아한다. 데이지와 돼지 풀의 친척인 캐모마일은 차가 아니라 꽃이기 때문에 카페인이 없다.

# 43

# 포르투갈 나이트

## *Portugal Night*

***Hint***

뉴잉글랜드와 가장 가까운 유럽 국가!

매사추세츠 주의 글로스터에서 리스본까지, 빽빽한 항해 기록의 역사가 존재했던 이유는 포르투갈과의 짧은 거리로 설명될 수 있다.

1975년 맨 처음 방문했을 때 포르투갈은 수십 년간 이어지던 독재가 갑자기 사라지고 있던 흥미진진한 나라였다. 매우 가난한 나라이기도 했지만, 경제 개발이 이루어지지 않았다고 해서 관광객들이 매력을 느끼지 않는 것은 아니었다. 해변은 알록달록 밝은 노란색과 빨간색으로 칠해져 있었고, 나무로 된 뱃머리가 배고픈 새처럼 불쑥 튀어나온, 4.5미터의 나무로 만들어진 고깃배들로 반짝이고 있었다. 선외 모터가 달린 고깃배도 있었지만, 대부분은 끝에 널빤지가 달린 대충 깎아 만든 노 젓는 배였다. 여섯 명이나 여덟 명의 남자들이 이렇게 깊은 배를 타고 노를 저어 바다로 나가 그물로 잡은 조개나 물고기 떼를 빙빙 돌면서 낚은 정어리와 함께 배를 가득 채워 돌아왔다.

어부들은 검은 색 반바지와 검은 색 벨트, 샌들, 한쪽 어깨로 술이 늘어지는 검은 천 모자를 쓰고 있었다. 해질녘이면 그들은 바다에서 돌아와 높이 튀어나온 널빤지에 달린 밧줄을 이용해 보트를 해변 위로 끌어 올렸다. 격자무늬 스커트와 검정 블라우스를 입은 튼튼한 아내들이 어부들을 기다리다가 배가 도착하면 물고기를 골랐다. 정어리를 굽기 위해 불을 피우면 농부들이 당나귀나 노새가 끄는 수레에 푸성귀를 가져오고, 텐트가 쳐지면 아이들이 뛰놀았다. 다른 여느 곳과 다름없었다. 고기를 많이 잡은 집은 행복해 보였고, 그렇지 못한 집은 슬퍼 보이거나 화가 난 듯 보였다.

당시 포르투갈에는 원양어선이 줄고 있었는데, 전 세계적으로 여러 국가들이 자국의 어민들을 보호하겠다는 명목으로 해안에서 322킬로미터까지의 대륙붕에 다른 나라 어선들의 출입을 막기 시작했기 때문이다. 스페인과 포르투갈의 대륙붕은 조금만 나가도 수심이 깊어지기 때문에 연안 낚시에 방해가 될 만한 것이 별로 없지만, 포르투갈 사람들은 수백 년 동안 뉴펀들랜드 제방에서 조업을 해왔다. 아마도 콜럼버스 원정대 이전부터 그랬을 가능성이 있다. 포르투갈 선박은 하얀색이었기 때문에 '흰 선박'으로 알려져 있었다. 그들은 19세기에 했던 방식 그대로 조업을 하고 있었다. 가로돛 장치가 달린 범장 돛단배가 바람을 받아 캐나다까지 가면 평저 소형 어선이라는 노 젓는 배에 어부를 태워 보다 수면에 가깝게 내려 보낸다. 다른 나라의 선박들은 하나의 평저 소형 어선에 두 사람씩 태운다. 한 사람은 긴 낚싯줄에 달린 수백 개의 갈고리에 미끼를 달아 바다로 내던지고 대구와 큰 넙치가 갈고리에 매달리면 굉장히 무거워진 긴 낚싯줄을 공해상에서 끄는 역할을 했고, 다른 한 사람은 북대서양의 급격한 변화에 대항해 배를 조종하는 역할을 했다. 그러나 '흰 선박'은 평저 소형 어선 하나에 한 사람만 보냈다. 많은 평저 소형 어선들이 실종됐다. 포르투갈 사람들은 다른 서양인들에 비해 더 힘든 삶을 살았다.

캐나다의 그랜드 뱅크에서 흰 선박으로 대구 조업을 하고 소금에 절여 유럽 시장에 내다팔던 오랜 역사로 인해 포르투갈 사람들은 대구를 수입해야 하는 지금까지도 소금에 절인 대구를 대단히 즐긴다. 포르투갈 사람들은 하루에 한 가지씩 요리할 수 있도록 365개의 소금에 절인 대구 레시피가 있다고 즐겨 말한다. 그럴지도 모르지만, 이런 요리들 가운데에는 거의 흡사한 메뉴들이 상당히 많다. 올리브 오일에 튀긴 염장 대구를 토마토, 양파, 감자와 함께 내면 그 유명한 포르투Porto의 바깔라우 아 고메스 데 사Bacalhau a Gomes de Sa다. 그런데 거기서 토마토를 빼고 달걀물을 첨가하면 포르투갈 전역에서 유명한 바깔라우 아 브라스Bacalhau a Bras다. 그리고 달걀물 대신 삶은 달걀을 넣고, 감자 대신 병아리콩을 넣으면 메이아 데스페이따 꼼 그라오Meia Desfeita com Grao다. 매사추세츠 주의 프로빈스타운Provincetown에 사는 아조레스 제도Azores의 어부는 감자와 병아리콩, 삶은 달걀을 섞어서 서빙한다. 그걸 뭐라고 부르는지는 모르지만, 너무 맛있어서 나도 종종 만들곤 한다. 그는 바깔라우가 아니라 바깔라우를 잡는 그물을 보여주기 위해 나를 배로 데리고 갔다. 해양 서식지를 파괴하지 않도록 대양저ocean floor 위로 그물을 끌 수 있게 만들어놓았다. 염장 대구 요리처럼 그의 장비도 인상적이었지만, 선체에 합판으로 덧댄 자국이 있어 파도를 잘못 맞기만 해도 요란한 소리와 함께 튕겨나갈 것처럼 보이는 아주 낡은 배를 타고 같이 나갈만한 사람이 누가 있을까 의심이 들었다. 그래도 바깔라우는 맛있었고, 뉴잉글랜드에서는 흔치 않은 값비싼 에스프레소 기계가 조타실의 조종관 옆에 고정되어 있었다. 함께 바다로 나가기엔 거친 이 '포르타기Portagee'들은 힘겨운 생활을 하면서도 그들만의 편의시설을 갖추고 있었던 것이다.

본래 포르투갈 사람이라고 알려진 뉴잉글랜드의 어부, 다시 말해 포르타기들은 사실 포르투갈어를 사용하는 대서양 중앙에 위치한 섬인 아조레스 제도 출신들을 가리킨다. 그들의 음식은 포르투갈의 음식과 비슷한데 뉴잉글랜드에 포르투갈 빵과 소시지, 일부 생선 요리를 퍼트린 장본인들이다.

흰 선박은 사라졌지만, 유럽 연합이 일부 현대식 포르투갈 선적에 한해서 북유럽에서의 조업을 허가하긴 한다. 페인트칠 한 나무 보트들은 아직도 조개나 정어리를 끌어모으고 있지만 지금은 선외 모터를 단 배가 더 많다.

포르투갈 음식을 생각하면 토마토, 마늘, 양파, 조개, 염장 대구, 그리고 무엇보다 정어리가 떠오른다. 포르투갈의 냄새를 묘사하라면 해변에서 리스본 거리까지 풍기는 그릴에 구운 정어리의 매캐하면서도 단 냄새라 할 수 있다.

우리가 포르투갈 나이트를 위해 준비한 음식들도 이와 같다.

돼지고기와 조개 요리에 사용할 돼지고기는 반드시 하룻밤 재워야 하고, 그보다 먼저 마사 데 피멘타오massa de pimentao라는 페이스트를 만들어야 한다. 포르투갈 요리를 더 많이 할 생각이라면 페이스트를 많이 만들어두는 것이 좋겠다. 마사 데 피멘타

오가 포르투갈 요리에 흔히 사용되는 재료라서 그렇다.

내가 제시한 레시피는 단 한 차례의 포르투갈 나이트를 위한 양이다. 디저트 수스피루Suspiro 역시 하루 전에 만들어두어야 한다.

## 애피타이저 • *appetizer*

### 킬라윈 이스다 *Kilawin Isda* | 생선 킬라윈

그야말로 포르투갈다운 이 요리는 리스본 남쪽 해안에서 유래했다고 한다. 해안을 따라 더 남쪽으로 내려가면 비슷한 요리들을 찾을 수 있다. 이 요리는 먹기 몇 시간 전에 만들기 시작해야 한다.

손질한 정어리 9마리
밀가루 ½컵
소금 한 꼬집
올리브 오일 ¼컵
껍질 벗기지 않고 깍둑썰기 한 잘 익은 큰 토마토 2개
간 마늘 3쪽
다진 노란 양파 ½개
월계수 잎 3장
소금 한 꼬집
후추 3회전
무가당 코코아 파우더 2테이블스푼
드라이 화이트 와인 1컵

정어리에 밀가루를 바르고 소금 한 꼬집을 뿌린다. 프라이팬에 올리브 오일을 두르고 뜨겁게 달궈 정어리를 한 면당 3분씩 튀긴다. 프라이팬에서 정어리를 건지고 불을 낮춰 토마토, 마늘, 양파, 월계수 잎, 소금, 후추를 넣고 20분간 볶는다.

여기에 코코아 파우더와 화이트 와인을 붓고 약불에 20분간 뭉근하게 끓인다.

정어리 살코기를 바른다.(시칠리아 나이트와 아키텐 나이트 참조). 점토로 만든 베이킹 그릇에 껍질이 위로 향하도록 정어리 살코기를 올리고 소스를 골고루 뿌리고 냉장고에 넣어 두세 시간 휴지한다.

오븐을 175도로 예열한다. 굽기 30분 전에 냉장고에서 베이킹 그릇을 꺼내 놓는다. 20분간 오븐에서 굽는다.

## 메인 코스 • *main course*

### 돼지고기와 조개 *Pork and Clams*

포르투갈 전역에서 흔한 이 요리는 포르코 아 알렌데자나Porco a Alentejana라고 불릴 때도 있지만, 스페인 국경을 따라 길게 이어진 알렌테주Alentejo 인근 지방에서 엄청난 양의 돼지고기를 생산하기 때문에 이런 이름으로 불리는 돼지고기 요리가 상당히 많은 편이다. 뉴잉글랜드에서 자란 나는 지역에 따라 조개가 다르다는 사실에 민감한 편이다. 포르투갈 조개들은 포르투갈 이외의 다른 나라에서는 찾기 힘들다. 내가 찾을 수 있었던 포르투갈 조개와 가장 비슷한 것은 바지락이었다.

0.8센티미터 두께의 훈제 베이컨
올리브 오일 ¾컵
하루 전날 재워둔 깍둑썰기 한 돼지고기
(아래 레시피 참조)
깍둑썰기 한 노란 양파 ½개
간 마늘 4쪽
화이트 와인 2컵
토마토소스 소스 1 1컵('기본 레시피'를 참조하거나
시판 토마토소스를 구입할 것)
조개 약 15개(가능하면 바지락으로)
다진 이탈리안 파슬리 1다발

깍둑썰기 한 베이컨은 올리브 오일을 두른 팬에서 중불로 볶는다. 깍둑썰기 한 돼지고기를 양념에서 꺼내 베이컨을 볶은 팬에 넣고 모든 면이 노릇해지도록 볶는다. 양파와 마늘을 넣는다. 양파의 숨이 죽을 때까지 재빨리 기름에 튀기듯 볶다가 돼지고기를 재웠던 양념과 화이트 와인, 토마토소스를 붓는다. 뚜껑을 덮고 약불에 두 시간 끓인다. 수분이 날아갈 정도로 빨리 조리해야 하지만, 그렇다고 팔팔 끓이지는 말 것. 고기가 부드러워지고 조개를 찔 정도로 소스에 수분이 충분히 남아있으면 다 된 것이다.

냄비에 조개와 파슬리를 넣는다. 뚜껑을 덮고 조개가 열릴 때까지 약간 센불에서 끓인다. 바삭한 빵과 함께 낸다.

### 돼지고기 마리네이드 *Pork Marinade*

| | |
|---|---|
| 깍둑썰기 한 돼지 안심 570그램 | 월계수 잎 3장 |
| 마사 데 피멘토(아래 레시피 참조) | 드라이 화이트 와인 1컵 |

깍둑썰기 한 돼지고기를 마사 데 피멘토로 박박 문지른다. 점토로 만든 베이킹 그릇이나 세라믹 볼에 월계수 잎, 화이트 와인과 고기를 함께 넣어 하룻밤 재우면서 가끔씩 뒤집어준다.

### 마사 데 피멘토 *Massa de pimentao*

| | |
|---|---|
| 간 마늘 4쪽 | 단맛이 나는 붉은 고추 간 것 3테이블스푼 |
| 소금 한 꼬집 | 올리브 오일 2~3테이블스푼 |

볼에 마늘, 소금, 간 붉은 고추를 넣는다. 나는 에스펠레트Espelette 산 바스크 페퍼Basque pepper를 사용했는데, 헝가리 스윗 파프리카를 사용해도 좋다. 촉촉한 페이스트가 되도록 올리브 오일을 충분히 넣는다. 믹서기나 푸드프로세서에 넣어서 갈아도 좋지만, 대부분의 푸드프로세서는 이렇게 적은 양을 갈기엔 적합하지 않다. 나는 절구와 절굿공이를 사용했는데, 잘 갈렸다. 그걸 사용할 기회가 몇 번이나 되겠는가?

## 페이장 베르지 콩 코엔트루 *Feijao Verde Com Coentro*

이 요리는 먹기 너댓 시간 전에 준비해야 한다.

깍지콩 450그램
껍질 벗겨 얇게 저민 큰 마늘 2쪽
다진 생 고수 잎(실란트로) ⅓컵
소금 넉넉한 한 꼬집
올리브 오일 5테이블스푼
레몬주스 1테이블스푼
사이더 비니거 2테이블스푼
후추 4회전

깍지콩의 색이 연해질 때까지 이삼 분 찐다. 도기로 된 베이킹 그릇에 마늘, 고수 잎, 소금, 올리브 오일을 담아 마늘 믹스를 만든다. 뜨거운 깍지콩을 마늘 믹스에 섞어 10분간 휴지한 후 뚜껑을 덮고 냉장고에서 서너 시간 재운다.

먹기 한 시간 전에 냉장고에서 깍지콩을 꺼내 뚜껑을 덮은 채로 상온에 둔다. 먹기 직전에 레몬주스, 식초, 후추를 넣는다. 식초와 레몬의 산은 마지막 순간에 넣지 않으면 깍지콩의 색감이 죽기 때문에 반드시 먹기 직전에 첨가할 것. 잘 뒤적인 다음 맛을 보고 필요하면 식초, 올리브 오일, 소금, 후추를 더 넣는다.

깍지콩

포르투갈 디저트의 장점은 이름이 멋지다는 것이다. 탄식을 뜻하는 '수스피루'는 디저트의 절반을 구성하는 머랭을 말한다. 먹기 하루 전날 미리 만들어 두어야 오븐에서 하룻밤 완전히 말릴 수 있다.

### 수스피루 *Suspiros*

이 머랭 레시피는 스무 개 기준이다.

달걀흰자 2개
갓 짠 레몬 즙 1½테이블스푼
설탕 ¾컵
물 ⅓컵

오븐을 175도로 예열한다.

분량의 달걀흰자와 레몬 즙을 믹싱볼에 넣고 흰자가 불투명해질 때까지 휘핑한다.

설탕과 물을 끓인다. 강불에서 설탕이 녹을 때까지 천천히 저은 다음, 젓지 않는 상태에서 시럽이 말랑말랑한 공처럼 될 때까지 끓인다. 찬물이 담긴 유리잔에 시럽을 한 방울 떨어뜨렸을 때 손으로 꺼내서 동그랗게 굴려 말랑말랑한 공처럼 만들 수 있는 상태가 되어야 한다.

휘핑해둔 달걀흰자를 다시 강속으로 휘핑하면서 단단하고 거품이 많아질 때까지 뜨거운 시럽을 천천히 붓는다. 반짝이는 부분이 아래로 향하도록 호일을 베이킹 트레이에 깔고 그 위에 휘핑한 달걀흰자를 한 숟가락씩 떨어뜨린다. 오븐에서 30분간 굽고, 온도를 95도로 낮추고 다시 20분 굽는다. 그런 다음 온도를 40도로 낮추고 다시 30분 더 굽는다. 오븐을 끄되, 다음 날 아침까지 머랭을 그대로 둔다. '탄식'과 '꿈'을 합칠 때까지 그대로 놔둔다.

### 소노스 *Sonhos*

이제는 꿈인 '소노스'를 만들 차례다. 변형된 형태의 소노스가 많은데, 이 레시피는 나만의 '꿈'이다. 이 요리를 하면서 배우는 점이 있는데, 바로 사람마다 꿈은 각기 다르지만 탄식은 모두 같다는 것이다. 내가 제시한 레시피는 열다섯 개의 꿈이 기준이다.

버터 1½스틱
설탕 2테이블스푼
소금 한 꼬집
물 ¾컵
밀가루 ¾컵
오렌지 블로섬 워터 2테이블스푼
달걀 3개
카놀라유 ¼컵
설탕 ½컵
시나몬가루 4~5테이블스푼

냄비에 설탕, 소금, 물과 함께 버터를 넣고 녹인다. 재료가 잘 섞였으면 밀가루를 넣고 나무 스푼으로 잘 섞어 도우로 만든다. 불에서 내린다. 도우를 혼합기가 달린 믹서에 넣는다. 오렌지 블로섬 워터와 달걀 한 개를 깨서 넣고 잘 섞어서 매끄러워질 때가지 혼합기로 섞는다. 다시 전란 한 개를 더 넣고 부드럽고 매끄럽게 될 때까지 섞는다. 전란 세 개를 다 사용할 때까지 이 과정을 반복한다.

프라이팬에 2.5센티미터 정도 올라올 만큼 기름을 붓고 아주 뜨겁게 달군다. 스푼으로 수스피루 크기만큼 반죽을 떠서 넣는다. 반죽이 부풀고 갈색이 돌면 뒤집어서 반대쪽도 갈색이 나도록 튀긴다. 모두 부풀어 올라 카페오레 색깔이 되면 꺼내서 키친타월에 기름을 뺀다. 설탕을 넉넉히 뿌리고 시나몬가루도 뿌린다.

접시에 탄식과 꿈을 함께 담아서 낸다.

## 음료 • *beverage*

### 아이스 레몬 티 *Iced Lemon Tea*

제스터로 레몬 세 개의 껍질을 갈아 제스트를 만든다. 물 네 컵을 넣고 거의 끓을 때쯤 꿀 두 스푼과 레몬 제스트를 넣어 끓인다. 물이 팔팔 끓지 않은 상태를 유지하면서 레몬을 우리는 것이 중요하다.

전통적으로 이 음료는 컵에 담아 뜨겁게 우린 상태로 마시지만, 우리의 포르투갈 나이트는 무더운 여름밤에 열렸기 때문에 차갑게 해서 내기로 했다. 우리는 탈리아의 도움으로 정말 맛있는 레몬 티를 마실 수 있었다.

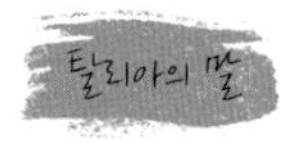


**• 포르투갈 레몬 티의 맛을 향상시키는 방법 •**

포르투갈 레몬 티는 정말 맛이 있지만, 우리가 먹는 음식과 어울리려면 뭔가…… 생기를 불어넣을 필요가 있다고 느꼈어요. 맛은 완벽에 가까웠지만, 무엇이 부족한지 알 수 있으면 좋겠다는 마음이었죠. 마치, 말이 입안에서만 뱅뱅 돌면서 막상 떠오르지는 않는 것 같은 기분이었어요. 바로 그때, 뭐가 부족한지 깨달았어요. 레몬주스! 레몬 껍질로 만든 음료이니 레몬주스는 사실 들어가지 않는데 바로 그게 필요했던 거였죠. 그렇지만 정말, 아주 조금만 넣어야 해요. 너무 시어서 설탕을 넣어야 할 정도가 되어서는 안 되지만, 그 맛을 느낄 수 있을 정도는 되어야 하는 만큼입니다. 원하는 신맛에 따라 레몬 반개를 세 번 꼭 짠 만큼과 유리주전자에 나머지 레몬의 절반을 통째로 넣는 것의 중간 정도가 가장 적절하달까요. 제게는 레몬 반개를 세 번 반 꼭 짠 만큼이 적당한 신맛이었습니다. 마시는 순간 차이를 느끼게 될 거에요.

44

# 니카라과 나이트

*Nicaragua Night*

**Hint**

중앙아메리카에서 가장 큰 나라!

니카라과는 면적 자체는 작지만 태평양과 카리브 해 사이에 걸쳐있어 북아메리카와 남아메리카, 멕시코와 콜롬비아를 연결하는 좁고 긴, 중앙아메리카에서는 가장 면적이 넓은 나라다.

동 세대의 많은 국제 기자들이 그랬듯이 나도 내전을 취재하기 위해 니카라과를 방문한 적이 있었다. 1979년 니카라과에서는 미국과 긴밀한 연합을 이루던 잔인한 장기 독재 체제가 무너졌다. 새 정부인 니카라과의 민족 해방 전선의 산디니스타Sandinista는 민주주의를 수립하겠다고 약속했지만, 새로 취임한 로널드 레이건 미 대통령은 니카라과를 압박했다. 결국 니카라과 정부는 공정한 선거를 진행했고, 선거에 패배한 산디니스타는 평화롭게 물러나면서 약속한 바를 입증했다.

니카라과 의회가 반대파를 지지하지 않기로 결정을 내렸음에도 불구하고, 레이건 대통령은 전 독재정권과 연관된 니카라과 동부의 반대파에게 불법으로 무기를 제공했다. 그로 인해 내전이 촉발되었다.

처음부터 내전이 일어나기에는 이상한 상황이었다. 1972년 12월 23일 수도인 마나과Managua가 지진으로 파괴되어 5천 명이 사망하면서 니카라과는 이미 아메리카 대륙에서 가장 가난한 나라에 속하게 되었다. 지진이 발생한 시각은 낮 12시 29분이었다. 이렇게 정확한 시간까지 알고 있는 이유는 지진이 발생한 지 10년이 지난 후에 니카라과에 갔는데도 도시 중앙에 세워진 첨탑의 시계가 여전히 12시 29분을 가리키고 있었기 때문이다. 다른 것들과 마찬가지로 지진이 발생한 후 첨탑의 시계가 여전히 고쳐지지 않은 채 그대로 남아 있었던 것이다.

내전과 미국의 적대감, 가난으로 인해 니카라과에서는 거의 모든 것이 부족했고 니카라과의 화폐 가치는 바닥으로 곤두박질쳤다. 니카라과에 입국할 때 우리는 상당히 많은 현지 통화를 구매하지 않으면 안 되었다. 기자들은 인터콘티넨탈 호텔(그렇게 불리긴 했지만 더 이상 인터콘티넨탈 호텔의 체인은 아니다)의 바에서 높이 12센티미터의 지폐 더미를 앞에 쌓아 놓고 앉아 있었다. 음료를 마시고 싶으면 바텐더에게 지폐 한 뭉치를 밀어주면 됐다.

구하기 힘든 것 중 하나가 휘발유였다. 기자들에게는 이 점이 문제였다. 내전이 주로 니카라과의 반대편 지방에서 일어나고 있었는데, 거기까지 차를 몰고 갔다 오려면 족히 기름 한 탱크는 필요했기 때문이다. 휘발유가 가득 채워진 차를 가진 사람을 찾아 함께 가는 수밖에 없었다. 나는 동부에서 전투가 시작될 것이라는 말을 들었다. 동서로 가는 길은 하나 밖에 없었는데, 콘트라스Contras라고 알려진 반군들이 길을 차단하려던 중이었다. 몇 명의 다른 기자들과 나는 재미삼아 미국에서 놀러왔는데 어떻게 구했는지 모르지만 휘발유가 가득 채워진 차를 가지고 있었고 우리를 태워주겠다고 제안하는 수상쩍은 사람을 만나 그와 함께 동부로 갔다.

전투는 하루 만에 끝났다. 소련제 무장 헬리콥터를 가지고 있던 정부군이 로켓을 쏘아 인근 산에 커다란 구멍을 냈기 때문이다. 얼마나 많은 사람들이 죽었는지 모르지만, 늦은 오후가 되자 콘트라스들은 모두 달아났고 정부군은 인상적인 장비들을 챙기고 있었다. 정부군과 함께 다시 수도로 돌아가려 할 때 누군가 그 도시에 세상에서 가장 맛있는 파인애플 주스인 엘 메호르 후고 데 피냐 엔 엘 문도el mejor jugo de pina en el mundo가 있다고 귀띔해 주었다.

파인애플

마을의 중앙 광장 바로 옆 가판대에서는 한 남자가 마체테(machete, 날이 넓고 무거운 칼 – 옮긴이)로 파인애플 껍질을 벗기고 수직 압축기에 넣어 손잡이를 잡아당기면, 주스가 나왔다. 그는 파인애플 네 개의 껍질을 벗겨 한 사람당 한 잔씩 주었다. 기다린 보람이 있었다. 실제로 내가 맛본 세상에서 가장 맛있는 파인애플 주스였기 때문이다.

그런데 다시 차로 돌아오니 정부군이 사라지고 없었다. 이미 마나과로 돌아갔던 것이다. 해는 뉘엿뉘엿 지는데 우리는 두 반대파의 전선 사이에 자리하고 있었다. 머물기에 좋지 않은 곳이었다. 우리는 그날 밤을 지낼 만한 장소가 있는지 수많은 사람들에게 물어보았지만, 모두 고개를 저었고 몹시 두려워하는 것 같았다. 사람들은 우리와 말을 섞고 싶어 하지 않았다.

하는 수 없이 우리는 차 안에서 밤을 지새우기로 했다. 그러기 위해서는 럼주가 필요했다. 그렇게 힘든 시기에도 니카라과에서는 훌륭한 골든 럼주인 플로데 카냐Flor de Cana가 생산되고 있었다. 우리는 럼주를 한 병 구입했는데, 술은 많았지만 병이 귀해서 상점에서는 튼튼하고 투명한 비닐 백에 럼주을 담아 주었다.

몇 분간은 럼주가 담긴 비닐을 돌려가며 마셨는데, 그러다 누군가 (내 생각에는 그게 나였던 것 같다) "이게 뭐하는 짓이람. 마나과에 한 번 가보자."라고 말했다. 그 말에 동의한 우리는 한 40분가량 긴장하며 수도를 향해 어두운 길을 달렸다.

갑자기 밝은 빛이 길을 가로막았다. 경비병들이 있는 정부군의 후미에 닿았던 것이다. 그들은 우리 눈에 플래시를 비추며 기자 통행증을 보여 달라고 요구했다. 그러더니 한 젊은 장교가 의심스러운 눈초리로 왜 자신들과 함께 철수하지 않았느냐고 물었다. 나는 스페인어로 원래 그러려고 했으나 놀라울 정도로 맛있는 파인애플 주스를 먹으러 들르는 바람에 놓쳤다고 설명했다. 그 젊은 장교는 후고 데 피냐라는 말을 듣자마자 미소를 지었다. 그가 내 말을 반복하자 다섯 명이 군인들은 일제히 웃음을 터뜨렸고, 후고 데 피냐의 놀라운 맛에 대해 저마다 한 마디씩 했다.

우리는 모두 그 파인애플 주스가 세계 최고라는데 의견 일치를 보였고, 통과시켜주었다. 그렇게 우리는 마나과로 되돌아올 수 있었다. 호텔에 도착하기 한 블록 전쯤에서 휘발유가 떨어져버리는 바람에 뒤에서 차를 밀고 언덕을 올라야 했다. 그 다음 전투의 취재를 위해 어디에선가 휘발유를 구입하지 않으면 안 되었다.

파스텔 데 트레스 레체스Pastel de tres leches는 반드시 먹기 하루 전날 만들어야 한다. 가요핀토gallopinto에 들어가는 밥도 하루 전날에 만들어야 한다. 통조림 팥을 사용해도 좋지만 말린 팥을 좋아한다면 반드시 하룻밤 물에 담가 불려두어야 하고 먹기 몇 시간 전에 소금과 마늘을 넣고 몇 시간 동안 끓여야 한다.

## 니카라관 비프 Nicaraguan Beef

소떼 목장은 니카라과의 주요 경제 활동 가운데 하나다. 이 요리에 사용하기에는 소고기 살코기가 가장 좋지만, 사실 어떤 부위라도 상관없다.

1.5센티미터 두께로 슬라이스 한 소고기 450그램
이탈리안 파슬리 1다발
마늘 6쪽
소금 ½테이블스푼
후추 5회전
올리브 오일 ½컵
레드 와인 비니거 2테이블스푼
즙 낸 라임 ½개
옥수수 토르티야 6개

소고기 슬라이스를 하나하나 랩으로 대충 싼 뒤 크기가 두 배가 될 때까지 나무 밀대로 두드린다. 랩을 풀고 도기로 된 오븐 용 그릇에 담는다.

푸드프로세서에 파슬리, 마늘, 소금, 후추, 올리브 오일, 레드 와인 식초, 라임 즙을 넣고 돌린다. 소스의 절반을 소고기 슬라이스의 양면이 다 덮이도록 고기 위에 붓는다. 냉장고에 넣고 40분간 재운다.

그릴 팬을 달구고 소고기의 양 면을 다 굽는다. 가요핀토와 고기 위에 부을 수 있도록 만들어 놓은 나머지 절반의 소스를 볼에 담아 곁들여 낸다. 따뜻하게 데운 옥수수 토르티야도 함께 낸다. 토르티야는 찜기에 넣고 데우거나, 축축한 키친타월을 위에 얹은 상태로 전자레인지에서 1분간 돌리면 된다.

## 채소 • *vegetable*

### 가요핀토 *Gallopinto*

가요핀토는 니카라과의 국민 요리라 할 만하다. 니카라과의 어디를 가든, 이 요리를 흔히 볼 수 있다. 물론 가요핀토는 코스타리카와 중앙아메리카의 다른 곳에서도 볼 수 있지만, 니카라과에서 유래한 것으로 보인다. 쌀은 스페인 사람들이 들여왔고, 토착민들은 콩을 재배했다. 카리브 해 대부분의 지역에서 다양한 형태의 쌀과 콩 요리가 인기있지만, 가요핀토는 니카라과 식 버전이라 할 수 있다. 스페인어로 가요핀토는 '얼룩 닭'이라는 뜻으로, 아마도 팥물이 밥에 물들어 얼룩진 것처럼 보이는 걸 의미하는 듯하다. 원하는 양만큼 만들되, 쌀이 팥보다 두 배는 더 많아야 하고, 밥은 하루 전날 지어 놓아야 한다.

매우 잘게 다진 노란 양파 ½개 +
다진 노란 양파 ½개

올리브 오일 ½컵

소금 한 꼬집

흰 쌀 680그램(밥을 지어놓을 것다)

치킨 스톡 2컵('기본 레시피'를 참조해 만들거나
시판 제품을 구입할 것)

다진 마늘 5쪽

425그램짜리 팥 통조림 1캔,(고야의 아비추엘라스 로하스 뻬께냐스Goya's habichuelas rojas pequenas 같은 제품)

올리브 오일을 두른 팬에 매우 잘게 자른 양파 ½개가 반투명해질 때까지 5분간 볶는다. 소금과 밥을 넣고 밥이 잘 볶아질 때까지 천천히 섞으면서 5분 더 볶는다. 치킨 스톡을 넣는다. 젓지 않은 상태로 펄펄 끓인다. 표면에 거품이 이는 것 외에는 수분이 완전히 없어질 때까지 조리한 후 불을 최대한 줄이고 뚜껑을 덮은 상태에서 15분쯤 그대로 둔다. 뚜껑을 열고 밥을 그릇으로 옮겨 식을 때까지 포크로 뒤적인다. 다음 날까지 냉장고에 그대로 넣어둔다.

프라이팬에 올리브 오일을 두르고 남은 다진 양파 ½개와 마늘을 넣고 약불에서 볶는다. 팥을 담가둔 물을 빼되, 조금 남겨 놓은 상태로 뜨거운 올리브 오일에 넣고 5분간 섞는다. 그런 다음 식은 밥을 넣고 5분간 천천히 저어가며 섞는다.

## 디저트 • *dessert*

### 파스텔 데 트레스 레체스 ***Pastel de Tres Leches*** | 세 가지 우유 케이크

이 케이크는 세 가지 우유에 담가서 만든다. 먹기 하루 전 날 만들어야 한다. 내가 찾은 레시피는 모두 내가 사용한 우유보다 더 많은 양을 필요로 했는데, 케이크가 우유를 전부 빨아들이지 못했다. 따라서 소스가 있는 수분이 아주 많은 스펀지케이크가 되었다. 서빙하기는 쉽지 않지만 맛은 좋다.

흰자와 노른자를 분리한 달걀 9개
설탕 2½컵
바닐라 2방울
베이킹 소다 1테이블스푼
밀가루 1½컵
플로 데 까냐 럼주 ¼컵
헤비크림 1½컵
농축 우유 ½컵
가당연유 ½컵
바닐라 농축액 조금
설탕을 조금 넣은 휘핑크림

오븐을 175도로 예열한다. 달걀흰자와 설탕 ½컵을 믹서에 넣고 아주 단단해질 때까지 휘핑한다. 다른 볼에 달걀노른자, 설탕 한 컵과 바닐라를 넣고 걸쭉한 크림색 페이스트가 될 때까지 휘핑한다. 달걀흰자 휘핑크림을 달걀노른자 휘핑크림에 조심스럽게 폴딩한다.(폴딩에 관해서는 프로방스 나이트의 '초콜릿 라즈베리 수플레'를 참조할 것.) 그런 다음 베이킹 소다를 조심스럽게 폴딩한 후 밀가루를 한 번에 ⅓정도씩 나누어 넣으며 폴딩한다. 8인치 스프링폼 팬에 붓고 45분간 굽는다.

럼주에 설탕 한 컵에 넣고 약불에 올려 설탕이 녹을 때까지 끓인다. 케이크가 완전히 식으면 (최소 두 시간은 식혀야 한다) 이쑤시개로 케이크 여기저기에 구멍을 내고 럼주 시럽을 붓는다. 그런 다음 헤비크림, 농축 우유, 가당연유와 바닐라를 조금 부은 다음 냉장고에 넣어 하룻밤 식힌다. 다음 날 케이크 위에 설탕을 넣은 휘핑크림을 올려서 낸다.

## 음료 • *beverage*

음료라면 당연히 후고 데 피냐Jugo de pina다. 어른들을 위해서는 플로 데 까냐 한 샷을 섞을 것.

*Hint*

두 대륙을 아우르는 가장 큰 나라!

러시아는 유럽에서 가장 큰 나라이자, 아시아에서 가장 큰 나라기도 하다. 얼마나 큰지 그 규모를 파악하기조차 힘들다. 나폴레옹과 히틀러가 이 사실을 알았다면 러시아를 침략하려 들지 않았을지도 모른다. 면적이 1천 700만 제곱킬로미터 이상이라는 설명을 들어도, 감이 잡히지 않는다. 미국의 크기가 1천만 제곱킬로미터가 되지 않는다는 실마리도 소용없기는 마찬가지다. 러시아에는 아홉 개의 표준시간대가 있다는 것을 안다면, 혹시 도움이 될지 모르겠다. 나는 기차를 타고 닷새간 러시아를 횡단해 보았기 때문에 얼마나 큰지 느낄 수 있었다. 뭐, 실은 횡단을 한 것은 아니다. 나는 유럽과의 국경과 한참 떨어진 '중앙러시아'에 있는 모스코바에서 출발해 태평양보다 훨씬 가까운 시베리아 몽고 국경을 넘었다. 그렇지만 매일 하얀 자작나무 숲으로 뒤덮인 완만한 언덕들을 보면서 그 광활함을 어느 정도 감지하긴 했다.

풍경은 바뀌지 않았다. 8월이라 시베리아마저 똑같아 보였다. 우랄 산맥도 전혀 새롭거나 극적인 풍경을 제공하지 않았다. 기차는 계속 달리다가 한 번도 들어본 적이 없는 도시에 멈추곤 했는데, 수백만 명의 주민들이 살면서 공산주의의 몰락으로 지금은 없어진 무기 생산을 주요 경제활동으로 삼는 도시들이었다.

러시아 사람들은 물건을 크게 만드는 것을 좋아한다. 손목시계도 크고, 세상에서 가장 큰 비행기를 만드는 것도 자랑스럽게 생각한다. 심지어 러시아는 동상들도 크다. 그래서 정권이 바뀔 때마다 만들고 부수는데 한참 걸리지만, 다행히도 러시아에서 자주 일어나는 일은 아니었다. '그런 일'이 발생했던 때는 1917년부터 러시아를 장악했던 공산주의 정권이 무너진 1991년이었다. 내가 러시아에 갔던 때가 1997년이었다. 모스코바에서는 분명하게 느낄 수 있는 문제였다. 가는 곳마다 커다란 동상 받침이 있었는데 그 중에는 밤이면 불이 들어오는 것도 있었지만 동상은 없었다. 모든 영웅들이 무효화되었지만, 그 자리를 대신할 새로운 영웅은 찾지 못한 사회였다.

러시아는 아마도 영토의 크기 때문에 늘 음식 문제가 있었던 것 같다. 항상 굶주림이 있었으니 말이다. 공산주의 이전에는 잘 먹는 사람은 소수에 불과했고, 나머지 사람들은 굶주렸다. 혁명이 일어난 후에는 공산주의의 평등주의에 부응하여 거의 모든 사람들이 잘 먹지 못했고, 사람들은 늘 배고팠다. 공산주의 통치 하에서는 음식까지 이데올로기를 따라야만 했다. 당연히 개인 소유 레스토랑들은 문을 닫았고 그 자리를 정부 소유의 카페테리아들이 차지했는데, 사기업의 탐욕과 불공평을 없애는 동시에 여성들을 요리로부터 해방시켜주었다. 사람들이 집보다는 그런 곳에서 끼니를 해결해야 했기 때문이다. 레스토랑 음식과 가정 요리가 한꺼번에 사라졌다. 아무런 이유 없이 그렇게 된 것은 아니다. 심지어 프랑스와 미국 같은 부유한 나라에서도 지금껏 레스토랑만큼 소유주의 수입과 근로자의 수입이 차이나는 업계가 별로 없다. 그렇지만 정부 소유의 카페테리아 음식은 형편없었기 때문에 머지않아 러시아의 모든 사람들이 형편없는 음식을 먹게 되었다. 이로 인해 암시장에서 불법으로 음식을 구입하는 사람들이 생겼는데, 부도덕한 상인들로 인해 그런 음식은 카페테리아 음식보다 훨씬 더 형편없었다. 정치적인 이데올로기가 요리에 관한 생각을 바꾸어 놓았던 것이다. 1922년에는 시베리아의 어느 홍보 인쇄물에 식사를 하는 대신 정맥 주사를 통해 주입되는 인공 아미노산에 관한 내용이 실리기도 했다.

공산주의가 몰락한 직후 나는 러시아 사람들과 함께 요리할 기회를 갖게 되었다. 그들은 베를린으로 이주한 유대인들로, 어쩌다 보니 내가 런던 출신의 수염을 기른 하시드(Hasid, 하시디즘 그룹의 일원. 유대종교사상에 나타난 율법의 내면성을 존중하는 경건주의 운동을 뜻한다. 특히, 18세기 초 폴란드나 우크라이나의 유대인 대중 사이에 널리 퍼진 종교적 혁신운동을 말한다. – 옮긴이)의 감독 하에, 쉰 명의 러시아인들에게 대접할 유월절 음식을 요리하는 다섯 명의 러시아인들을 책임지게 되었던 것이다. 하시드인 그는 코셔 기준을 엄격하게 따르라고 강요했다. 러시아인들은 모든 음식에 마요네즈를 넣을 것을 고집하면서 플라스틱 병 마요네즈를 짜댔다. 플라스틱 병들은 물론, 매우 컸다. 내가 마요네즈를 넣지 못하게 막자 그들은 대신 케첩을 넣으려고 했다. 프랑스에서는 오버쿡한 채소들은 따로 모아 마요네즈에 넣어 '러시아 샐러드'라고 불렀는데, 그럴 만했다.

모스크바 레스토랑들은 외국인들에게 엄청나게 비싼 철갑상어를 팔아먹으려고 했는데, 멸종 위기 종만큼 가격을 올리는 데 좋은 것도 없다. 사람들이 이 선사시대 거대 동물들의 알을 노리고 몸을 갈랐기 때문에 흰색의 몸통을 가지고 무엇인가를 해야만 했다. 그러나 러시아 사람들은 철갑상어의 몸통을 가지고도, 혹은 다른 어떤 것을 가지고도 전혀 흥미로운 요리를 만들지 못했다.

며칠 동안 나의 집이었던 기차의 식당칸에는 먹을 것이 없었다. 식재료를 암거래상들에게 빼앗겼기 때문이다. 그들은 그렇게 빼앗은 식재료 상자들을 바닥에서 천정까지 쌓아놓았다. 시베리아에 판매할 귀중한 전리품이었다. 대신 기차가 잠시 멈출 때마다 여자들이 플랫폼에 올라와 중앙 유럽 출신의 우리 조부모가 해주시던 것과 비슷한 음식을 팔았다. 피로지pirogy라고 불리는 속이 든 패스트리와 훈제 생선 같은 것들이었다. 집에서 불법으로 요리를 해서 불법으로 판매하는 이 여성들이 공산주의 시절에 음식에 관한 한 가장 기대할 만한 사람들이었는데, 내가 기차 여행을 할 때도 마찬가지였다.

음식을 얻을 수 있는 곳이 또 하나 있긴 했다. 나는 다른 승객 한 명과 객실을 함께 써야 하는 일등실을 예약했다. 매일 아침 새로운 객실 짝꿍이 올라탔다. 나는 러시아어는 몰랐지만 독일어, 프랑스어, 손짓을 번갈아가며 그들과 의사소통을 할 수 있었다. 그들은 모두 재킷에 타이를 매고, 가죽 서류가방을 들고 있었으며, 스스로를 '비즈니스맨'이라고 소개했다. 그리고는 재킷과 타이를 벗고 침상에 앉아 가방을 열고는 칼, 소시지, 빵, 그리고 보드카 한 병을 꺼내놓았다. 그 전 객실 짝꿍의 소지품과 정확히 일치하는 것들이었다. 그런 다음 내게 같이 먹자고 했는데, 소시지나 빵은 다 먹지 못했지만 보드카 한 병은 늘 다 마셨다.

매일 밤마다 보드카 한 병을 다 비우면 내 객실 짝꿍들은 정신을 잃었다. 그리고는 다음 날 아침 자리에서 일어나 부스러기를 털고 다시 재킷과 타이를 걸치고는 텅 빈 서류가방을 들고 열차에서 내렸다. 그리고 다시 서류 가방을 든 새로운 비즈니스맨이 올라탔다.

탈리아의 손가락이 마침내 러시아에 닿았을 때 (지구본에서 그렇게 큰 자리를 차지하면서도 손가락이 닿는데 그리 오래 걸렸다는 게 믿기지 않는다) 나는 내가 러시아에서 먹었던 음식보다 나은 음식을 찾을 수 있을까 하는 마음에 정치적으로 부정확하고 혁명이 일어나기 전, 그리고 마요네즈를 사용하기 전의 러시아 요리를 찾아 헤매기 시작했다. 그렇게 나는 19세기 러시아 음식을 먹기로 결정했다.

다행히도 엘레나 몰로코베츠Molokhovets의 『젊은 가정주부들에게 주는 선물A Gift to Young Housewives』이라는 책을 러시아 학자이자 음식 역사가인 조이스 툼리Toomre가 번역해 놓아 도움이 되었다. 이 책은 1861년에 첫 출간되었는데, 그 해는 러시아에 있어 엄청난 때였다. 물론, 저 책 때문이 아니라 크림 전쟁에서 패배한 알렉산더 2세가 법령에 의해 러시아의 농노들을 해방시켰기 때문이다. 이 농노들의 삶은 그들이 일하는 땅을 소유한 귀족들에 의해 완전히 통제되고 있었다. 사실상 노예나 다름없었다. 알렉산더 황제는 자신이 그들을 해방시키는 것이 농노들이 폭동이라는 방식으로 해방되는 것보다 낫다고 말했다. 그렇지만 해방 이후에도 농노들의 삶이 대부분 지주들에 의해 통제되고 있었기 때문에 불완전하고 불만족스러운 해방이었다. 반 알렉산더 파가 점차로 커지는 와중에 황제가 암살당했다. 이 사건은 모든 개혁 시도가 중단되고 미국으로 대대적인 이주가 시작되는 계기가 되었는데, 그 중에서도 특히 개혁을 바라던 유대인들이 많이 이주했다. 알렉산더 황제가 경고했던 것처럼 그가 암살되고, 탄압이 증가하자 반란의 움직임도 함께 커졌고, 결국 1917년 공산주의 혁명이 일어나면서 황제들이 밀려났다.

이런 극적인 시기에 가정주부들을 위한 몰로코베츠의 저서는 러시아의 중요한 요리책이 되었고, 여러 번에 걸쳐 재판되었다. 이 책은 가정주부들이 아니라, 읽거나 쓰지 못했던 하인들에게 지시하는데 주로 쓰였다. 안톤 체호프Chekhov는 다음과 같이 전형적인 몰로코베츠의 메뉴를 제시하면서 그녀를 풍자한 바 있는데, 실제로는 러시아의 요리를 풍자한 것이나 다름없다.

1. 보드카 1잔
2. 어제의 카샤를 곁들인 매일 먹는 슈스치shsci
3. 보드카 2잔
4. 호스 래디시를 곁들은 새끼 돼지
5. 보드카 3잔
6. 호스 래디시, 카이엔 페퍼, 간장
7. 보드카 4잔
8. 맥주 8병

체호프는 과연 농담을 한 것일까? 내가 아는 한 러시아는 이런 식이었던 것 같다. 분명한 점은 몰로코베츠의 책 내용으로 미루어보아 19세기에 살았던 어떤 이들은 꽤나 잘 먹었던 것 같다는 것이다. 음식을 재배하는 사람들을 비롯한 나머지 사람들은 굶주렸다. 그래서 혁명이 일어났고, 그렇게 그녀의 책도 끝났다. 혁명은 가정주부와 집에서 요리만 하는 여성들을 탐탁지 않게 생각했기 때문이다. 혁명이 일어날 당시에 29만 5천 권이 인쇄되었는데, 러시아의 규모를 생각하면 그렇게 큰 부수는 아니지만 그녀가 설명한 요리를 만들어 먹을 수 있는 사람들은 고사하고 글을 읽을 줄 아는 사람이 별로 없었다는 점을 고려하면 대단히 성공한 요리책이라 할 수 있다. 몰로코베츠는 정확한 날짜는 알 수 없지만 혁명이 일어났을 때쯤 사망했다.

혁명 후에 사람들은 이 책이 시대착오적인 것이라고 생각했다. 더는 요리가 가정주부에게 주는 선물로 여겨지지 않는 사회가 되었기 때문이다. 가정주부라는 단어 자체가 불쾌한 것으로 여겨졌다. 몰로코베츠는 종교 의식에 관한 음식 규정에 대해서는 상당히 많은 내용을 다뤘으면서도, 건강과 영양에 대해서는 거의 언급하지 않았다. 새로운 '소련' 요리는 그와 정반대였다.

러시아 나이트를 위해 우리가 준비한 레시피는 모두 몰로코베츠의 레시피를 토대로 하되, 우리 가족 식으로 수정한 것이다. 그녀의 레시피와 가장 가까운 것은 스트로가노프 정도다.

피로시키, 보르시치, 파스카에 사용할 도우와 피스타치오 워터는 최소한 하루 전에 만들어야 하는데 실은 이틀 전에 만드는 것이 더 좋다. 그러면 식사 당일 준비가 훨씬 수월할 것이다.

### 생선 피로시키 Fish Pirozhki

몰로코베츠에 따르면 작은 것은 피로그pirog이고, 큰 것은 피로시키라고 한다. 내 것은 중간 크기였는데 이 4코스 식사에서 한 사람당 하나씩 먹기에 충분한 크기였다. 몰로코베츠는 또한 '어떤 도우로든' 이 요리를 만들 수 있다고 했는데 그녀가 제시한 레시피 중에 흥미를 끌었던 것이 브리오슈brioche였다. 한 번도 만들어본 적이 없었기 때문이다.

도우나 필링을 소량만 만들기는 힘들기 때문에 이 레시피대로 만들면 피로시키와 도우가 남을 것이다. 피로시키는 굽지 않은 상태로 냉동시켜 나중에 사용하거나, 차라리 다 구워서 다음 날 데워 먹으면 된다. 브리오슈 도우는 문제가 되는 법이 없다. 우리는 러시아 나이트 다음 날 아침에 갓 구운 브리오슈와 잼을 먹었지만, 원하는 대로 스티키 번sticky bun이나 시나몬 롤cinnamon roll, 알자티안 구겔호프Alsatian kugelhopf, 할라challah를 만들어 먹을 수도 있다.

#### 도우 The Dough

- 드라이 이스트 ¾테이블스푼(¾봉지)
- 미온수 ¾컵
- 말랑말랑한 무염 버터 1½스틱
- 전란 4개
- 설탕 ¼컵
- 소금 1테이블스푼
- 밀가루 3¾컵

이스트를 미온수에 녹인다. 믹서에 버터, 달걀, 설탕, 소금과 미온수에 녹인 이스트를 붓고 섞는다. 거품기를 달고 거품이 날 때가지 휘핑한 후 반죽 갈고리로 바꿔 달고 밀가루를 넣고 완전히 섞일 때까지 중속으로 믹서기를 돌린다. 공기가 통하게 도우를 덮고 하룻밤 냉장한다.

### 필링 *The Filling*

몰로코베츠의 레시피대로 하려면 철갑상어가 필요하지만, 멸종위기에 처한 동물인 데다 미국에서는 상업적인 목적으로 잡지 않는다. 대신 민물고기라면 어떤 것이든 상관없다. 나는 송어를 선택했다.

작은 송어 1마리
쌀 ¼컵
시판 채소 육수 2컵

육수를 만들어야 한다면……
- 다진 당근 8개
- 다진 파스닙 3개
- 다진 대파 1뿌리
- 월계수 잎 3장
- 셀러리 1줄기

반으로 가른 양파 1개
마늘 5쪽
소금 3테이블스푼
푹 삶아 다진 달걀 2개
곱게 다진 생 딜 3테이블스푼
곱게 다진 차이브 3테이블스푼
녹인 버터 반 스틱
후추 5회전
소금 최소 3테이블스푼

송어를 삶은 후 껍질을 벗기고 뼈를 바른다. 믹싱볼에 살코기를 넣고 바스러뜨린다. 냄비에 쌀을 넣고 쌀이 잠기고 남을 정도로 채소 육수를 붓는다.

시중에서 판매하는 여러 가지 좋은 채소 육수가 많다. 그렇지만 직접 만들고 싶다면, 육수 냄비 가득 물을 붓고 당근, 파스닙, 대파, 월계수 잎, 셀러리, 양파, 마늘, 소금 3테이블스푼을 넣고 다섯 시간 동안 뭉근하게 끓인다. 채소를 체로 걸러 버린 후 남은 육수는 보르시치를 만들 때 사용할 수 있게 남긴다.

쌀을 젓지 말고 표면에 거품이 조금 남을 뿐 육수가 다 증발할 때까지 15분 정도 끓이다가, 뚜껑을 덮고 다시 15분간 뜸을 들인다. 그런 다음 포크로 뒤적이고 생선을 넣는다. 푹 삶은 달걀, 딜, 차이브, 녹인 버터, 후추, 소금 넉넉한 한 꼬집을 넣는다.(필링의 맛을 본다. 순한 맛이 나려면 소금이 많이 필요하다.)

완성하기 *Assembly*

도우
달걀노른자 1개

오븐을 175도로 예열한다. 하루에서 이틀간 냉동한 도우를 꺼내 밀가루를 잔뜩 뿌린 작업대 위에 놓고 밀대로 민다. 손가락으로 납작하게 눌러도 좋은데, 다만 밀대든 손가락이든 간에 밀가루를 충분히 발라야 한다는 점을 잊지 말 것. 가로세로 7.5센티미터 크기의 정사각형으로 자르고 절반 정도 필링을 채운다. 반죽으로 필링을 덮고 가장자리를 누른다. 스패출라로 하나씩 조심스럽게 들어 올려 베이킹 트레이에 옮긴다. 달걀노른자와 약간의 물을 볼에 넣고 섞어 패스트리 위에 바른다. 30분 정도 휴지한 후 노릇해질 때까지 약 한 시간 굽는다.

## 스프 • *soup*

### 보르시치 *Borscht*

몰로코베츠의 책에는 이 스프를 만드는데 사용할 수 있는 레시피가 여러 가지가 있는데, 고기를 넣어 만드는 버전도 있었다. 예전에 우연히 고기 보르시치를 먹어본 적이 있었지만, 나는 채소 보르시치를 더 선호한다. 그녀의 책에는 베지테리안 레시피가 하나 있다. 러시아 정교가 고기를 먹을 수 없는 날을 규정하고 있기 때문이다. 우리 가족을 비롯한 동유럽 유대인들은 유대교 음식 규정상 고기가 있으면 사워크림을 넣을 수 없어서 베지테리안 보르시치를 선호한다. 그렇지만 나는 몰로코베츠의 레시피를 따르지 않았다. 그 레시피에는 비트를 튀긴 다음 밀가루로 루roux를 만들라고 했는데, 그러면 불필요하게 기름질 것 같았기 때문이다. 그래서 우리는 상황에 맞게 변형시킨 보르시치를 만들었다.

크기에 따라 반으로 자르거나 사등분한 큰 비트 4개, 또는 작은 비트 6개
비트 탑 3개
소금 1테이블스푼
채소 육수 3컵
사워크림 1컵

비트를 물에서 20분간 끓인다. 그런 다음 찬물에 담그면 껍질이 쉽게 벗겨진다. 비트를 푸드프로세서에 넣고 채 썰어 냄비에 옮긴다. 채썰기 칼날을 빼고 커터 칼날을 끼워 넣은 후 줄기를 잘라낸 비트 탑(beet top, 비트의 잎과 근부의 상단부분 – 옮긴이) 세 개와 채소 육수를 조금 넣고 퓌레로 만든다.(채소 육수에 관해서는 '피로시키' 편 '필링' 부분을 참조할 것.) 이렇게 만든 퓌레를 비트가 담긴 냄비에 넣고 소금과 나머지 채소 육수를 넣어 끓인다. 5분 더 뭉근하게 끓인다. 뜨거운 상태로 사워크림을 곁들여 낼 수도 있지만, 우리는 하루 전에 미리 만들어 차게 식힌 후 사워크림을 곁들였다.

## 메인 코스 • *main course*

### 비프 스트로가노프 *Beef Stroganoff*

내가 소개하는 모든 러시아 나이트 요리들은 현재까지 남아있긴 하지만, 지난 세기를 거치며 상당히 감소했다. 그러나 이 맛있는 스트로가노프만큼 원래 레시피에서 달라진 것도 없다. 먼저, 스트로가노프는 몇 시간 동안 천천히 조리해서 고기를 부드럽게 만드는 스튜가 아니라는 점을 알아야한다. 따라서 상등품의 소고기를 사용해야 한다. 몰로코베츠는 소작농을 위한 요리책을 만든 것이 아니다. 그저 소작농이 만드는 음식에 대해 썼을 뿐이다.

몰로코베츠의 레시피에는 사렙트스카자sareptskaja 머스터드를 사용하라고 되어 있다. 이것은 러시아 식 홈 메이드 머스터드로, 말린 씨를 갈아 거른 머스터드와 꿀을 넣어 만든다. 비슷하다고 볼 수 있는 허니 머스터드는 쉽게 구할 수 있다. 그렇지만 나는 스윗 머스터드를 좋아하지 않는다. 따라서 절충을 하기로 했다. 허니 머스터드 2테이블스푼과 머스터드 씨가 통째로 든 굵은 프렌치 컨트리 머스터드 3테이블스푼을 섞었다. 그러면 톡 쏘는 맛이 더 강하고, 보기에도 더 좋으며, 물론 식감도 더 좋다.

한입 크기로 자른 소고기 안심 800그램
소금 큰 한 꼬집
올스파이스가루 1테이블스푼
버터 2스틱
밀가루 3테이블스푼
허니 머스터드 2테이블스푼
굵은 프렌치 컨트리 머스터드 3테이블스푼
비프 스톡 1컵('기본 레시피'를 참조해서 만들거나 시판 제품을 구입할 것)
사워크림 1컵

한입 크기로 자른 안심과 소금, 올스파이스를 섞어 안심 믹스를 만들어 상온에서 약 30분간 재운다. 몰로코베츠는 두 시간을 두라고 했지만, 우리는 30분만 둬도 충분하다는 사실을 알아냈다. 요점은 세기 전환기에 있었던 위대한 프랑스 셰프 오귀스트 에스코피에가 경고한 대로 소금에 절인 고기는 갈색이 나지 않는다는 것이다. 사워크림 소스 속에 떠다니는 버터덩어리처럼 고기가 완전히 부드러워야 한다.

그런 다음 버터를 녹인 팬에서 안심 믹스를 볶는다. 전체적으로 살짝 익어서 소고기 겉면이 붉은기가 보이지 않으면 팬에서 덜어낸다. 버터를 녹인 팬에 밀가루를 넣고 부드러운 페이스트가 될 때까지 약불에서 젓는다. 머스터드, 비프 스톡, 사워크림, 소고기 안심, 그리고 접시에 남은 고기 핏물까지 몽땅 넣고 끓인다. 소스가 걸쭉해질 때까지 조금 센불에서 끓인 다음 낸다.

러시아에서는 이따금 서양에서 그러듯이 스트로가노프를 국수 위에 부어서 내지 않고, 채 썬 감자 위에 얹어 내준다. 러시아 사람들은 거의 모든 것에 감자에 부어 먹지만 우리 가족은 감자를 뺐다. 바삭한 빵을 먹고 싶거나 강판에 간 감자를 볶기에 좋은 소스가 있지만, 우리는 이런 식의 4코스 요리를 먹을 때는 가급적 음식을 가볍게 만드는 편이 좋다고 생각했다.

## 디저트 • *dessert*

### 파스카 *Paskha*

전통적으로 이 디저트는 틀에 넣어 만들고, 종교휴일, 그 중에서도 부활절에 먹는다. 틀은 본래 수공예 나무 조각으로 만들었지만 지금은 러시아 정교의 종교적인 무늬가 옆에 새겨진 플라스틱을 사용한다. 세속적이면서 혁명적인 사람, 혹은 꼭 그렇지 않더라도 단 한 번도 사용한 적이 없는 점토 화분을 사용하면 멋진 요리를 만들 수 있다.

레몬 1개
라임 2개
설탕 2컵
물 ½컵
무염 버터 2스틱
사워크림 1컵
슈거 파우더 2½컵
달걀노른자 5개
파머스 치즈 900그램
바닐라 농축액 조금
아몬드 농축액 조금

레몬과 라임의 껍질을 깍둑썰기 한 후 설탕, 물과 함께 팬에 넣는다. 약불에서 30분간 끓이고, 아주 약한 불에서 한 시간 더 조리해 레몬 라임 껍질 믹스를 만든다.

냄비에 버터를 녹이고, 사워크림을 넣어 잘 섞는다. 레몬 라임 껍질 믹스의 시럽

¼컵과 슈거파우더를 넣고 잘 섞는다. 달걀노른자 다섯 개를 넣고 중불에 올려 빠르게 젓는다. 불이 너무 강하면 달걀이 응고되니 주의할 것. 조금 걸쭉해질 때까지 내용물을 계속 젓는다.

그런 다음 위의 내용물을 믹서에 넣고 파머스 치즈farmer's cheese를 넣는다. 바닐라 농축액, 아몬드 농축액, 레몬 라임 껍질 믹스도 넣고 잘 섞일 때까지 중속으로 혼합한다. 깨끗한 점토 화분 안쪽에 면포를 두 장 깐다. 흘러넘칠 것을 대비해 점토 화분을 볼에 넣은 후 재료를 혼합한 내용물을 붓는다. 하루 이틀 동안 두면서 볼의 바닥에 고인 국물을 주기적으로 따라버린다. 서빙하기 직전에 면포 채 화분에서 끄집어낸 후 마지막으로 국물이 흘러 떨어지도록 잠시 들고 있는다. 접시 위에 뒤집어 놓고 면보를 제거한다. 지방이 굉장히 많은 음식이기 때문에 작게 잘라서 내야 한다.

## 음료 • *beverage*

### 피스타치오 워터 *Pistachio Water*

피스타치오는 몰로코베츠, 그리고 소다는 내 아이디어다.

| | |
|---|---|
| 껍질 깐 피스타치오 230그램 | 설탕 1컵 |
| 물 2컵 | 클럽 소다 1병 |

끓는 물에 껍질 깐 피스타치오와 설탕을 넣고 몇 분간 끓여, 푸드프로세서에 넣고 퓌레로 만든다. 이 퓌레를 다시 냄비에 옮겨 몇 분간 끓인 다음 체에 거르되, 으깨진

피스타치오 몇 알은 그냥 남긴다. 하루 이틀 정도 차게 식힌 다음 먹기 직전에 다시 체에 걸러 유리잔의 절반을 채우고, 나머지 절반은 클럽 소다로 채운다.

## 46

# 자메이카 나이트

*Jamaica Night*

***Hint***

영국 제국의 식물원!

18세기에 영국은 태평양에서 자메이카의 비옥한 땅으로 열대 식물을 옮겨 심는 실험을 실시했다. 간디의 표현처럼, 영국 제국이 노예에게 먹일 값싼 영양분을 찾는 것이 주목적이었다. 대표적인 예로 윌리엄 블라이 선장Captain Bligh이 이끄는 에이치엠에스 바운티HMS Bounty호를 들 수 있다. 바운티 호는 1787년에 빵나무를 캐서 자메이카로 가지고 가기 위해 타히티로 향했다. 빵나무는 탄수화물이 많고 포만감을 주는 열매가 많이 열리는 나무다. 그래서 그런 이름을 얻게 되었다. 영국인들은 사탕수수 농장에서 일하는 아프리카 노예들의 배를 채우기 위해 빵나무를 옮겨 심는 것이 저렴할 거라고 생각했다. 바운티 호는 그 유명한 반란으로 인해 자메이카까지 가지 못했다. 그렇지만 자메이카가 어마어마하게 다양한 열대식물의 서식지로 변하긴 했다. 그리고 처음에 풀어줬던 블라이 선장은 놀랍게도 태평양을 건너 다른 나라 배의 선장이 되어 선원들을 박해했고, 결국 자메이카와 세인트 빈센트에 빵나무를 옮겨 놓았다. 이제 빵나무는 영어권 카리브 해 지역 대부분의 주요 산물이다.

자메이카 사람들이 즐겨먹는 상당수 과일과 우리가 자메이카 나이트를 위해 준비한 음식의 많은 부분이 자메이카 토속 음식이 아니다. 다시 말해, 망고, 코코넛, 설탕, 쌀, 콩, 생강, 레몬과 라임, 향신료의 대부분은 이 작은 섬에서 자생하던 것들이 아니다. 그렇지만 지금은 그곳에서 자라며 자메이카의 일부로 자리매김했다. 할렘 르네상스(Harlem Renaissance, 1920년대 미국 뉴욕의 흑인지구 할렘에서 퍼진 민족적 각성과 흑인예술문화의 부흥을 말한다. 할렘 르네상스는 니그로 르네상스라고도 하며, 흑인의 목소리가 집단으로 표출되고 백인에게 받아들여지기 시작하는 계기가 되었다. – 옮긴이)의 대표적인 작가이자 자메이카 태생인 클라우드 맥케이McKay는 자신이 태어난 섬을 얼마나 그리워하는지를 표현하면서, 할렘 시장에서 판매하는 과일을 보면 고향이 생각난다고 썼다.

〈시카고 트리뷴〉 지에서 카리브 해 지역을 담당하면서 10년 동안 정기적으로 가봤던 카리브 해의 모든 섬들 가운데 자메이카만큼 그리운 곳도 없다. 나는 항상 킹스턴Kingston에 근거지를 두었는데, 킹스턴은 전 세계 여느 곳과 같은 특징을 보이는 거친 항구 수도였다. 나는 찌는 듯이 더운 거리에서 위대한 음악가와 희망에 가득 찬 젊은 음악가들을 만났고, 노동당을 지지하는 갱들, 국민국가당을 지지하는 갱들과 함께 많은 시간을 보냈다. 자메이카는 그런 식으로 돌아갔다. 한 지역이 특정 정당에 맹렬하게 충성한다. 나는 특히 처비라는 이름의 노동당 스트리트 갱 총잡이와 친해졌다. 그는 총 한 자루 말고는 돈도 희망도 아무것도 가져보지 못한 사람으로, 다른 것을 할 수 있었으면 좋겠다는 말을 자주 하던 우울한 남자였다. 선거가 있던 날 어둑해진 밤, 킹스턴 도심에서 갑자기 팟팟팟팟 하는 총소리가 울려 퍼졌다. 그러더니 M16 소총을 가진 갱 단원의 실루엣이 위협적인 걸음걸이로 나에게 다가오는 것이 아닌가. 그가 내 친구인 처비인 것을 확인하는 순간 얼마나 안심이 되던지! 자메이카를 떠난 이후로 나는 그가 총격전에서 사망했다는 소식을 전해 들었다. 대부분의 갱 리더들은 그렇게 세상을 떠난다.

나는 두 정당의 리더인 에드워스 시가Seaga와 마이클 맨리Manley도 알았는데, 반대파의 완벽한 예가 됐던 사람들이다. 스코틀랜드와 레바논의 혈통이 섞인 시가는 조상 중에 흑인이 있다는 소문이 돌았지만 생김새는 백인과 같았는데, 이는 자메이카에서 드문 일이었다. 그는 나를 만날 때면 뻣뻣하게 긴장한 상태였고 대체로 불편해했다. 나는 그와 함께 킹스턴 내의 그의 구역인 티볼리 가든Tivoli Garden이라는 빈민가에 가서 밤새도록 진행되는 아프리카 종교 의식에 참석했다. 열정적인 아프리칸 드럼 비트가 사람들을 혼령에 사로잡히게 하는 동안 그 의식을 좋아했던 시가는 뻣뻣하게 박수를 쳤다. 그런 그의 모습은 어느 때보다 백인처럼 보였다.

맨리는 내가 만나본 사람 가운데 가장 매력적인 남자로, 타고난 정치가였다. 그의 아버지인 노만이 자메이카 독립의 아버지로 추앙받는다는 점을 고려하면 정치가가 될 운명이었다고 말할 수 있다. 나는 맨리와 함께 선거 유세에 동반하곤 했는데, 그의 운전사는 좁고 굽은 도로를 145킬로미터로 달리는 사람이었다. 마을에 도착한 맨리가 차에서 내리자 자메이카 전체가 열광하는 것 같았다. 누군가 나서서 선동할 필요가 없었다. 그는 마을을 돌아다니며 문이며 나무 뒤에 숨은 사람들까지 찾아냈다. 맨리는 가능하면 모든 사람들을 만나려고 했는데, 그를 본 사람들은 모두 그의 손에 키스를 했다. 그렇게 사람들을 만나고 나면 그는 다음 마을로 향했다. 그동안 스페인의 펠리페 곤잘레스Gonzalez, 쿠바의 피델 카스트로를 비롯해 진정한 카리스마를 가진 정치가들을 만나거나 기사로 다룬 적이 있었지만, 그 중에서 단연 최고는 맨리였다. 언젠가 나는 카리스마가 무엇일까 생각해본 적이 있었는데, 맨리를 보고서 카리스마는 자기 자신과 다른 사람들을 유혹할 수 있는 자기 능력에 대한 완벽하고 절대적인 신뢰라고 결론지었다.

킹스턴의 뜨거운 열기와 힘든 생활을 충분히 겪었다 싶을 때면 나는 빽빽한 산림이 펼쳐져 있는 산과 어촌, 농촌, 그리고 소름이 돋을 정도로 예쁜 해안가를 가진 세상에서 가장 아름다운 섬 가운데 하나인 자메이카를 탐험했다. 자메이카는 대서양이 닿지 않는 부드럽고 따뜻하며 푸른 카리브 해에 완전히 둘러싸인 몇 안 되는 섬 가운데 하나이자, 그 가운데 가장 큰 섬이다. 자메이카에는 관광 용으로 길게 늘어선 바닷가가 있는데 아무리 좋게 봐도 끔찍하기 때문에 나는 그곳에 간 적이 거의 없다. 그렇지만 그곳을 제외하면 자메이카는 다른 곳과 비교할 수 없을 정도로 아름다운 해안가를 가지고 있었고, 그 가운데 멀리 떨어진 곳은 도망친 노예의 후손들이 살고 있는 지역으로 조상들이 재창조한 아프리카 문화가 그대로 남아있었다.

2008년에는 〈푸드 앤 와인Food and Wine〉이라는 잡지 일로 브래드포드 톰슨과 그의 자메이카 출신 아내 케리 앤 에반스 톰슨과 함께 자메이카를 방문할 일이 있었다.

브래드가 레시피를 개발할 수 있도록 그곳에서 우리는 뒷골목을 돌아다니며 식재료를 사고 요리를 하고 자메이카 요리법을 탐구했다. 자메이카 나이트에 쓰인 '게'에 관한 설명과 쌀, 완두콩은 브래드의 레시피에서 영향을 받았는데, 몇 가지 다른 점이 있긴 하다. 육포 소스는 브래드의 레시피를 기반으로 한 것으로, 그의 레시피는 자메이카 출신 아내 케리 앤의 가족 레시피를 바탕으로 개발한 것이다.

육포는 냉장고에서 48시간 재워야 하기 때문에 반드시 이틀 전에 만들어야 한다. 먹기 전에 조리할 때가 되면 코코넛 두 개를 깬다. 게 소스를 졸인 런다운rundown과 쌀, 완두콩을 위해 코코넛 워터를 사용할 것이다. 디저트로 사용할 코코넛 과육은 강판에 갈면 된다.

## 빵 • *bread*

### 바미 *Bammy*

바미는 자메이카 나이트에 등장하는 요리 가운데 가장 자메이카다운 레시피다. 유럽인들이 밀가루와 과일을 들여오기 훨씬 전부터 자메이카에는 카사바 뿌리가 있었다. 바미는 원조 자메이카 빵이다. 자메이카에서 나는 거의 아침 식사로 이 빵을 먹었다. 런다운을 곁들여 먹으면 맛있다. 이 레시피는 바미 예닐 곱 개 기준이다. 먹다 남으면 몇 주 동안 보관이 가능하다. 딱딱해지면 우유에 담갔다가 프라이팬에 버터를 녹인 후 데워 먹으면 된다.

- 껍질 벗겨 강판에 간 30센티미터 길이의 두꺼운 카사바 뿌리 1개
- 소금 1½테이블스푼
- 카놀라유 ¼컵

강판에 간 카사바를 한 번에 한 줌씩 손에 쥐고 즙을 짠다. 소금을 넣는다. 프라이팬에 기름을 두르고 달군다. 강판에 간 카사바를 다시 한 번에 한 줌씩 쥔다. 다시 한 번 짜서 조금이라도 남은 즙을 없애는 것이다. 만드는 방식이 이렇기 때문에 탈리아가 만든 것이 내가 만든 것보다 훨씬 양이 적다. 소금 간을 한 카바사 즙을 프라이팬에 올린다. 자메이카에서는 둥근 바미를 만드는데 사용하는 금속으로 된 링이 있지만, 원하는 형태대로 아무렇게나 만들어도 상관없다. 바미 한 개의 지름이 12~15센티미터 정도 되어야 하고, 두께가 0.5~1센티미터 정도 되어야 한다. 팬에 넣은 한 덩어리를 원하는 두께가 될 때까지 멕시칸 빈 매셔, 혹은 뒤집개 등으로 천천히 누른다. 아래쪽이 살짝 노릇노릇해지면 김이 나기 시작할 것이다. 스패출라로 뒤집은 다음 반대쪽도 노

릇하게 굽는다.

바미를 본 탈리아가 감자 랏키(Latke, 팬케이크와 같은 유대인 명절 음식 – 옮긴이)가 생각났나 보다. 곁들여 먹겠다고 사과소스를 달라고 했으니 말이다. 사과 소스를 곁들여 먹으면 맛있지만, 자메이카의 관습은 아니다.

## 애피타이저 • *appetizer*

### 크렙 런다운 *Crab Rundown*

런다운은 '졸인 소스'를 의미한다. 자메이카에는 여러 종류의 런다운이 있다. 자메이카의 남쪽 해안가에서는 블랙 크랩이 잡히는데, 어떤 종류의 게살을 사용해도 상관없지만, 이 레시피에 들어가는 커리는 반드시 콜롬보 커리를 섞은 것이어야 한다.('설탕과 향신료에 대하여' 프랑스령 기아나 나이트 중 '콜롬보와 커리' 참조.)

- 코코넛 오일 ¼컵(건강을 생각한다면 카놀라유를 사용해도 좋지만 맛은 덜할 것이다)
- 다진 노란 양파 1개
- 껍질 벗겨 다진 2.5센티미터 크기의 생강 1개
- 다진 마늘 5쪽
- 커리가루 1테이블스푼
- 올스파이스 1테이블스푼
- 흰 카다몸 씨 5알
- 터메릭가루 1테이블스푼
- 소금 1테이블스푼
- 후추 4회전
- 다진 큰 토마토 2개
- 줄기와 씨를 제거한 다진 스카치 보넷 페퍼 ½개(매운 맛을 원하면 1개를 다 쓰면 된다)
- 오레가노 3가지 분량의 잎
- 코코넛 1개
- 400그램의 무가당 코코넛 밀크 1캔
- 게살 450그램

프라이팬에 기름을 두르고 달군 다음 양파, 마늘, 생강을 넣고 5분간 볶는다. 타거나 눌러붙지 않게 계속 저으면서 볶을 것. 커리가루, 올스파이스, 카다몸, 터메릭, 소금, 후추를 넣는다. 몇 분간 볶은 다음 토마토와 스카치 보넷 페퍼를 넣는다. 토마토가 조금 말랑해질 때까지 계속 볶은 다음 오레가노를 넣는다.

코코넛 주스와 무가당 코코넛 밀크를 함께 넣는다. 3분간 팔팔 끓이다가 불을 낮추고, 소스가 원래 양의 절반으로 줄어들 때까지 20분간 뭉근하게 끓인다.

먹기 직전에 게살을 넣고 약불에 5분쯤 저으면서 끓인다.

## 메인 코스 • *main course*

### 치킨 육포 *Jerk Chicken*

자메이카에서 가장 좋아했던 음식 가운데 하나가 첼시 저크 센터Chelsea Jerk Center에서 먹는 요리였다. 비교적 킹스턴의 중산층 거주 지역에 있었지만, 밤이면 체인으로 된 울타리가 쳐지고 긴 줄이 늘어서며 사람들과 자동차로 넘쳐나는 끔찍한 곳으로 변했다. 그래도 가볼 만한 곳이었다. 창구가 두 개 있었는데 하나는 닭고기를 팔고 다른 하나는 돼지고기를 팔았다. 두 창구 모두 미국 남부에서 허시퍼피hushpuppy라고 알려진 것과 비슷한 페스티벌festival이라는 옥수수튀김을 팔기도 했다. 저크 센터에서는 모든 음식을 신문지에 싸주는데, 주로 〈데일리 글리너Daily Gleaner〉에다 싸준다. 데일리 글리너에 대해 사람들이 뭐라고 하건 간에, 저크를 포장하는 데는 정말 좋은 신문이었다. 여기에는 자메이카 어디서나 쉽게 구할 수 있는 차가운 레드 스트라입Red Stripe 맥주 한 병도 필요한데, 갱들은 대체로 기네스를 선호했다.

저크는 본래 전통적으로 모닥불에서 익혀야 한다. 섬 곳곳에 있는 여러 저크 센터에서는 저크를 그런 식으로 만든다. 고기를 아주 맵고 마른 것으로 문지른 다음 바비큐 하는데, 이런 방식은 서아프리카에서 유래했으며 섬의 내륙으로 도망친 노예들에 의해 보존된 것으로 보인다. 대부분의 가정에는 모닥불이 없을 것이므로 수정된 나의 레시피대로 하는 것이 나을 것이다. 이 레시피에는 레스토랑에서도 이용할 수 있는 요령도 소개했다. 오븐에 미리 익혀놓기 때문에 먹기 직전에 잠깐 그릴에 굽기만 하면 된다.

단, 먹기 이틀 전부터 만들기 시작해야 한다.

씨와 속을 제거한 스카치 보닛 페퍼 1개
오레가노 4가지
다진 파 4개
골드 럼주 1컵
간장 1테이블스푼
마늘 3쪽
진한 황설탕 ¼컵
물 ¼컵
소금 1테이블스푼
후추 5회전
사등분한 닭고기 6조각

푸드프로세서에 스카치 보닛 페퍼와 오레가노, 파, 럼주, 간장, 진한 황설탕, 물, 소금, 후추를 넣고 퓌레로 만든다.

퓌레를 사등분한 닭고기 전체에 문지른다. 원래 여덟 조각 용 소스지만, 우리는 여섯 조각만 만들었다. 한 사람에 한 조각이면 충분하지만, 다음 날 먹어도 맛있기 때문에 일부러 한 조각씩 더 먹을 수 있게 만들었다. 닭고기를 도기로 만든 오븐 용 그릇이나 파이렉스Pyrex 베이킹 그릇에 넣고 남은 소스를 그 위에 부은 후 뚜껑을 덮어 냉장고에 이틀간 재운다.

먹기 약 두 시간 전에 오븐을 200도로 예열하고, 냉장고에서 닭고기를 꺼내 10분에서 15분 정도 상온에 휴지한 다음 한 시간 동안 굽는다. 최소한 10분에서 20분 정도 식힌다. 그 다음 그릴을 가장 높은 온도로 달궈 닭고기의 양면에 검은 그릴 자국이 몇 줄 생길 때까지 굽는다.

## 채소 • *vegetable*

### 칼랄루 *Callaloo*

카리브 해 요리에 주재료로 쓰이는 두 가지 식물이 있다. 그런데 모두 칼랄루라고 부르기 때문에 이 두 가지 식물을 혼동할 때가 많다. 하나는 카리브 해 지역에서 널리 먹는 타르토란을 만드는 식물의 넓고 두꺼운 잎을 가리킨다. 나중에 폭발하여 화산재와 용암으로 섬 전체를 뒤덮어버린 몬세라트Montserrat 섬의 화산 위를 하이킹할 때 지역 주민이 그 이파리를 접어서 물을 떠 마실 수 있는 컵으로 만드는 방법을 알려주었다. 흑토란Colocasia esculenta이라는 이 식물은 자메이카보다는 안티구아Antigua부터 그레나다Grenada, 트리니다드Trinidad에 이르는 카리브 해 동부에 더 많이 자생한다. 자메이카에서는 대개 청비름Amaranthus viridis을 칼랄루라고 부르는데, 흑토란에 비해 잎이 더 섬세하며 자메이카 요리에 많이 쓰인다. 반찬으로 나오는 작은 칼랄루 한 접시만 봐도 자메이카에 있다는 것을 깨달을 수 있을 정도다. 물론, 근처에 자메이카 시장이 없다면 시금치로 대체해도 좋다.

칼라루, 또는 시금치 230그램
버터 4테이블스푼
소금 한 꼬집
후추 4회전
강판에 간 생 넛멕 ¼티스푼

칼랄루를 구할 수 있으면 칼랄루 잎 위에 달린 씨를 제거하고 잘 씻어 부드러워질 때까지 몇 분간 삶아 물기를 제거하고, 달군 팬에 뜨거운 버터와 함께 넣어 볶는다. 나머지 재료를 넣어 볶는다.

시금치를 사용하는 경우에는 깨끗이 씻어서 물기를 제거하고 부드러워질 때까지 뜨거운 버터에 볶은 다음 다른 재료를 넣으면 된다.

칼랄루

이 요리는 카리브 해 지역 어디에나 있다. 때로는 피스 앤 라이스라고 불릴 때도 있다. 실제로 라이스 앤 피스를 먹을 것인지, 피스 앤 라이스를 먹을 것인지 선택해야 했던 레스토랑도 있었지만 무슨 차이가 있는지 도무지 알 수 없었다. 피스는 완두콩일 때도 있고 아프리카에서 옮겨 심은 나무콩(pigeon pea, 열대산 콩과의 관목 – 옮긴이)일 때도 있다. 나라마다 이 요리를 저마다 변형해서 먹는데, 그 중에서도 자메이카의 라이스 앤 피스에는 코코넛이 들어가기 때문에 특히 맛있다.

다진 양파 ½개
다진 생강 2.5센티미터 크기 1개
코코넛 오일 ¼컵
흰 쌀 1컵
팥 통조림 110그램
씨와 속을 제거한 스카치 보넷 페퍼 ½개
코코넛 1개
무가당 코코넛 밀크 230그램

프라이팬에 코코넛 오일을 두르고 약불에서 양파와 생강을 볶는다. 몇 분 뒤에 쌀을 넣고 저어가며 5분간 볶는다. 팥 통조림을 넣는다. 스카치 보넷 페퍼, 코코넛 주스, 코코넛 밀크를 넣는다.(코코넛 과육은 디저트 용으로 남겨 둔다.) 그 정도면 국물의 양이 쌀이 잠길 정도로 충분할 것이다. 그렇지 않다면 물을 조금 추가하되, 너무 많이 넣지는 않도록 한다. 국물이 쌀에서 약 1.2센티미터 올라오는 정도면 된다. 젓지 말고 뚜껑을 덮은 상태로 표면에 거품이 살짝 일고, 수분이 다 없어질 때까지 끓인다. 불을 끄고 젓지 않은 상태로 뚜껑을 덮어 10분간 그대로 둔 다음 페퍼를 건져 버리고 포크로 밥을 뒤적인다.

## 코코넛 라임 망고 타르트 *Coconut Lime Mango Tart*

탈리아가 무척 좋아한 이 디저트는 기본적으로 내가 개발한 것이다. 레몬 라임 코코넛 커스터드는 최초로 자메이카 레시피를 소개한 캐롤라인 설리번Sullivan의 1893년 출간작 『자메이카 요리 책Jamaica Cookery Book』에 있는 레시피를 기본으로 했다. 그녀가 커스터드를 크러스트에 얹어 먹으면 맛있다고 썼기 때문에 나는 프렌치 타르트 팬French tart pan에 커스터드를 넣고 잘 익은 망고를 위에 얹어 굽기로 결정했다.

### 크러스트 *The Crust*

- 8조각으로 자른 버터 2스틱
- 밀가루 2컵
- 소금 1테이블스푼
- 설탕 1컵
- 강판에 간 코코넛 1컵
- 바닐라 농축액 조금
- 전란 1개

반죽 갈고리가 달린 믹서에 밀가루를 넣고 버터를 넣고 밀가루가 입자가 굵은 가루처럼 될 때까지 중속으로 섞는다. 소금, 설탕, 코코넛을 넣고 섞는다. 완전히 섞였으면 바닐라와 달걀을 넣고 한 덩어리의 도우가 될 때까지 믹서를 더 돌린다. 도우를 9인치 타르트 팬에 눌러 넣고 타르트 팬 높이보다 더 올라오도록 바깥쪽 가장자리로 밀면서 바닥을 얇게 만든다. 타르트 팬 위로 올라온 가장자리를 팬 안쪽으로 말아 넣는다.

필링! *The Filling*

버터 2스틱
정제설탕 2컵
달걀 4개
강판에 간 코코넛 1½컵
라임 2개
레몬 1개
껍질 벗겨 길게 자른 잘 익은 망고 1개

오븐을 175도로 예열한다. 버터와 슈거 파우더를 약불에 올려 섞어 슈거 파우더 믹스를 만든다. 슈거 파우더 믹스를 거품기가 달린 믹서에 넣는다. 믹서를 돌리면서 내용물이 걸쭉하고 희끄무레하고 거품이 생길 때까지 달걀을 한 번에 하나씩 넣어 섞는다. 믹싱볼에 따르고 강판에 간 코코넛을 넣는다. 잘 섞은 다음 라임 두 개의 제스트, 레몬 한 개의 제스트, 라임 한 개의 즙을 넣는다. 잘 섞은 다음 크러스트 안에 따른다. 망고를 햇살 모양으로 펼쳐 올린다.

크러스트가 딱딱해지고 살짝 갈색을 띨 때까지 40분가량 굽는다. 단, 너무 진한 갈색이 나게 굽지는 말 것.

## 음료 • *beverage*

### 진저에일 *Ginger Ale*

중불에 동량의 설탕과 물, 그리고 얇게 썬 생강 여섯 조각을 넣고 녹인다. 불 위에 올린 채로 몇 분간 생강이 우러나게 내버려 둔 다음 불에서 내리고 천천히 식힌다. 시럽과 차가운 클럽 소다를 섞고, 원한다면 얼음도 넣는다.

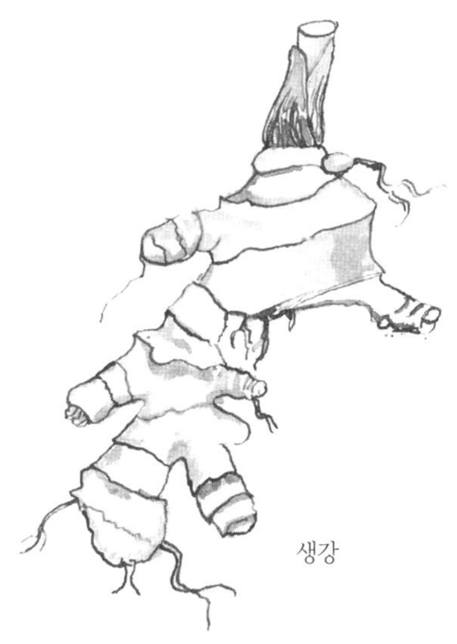

# 47

# 스리랑카 나이트

## *Sri Lanka Night*

***Hint***

차의 섬!

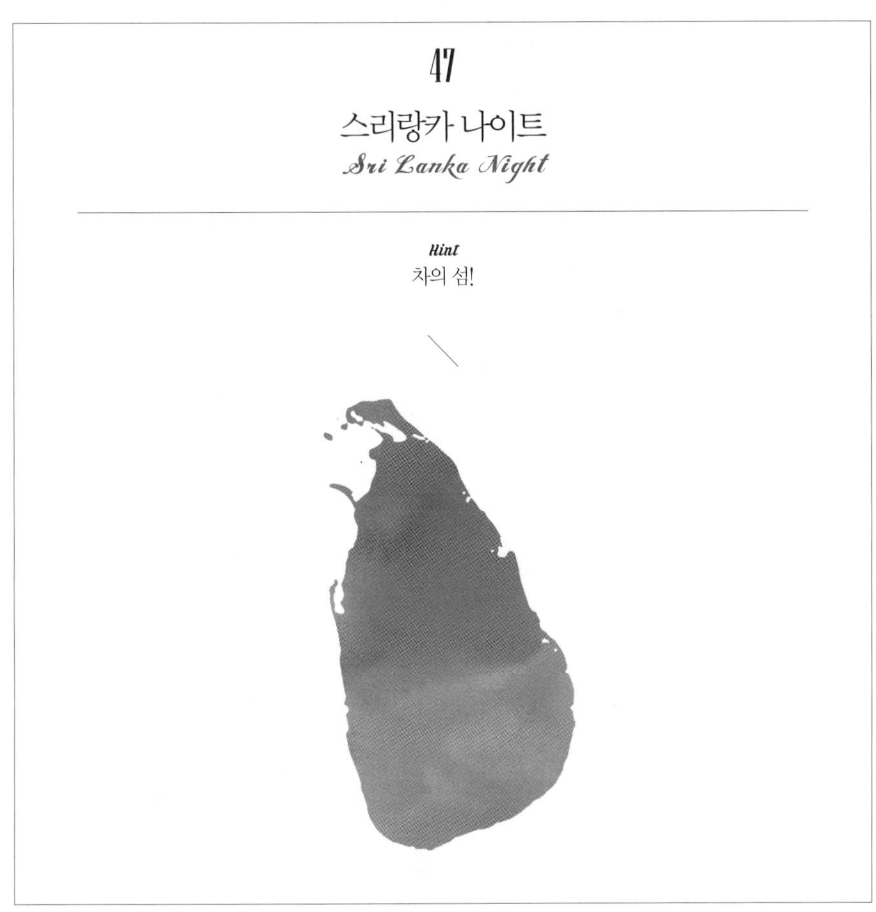

힌트가 너무 쉽다. 매리엔은 힌트를 듣자마자 바로 맞춰버렸을 정도다. 사실, 그녀는 실론이라고 답했는데 스리랑카가 영국 식민지일 때 불리던 명칭이 실론이었다. 1972년에 다시 옛날 이름인 스리랑카로 바꿨다. 스리랑카는 세계에서 가장 오래된 불교 국가다. 실론이라는 국가명은 1824년 영국인들이 중국에서 차나무를 들여온 이래 차와 관련이 있었다. 스리랑카는 2천만 명의 인구 가운데 100만 명이 이 섬나라의 주요 수출품인 차 산업에 종사하고 있을 정도다.

코코넛과 향신료가 주재료로 쓰이는 스리랑카의 음식은 인도 남부 지역과 공통점이 많다.

다음에 소개되는 레시피에 사용되는 풋고추는 아시아에서 선호하는 중간 정도 맵기의 작은 고추다. 원하는 맵기에 따라 작은 멕시코 세라노Mexican Serrano 하나를 다 넣거나, 일부만 사용해도 좋다. 많이 변형시키긴 했지만, 이 레시피들은 주로 피터 쿠루비타Kuruvita의 멋진 저서『세렌딥: 나의 스리랑카 키친Serendip: My Sri Lankan Kitchen』에 나오는 레시피를 기본으로 한 것들이다.

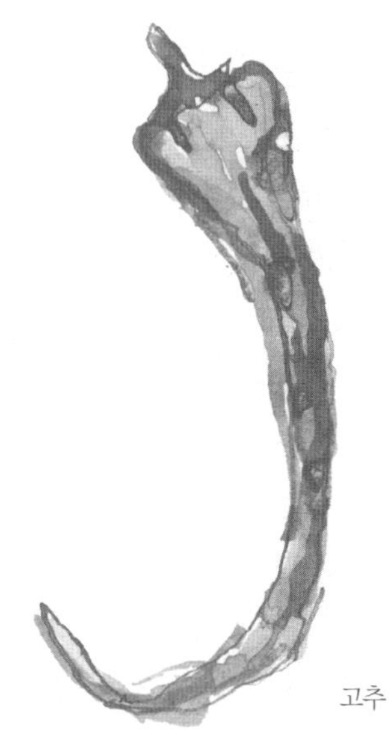

고추

## 피시 볼과 민트 삼발 *Fish Balls and Mint Sambal*

이 요리를 만들 때는 식용유 대신 참기름을 사용하도록. 원래는 그렇게 만들지 않지만, 맛이 훨씬 좋아지기 때문이다. 생 커리 잎은 스리랑카 요리에 많이 쓰이는데, 아시아 식료품점이나 온라인으로 구입할 수 있다. 섬세한 맛을 내기 때문에 구할 수 있으면 좋지만, 그렇지 않으면 빼도 좋다. 민트 삼발을 먼저 만들어야 생선이 뜨거울 때 바로 먹을 수 있다.

### 피시 볼 *Fish Ball*

듬성듬성 자른 황다랑어나 뼈를 바른 보니타 230그램
사등분한 중간 크기의 껍질이 얇은 감자 2개
소금 넉넉한 한 꼬집
후추 4회전
간 노란 양파 ½개
참기름 ¼컵
커리 잎 4개
커민가루 1티스푼
씨와 속을 제거한 긴 풋고추 1개
밀가루 1컵
달걀 3개
빵가루 1컵
카놀라유 ½컵

찜기에 생선과 감자를 넣고, 감자가 말랑해질 때까지 10분쯤 찐 다음 볼에 옮겨 소금과 후추를 넣고 으깬다.

생선을 찌는 동안 기름에 양파를 볶는다. 커리 잎과 커민을 넣는다. 몇 분간 기름에 튀기듯 빠르게 볶다가 커리 잎을 빼고 양파 믹스를 완성한다. 양파 믹스를 으깬 생선에 고추와 함께 넣고 잘 섞어 지름 4센티미터, 두께 1.5센티미터 크기의 패티로 만든다. 밀가루를 뿌리고 달걀물을 입히고 빵가루를 바른다. 뜨거운 카놀라유에 넣고 양면이 노릇해질 때까지 튀긴다. 민트 삼발을 작은 그릇에 담아 뜨거운 생선에 곁들여 낸다.

### 민트 삼발 *Mint Sambal*

생 민트 잎 1컵
다진 양파 ½개
다진 생강 3개
껍질 벗긴 마늘 2쪽
씨와 속을 제거한 풋고추 1개
강판에 간 코코넛 ¼컵
물 2테이블스푼

모든 재료를 푸드프로세서에 넣고 내용물이 잘게 갈되, 퓌레가 되지 않게 한다.

## 메인 코스 • *main course*

### 오징어 커리 *Squid Curry*

오징어 450그램 1마리
펜넬 씨½티스푼
커민가루 1테이블스푼
터메릭가루 2테이블스푼
붉은 고춧가루 1티스푼
간 풋고추 3개
고수가루 2티스푼
호로파 씨 ½티스푼
후추 5회전
기 ½컵('지방과 오일에 대하여'와 인디아 나이트 참조)
링 모양을 살려 얇게 썬 노란 양파 ½개
커리 잎 5장
즙 낸 라임 1개
코코넛 밀크 170그램

오징어 몸통을 링모양으로 썰어 오징어 다리와 함께 볼에 담는다. 펜넬 씨, 커민, 터메릭, 고춧가루, 풋고추, 고수, 호로파, 후추를 넣고 섞는다.

프라이팬에 기를 넣고 달군다. 양파와 커리 잎을 넣고 몇 분간 기름에 튀기듯 볶은 후 오징어와 향신료를 넣는다. 나무 스푼으로 저으면서 5분간 볶는다. 라임 즙과 코코넛 밀크를 넣는다. 강불에 올려 계속 저으면서 국물이 반으로 줄어들 때까지 졸인다. 커리 잎을 건져서 낸다.

오징어

## 채소 • *vegetable*

### 볶은 스노우피 *Stir-fried Snow Peas*

스노우피 340그램
기 ½컵
다진 노란 양파 ½개
커리 잎 5장
다진 마늘 2쪽
씨와 속을 제거한 풋고추 1개
마드라스 커리 2테이블스푼('설탕과 향신료에 대하여' 참조)
즙 낸 라임 1개
소금 넉넉한 두 꼬집

스노우피의 끝을 자르고 일직선으로 된 부분을 아래쪽으로 잡아당겨 줄기와 끈을 제거한다.

달군 프라이팬에 기를 넣고 스노우피를 제외한 모든 재료를 넣어 몇 분간 볶는다. 스노우피를 넣고 색깔이 밝은 녹색이 될 때까지 몇 분간 볶는다.

## 디저트 • *dessert*

### 와탈라펜 *Watalappen*

와탈라펜은 스리랑카의 전통요리다. 이 요리를 만들려면 코코넛 야자로 만드는 어두운 색의 설탕인 '종려당'이 반드시 필요한데, 여러 가지 설탕을 판매하는 상점이나 아시아 식료품점, 온라인에서 구입할 수 있다.

종려당 450그램
물 ¾컵
강판에 간 생 넛멕 ¼티스푼
그린 카다몸가루 ¼티스푼
시나몬가루 ¼티스푼
클로브가루 ¼티스푼
바닐라 농축액 조금
달걀 5개
코코넛 밀크 170그램
생 캐슈넛 한 줌

오븐을 175도로 예열하고, 종려당은 물 ¾컵에 넣고 약불에 올려 저어가며 녹인다. 완전히 녹으면 불에서 내리고 넛멕, 카다몸, 시나몬, 클로브가루, 바닐라 농축액을 섞어 종려당 믹스를 만든다.

거품기가 달린 믹서에 달걀을 넣고 종려당 믹스를 천천히 부으면서 휘핑한다. 코코넛 밀크를 붓고, 오븐 용 그릇에 따른다. 물이 반쯤 찬 로스팅 팬에 오븐 용 그릇을 넣어 20분간 중탕으로 굽는다.

굽는 동안 생 캐슈넛 한 줌을 잘게 자른다. 캐슈는 사실 너트가 아니라 먹을 수 있는 과일의 씨다. 잘게 자른 캐슈넛을 그릴에 넣고 지켜보다가 갈색이 되면 타기 전에 꺼낸다. 커스터드 위에 뿌린다. 굳을 때까지 40분 더 굽는다. 뜨겁게 먹거나 차갑게 식혀 먹는다.

캐슈 과일

## 스위츠 • *sweets*

### 코코넛 락 *Coconut Rocks*

아이들이 가장 좋아하는 코코넛 락은 항상 나를 긴장하게 하는 '식용 색소'로 인해 밝은 핑크색을 띤다. 우리는 그보다 색깔은 덜 밝지만, 건강에 좋은 비트 주스를 사용했다. 자른 레드 비트를 끓이기만 하면 된다.

설탕 450그램
전유 200그램
카다몸가루 1티스푼
강판에 간 코코넛 450그램
비트 주스

설탕을 우유에 섞어 약불에서 천천히 저으면서 녹인다. 다 녹으면 카다몸을 넣는다. 그런 다음 강불로 올리고 가끔 저으면서 끓인다. 차가운 물에 한 방울 떨어뜨린 후 손가락으로 굴려 말랑말랑한 공이 되면 다 된 것이다. 그런 다음 재빨리 코코넛을 넣고 잘 섞고, 불을 끈다. 재료의 절반을 떠서 기름을 잘 바른 베이킹 트레이 위에 올린 다음 멕시칸 빈 매셔(또는 기름 바른 스패출라)로 살살 두드려 1센티미터 두께의 판으로 만든다. 남은 재료에는 비트 주스를 부어 핑크색이 나게 섞는다. 납작하게 두드린 반죽 위에 올리고 다시 살살 두드린다. 식으면 정사각형으로 자른다.

## 음료 • *beverage*

### 코타말리 *Kothamalli*

인도와 스리랑카에서는 이 음료를 차가운 약으로 인식하기 때문에 처음에는 식사와 함께 내기 망설였다. 식사하는데 왜 약을 마시는가? 그렇지만 맛있을 것 같았다. 그러다 스리랑카 나이트 전날 밤 (스리랑카 이브?) 탈리아가 감기에 걸렸다. 탈리아는 코타말리를 마시고 난 후 감기가 좀 나았다고 했고, 매리엔과 나는 아주 맛있는 음료라는 사실을 알게 되었다.

고수 씨 3테이블스푼
시나몬 2스틱
얇게 썬 생강 3조각
물
꿀

작은 냄비에 물을 붓고 모든 재료를 넣어, 약불에서 20분간 뭉근하게 끓인 후 꿀을 곁들여 낸다.

### 얼그레이 티 *Earl Grey Tea*

얼그레이는 오렌지의 친척인 베르가못Bergamot이라는 감귤류의 기름과 섞어 만드는 홍차다. 얼그레이는 1830년쯤 실론에서 개발되었으며, 그 당시 영국 수상의 이름을 땄다. 최고의 얼그레이는 스리랑카의 단일 차밭에서 딴 오렌지 페코 잎을 수작업으로 베르가못 오일과 섞어 만든 것이다. 여러 차밭에서 딴 차들을 한데 섞어 (이런 것들은 대개 차밭이 표시되어 있지 않다) 인공 시트러스 오일을 섞은 것은 주의하도록.

물 ¾컵을 끓기 직전의 상태까지 가열한다. 큰 거름망이 달린 찻잔에 찻잎을 넉넉히 넓게 펼치고 물을 붓는다. 입맛에 따라 몇 분간 우린다. 너무 오래 우리면 차 맛이 써진다. 거름망을 끄집어내고, 두 번째 잔을 우릴 때 다시 사용한다.

# 48

# 벨기에 나이트
## *Belgium Night*

***Hint***

막강한 전쟁 국가들 사이에서 중립 공간을 조성하기 위해 만들어진 국가!

미국인들이 유럽을 좋아하는 이유는 역사와 오랜 전통을 가진 고대 국가들이 있기 때문이다. 그렇지만 벨기에는 미국보다 역사가 짧다. 로마의 식민지 가울Gaul에 지금의 벨기에에 해당하는 갈리아 벨지카Gallia Belgica라고 불리는 지방이 포함되긴 했으나, 네덜란드 남부의 가톨릭 신자들이 북부의 개신교에 반발해서 떨어져 나간 1830년도까지 벨기에라는 별도의 국가는 지구 상에 존재하지 않았다. 그러다 영국의 강한 지지로 새로운 나라가 생겼다. 네덜란드와 프랑스, 두 나라와 전쟁을 벌여온 영국에 두 적대국이 통치하지 않는 공간을 마련한다는 것이 대단히 매력적으로 느껴졌을 것이다. 새로운 나라는 나폴레옹이 지금의 벨기에에 속하는 워털루에서 패배하기 전까지 그랬던 것처럼 프랑스의 북쪽 침략을 막아주는 완충지 역할을 할 예정이었다.

그런데 문제가 있었다. 벨기에 국민들은 세 민족으로 구성되었단 사실이다. 북부는 네덜란드어의 방언을 사용하는 플라망 사람들Flemish이 산다. 네덜란드 사람들은 플라망어가 프랑스, 독어, 영어, 심지어 이디시어 단어에 이르기까지 많은 외래어를 차용한 네덜란드어보다 훨씬 더 '순수하다'고 말한다. 남부에는 프랑스어의 방언을 사용하는 사람들(왈론Walloon이라고 부른다)이 사는 왈로니아Wallonia가 있다. 그렇지만 왈로니아 동부에서는 독일어를 사용한다. 벨기에는 네 지역으로 나뉘어 있었다. 독일어 권, 프랑스어 권, 플라망어 권, 그리고 네덜란드 영역에 속하기는 하나 실제로는 프랑스어와 플라망어를 사용하는 수도인 브뤼셀Brussels.

플라망 사람들은 네덜란드의 방언을 유지했지만 왈로니안 프렌치Wallonian French는 거의 사라져 약간 억양만 다를 뿐 프랑스어로 대체되었다. 프랑스어 사용자와 플라망어 사용자들 사이에는 노골적인 적대감이 존재한다. 프랑스가 100년 넘게 이 나라를 통치하던 기간에는 공직, 다시 말해 대부분의 좋은 일자리를 얻기 위해서 반드시 프랑스어를 할 줄 알아야 했다. 그러나 플라망인들이 빠르게 증가했기 때문에 지금은 수적으로 훨씬 우세한 그들이 권력을 차지하고 있다.

비교적 새로운 국가이긴 하지만 벨기에에는 아주 오래된 민속 페스티벌과 퍼레이드를 비롯해 '행진'이 많다. 그런데 가장 어둡고 가장 수치스러운 연중행사가 딕스뮈드Diksmuide에서 발생했다. 벨기에는 독일과 얽힌 오랜 역사를 가지고 있다. 제1차 세계

대전 때 침략을 당하면서 전쟁 중에 파괴된 플라망 마을 딕스뮈드 외곽에서 4천 명의 벨기에 사람들이 참호에 매달려 죽었다. 자신들과 말도 통하지 않던, 프랑스어를 사용하는 관료들에 의한 플라망 병사들의 그러한 죽음이 적대적인 플라망 민족주의 운동이 뿌리를 내리게 된 씁쓸한 이유 중 하나다. 그러다 제2차 세계 대전 때 나치가 플라망 민족주의자들을 자신들과 같은 '아라얀Arayan'이라고 부르며 '플라망 카드'를 집어들었고, 그로 인해 닥스뮈드에서 친 나치 의식이 열렸다. 현대에 접어들면서 이 마을에서는 제1차 세계 대전 때의 전투를 기념하는 연중행사가 열리기 시작했으나, 곧 네오나치neo-Nazi들이 해마다 한 번씩 모이는 장소로 전락하고 말았다.

나는 내가 그 행사를 온전히 취재한 최초의 기자였다고 믿는다. 아니면 적어도 다치지 않고 취재를 끝낸 최초의 기자였다고 생각한다. 그 전까지만 해도 기자들이 심한 폭행을 당하거나 마을 밖으로 쫓겨났기 때문이다. 그런 기자들은 이상하게도 낡은 취재 방법을 이용해 항상 나치들과 논쟁을 벌이는 쪽을 택했다. 프로다운 처신도 아니었지만, 이 나치들 가운데에는 몸집이 상당히 크고 스킨헤드에 문신까지 해서 무시무시한 인상을 풍기는 사람들도 있었다. 나는 그들과 언쟁을 벌이지 않는 쪽을 택했다. 알고 보니 그들은 자신의 이야기를 들어주면서 믿기 힘들 정도로 무식하고 터무니없을 정도로 인종차별적이며, 솔직히 말하자면 정말이지 대단히 멍청한 자신들의 입장을 전달해줄 만한 기자를 열렬히 좋아했다. 딕스뮈드 행사에는 플라망 사람들만 참가하는 것이 아니라 프랑스, 네덜란드, 영국, 스페인, 이탈리아에서 온 사람들은 물론이고, 왈론과 심지어 미국에서 온 사람들도 몇 명 있었다. 그저 전 세계 나치들이 모여 벌이는 맥주 페스티벌이었다.

나는 〈인터내셔널 헤럴드 트리뷴〉에 기고하며 머물던 파리를 떠나 1980년에 벨기에에서 몇 달 지낸 적이 있었다. 취재기자로 새로운 일을 시작하던 때였다. 브뤼셀은 파리가 아니었다. 브뤼셀에서 가장 유명한 것 중 하나는 브뤼셀을 향해 오줌을 누는 오줌 싸게 소년의 동상이다. 이 도시는 1958년 세계 박람회가 개최되기 몇 년 전, 그에 적합하게 조성되면서 대부분 망가져 버렸다. 시내를 이리저리 가로질러 놓인 고속도로들은 운전하기에는 효율적이었지만, 대부분 단일 민족들로 구성된 지역들을 파괴해 버렸다. 브뤼셀에는 프랑스인 지역, 플라망인 지역, 이주민 지역이 있었다. 나는 시내 근처의 스페인인 지역인 생 질Saint Gilles에 살았는데 이 구역의 상점과 시장에서도 대부분 스페인어가 쓰였다. 프랑스와 네덜란드 간의 불화에 휘말리고 싶지 않았던 나도 스페인어를 사용했다.

얼굴만 보고는, 심지어 이름을 들어도 플라망 사람인지 프랑스인인지 알 길이 없다. 그들 중에는 자신들이 사용하는 언어가 아닌 다른 언어로 말을 걸면 기분이 상해서 인터뷰를 거절하는 사람들도 있었다. 미국인들에게 요긴한 방법이라면, 프랑스어로 자신을 미국인이라고 설명한 뒤 영어를 할 줄 아느냐고 묻는 것이다. 왈로니안이라면 영어를 할 줄 모른다고 말할 것이며, 내가 프랑스어를 해서 다행이라고 생각할 것이다. 플라망인이라면 거의 영어를 할 줄 알기 때문에 내가 프랑스어로 인터뷰를 하겠냐고 제안하지 않은 것을 다행이라 생각할 것이다. 그러나 얼마 지나지 않아 이 모든 것이 귀찮아졌다.

브뤼셀의 주요 고용인들은 유럽 연합과 (당시에는 유럽 경제 공동체European Economic Community로 수도가 브뤼셀에 있었다) 브뤼셀에 본사를 둔 북대서양조약기구NATO였다. 유럽의 공무원들과 고속도로의 도시 브뤼셀에서 나는 몹시도 파리가 그리웠다.

생 질에 있는 나의 작은 아파트에는 벽난로가 있었는데, 그때가 처음이자 마지막으로 내 생에 벽난로가 있던 때였다. 처음에는 벽난로가 있으면 좋을 거라고 생각했지만, 막상 땔감을 사고 나니 귀찮아졌다. 도시인이 느끼는 혼란의 일종이 분명했다.

내가 가장 좋아했던 지역은 플라망 지역으로, 쓴맛보다 신맛이 더 많이 나는 걸쭉한 현지 맥주를 마시고 다양하게 양념된 마요네즈에 프렌치 프라이를 찍어먹으며 이따금 홍합과 소시지를 먹는, 나무로 지어진 어두운 술집들 때문이었다. 그런 카페들을 보면 빈센트 반 고흐Gogh 최초의 위대한 작품인 〈감자 먹는 사람들The Potato Easter〉이 생각난다. 카페들은 눅눅하고 초라했지만, 따스함과 가족 같은 분위기가 느껴졌다.

프렌치 프라이는 벨기에, 그 중에서도 아마도 플라망에서 유래했을 것으로 추정되는데, 어딜 가나 프리트frites로 알려져 있다. 프랑스 사람들은 벨기에 사람들을 경멸한 나머지 멍청하고 퇴보적인 사람으로 묘사하는 농담을 하곤 한다. 이런 농담을 일컬어 '프리트 조크frite joke'라고 하는데 벨기에 사람들을 경멸하는 프랑스어가 프리트이기 때문이다. 이런 경멸의 단어를 사용하는 프랑스 사람을 볼 때마다 나는 미국에서는 그것을 '프렌치' 프라이라고 부른다고 지적해준다.

쓰고 있던 기사 때문에 나는 주기적으로 몬스Mons를 방문해야 했다. 베르겐Bergen이던가? 벨기에에는 대부분의 도시가 프랑스어로 된 명칭과 네덜란드어로 된 이름을 가지고 있었는데, 두 명칭이 항상 비슷한 것은 아니었다. 나는 브뤼셀을 떠나 플라망 지역에서 베르겐을 가리키는 표지판을 따라가다가 결국 베르겐으로 가는 길을 안내하는 표지판은 없고, 몬스로 가는 표지판만 있는 왈로니아를 지나게 되었다.

기사 작성을 끝마쳤을 때 편집장은 내 기사를 실을 수 없다고 했다. "기사를 실으면 문제가 많이 발생할 것"이라는 이유 때문이었는데, 소식을 들은 나는 너무도 기뻤다. 그 즉시 나는 기차에 올라 다시 파리 북역으로 향했다. 내가 브뤼셀에서 보낸 시간은 3개월 남짓이었는데 이후로 다시 브뤼셀에 가 본 적이 없다.

벨기에에 대한 내 기억 가운데 가장 좋은 것은 음식이다. 비록 정말 맛있는 프리트와 소스가 있긴 하지만 프리트뿐만 아니라 아르덴의 고기와 연안에서 잡은 생선, 그리고 세계 최고의 핸드메이드 초콜릿인 프랄린praline까지. 다시 벨기에에 갈 기회가 생긴다고 해도 선뜻 나서지는 않겠지만, 탈리아의 손가락이 지구본 위 벨기에에 닿았을 때만큼은 무척 기뻤다.

## 물 오 치코 Moules Aux Chico

이 요리는 순전히 내가 발명해 낸 것일 수도 있지만, 어쨌든지 간에 익힌 꽃상추, 버터, 홍합이 벨기에 요리의 주재료인 것만은 틀림없다. 벨기에의 마을들과 마찬가지로 벨기에 꽃상추인 에스카롤escarole도 왈로니아와 플란더스Flanders에서 전혀 다른 이름으로 불린다. 플라망어로는 위트루프witloof라고 불리는데, 에스카롤 나무를 차양 아래서 재배하여 잎이 돌돌 말리기 전, 어린 잎을 땄을 때 색이 옅은 것을 가리켜 '흰 뿌리'라는 의미를 가지고 있다. 프랑스에서는 아니지만 왈로니아에서는 '작은 치커리'라는 뜻의 치코로 불린다. 치커리는 녹색의 돌돌 말린 잎과 값싼 커피의 양을 늘리기 위해 갈아서 사용하던 뿌리를 가진 다 자란 나무를 가리키기도 한다. 돈을 절약하게 해주는 것으로, 안타깝게도 유럽에서는 사라졌지만 뉴올리언스에서는 현지 특산품으로 남아있다.

찌기 전에는 입을 벌리고 있는 홍합을 버리고, 찌고 난 다음에는 입을 벌리지 않은 홍합을 버릴 것. 두 가지 모두 어떤, 알고 싶지 않은 이유로 홍합이 죽었음을 나타내기 때문이다.

홍합 450그램
즙 낸 레몬 1개
다진 마늘 4쪽
버터 3테이블스푼
뿌리 쪽 자르고 스파게티처럼 길게 채 썬 꽃상추 4통
(작은 것은 5통)
소금 큰 한 꼬집
후추 5회전
타임 3가지 분량의 잎

홍합을 찐 다음 살만 떼어 레몬 즙과 함께 볼에 넣는다.

프라이팬에 버터를 녹이고 마늘을 볶는다. 꽃상추, 소금, 후추, 타임 잎을 넣고 꽃상추의 숨이 죽을 때까지 볶는다. 홍합을 넣고 잘 뒤적인 다음 몇 분간 더 볶는다.

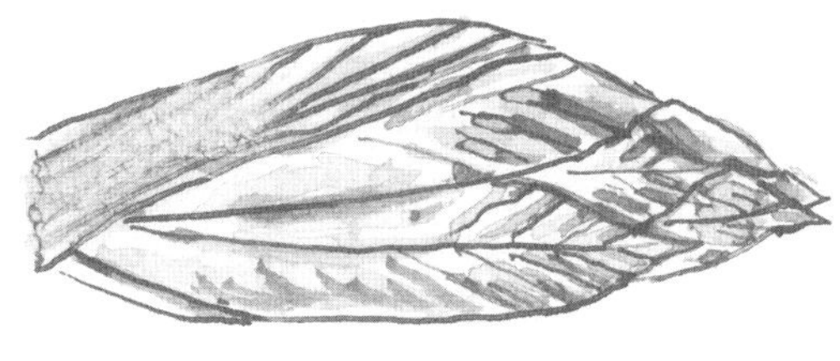

꽃상추

## 메인 코스 • *main course*

### 워터주이 *Waterzooi*

이 요리는 다행히 두 개의 이름을 가지고 있지 않다. '끓는 물'이라는 뜻의 플라망어 이름 한 가지만을 가지고 있다. 이 요리는 겐트Ghent, 혹은 왈로니아에서 표지판을 보고 따라갈 경우 강Gand이라고 적힌 매력적인 플라망 시에서 유래했다. 겐트는 리스 강과 스켈트 강과 만나는 곳에 있는 중세 도시다. 워터주이는 원래 그 강들에서 잡히던 민물고기를 가지고 만들었다. 그러나 벨기에가 유럽 대륙 최초의 산업 국가가 된 이후로 그 강들이 죄다 오염되는 바람에 민물고기들이 사라졌고, 워터주이는 닭고기 요리로 변해버렸다. 그렇지만 대서양의 바다 깊은 곳에 사는 흰 살 생선으로 만들 때도 많다. 우리는 넙치를 사용했기 때문에 엄밀히 말하면 겐트 워터주이 반 타봇Gentse

Waterzooi van Tarbot, 그러니까 '겐트 스타일의 넙치 워터주이'라고 하는 것이 맞을 것이다. 워터주이에 필요한 생선 육수를 만들기 위해서는 몇 시간이 걸리기 때문에 차라리 하루 전날 만들어 두는 것 편하다. 어떤 이름으로 불리건 간에 이 요리는 오렌지색과 녹색, 흰색으로 이루어진 화려한 색감의 요리다.

### 생선 육수 Fish Stock

버터 3테이블스푼
내장과 비늘만 제거한 작은 청어, 혹은 작은 생선 3마리
가능하면 머리까지 달린 새우 3마리
드라이 화이트 와인 2컵
마늘 5쪽
타임 4가지
잘게 자른 당근 3개
반으로 자른 노란 양파 1개
다진 대파 1뿌리
소금 3테이블스푼
후추 5회전
홍합 6마리

육수 용 냄비에 버터를 녹이고 청어를 볶는다. 양 면이 다 갈색이 나면 새우와 화이트 와인을 넣고 3분간 팔팔 끓인다. 불을 줄이고, 나머지 재료를 다 넣어 서너 시간 동안 뭉근하게 끓인다. 남은 건더기는 건져서 버린다. 맛이 우러났기 때문에 괜찮다. 건더기는 우리 고양이 두엔드가 먹었다. 생선 육수를 자주 만든다면 고양이를 키우는 것도 좋을 것이다.

### 워터주이 Waterzooi

넙치 680그램
버터 2테이블스푼
다진 대파 1뿌리
다진 큰 샬롯 1개
드라이 화이트 와인 2컵
라이트 크림 0.5리터
달걀노른자 3개
껍질 긁어 가늘고 길게 자른 셀러리 1뿌리
껍질 벗겨 가늘고 길게 자른 당근 4개
다진 파슬리 1묶음

프라이팬에 버터를 녹이고 넙치를 굽는다. 대파와 샬롯을 넣고 3분 후에 재료가 잠길 정도로 생선 육수를 붓고 생선을 끓인다.

삶은 생선을 육수에서 꺼내고, 화이트 와인을 부어 육수가 어느 정도 줄어들 때까지 끓인다. 라이트 크림을 넣고 육수가 절반으로 졸아들 때까지 끓여, 달걀노른자를 넣고 소스가 걸쭉하게 될 때까지 약불에 올려 빠르게 휘젓는다. 셀러리 뿌리와 당근을 넣고 약불에 계속 소스를 끓이면서 채소의 색이 밝아지고 살짝 익을 때까지 3분가량 휘젓는다. 생선 위에 소스를 붓고 파슬리를 뿌린다.

## 디저트 • *dessert*

### 타르트 오 수크레 *Tart Au Sucre*

타르트 오 수크레는 정말 인기 있는 벨기에의 디저트다. 가능한 가장 진한 색의 황설탕을 구입해 사용할 것.

- 쇼트 패스트리 도우 1회분('기본 레시피' 참조)
- 달걀 3개
- 헤비크림 0.75리터
- 바닐라 농축액 조금
- 무스코바도 설탕 1½컵('설탕과 향신료에 대하여' 참조)
- 터비나도 설탕 ¼컵('설탕과 향신료에 대하여' 참조)
- 버터 4테이블스푼

오븐을 175도로 예열한다. 도우를 9인치 파이 접시에 눌러 담는다. 믹서에 달걀, 헤비크림, 바닐라, 무스코바도를 넣고 휘핑한다. 완전히 휘핑했으면 파이 크러스트에 붓고, 위에 군데군데 버터를 잘라 올린 다음 터비나도 설탕을 뿌린다. 터비나도 설탕은 색이 아주 진하지는 않지만, 크고 거친 결정이 있어 구우면 바삭한 식감을 즐길 수 있다. 파이를 옆으로 흔들어보아 단단해질 때까지 한 시간 가량 굽는다.

## 음료 • *beverage*

벨기에에는 브뤼셀이나 브뤼셀 인근에서 만드는 램빅lambic이라는 독특한 맥주가 있다. 램빅은 탁하고 신맛이 나는데, 브뤼셀이 위치한 골짜기에서 나는 야생 이스트를 발효시켜 병에 넣고 다시 발효시켜 만드는 것으로 추정된다. 개인적으로 내가 가장 좋아하는 것은 괴즈Geuze로, 걸쭉하고 신맛이 나는 맥주인데 미국에서는 찾을 수가 없다. 모렐로 체리Morello cherry로 만드는 크릭Kriek은 본 적이 있었다. 크릭은 램빅 가운데 유일하게 전통적인 과일로 만든다. 건포도, 복숭아, 살구, 자두, 라즈베리 등 시중에서 판매하는 것들은 과일 시럽으로 만들어지는 경우가 많아서 피하는 것이 좋다.

우리가 체리 맥주를 마시는 만큼 탈리아도 거품이 나는 체리 드링크를 마시게 해야겠다고 맘먹었다. 그래서 우리는 레몬 한 개를 즙내어 체리 주스 1리터와 섞어 유리잔의 절반을 채운 후 나머지 절반은 클럽 소다로 채웠다.

# 49

# 에티오피아 나이트

*Ethiopia Night*

**Hint**

세계에서 가장 인구밀도가 높은 내륙 국가!

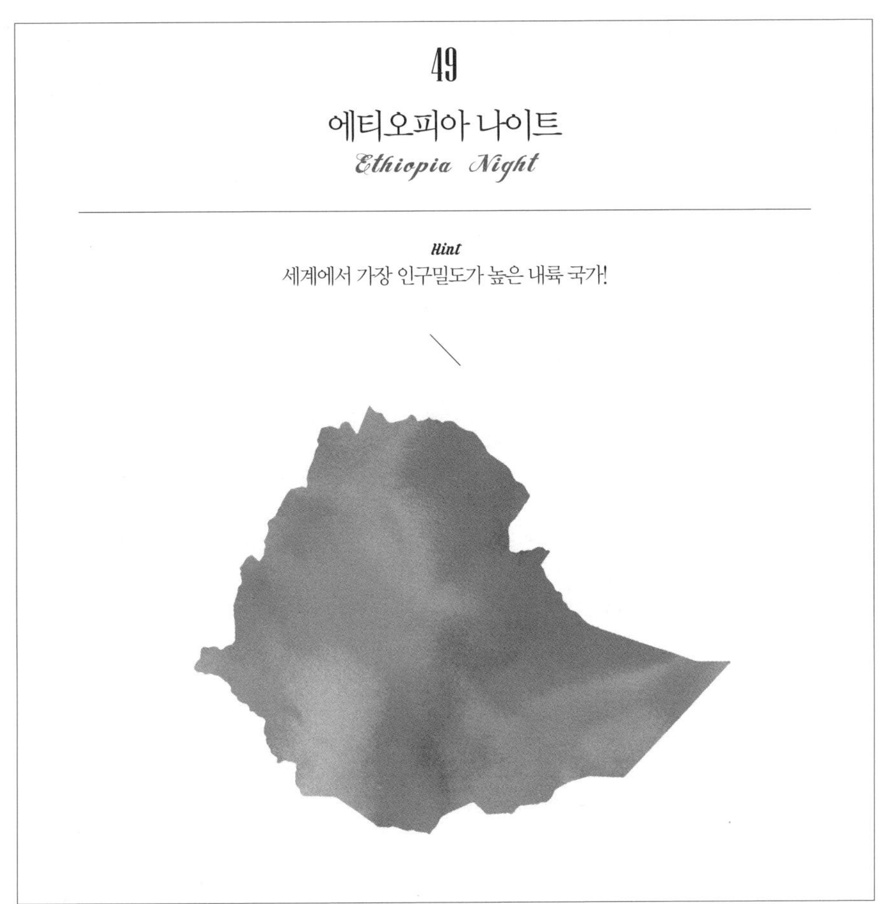

세계에서 인구밀도가 높은 내륙 국가라는 놀라운 사실은 30년간의 전쟁이 끝난 후 에리트레아Eritrea가 독립국이 되면서 에티오피아가 해안선을 잃게 된 1993년 이후부터 해당된다.

에티오피아 나이트는 탈리아와 내가 옛 친구인 출판업자 조지 깁슨을 만나기 위해 플래타이언 빌딩(Flatiron Building, 뉴욕에 있는 뱃머리를 닮은 건물 – 옮긴이)의 뱃머리쯤에 위치한 그의 사무실을 방문했을 때쯤 갖게 되었다. 조지의 사무실은 독특한 모양과 극적인 도시 경관을 이루고 있었는데, 인터내셔널 나이트를 위한 장소를 고를 때 완전히 무작위로 뽑을 수 있게 동서뿐 아니라 남북으로도 움직이는 멋진 지구본까지 돌려볼 기회가 생겼다. 조지는 자기가 나라를 골라도 되겠냐고 물었고, 그의 손가락은 북극이나 남극이 아닌 적도 근처의 에티오피아에 닿았다.

나는 에티오피아를 가본 적은 없지만, 에티오피아 음식은 여러 번 먹어본 적이 있었다. 음식이 비슷비슷해서 매일 먹으면 지겨울 수도 있다. 붉은 양파, 마늘, 생강, 흑종초nigella seed, 베르베르('설탕과 향신료에 대하여' 참조)가 거의 모든 음식에 들어가기 때문이다.

그렇지만 한 번 먹는다면 단일 코스를 통해 여러 가지 다채로운 양념, 깊은 맛, 멋진 색, 갖은 식감을 맛볼 수 있다. 이 식사는 덩어리가 든 진한 고동색과 걸쭉한 밝은 오렌지색, 그리고 바삭한 밝은 녹색으로 이루어져 있어 아름다운 식탁을 연출한다. 디저트는 없다. 아무리 열심히 뒤져봐도, 조금이라도 에티오피아 요리다운 디저트를 찾을 수 없었기 때문이다.

## 인제라 *Injera*

에티오피아 음식을 요리할 때 가장 어려운 부분은 인제라를 만드는 것이다. 인제라는 모든 음식에 곁들여지기 때문에 가장 중요하기도 하다. 음식을 포크로 먹는 것이 아니라, 이 스폰지 팬케이크로 떠먹기 때문이다. 인제라의 신맛이 모든 음식에 특색 있는 풍미를 더한다.

인제라는 에티오피아 북부에서 자라는 곡물인 테프teff로 만든다. 테프라는 명칭은 에티오피아어인 암하라어Amharic로 '잃다'라는 뜻을 가지고 있다. 곡물이 너무 작은 나머지 떨어뜨리면 찾을 수 없기 때문이다. 작기 때문에 운반하기는 매우 쉽다. 아주 작은 주머니에 들어가는 분량만으로도 밭 전체에 뿌리기 충분하다. 에티오피아에서 6천 년 동안 주 재료로 쓰여 온 테프는 그동안 에티오피아 외에는 거의 알려지지 않았다. 그러나 글루텐이 없고 단백질이 풍부하기 때문에 건강식품 산업의 스타로 떠올라, 이제는 건강식품점이나 온라인에서 쉽게 구입할 수 있다.

테프 4컵
물 5컵
버터 3~4테이블스푼

테프와 물을 볼에 넣어 잘 섞어 거품이 일 때까지 거품기로 휘젓는다. 공기가 통하지 않게 볼을 밀봉하고 상온에서 하루 휴지한다. 그러면 발효 과정을 통해 신맛이 나게 될 것이다.

큰 프라이팬에 버터를 녹이고 반죽을 국자로 떠서 두껍게 펴 바른다. 1분도 채 되지 않아 거품이 생기기 시작하면 프라이팬의 뚜껑을 덮고 표면에 수분은 없되, 여전히 윤기가 남아 있을 때까지 30초 더 익힌다. 그런 다음 프라이팬을 접시 위에 뒤집어 팬케이크가 떨어지게 한다. 이런 식으로 다른 한 장을 만들기 시작한다.

### 세가 왓 *Sega Wat* | 고기

얇게 썬 붉은 양파 1개
올리브 오일 3테이블스푼
다진 마늘 6쪽
깍둑썰기 한 뼈 없는 양고기 다리 680그램
소금 넉넉한 한 꼬집
후추 5회전
생 로즈마리 1가지
생 타임 3가지
다진 자두 토마토 2개
다진 붉은 파프리카 1개
다진 샬롯 1개
레드 와인 2컵
굵은 씨 머스터드 2테이블스푼
즙 낸 레몬 ½개
베르베르 1½테이블스푼
길게 반으로 자른 완숙 달걀 2개

붉은 양파를 올리브 오일에 볶는다. 마늘, 양고기, 소금, 후추를 넣는다. 양고기가 전체적으로 갈색을 띨 때까지 볶는다. 줄기에서 떼어낸 로즈마리와 타임, 토마토, 적피망, 샬롯을 넣는다. 레드 와인, 머스터드, 레몬 즙, 베르베르를 넣고 40분간 중불에 뭉근하게 끓인다. 먹기 직전에 완숙 달걀을 넣는다.

### 미세르 왓 *Miser Wat* | 채소

다진 붉은 양파 1개
올리브 오일 3테이블스푼
다진 마늘 6쪽
껍질 벗겨 간 생강 2테이블스푼
베르베르 2테이블스푼
흑종초 1테이블스푼
카다몸가루 2티스푼
소금 넉넉한 한 꼬집
후추 5회전
붉은 렌틸콩 225그램
물 6컵

냄비에 올리브 오일을 두르고 붉은 양파를 볶고, 나머지 재료를 모두 넣는다. 중불에서 붉은 렌틸콩이 부드러워질 때까지 약 30분간 뭉근하게 끓인다.

### 젤바 고멘 *Zelba Gomen* | 채소

얇게 채 썬 붉은 양파 ½개
올리브 오일 ¼컵
다진 마늘 3쪽
껍질 벗겨 간 생강 3테이블스푼
씨와 속을 제거한 할라피뇨 ½개
소금 큰 한 꼬집
후추 5회전
심을 제거하고 잘게 자른 케일 큰 1다발

프라이팬에 올리브 오일을 두르고 양파를 볶는다. 마늘, 생강, 할라피뇨, 소금, 후추를 넣고 케일을 넣는다. 케일이 밝은 녹색이 되고 숨이 죽기 시작할 때까지 볶는다.

## 음료 • *beverage*

### 에티오피안 스파이스 드링크 *Ethiopian Spice Drink*

물 1리터
카다몸 씨 8개
흑종초 2테이블스푼
두껍게 썬 생강 4개
즙 낸 레몬 1개
꿀

재료를 섞고 30분간 뭉근하게 끓인다. 입맛에 맞게 꿀을 넣는다. 건더기를 체에 걸러 버리고 차게 식힌다.

# 50

# 오스트리아 나이트

## *Austria Night*

***Hint***

동유럽의 왕국!

오스트리아의 독일명인 외스터라이히Osterreich는 '동유럽의 왕국'이라는 뜻이다. 오스트리아가 서부 유럽인지 중앙 유럽인지 명확하게 판명난 적은 없다. 대부분은 독일어를 사용하지만, 크로아티아어, 슬로베니아어, 헝가리어도 공용어로 인정된다. 오스트리아는 소비에트 블록에서 벗어나는 것으로 교섭한 유일한 국가다. 냉전 때는 두 강대국이 만나는 일종의 중립적인 지역으로서의 역할을 하기도 했다. 위대한 음악과 멋진 패스트리의 도시인 수도 비엔나는 음모의 어두운 이면을 가지고 있다. 나는 캐롤 리드Reed의 1949년도 필름 누아르이자, 그레이엄 그린Green이 쓴 〈제3의 사나이The Third Man〉가 비엔나를 다른 무엇보다 잘 표현했다고 생각한다. 어두운 자갈밭 통로를 지날 때마다 마음속에 치터 음악이 울려 퍼지는 소리를 듣는다.

평야에서 떨어진 완만한 푸른 언덕과 빙하가 흩뿌려진 나머지 오스트리아의 높은 산은 전혀 다른 세상처럼 보인다. 분명히 똑같은 모차르트와 패스트리와 휘핑크림의 나라인데도 말이다. 잘츠부르크Salzburg와, 할라인Hallein, 할슈타트Halstatt 같은 이웃 도시의 이름들은 모두 '소금 도시'라는 의미를 가지고 있다. 이런 지역들은 고대 석염 채굴 장비는 물론 수천 년 전 붕괴되어 갇히는 바람에 채굴 안에 완벽하게 보존된 고대 소금 광부들이 발견되기도 했다. 광산 중에 하나는 너무나 진기한 나머지, 광산 소유주가 소금을 채굴하는 것보다 관광객들에게 표를 파는 편이 더 돈이 되겠다고 생각한 광산 소유주 때문에 더 이상 채굴은 하지 않고 대중에게 공개되는 곳도 있다. 그 동굴 같은 어두운 지하 미로 속 관광 포인트 중에는 광부들이 한 층에서 다른 층으로 내려갈 때 이용하던 슬라이드도 있다. 그 중에는 3미터까지 깊은 것도 있는데, 슬라이드를 타고 미끄러져 내려가는 것이 엄청나게 재밌는데다, 곳곳에 설치되어 있는 철사를 건드리면서 카메라가 작동해서 슬라이드를 타고 내려오는 자신의 모습이 찍힌 사진도 구입할 수 있다. 나의 경우에는 슬라이드를 타고 내려올 때 무서웠던지, 아무튼 내가 어떤 표정을 지었는지 모르겠지만, 관광 안내원이 나에게 내 사진을 팔지 않겠다고 거부하는 사태가 발생하기도 했다…….

오스트리아 나이트를 가지는 방법에는 몇 가지가 있다. 여기에는 우리 가족이 가장 좋아하는 요리이자, 훌륭한 오스트리아 요리이기도 해서 밤 스프를 포함했지만 먹을 것이 너무 많아서 실제로 오스트리아 나이트 때는 만들지 않았다. 그렇지만 생선 요리 대신 밤 스프를 만들어도 좋을 것이다. 아니면 샐러드, 스프, 생선을 만들고 고기 코스를 건너 뛴 다음 바로 디저트를 먹을 수도 있다. 분량을 적게 만든다면 샐러드, 스프, 생선, 고기, 그리고 디저트로 이루어진 오스트리아 잔치를 벌일 수도 있을 것이다.

프레첼pretzel은 먹기 하루 전날 만들기 시작해야 한다.

프레첼

이 굵은 프레츨은 만드는 방법이나 생김새나 베이글과 비슷하지만, 대신 오븐에 넣어 겉을 바삭하게 만든다는 차이점이 있다. 프레츨은 거의 모든 음식에 곁들여도 맛이 좋다. 내가 제시하는 레시피는 큰 프레츨 너댓 개 분량이다.

레시피에 굵은 소금이 들어갈 때마다 미국 사람들은 크고 납작한 결정체를 가진, 고기를 유대교 율법에 따라 만드는 코셔 소금을 사용하는 습관이 있지만, 최근에는 영국, 프랑스, 스페인을 비롯한 여러 나라에서 수입된 크고 둥근 결정체의 소금을 구입할 수 있다.

올리브 오일 3테이블스푼
미지근한 물 2½컵
소금 넉넉한 한 꼬집
설탕 3½티스푼
밀가루 4¼컵
드라이 이스트 1테이블스푼
베이킹 소다 1테이블스푼
굵은 소금

볼에 기름과 물을 섞는다. 믹서에 소금, 설탕, 밀가루를 넣어 섞고 이스트를 넣는다. 반죽 갈고리를 달고 중속으로 돌리면서, 섞은 기름과 물도 붓는다. 몇 분 후 믹서를 고속으로 출력을 높여 공처럼 한 덩어리가 될 때까지 계속 섞는다.

도우를 베이킹 트레이에 놓고 2.5센티미터 두께가 되도록 민다. 밀가루를 조금 뿌리고 축축한 주방 용 티 타월로 덮는다. 따뜻한 곳에 놓아 발효시킨다. 한 시간 정도 걸릴 것이다. 랩으로 덮은 다음 하룻밤 냉장고에 넣어둔다.

다음 날 도우를 4센티미터 넓이로 길게 자른다. 밀가루를 뿌린 작업대 위에서 길게 자른 도우 하나의 길이가 60센티미터 이상이 되도록 길게 민다. 중간에서 가운데에 고리를 만들고 두 끝을 교차시킨 다음 끝을 아래로 내려 고리 밑으로 누른다.

베이킹 트레이를 유산지로 덮는다. 큰 냄비에 물을 붓고 베이킹 소다를 넣고 끓인다. 프레첼을 한 번에 하나씩 넣어 몇 초간 익힌 다음 뒤집어서 프레첼이 수면 위로 떠오를 때까지 계속 끓인다. 그렇지만 끓이는 시간이 30초가 넘지는 않아야 한다.

구멍이 길게 난 스푼으로 프레첼을 꺼내 베이킹 트레이에 놓는다. 한 시간 동안 발효되게 놔둔다.

오븐을 175도로 예열한다. 프레첼에 굵은 소금을 뿌리고 갈색을 띨 때까지 굽는다. 굽는 시간이 30분을 넘기지 않아야 한다. 차게 식혀서 먹어도 좋지만 식사 시간에 맞춰 구웠다면 따뜻할 때 먹어도 좋다.

## 스프 • *soup*

### 마로넨수페 ***Maronensuppe*** | 밤 스프

이 스프는 탈리아가 가장 좋아하는 요리로, 쿠르트 구텐부루너Gutenbrunner 셰프의 매력적인 비엔나 식 레스토랑, 카페 사바스키Cafe Sabarsky에서 겨울마다 우리가 주문해 먹는 메뉴다. 카페 사바스키는 뉴욕 현대미술관 근처에 있는 오스트리아 독일 미술을 전문으로 전시하는 작은 미술관인 노이에 갤러리Neue Galerie 안에 위치해 있다. 우리는 쉽게 만들 수 있도록 구텐부르너의 우아한 레시피를 상당히 단순화했다. 또한 껍질을 까지 않은 생밤을 사용하지도 않았는데, 구워서 껍질을 까는 것이 대단히 번거롭기 때문이다.

느타리, 표고, 크리미니crimini, 샨트렐chanterelle과 같은 버섯 모듬 230그램
물 1½컵
버터 2테이블스푼
껍질 벗겨 다진 셀러리악 1컵
껍질 벗긴 밤 통조림이나 병에 든 밤 230그램
소금 한 꼬집
후추 3회전
설탕 ½테이블스푼
치킨 스톡 2½컵('기본 레시피'를 참조하거나 시판 제품을 구입할 것)
저지방 우유 1컵
헤비크림 1¼컵
강판에 간 넛멕 한 꼬집
생 이탈리안 파슬리 1가지

버섯이 잠길 정도로 물을 붓고 한 시간 동안 천천히 뭉근하게 끓여 건더기를 체로 거른다. 버섯은 남겨두었다가 다음 날 만드는 오믈렛 등에 사용한다.

큰 냄비에 버터를 녹이고 셀러리악을 넣는다. 몇 분간 볶되, 갈색을 띨 정도로 볶지는 말 것. 그런 다음 밤, 소금, 후추, 설탕을 넣는다. 내용물이 캐러멜라이즈될 때까지 계속 젓는다. 버섯 육수에 치킨 스톡을 넣어 끓이고, 끓자마자 불을 줄인 다음 우유를 붓고 15분간 뭉근하게 끓인다. 크림과 넛멕을 넣고 다시 5분 더 끓인다. 스프 그릇에 담고 파슬리 잎을 한두 개 띄워 장식한다.

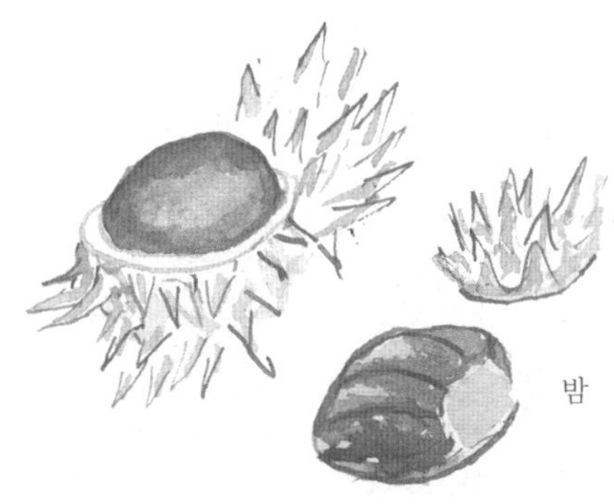
밤

## 애피타이저 • appetizer

포렐르 미트 슈니츨로우 ***Forelle Mit Schnittlauchen*** | 차이브를 곁들인 송어

송어 3마리
밀가루 ½컵
버터 3테이블스푼
소금 큰 한 꼬집
즙 낸 레몬 1개
드라이 화이트 와인 ½컵
깍둑썰기 한 차가운 버터 1스틱
다진 생 차이브

송어 살코기에 밀가루를 바르고 버터 3테이블스푼과 소금 한 꼬집, 레몬 즙 약간을 뿌려 볶는다. 생선의 양면이 약간 갈색을 띨 때까지 볶은 다음 접시에 담는다. 팬에 남은 버터에 화이트 와인을 붓고 강불에 조린다. 불을 끄고 몇 분간 식힌다. 깍둑썰기 한 버터를 넣고 버터가 녹아 불투명한 소스가 될 때까지 나무 스푼으로 젓는다. 소스를 생선 위에 붓고 잘게 자른 생 차이브를 뿌린다.

## 샐러드 • salad

셀러리악과 사과 샐러드 ***Celeriac and Apple Salad***

종종 뿌리 셀러리라고도 불리는 셀러리악은 셀러리과에 속하지만 우리가 먹는 셀러리의 뿌리는 아니다. 이것은 전혀 다른 채소로, 둥글납작한 뿌리를 먹기 위해 재배한다. 날로 먹어도 바삭하고 좋은데 어떤 이유에서인지 오스트리아 사람들은 항상 조

리해 먹는다.

레몬 1개
껍질 벗겨 성냥개비 크기로 자른 셀러리악 1컵
설탕 1티스푼
껍질 벗겨 성냥개비 크기로 자른 바삭한 큰 사과 1개
껍질 벗겨 길게 반으로 자른 오이 1개
소금 한 꼬집
후추 2회전
포도씨유 ¼컵
파슬리 1가지

제스터로 레몬 껍질을 제스트해서 한쪽에 둔다.

자른 셀러리악을 팬에 넣고 푹 잠길 정도로 물을 부은 후 레몬 ½개의 즙과 설탕을 넣는다. 3분가량 뭉근하게 끓인다. 너무 푹 삶지는 말 것. 식힌다.

셀러리악을 자른 사과가 담긴 볼에 넣는다. 오이 안쪽을 스푼 끝으로 긁어 씨를 빼고 두 개로 자른 것을 초승달 모양으로 얇게 채 썰어서 볼에 넣는다. 소금, 후추, 포도씨유, 파슬리 잎 몇 개, 레몬 제스트를 넣는다.

셀러리악

## 메인 코스 • *main course*

### 그플트 칼스브루스트 *Gefüllte Kalbsbrust* | 속을 채운 송아지 요리

구워서 껍질 벗긴 밤 450그램(또는 통조림)
생 로즈마리 1가지
생 타임 1가지
생 오레가노 1가지
간 샬롯 1개
자연산 버섯 5~6개
소금 넉넉한 한 꼬집
잘게 자른 오래된 빵 230그램
라이트 크림 약 1컵
전란 3개
후추 5회전
방울 양배추 8개
껍질 벗긴 펄 어니언 약 8개
껍질 벗겨 세로로 길게 자른 당근 5개
뼈를 제거한 후 소를 집어넣을 수 있게 구멍 낸 송아지 가슴살 2킬로그램

오븐을 200도로 예열한다.

밤에 칼집을 내어 구운 다음 식혀서 '힘들게' 껍질을 깐다. 밤 통조림을 구입해도 똑같은 결과물을 얻을 수 있다. 밤을 큰 믹싱볼에 넣고 로즈마리 잎, 타임, 오레가노를 넣는다. 샬롯, 자연산 버섯,(어떤 종류건 상관없다. 나는 샨트렐을 사용했다) 소금, 잘게 자른 오래된 빵을 넣는다. 빵이 잠길 만큼 라이트 크림을 붓는다. 30분간 재웠다가 손으로 뒤적인다. 달걀과 후추를 넣고 잘 섞어 송아지에 꽉 채워 넣는다.

속을 채운 송아지를 로스팅 팬에 넣고 고기 주변에 방울 양배추, 양파, 당근을 올린다. 두 시간 동안 굽는다.

## 린처토르테 *Linzertorte*

오스트리아는 진정한 디저트의 나라이기 때문에 어떤 디저트로 만들지 결정하기가 쉽지 않았다. 나는 린처토르테를 비엔나, 잘츠부르크, 심지어 린처토르테가 개발된 린츠에서도 먹어봤지만, 늘 조금씩 맛이 달랐다. 붉은 건포도를 넣은 것도 있었고, 라즈베리 프리저브와 사과소스를 섞은 것, 헤이즐넛 대신 아몬드를 넣은 것도 맛봤다. 패스트리 메이커 시절 나는 이 디저트로 많은 실험을 해보았는데, 이것이 진정 최고의 린처토르테 레시피라고 생각한다. 정통에 가장 가까운지는 모르겠지만.

- 헤이즐넛 230그램
- 밀가루 2컵
- 시나몬가루 3테이블스푼
- 클로브가루 1티스푼
- 깍둑썰기 한 차가운 버터 2스틱
- 설탕 2컵
- 달걀 2개
- 생 라즈베리 170그램
- 라즈베리 프리저브 약 230그램

베이킹 트레이에 헤이즐넛을 넣고 오븐에 굽거나, 투명한 창이 달린 오븐 토스터기에 넣어 굽는다. 껍질이 갈색을 띄면 바로 그릴로 바꾼다. 탈 때까지 두지 말고, 꺼내서 식힌다.

오븐을 175도로 예열한다. 헤이즐넛을 한 번에 네다섯 개씩 손바닥에 올리고 두 손을 원 모양으로 문질러 껍질을 벗긴다. 푸드프로세서에 넣고 간 다음 밀가루, 시나몬, 클로브와 함께 반죽 갈고리가 달린 믹서에 넣는다. 도우가 입자가 굵은 가루처럼 될 때까지 차가운 버터 조각을 넣어가며 믹서를 돌린다. 설탕을 넣고 잘 섞는다. 계속 섞으면서 달걀을 한 번에 하나씩 넣는다.

완전히 섞였으면 손에 밀가루를 바르고 도우의 절반을 타르트 팬에 눌러 넣는다. 라즈베리를 타르트 안에 넣고 라즈베리가 완전히 잠길 만큼 라즈베리 프리저브를 붓는다.

남은 도우를 여러 개의 가늘고 긴 조각으로 만들어, 타르트 팬 위에 한 조각을 대각선으로 놓는다. 다른 한 개를 반대쪽부터 대각선으로 놓는다. 그 다음 조각을 처음에 놓았던 것과 평행으로 놓는다. 그 다음 것은 두 번째 것과 평행이 되게 놓는다. 이런 식으로 가늘고 긴 도우를 번갈아 놓아 털실로 짠 패턴처럼 만든다. 구우면 도우가 팽창하기 때문에 너무 촘촘하게 놓지는 말 것.

40분간 굽는다.

## 음료 • *beverage*

### 엘더플라워 시럽과 클럽 소다 *Elderflower Syrup and Club Soda*

시럽과 소다를 1 대 4의 비율로 섞는다. 이 시럽은 오스트리아 산으로, 고급 식료품점이나 온라인에서 구입할 수 있다. 이 시럽의 주요 제조사는 다르보Darbo이다.

그뤼너 펠트리너Gruner Veltliner 와인도 성인 용 음료로 매우 좋다.

엘더플라워

# 51

# 터키 나이트

*Turkey Night*

**Hint**

인구의 97퍼센트가 아시아인 나라!

터키에 대한 나의 인식은 대부분 이스탄불에 관한 것이다. 터키에서 내가 유일하게 가본 곳이 이스탄불이기 때문이다. 절반이 유럽이고 절반이 아시아인 도시, 이스탄불에 가면 터키의 3퍼센트만 유럽에 속한다는 것이 믿기지 않는다. 이스탄불은 유럽 도시다. 그곳은 이슬람교계 유럽 도시로, 유럽에서는 흔치 않는 모스크로 가득 차 있지만 자갈로 덮인 뒷길과 큰 대로를 지날 때의 느낌과 생활방식은 분명 유럽이다. 이슬람교와의 관계도 그리스도교를 현대의 세속적인 사상과 무관심하게 대하는 유럽과 흡사하다. 터키의 노벨상 수상자인 오르한 파묵Pamuk은 자신의 저서『이스탄불: 도시 그리고 추억Istanbul: Memories and the City』에서 함께 자란 사람들이 라마단 휴일에 금식을 지키지는 않으면서도 금식의 마지막을 기념하는 풍성한 잔치는 즐겼다고 밝혔다. 아마도 이스탄불을 가장 잘 묘사한 책이 아닐까 싶다.

보스포루스 해협Bosporus의 유럽 쪽에 있든 아시아 쪽에 있든 간에 이스탄불은 걷기에 정말 좋은 도시다. 파묵은 이렇게 말했다.

> 왜, 관광객들이 그렇게 좋아하는 햇살이 비추는 우편엽서 속의 이스탄불 풍경 대신 나는 어두침침한 저녁과 추운 겨울밤의 뒷골목을, 흐린 가로등불 속을 돌아다니는 유령 같은 사람들을, 자갈길 풍경을, 그들의 외로움을 좋아하는 것일까?

이스탄불은 놀라운 요소들로 가득 차 있다. 커피점이 터키의 발명품이고, 16세기부터 이스탄불이 커피점으로 유명했음에도 불구하고, 그렇게 스타벅스가 많은 이유가 무엇일까 나는 궁금했다. 남자들은 답을 못했지만 여자들의 경우에는 터키의 커피점에 가면 환영받지 못하는 느낌을 받기 때문이라고 설명했다. 그제야 스타벅스가 항상 여자들로 북적인다는 사실을 알아차릴 수 있었다.

터키는 한때 위대한 왕국을 건설했지만, 오스트리아와 마찬가지로 제1차 세계대전 때 파괴되었다. 터키의 문화적인 영향, 특히 음식에 대한 영향은 헝가리에서 사우디아라비아를 거쳐 모로코까지 확산되었다. 아랍 전체가 터키 음식을 먹는데, 특히 디저트를 많이 먹는다. 그리스 음식 가운데에는 터키로부터 영향을 받은 흔적이 남아 있는 것이 많다. 물론 그리스 사람들은 그리스가 터키에 영향을 주었다고 주장하지만 말이다. 터키의 요거트와 오이 딥인 자즉cacik은 그리스의 차치키이고, 터키의 뵤렉borek은 그리스의 스파나코피타spanakopita이다.

올리브

나는 아르메니아Armenian 산 스트링 치즈와 블랙 올리브로 구성된 아침 식사를 비롯하여 터키에서 먹은 모든 음식이 특식처럼 느껴졌다. 테이블에는 항상 뭔가 집어먹을 만한 것이 볼에 담겨 있었다. 그래서 우리 가족의 터키 나이트도 블랙 올리브 한 그릇과 터키산 말린 살구 한 그릇으로 시작했는데, 참고로 터키산 말린 살구는 세계 최고다.

이 식사를 잘 준비하려면 채소 샐러드, 로즈 셔벗Rose sherbet, 바클라바baklava를 하루 전에 만들어야 한다.

## 이스파나클리 보렉 *Ispanakli Borek*

애피타이저를 하나만 먹는 것은 매우, 터키답지 않은 일이다.

보렉은 속을 채운 패스트리로 종류가 다양하다. 이스파나클리는 시금치다.

### 필링 *The Filling*

잘 씻은 시금치 450그램
부드러운 염소 치즈 1½컵
잘게 자른 생 딜 2테이블스푼

시금치를 쪄서 체에 밭쳐 물기를 빼고 잘게 자른다. 염소 치즈, 딜을 넣어 잘 섞는다.

### **버전 1** | 유프카Yufka 사용하기

보렉은 유프카라고 불리는 도우를 사용해 만들 때가 많다. 유프카에 도전해 보고 싶은 사람은 아래의 레시피대로 만들어 볼 것.

밀가루 2컵
달걀 1개
물 ½컵
녹인 버터 1테이블스푼
소금 한 꼬집
말랑말랑한 버터 6테이블스푼

오븐을 175도로 예열한다. 반죽 갈고리가 달린 믹서에 밀가루, 달걀, 물, 녹인 버터, 소금을 넣는다. 도우가 완성되면 밀가루를 전체적으로 살짝 뿌린 후 축축한 면포로 싸서 15분간 휴지한다.

작업대에 밀가루를 발라 도우를 약 0.5센티미터가 되게 민다. 말랑말랑한 버터 3테이블스푼을 도우에 바른다. 도우를 삼등분하여 버터 바른 면이 위로 향하도록 차곡차곡 쌓는다. 밀대로 다시 민다. 남은 버터 3테이블스푼을 또 바른다. 다시 삼등분하여 쌓은 다음 밀대로 민다. 반죽 갈고리가 달린 믹서에 다시 넣고 몇 분간 반죽한다. 0.5센티미터보다 조금 얇은 두께가 되도록 밀대로 민다. 유프카 반죽은 말려서 사용해야 한다.

유프카 가운데에 시금치를 올린다. 둥글게 말아 5센티미터 두께의 패스트리로 통썰기 한다. 노릇해질 때까지 20분간 굽는다.

**버전 2** | 필로 도우 사용하기

필로 도우로 뵤렉을 만드는 것이 더 일이 많을 것 같지만, 이미 만들어져 있는 시판 냉동 필로 도우 시트를 구입하여 사용할 수 있기 때문에 사실 만들기 훨씬 쉽다. 뵤렉을 만들기 하루 전날 필로 도우를 냉동실에서 꺼내 놓아야 한다는 것만 명심할 것. 일단 포장을 뜯으면 시트가 말라 부서지기 전에 재빨리 만들어야 한다.

오븐을 160도로 예열한다. 베이킹 트레이에 버터를 바른다. 필로 시트 한 장에 버터를 바른다. 시트 두 장을 더 올리면서 버터를 바르는 과정을 반복한다. 시금치 필링을 세로로 길게 놓는다. 도우로 필링을 싸고 둘둘 말아 트레이 한쪽에 놓는다. 필로 도우 시트 한 장을 깔고 버터를 바른다. 둘둘 말아놓은 속을 채운 필로 도우를 버터 바른 시트 위에 올려 다시 둘둘 만다. 이런 식으로 시트 네 장을 더 싼다.

둘둘 필로 도우를 4, 5센티미터 두께로 통썰기 한다. 뵤렉이 여섯 개 정도 나올 것이다. 노릇노릇해질 때까지 20분가량 굽는다.

### 미트볼 *The Meatballs*

간 양고기 230그램
곱게 다진 양파 ½컵
커민가루 2테이블스푼
소금 넉넉한 한 꼬집
후추 8회전
카이엔 페퍼 1티스푼
올리브 오일 ¼컵

간 양고기를 양파, 커민, 소금, 후추, 카이엔 페퍼와 함께 섞어 양고기 믹스를 만든다. 지름이 2.5센티미터를 넘지 않도록 양고기 믹스를 작은 공 모양으로 둥글게 빚는다. 뜨겁게 달군 올리브 오일에 넣고 튀긴다.

### 소스 *The Sauce*

그리스 요거트 2컵
커민가루 1티스푼
올스파이스가루 ½티스푼
소금 한 꼬집
카이엔 페퍼 ½티스푼
곱게 간 마늘 3쪽
잘게 다진 민트 ⅓컵
신선한 레몬의 제스트 1½티스푼
꿀 2테이블스푼

그리스 스타일 (터키여, 이런 표현을 용서하기 바란다) 요거트를 시나몬, 올스파이스, 소금, 카이엔 페퍼, 마늘, 민트, 레몬 제스트, 꿀과 섞는다. 쿄프테 미트볼과 함께 낸다.

## 구운 생선 *Baked Fish*

삼면이 바다로 둘러싸인 이스탄불에서 터키 사람들은 생선을 즐겨먹는다. 고급 레스토랑마다 눈에 띄는 생선 요리들을 찾을 수 있다. 이 요리는 다양한 종류의 생선을 가지고 만들 수 있다. 그렇지만 유럽 농어, 브란지노branzino, 루드메르loup de mer라고 불리기도 하는 육즙이 많고 잘 생긴 은빛 생선으로 뼈가 커서 발라먹기 쉬운 작은 농어처럼 한 사람 당 한 마리씩 먹을 수 있을 정도의 크기가 작은 생선이 좋다.

간 마늘 4쪽
간 작은 붉은 양파 1개
다진 이탈리안 파슬리 1컵
다진 생 고수 잎(실란트로) 1컵
다진 차이브 ½컵
스위트 파프리카 1테이블스푼
커민가루 1테이블스푼
터메릭가루 1티스푼
굵은 소금 넉넉한 한 꼬집
카이엔 페퍼 1티스푼
즙 낸 레몬 ½개
올리브 오일 ½컵
작은 농어 3마리

작은 생선 세 마리 기준으로, 볼에 마늘과 붉은 양파, 이탈리안 파슬리, 고수, 차이브, 파프리카, 커민, 터메릭, 소금, 카이엔 페퍼, 레몬 즙을 넣고 섞는다. 재료가 잠길 정도로 올리브 오일을 붓고 한 시간 동안 그대로 둔다.

오븐을 175도로 예열하고, 만들어둔 재료를 조금 덜어 베이킹 트레이에 넓게 펴 바른다. 그 위에 생선을 놓는다. 생선 속에 만들어둔 재료를 조금 넣고 남은 것은 생선 위에 뿌린다. 한 시간 동안 굽는다.

브란지노

## 채소 • *vegetable*

### 교즐렌미스 세브즈 슬라타시 ***Kozlenmis Sebze Slatasi*** | 구운 채소 샐러드

북아프리카 산 레몬 프리저브는 원래 터키 요리에 사용되지는 않지만, 터키에서 즐겨먹는 북아프리카 음식이 너무나 많고 북아프리카에서 즐겨먹는 터키 음식도 많기 때문에 우리 마음대로 이렇게 만들었다.

작은 토마토 3개
붉은 파프리카 1개
작은 가지 1개
양파 ½개
레몬 프리저브 ½('기본 레시피' 참조)

그릴에 (그릴이 없으면 그릴 팬을 강불에 올려 사용해도 된다) 토마토, 레드 파프리카, 가지, 양파를 굽는다. 완전히 구웠으면 가지는 식히고 토마토와 피망은 한입 크기로, 양파는 굵게 썬다. 식힌 가지는 껍질을 벗겨 한입 크기로 썬다. 레몬 프리저브를 잘게 자른다. 손질한 모든 재료를 볼에 넣고 한 시간 정도 그대로 둔 다음 물을 뺀다.

드레싱 Dressing

간 마늘 3쪽
다진 이탈리안 파슬리 ½컵
소금 넉넉한 한 꼬집
레드 페퍼 플레이크
올리브 오일 1컵

마늘, 이탈리안 파슬리, 소금, 레드 페퍼 플레이크,(red pepper flake, 빨간 고추를 말려서 씨까지 간 굵은 고춧가루 – 옮긴이) 올리브 오일을 섞는다. 먹기 직전에 채소 위에 붓는다.

## 디저트 • dessert

### 로즈워터 셔벗 Rose Water Sherbet

1865년에 런던에서 출간된 투라비 에펀디Efendi의 영어 판 버전처럼, 옛 터키 요리책에는 대개 셔벗 레시피가 있다. 그런데 안타깝게도 어떻게 시럽을 차게 식혀야 셔벗이 되는지에 관한 정보는 없다. 나는 이 요리책에서 말하는 셔벗이란 것이 셔벗과는 다른, 우리가 이탈리안 아이스Italian ice나 스노우콘snow cone이라고 부르는 것을 가리키는 게 아닐까 하는 의심이 들었다. 1844년에 출간된 또 다른 19세기 터키 요리책인 메흐메드 카밀Kamil의 『요리사의 성소The Sanctuary of Cooks』에는 시럽을 차게 식혀 잘게 간 얼음 위에 부으라고 되어 있다. 카밀은 생 장미 꽃잎을 모으는 것부터 시작하는 장미꽃 셔벗 레시피도 소개했다. 아이스크림과 셔벗은 액체를 빙점에서 휘핑해 만든다. 우리는 집에 퀴진아트Cuisinart에서 만든 단순한 원리의 아이스크림 메이커가 있는데,

가격도 저렴하고 작동도 잘 된다. 아이스크림 메이커를 구입하고 싶지 않다면 차게 식힌 시럽을 믹서에 넣고 고속으로 몇 분 돌리다가 20분간 얼린다. 다시 휘핑하고 20분 더 얼린다. 걸쭉한 슬러시가 될 때까지 이 과정을 반복한다. 그런 다음 하룻밤 얼리면 된다. 아니면 시럽을 차게 해서 잘게 간 얼음 위에 붓는 옛날 방식을 이용해 만들 수도 있다.

시럽 *Syrup*

로즈워터 ½컵
설탕 ½컵
2퍼센트 저지방 우유 ⅔컵

로즈워터는 전문점이나 온라인에서 쉽게 구입할 수 있다. 냄비에 로즈워터와 설탕을 넣고 녹여 시럽으로 만든다. 우유를 붓고 시럽을 식힌다.

## 바클라바 *Baklava*

두꺼운 유프카는 원래 중세 터키에서 바클라바를 만들 때 사용하던 것이었다. 우리가 필로라고 부르는, 그보다 얇은 패스트리는 나중에 생겼다. 필로라는 명칭은 그리스어이지만, 터키에서 발명된 것이다. 제1차 세계대전 때 오스만 제국이 무너지기 전, 부유한 사람들이 살던 웅장한 궁전마다 두 개의 필로 메이커가 있었는데 하나는 우리가 필로라고 부르는 얇은 시트로 바클라바를 만들기 위한 것이었고, 다른 하나는 뵤렉을 만드는 두꺼운 유프카였다. 오스만 제국의 초창기에는 군인들이 라마단 축제의

15일 째에 톱카프Topkapi라고 알려진 술탄의 궁전에 가서 바클라바를 선물로 받았다.

바클라바는 지금도 터키에서 상당한 입지를 가지고 있다. 바클라바 제빵사들은 전문가들이고, 그들이 만든 패스트리는 다른 것은 일절 판매하지 않는 바클라바 전문점에서만 판매된다. 때때로 안테프Antep라고 하는 가지안테프Gaziantep는 바클라바로 유명한 터키 남동부의 고대 도시다. 이스탄불에 있는 대부분의 바클라바 전문점들이 그곳에서 왔다고 주장하는 이유가 그 때문이다.

바클라바에는 여러 종류가 있다. 터키의 피스타치오 중심지인 가지안테프에서는 피스타치오로 만든다. 다른 곳에서는 아몬드로 만든다. 흑해 연안에서는 헤이즐넛으로 만든다. 설탕 시럽을 사용하는 곳도 있고, 꿀을 사용하는 곳도 있으며, 꿀과 레몬을 사용하는 곳도 있다. 터키 이외의 다른 나라에서 판매하는, 먹으면 너무 달아서 산소가 간절해지는 바클라바는 터키에서 만든 섬세한 패스트리와 아주, 조금 닮았을 뿐이다. 내가 소개하는 흑해 버전 바클라바 레시피는 가볍고 지나치게 달지 않으면서 로즈워터 셔벗에 곁들여 먹는 것으로, 우리 가족이 만든 인터내셔널 디저트 가운데 가장 맛있는 디저트 중 하나로 꼽힌다.

헤이즐넛 1컵
설탕 ½컵
바닐라농축액 조금
녹인 버터 3~4테이블스푼
필로 도우 약 22장

헤이즐넛이 갈색을 띨 때까지 오븐에서 10분가량 굽되, 타지 않도록 지켜보고 있어야 한다. 식혀서 한 번에 네다섯 개씩 손바닥에 올리고, 두 손을 원모양으로 비벼 껍질을 벗긴다. 푸드프로세서를 잠깐 돌려서 헤이즐넛을 간다. 잘게 잘려야지, 가루처럼 갈아서는 안 된다. 설탕, 바닐라와 섞어 넛 믹스를 만든다.

오븐을 160도로 예열하고, 베이킹 트레이에 버터를 바른다. 필로 도우 한 장을 넓게 편다. 버터를 바르고 길게 반으로 접는다. 다시 버터를 바른다. 위에 또 한 장을 올리고 버터를 바른 다음 반으로 접고 다시 위에 버터를 바른다. 이 과정을 시트 네 장이 더 올라갈 때까지 반복한다. 그런 다음 넛 믹스 ⅓을 위에 올린다. 지나치게 두껍게 올리지는 말 것.

위에 시트 한 장을 더 올리고 버터를 발라 접는다. 다시 위에 버터를 바른다. 네 장 더 올라갈 때까지 이 과정을 반복한다. 넛 믹스 ⅓을 위에 바른다. 버터를 바르고 접는 과정을 반복하며 시트를 다섯 장 더 올린다. 남은 넛 믹스 ⅓을 위에 바른다. 단, 볼의 바닥에 가라앉은 설탕과 넛가루는 그대로 남겨둔다. 접고 버터를 바르는 과정을 반복하며 위에 시트 다섯 장을 더 올린다. 위에 버터를 바르고 남은 설탕과 넛가루를 뿌려 삼각형으로 자른다. 40분간 굽는다. 오븐에서 꺼내 시럽을 위에 붓는다.(시럽은 다음의 레시피를 참조.)

### 시럽 *Syrup*

| | |
|---|---|
| 물 ½컵 | 즙 낸 레몬 ½개 |
| 꿀 ½컵 | 시나몬가루 1테이블스푼 |

모든 재료를 중불에서 끓이며 섞는다.

## 터키 식 오렌지 티 *Turkish Orange Tea*

커피는 터키의 전통 음료다. 커피 음료는 에티오피아에서 유래했는데, 오스만 제국의 일부였던 예멘에 전파되어 16세기에는 이스탄불이 커피점의 도시가 되었다. 커피의 역사에서 터키가 주요한 위치를 차지하지만, 터키 사람들은 차도 많이 마신다. 대부분은 흑해 연안에서 재배되는 터키산 홍차를 마신다. 홍차는 작은 받침 위에 모래시계처럼 생긴 작은 유리잔에 담아 마신다.

터키에서 홍차를 사가지고 온다고 해도, 그 풍부한 맛을 그대로 느끼기는 어렵다. 찻잎을 찬물에 씻어 끓이기 전에 말리는 것이 비법 가운데 하나다. 터키 사람들은 러시아 사모바르samovar처럼 생겼지만, 그보다 더 작은 카이단크caydanhk라는 일종의 중탕기에 차를 끓여 마신다. 이 중탕기는 위의 포트에 담긴 차가 아래에서 올라온 뜨거운 물로 끓여져 대단히 강한 맛을 내게 만든다. 제대로 끓이기란 쉽지 않다. 터키 식 찻잔에는 가운데 들어간 부분까지 뜨거운 물을 붓고 나머지는 강하게 끓인 홍차로 채운다. 우리 같은 일반 사람들은 찻주전자와 주전자를 가지고 자기만의 방식대로 만들면 된다.

아이들에게 마시기 하기에 카페인이 걱정된다면, 터키에서 생산된 애플 티와 오렌지 티를 온라인에서 구입할 것. 사실 이 차들을 마시는 터키 사람을 단 명도 보지 못한데다, 관광상품점에서만 판매하는 것으로 봤을 때 관광객 용으로 만든 거라고 생각한다. 그래도 맛은 대단히 좋다. 탈리아는 꿀을 넣은 오렌지 티를 매우 좋아했다.

# 52

# 에밀리아 로마냐 나이트

*Emilia-Romagna Night*

***Hint***

위대한 요리의 국가에 속한 가장 풍요로운 계곡!

강 이름은 포Po로, 주변에 있는 계곡은 이탈리아에서 가장 풍요로운 농업 지역이다. 그곳에 있는 밀밭에서는 토르텔리니tortellini와 같은 파스타가 생산되고, 달콤한 풀을 뜯어먹고 사는 젖소들은 이탈리아 최고의 치즈인 파르미지아노 레지아노Parmigiano-Reggiano를 만들며, 그곳에서 재배되는 포도로는 발사믹 식초를 만들고, 파르마 외곽의 잘 먹여 키운 돼지로는 이탈리아 최고의 햄을 만든다. 이 지역은 피아센초Piacenzo에서 파르마Parma, 볼로냐Bologna를 거쳐 아드리아 해Adriatic까지 연결되는데 포 강으로만 연결되는 것이 아니라, 고대 로마 길로 지금은 8차선 고속도로가 놓인 에밀리아Emilia에서도 연결된다. 탈리아의 손가락이 에밀리아 로마냐의 수도인 볼로냐의 바로 위쪽에 닿았을 때 (그 지역 사람들은 수도가 에밀리아에 있지 로마냐에 있다고 하지 않겠지만) 직면한 가장 큰 문제는 딸이 세상에서 가장 좋아하는 요리인 볼로네즈 소스 파스타를 그 지역의 다른 훌륭한 요리들과 어떻게 조화롭게 구성해서 만들 것인가 하는 점이었다. 그렇게 에밀리아 로마냐 나이트가 탄생했다.

『소금』이라는 책을 집필하고 있을 때 나는 이 지역에서 시간을 보낸 적이 있다. 파르마 인근의 살소마기오레Salsomaggiore의 고대 염전 때문만이 아니라, 염전 근처에서 만들어지는 파르미지아노 레지아노 치즈와 프로슈토 디 파르마prosciutto de Parma가 세상에서 가장 유명한 소금으로 간한 음식이기 때문이다. 이탈리아 법과 유럽 법에 따르면 치즈에 파르미지아노 레지아노라는 상표가 붙고 햄에 프로슈토 디 파르마라는 상표가 붙으려면 반드시 에밀리아 로마냐에서 만든 것이라야 한다.

발사믹 식초는 또 다른 문제다. 발사믹 식초를 만드는 곳은 많다. 중세 시대부터 모데나Modena에서 만들어진 원조 발사믹 식초는 진정한 식초가 아니라, 현지에서 생산된 트레비아노Trebbiano 포도 주스를 졸인 것으로, '아세토 발사미코 트라디지오날리 디 모데나Aceto Balsamico Tradizionale di Modena'라는 상표가 붙는다. 이 가운데 최고급은 25년 동안 숙성한 것도 있다. 그만큼 엄격한 감시를 받지는 않지만 고품질인 제품으로, 살사 디 모스토 코토salsa di mosto cotto가 있다. 무난한 수준의 또 다른 모데나 제품으로는 살사 발사미카salsa balsamica가 있다. 그러나 '발사믹 식초'나 심지어 '모데나 산 발사믹'이라는 라벨이 붙은 식초 가운데 다수가 모데나에서 생산된 것이 아니며, 인공

색소를 넣은 와인 식초다. 걸쭉하게 만들기 위해 검gum이 첨가되기도 했다. 진짜 발사믹은 진한 색에 걸쭉할 뿐만 아니라, 와인 식초보다 훨씬 복잡한 풍미와 숙성될 때 담겨 있던 통의 나무 맛이 나야 한다.

디저트인 티라미수는 먹기 이틀 전에 만들기 시작해야 한다.

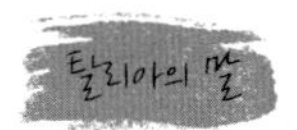


**• 볼로네즈에 대하여 •**

제가 제일 좋아하는 음식은 스파게티 볼로네즈입니다. 물론 뭐, 꼭 그렇지만도 않네요. 저는 페투치니 볼로네즈와 탈리아텔레tagliatelle 볼로네즈도 정말로 좋아하니까요. 이탈리아로 가족 여행을 갔을 때 우리는 다섯 곳의 도시를 방문했는데, 도시마다 하루에 세 끼씩 식사를 했어요. 그 세 끼 식사 가운데 두 번은 파스타를 먹었죠. 저는 메뉴에 제가 좋아하는 파스타들이 있는지 살펴보았습니다. 라비올리와 뇨끼를 비롯해, 많은 종류의 파스타가 있었어요. 그때가 가장 어려운 선택을 해야 하는 순간입니다. 어떤 것을 주문해야 할까? 다시 말해, 저는 레스토랑마다 각각 다른 스타일의 볼로네즈를 만들기 때문에 어떤 것도 놓치고 싶지 않았던 거예요! 결정하기까지 어느 정도 시간이 걸립니다. 실은 시간이 너무 오래 걸리는지도 모르겠네요. 그렇지만 결국 저는 결정을 합니다. 스파게티 볼로네즈로. 아니면, 페투치니 볼로네즈로. 그것도 아니면, 탈리아텔레 볼로네즈로. 여행 내내 저는 하루에 두 번씩 볼로네즈를 먹었습니다. 놀랍게도, 그렇게 많이 먹었는데도 전혀 물리지 않더라고요. 오히려 매번 먹을 때마다 색다르게 느껴졌어요. 세계 최고의 볼로네즈일지도 모르는 음식을 놓치고 싶지 않았던 거겠지요. 내가 다른 것을 주문했는데, 바로 그 레스토랑에서 세계 최고의 볼로네즈를 만든다면 어떻게 하지? 소스에 특별한 재료가 담겨 있다면? 어떻게 해야 할지모르겠네요. 그렇지만 이탈리아가 왜 그렇게 파스타로 유명한지, 적어도 볼로네즈로 유명한 이유는 알 것 같습니다.

## 탈리아텔레 볼로네즈 *Tagliatelle Bolognese*

이 레시피는 여섯 사람이 먹을 수 있는 애피타이저 기준이다. 이보다 적게 만들기는 어렵기 때문에 여섯 사람이 먹지 않으면, 남은 것은 다른 날 먹을 수 있게 보관하도록.

우리 가족은 파스타 기계를 이용해서 탈리아텔레를 만들었지만, 밀대와 칼만 가지고도 파스타를 만들 수 있다. 다만, 파스타 기계를 사용해서 만드는 것만큼 면이 고르고 얇게 되지 않을 것이다. 파스타는 익으면서 두꺼워지기 때문에 얇게 만드는 것이 중요하다. 흰 밀가루와 물로만 만들 수도 있지만 최고의 파스타는 달걀, 듀럼밀durum wheat로 만들며 물을 사용하지 않는다.

### 파스타 *The Pasta*

흰 밀가루 약 1½컵
듀럼밀 약 1½컵
전란 5개

밀가루와 듀럼밀을 섞고 달걀을 넣어 치댄 후 말랑말랑한 도우로 만든다. 도우가 너무 되직한 것 같으면 달걀을 더 넣는다. 너무 질면 (지나치게 질면 안 된다) 밀가루를 더 넣는다. 도우를 0.3센티미터 두께가 되도록 얇게 민 다음 0.5센티미터 너비로 길게 자른다. 익으면서 두꺼워진다는 점을 상기할 것. 생 파스타를 말려 건조할 만한 장소가 있어야 한다. 중국에서는 길을 걷다보면 나뭇가지 사이에 줄을 매달아 면을 말리는 장면을 심심치 않게 볼 수 있다. 자기만의 말리는 장치를 고안하거나 파스타 랙을 구입할 것.

전형적인 레시피는 어렸을 때 하던 '전화기'라는 게임과 같다. 대여섯 명의 아이들이 빙 둘러앉아 한 아이가 오른쪽 옆에 앉은 아이의 귀에 뭔가를 속삭인다. 계속 이런 식으로 전달하다가 첫 번째 아이의 왼쪽에 앉은 마지막 아이가 자신이 들은 말을 큰 소리로 외친다. 그리고 마지막 아이가 한 말이 첫 번째 아이가 한 말과 같은지 맞춰본다. 에밀리아 로마냐 요리를 다룬 훌륭한 저서 『멋진 테이블The Splendid Table』에서 린 로제토 캐스퍼Kasper는 정통 볼로네즈 소스 레시피를 밝히고 있다. 내가 조금 변형시키긴 했지만, 린도 몇 가지 변형시켰을지 모른다. 볼로냐에 있는 요리 역사가들도 그들 나름대로 레시피를 향상시켰을지도 모른다. 따라서 이것이 유일한 오리지널 볼로네즈 레시피라고 말할 수는 없다. 그렇지만 오리지널 레시피와 비슷하고, 요리사들이 공들여 음식을 만들던 시절에 맛볼 수 있었던 맛있는 옛날 방식의 소스에 가깝다고 자신 있게 말할 수 있다.

산업 혁명으로, 고기를 가는 기계가 생기기 전에는 (사실 이것은 현대 요리에 악영향을 준 것들 중 하나다) 칼로 아주 잘게 썰었다. 행어 스테이크(Hanger steak, 소고기 횡격막 주변 부위 – 옮긴이)를 아주 잘게 썰어 사용하면 소스 맛이 훨씬 좋다.

돼지 옆구리 쪽의 비곗살 140그램
올리브 오일 3테이블스푼
간 당근 ½컵
간 셀러리 ½컵
간 노란 양파 ½컵
곱게 다진 행어 스테이크 340그램
토마토소스 소스 1 1컵('기본 레시피' 참조)
비프 스톡 1컵('기본 레시피'를 참조해서 만들거나 시판 제품을 구입할 것)
트레비아노Trebbiano, 또는 다른 이탈리아 북부 드라이 화이트 와인 1컵
전유 ½컵
헤비크림 ⅓컵

돼지고기는 비계가 녹을 때까지 볶는다. 올리브 오일, 당근, 셀러리, 양파를 넣고

양파가 반투명해질 때까지 볶는다. 행어 스테이크를 넣는다. 고기가 갈색을 띨 때까지 볶는다. 토마토소스, 비프 스톡, 화이트 와인을 넣는다. 두 시간 동안 약불에 뭉근하게 끓인다. 가끔 우유를 한 스푼씩 넣고 나무 스푼으로 저어 두 시간이 지났을 때 우유 ½컵이 섞이게 한다. 헤비크림을 팬에 넣고 강불에 반으로 졸여 소스에 넣고 섞는다. 필요한 만큼의 소스와 끓인 파스타를 볼에 담고 뒤섞는다. 강판에 간 파르미지아노 레지아노를 곁들여 낸다.

## 메인 코스 • *main course*

### 발사믹 식초에 담긴 그릴에 구운 송아지 찹 *Grilled Veal Chops in Balsamic Vinegar*

썬 송아지를 뜨거운 그릴에 올리고 위에 발사믹 식초를 뿌린다. 12분 후에 고기를 뒤집고 다시 발사믹 식초를 뿌려 12분 더 굽는다.

## 채소 • *vegetable*

### 구운 펜넬 파르미지아노 레지아노 **Roasted Fennel Parmigiano-Reggiano**

큰 펜넬 1개, 또는 작은 것 2개
비프 스톡 ½컵('기본 레시피'대로 만들거나 구입할 것)
올리브 오일 ½컵
간 마늘 3쪽
생 로즈마리 1가지
소금 한 꼬집
후추 3회전
파르미지아노 레지아노 1조각

오븐을 150도로 예열한다. 펜넬을 2.5센티미터 두께의 쐐기 모양으로 자른 다음 도기로 된 오븐 용 그릇에 넣는다. 비프 스톡을 넣고 전체적으로 올리브 오일을 뿌린다. 마늘, 로즈마리 잎, 소금, 후추를 넣고, 40분간 굽는다. 내기 전에 파르미지아노 레지아노를 갈아 위에 뿌린다.

## 디저트 • *dessert*

### 티라미수 **Tiramisu**

탈리아가 좋아하는 요리 중 하나인 티라미수는 이제 이탈리아 어디에서나 맛볼 수 있지만, 세상에 나온 지는 고작 50년밖에 되지 않았다. 티라미수는 에밀리아 로마냐가 아니라 약간 북쪽인 트레비소Treviso에서 발명되었다. 주 재료인 마스카포네mascaprpone는 밀란Milan 지역과 연관이 있고, 마르살라marsala는 시칠리에서 왔으며, 전체적인 아이디어는 럼주에 담가 크림을 덮은 케이크인 주파 잉글레제zuppa inglese에서 비롯한 것으로 보인다. 주파 잉글레제는 19세기 말 에밀리아 로마냐에서 발명되었다. 타리미수는 몇 단계를 거쳐 만들어야 하기 때문에 먹기 하루 이틀 전에 만들기 시작해야 한다.

**1단계** | 필링 *Filling*

달걀 6개
설탕 3테이블스푼
스윗 마살라 ½컵

달걀노른자 여섯 개에 설탕과 마살라를 넣고 휘핑한다. 금속으로 된 믹싱볼에 담은 채로 끓는 물이 담긴 냄비에 넣어 중탕하면서 내용물이 걸쭉해질 때까지 휘핑한다. 냄비에서 꺼내어 최소한 네 시간 식힌다.

**2단계** | 시럽 *Syrup*

설탕 2컵
에스프레소 1컵
다크 럼주 ¼컵

설탕을 약불에 올리고 에스프레소와 럼주를 넣어 녹여서 차게 식힌다.

**3단계** | 필링 (1단계에 이어서)

마스카포네 225그램
헤비크림 ⅔컵
설탕 1테이블스푼
바닐라 농축액 조금

볼에 마스카포네를 넣고 나무스푼으로 부드러워질 때까지 휘젓는다. 다른 볼에 헤비크림과 설탕, 바닐라를 넣고 부드러운 뿔이 생길 때까지 휘핑한 다음 마스카포네에 폴딩하여 잘 섞는다. 그런 다음 1단계에서 만든 마살라 믹스를 넣어 섞는다.

**4단계** | 레이디핑거 *Ladyfingers*

시중에서 판매하는 것도 사용하기에 완벽하지만 (약 60개가 필요하다) 직접 레이디핑거를 만들어도 좋다.

흰자와 노른자를 분리한 달걀 5개
설탕 ¾컵
바닐라 농축액 작은 2방울
밀가루 1¼컵
베이킹 소다 ¾티스푼

오븐을 175도로 예열한다. 11×17인치 크기의 베이킹 트레이 세 개에 유산지를 깐다. 짤주머니에 평범한 둥근 깍지를 끼운다.

달걀흰자를 부드러운 뿔이 살짝 생길 때까지 휘핑한 후 설탕 몇 스푼을 넣고 단단해질 때까지 더 휘핑한다.

남은 설탕과 바닐라를 달걀노른자에 넣고 색이 옅어지고 걸쭉해질 때까지 휘핑한다.

고무 스패출라로 흰자를 노른자에 조심스럽게 폴딩하여 달걀 믹스를 만든다. 밀가루와 베이킹 소다를 섞어 달걀 믹스에 조금 체 쳐 넣는다. 달걀 믹스를 살살 폴딩한다. 완전히 다 폴딩해서 가루가 보이지 않을 때까지 한 번에 조금씩 체 쳐 넣으면서 폴딩한다.

반죽을 짤주머니에 넣고 사용하는 스프링폼 팬의 높이보다 조금 더 길게 일자로 도우를 짠다. 10분간 굽는다.

무가당 코코아 파우더 1½테이블스푼
헤비크림 ½컵

9인치 스프링폼 팬에 녹인 버터를 바른다. 레이디핑거의 둥근 끝이 스프링폼 가장자리보다 위로 나오게 세울 수 있도록 한쪽 끝을 자른다. 스프링폼 가장자리를 따라 레이디핑거를 세로로 세운다. 가장자리에 잘 붙어있도록 시럽을 조금 발라서 세워도 된다.

바닥에 레이디핑거를 이층으로 깐다. 2단계에서 만들었던 커피 럼주 시럽을 스푼으로 떠서 레이디핑거 위에 바른다. 필링 절반을 붓는다. 그런 다음 레이디핑거를 한 층으로 깐다. 이 위에도 시럽을 바른다. 남은 필링을 모두 붓는다. 헤비크림을 휘핑하여 위에 바르고 무가당 코코아를 체 쳐서 위에 가볍게 뿌린다. 하룻밤 냉장고에 둔다. 팬의 옆쪽 링에서 티라미수를 분리해 낸다.

## 음료 • *beverage*

우리는 모두 블러드 오렌지주스blood orange juice를 마시는 것으로 시작했다. 매리엔과 내가 로마와 시칠리로 신혼여행을 갔을 때 매일 아침 마시던 것이기 때문에 나는 이 음료를 마실 때면 감상에 젖고 한다. 어른들은 또한 로마냐 산 강한 레드 와인인 상기오베스Sangiovese를 마셔도 좋다.

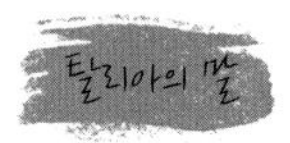


**• 고백 •**

에밀리아 로마냐 나이트를 치르고 난 후 냉장고에 티라미수가 한 조각 남아있었어요. 그 다음 날에도 남아 있었는데, 마침 집에 혼자 있어서 칼로 아주 조금만 잘라 먹었습니다. 한 시간 후에 또 조금 잘라 먹었죠. 그 전날 저녁에 먹었는데도 여전히 맛이 있었어요! 결국 아주 작은 조각만 남더니 쿵, 다 사라져버리고 말았습니다. 제가 다 먹어버린 거죠. 그러다 몇 달이 지나 제 생일이 다가왔어요. 여느 때와 마찬가지로 아빠가 제 생일 케이크를 만들어 주셨죠. 그해 저는 티라미수가 너무 좋아서 티라미수 맛 케이크를 골랐답니다. 그 다음날 우리는 휴가를 떠났기 때문에 남은 케이크를 냉동실에 넣어 보관하고 돌아와서 먹기로 했어요. 우리 집에는 손님이 한 명 머물고 있었는데, 집에 돌아와 보니 아주 작은 케이크 한 조각만 남아 있는 것 아니겠어요……. 인터내셔널 나이트를 하기 전에 마지막으로 한 가지 귀띔해줄 것이 있습니다. 티라미수가 있는 집에는 그 누구도, 절대, 혼자 남겨두어서는 안 된다는 것!

*Thanks to*

# 감사의 글

마라케시Marrakech의 호세 아베테Jose Abete와 와파 아마구이Wafaa Amagui, 일본에 거주하는 키쿠오 야마모토Kikuo Yamamoto, 요코 클라크Yoko Clark, 루이자 루빈피엔Louisa Rubinfien, 사토루 우라베Satoru Urabe, 아키라 타나카Akira Tanaka, 그리고 자신의 레시피를 내게 흔쾌히 알려준 도쿄의 하세가와 시게키Hasegawa Shigeki에게 감사의 인사를 전한다. 또한 재미로 즐기던 대수롭지 않던 일을 이렇게 커다란 프로젝트로 만들어준 나의 위대한 편집자 낸시 밀러Nancy Miller와 멋진 친구이자 에이전트인 샬롯 쉬디Charlotte Sheedy, 브라질 나이트를 위해 브리가데이로 레시피를 알려준 아나 마리아 세실리아 시모네티 도스 산토스Ana Maria Cecelia Simonetti dos Santos, 코리아 나이트에 많은 도움을 준 차미호, 아이티 나이트를 위해 도움을 준 나의 오랜 친구 기네트Ginette와 버나드 디드리히Bernard Diederich, 하바나 레시피를 알려준 카를로스 크리스토발 마르케스Carlos Cristobal Marquez에게도 고마움을 전한다.

무엇보다 탈리아와 나와 함께 식사를 해주고, 즐거운 시간을 만들어준 세상에서 가장 사랑하는 나의 아내 메리엔에게 특별히 감사의 인사를 건넨다.

*Reference*

# 참고도서

이 책들은 우리가 기념했던 국가들의 요리 문화에 관한 아이디어에 영감을 주었던 것들로, 모두 우리 가족의 '식품 도서관 소장 도서'들이다.


## 일반

Artusi, Pellegrino. *La Scienza in Cucina e L'Arte Di Mangiar Bene* 밀란: Sperling & Kupfer Editori, 1991. (초판 1911년)

Boni, Ada. *Il Talismano Della Felicita* 로마: Casa Editrice Colombo, 1997.

Castelvetro, Giacomo. *The Fruit, Herbs & Vegetables of Italy* 런던: Viking, 1989.

Cost, Bruce. *Bruce Cost's Asian Ingredients: Buying and Cooking the Staple Foods of China, Japan and Southeast Asia* 뉴욕: William Morrow, 1988.

Davidson, Alan. *The Oxford Companion to Food* 뉴욕: Oxford University Press, 1999.

——. *North Atlantic Seafood* 런던: Penguin Group, 1980.

Escoffier, Auguste. *La Guide Culinaire: Aide-Memoire de Cuisine Pratique* 파리: Flammarion, 1921.

Harris, Jessica B. *The Africa Cookbook: Tastes of a Continent* 뉴욕: Simon & Schuster, 1998.

Herzberg, Jeff, and Zoe Francois. *Artisan Bread in Five Minutes a Day: The Discovery that Revolutionizes Home Baking* 뉴욕: St. Martin's Press, 2007.

Kiple, Kenneth F., and Kriemhild Conee Ornelas. *The Cambridge World History of Food* 뉴욕: Cambridge University Press, 2000.

Lenotre, Gaston. *Lenotre's Desserts and Pastries* 뉴욕: Barron's Educational Series, 1977.

Pellaprat, Henri-Paul. *L'Art Culinaire Moderne* 스위스, 카스타뇰라: Editions Rene Kramer, 1972.
Sitole, Dorah *Cooking from Cape to Cairo* 케이프타운: Tafelberg, 1999.
Wolfe, Linda. *The Cooking of the Caribbean Islands* 런던: Macmillan Publishers, 1985.

안달루시아

Centeno Roman, Jose Maria and Francisco Zarza Toboso. *Cocinando a la Espanola* 제2권. 빌바오: Editorial Cantabrica, 1974.

아키텐

Conseil National des Arts Culinaire *Aquitaine: Produits du Terroir et Recettes Traditionnelles* 파리: Albin Michel, 1997.

아르헨티나

Brooks, Shirley Lomax. *Argentina Cooks! Treasured Recipes from the Nine Regions of Argentina* 뉴욕: Hippocrene Books, 2001.

오스트리아

Gutenbrunner, Kurt, with Jane Sigal. *Neue Cuisine: The Elegant Tastes of Vienna* 뉴욕: Rizzaoli, 2011.
Scheibenpflug, Lotte. *Specialties of Austrian Cooking* 인스브룩: Penguin Verlag, 1980.
Witzelsberger, Richard. *Das Osterreichische Mehlspeisen Kchbuch* 비엔나: Verlag Kremayr & Sheriau, 1979.

브라질

De Andrade, Margarette. *Brazilian Cookery: Traditional and Modern* 리오데자네이로: A Casa do Livro Eldorado, 1985.

브르타뉴

Charlon, Raymonde. *Savoureuse Bretagne* 렌느: Editions Ouest-France, 1993.

Conseil National Des Arts Culinaire. *Bretagne: Produits du Terroir et Recettes Traditionnelles* 파리: Albin Michel, 1994.

Du Pontavice, Gilles and Bleuzen. *La Cuisine des Chateau de Bretagne* 렌느: Editions Ouest-France, 1997.

중국

Anderson, E.N. *The Food of China* 뉴헤이븐: Yale University Press, 1988.

Cheng, F.T. *Musings of a Chinese Gourmet* 런던: Hutchinson, 1954.

Simoons, Frederick J. *Food in China: A Cultural and Historic Inquiry* 플로리다, 보카 레이턴: CRC Press, 1991.

Young, Grace. *The Wisdom of the Chinese Kitchen: Classic Family Recipes for Celebration and Healing* 뉴욕: Simon&Schuster, 1999.

Zee, A. *Swallowing Clouds: A Playful Journey through Chinese Culture, Language and Cuisine* 토론토: Douglas & McIntyre, 1990.

콘월

Kittow, June. *Favorite Cornish Recipes* 잉글랜드, 세븐 오욱스: J.Salmon.

Mason, Laura, and Chatherine Brown. 〈*The Taste of Britain*〉 런던: Harper Press, 2006.

쿠바

Garcia, Alicia, and Sergio Garcia. *El Aljibe: un Estilo Natural* 하바나: Editorial Si-Mar, 2004.

Lluria de O'Higgins, Maria Josefa. *A Taste of Old Cuba* 뉴욕: HarperCollins, 1994.

에밀리아 로마냐

Kasper, Lynne Rossetto. *The Splendid Table: Recipes from Emilia-Romagna, the Heartland of Northen*

*Italian Food* 뉴욕: William Morrow and Company, 1992.

Rangoni, Laura. *Laceto Balsamico Modenese* 이탈리아, 루카: Maria Pacini Fazzi Editore, 1999.

Tiocchi, Giuseppi. *La Cuciniera Bolognese* 볼로냐: Arnaldo Forni Editore, 1990. (초판 1843년 출간)

프랑스령 기아나

Desormeaux, Emile. *La Cuisine Creole Traditionnelle* 포트 드 프랑스(Martinique): Editions Emile Desormeaux, 1995.

Rose-Rosette, Robert. *Le Punch Martiniquais* 포트 드 프랑스, Martinique: Editions Trois Rivieres, 1993.

그리스

Archestratus *The Life of Luxury* 잉글랜드, 데본, 토트네스: Prostpect Books, 1994.

Skoura, Sophia. *The Greek Cookbook* 뉴욕: Crown Publishers, 1967.

하와이

Lauden, Rachel. *The Food of Paradise: Exploring Hawaii's Culinary Heritage* 호놀룰루: University of Hawaii Press, 1996.

헝가리

Koerner, Andras. *A Taste of the Past: The Daily Life and Cooking of a 19th Century Hungarian Jewish Homemaker* 뉴햄스피어, 레바논: University Press of New England, 2004.

Lang, George. *The Cuisine of Hungary* 뉴욕: Bonanza Books, 1971.

인도

Achaya, K.T. *A Historical Dictionary of Indian Food* 델리: Oxford University Press, 1998.

Sahni, Julie. *Classic Indian Cooking* 뉴욕: William Morrow, 1980.

아일랜드

*Irish Bread Recipes* 더블린: Tony Potter Publishing, 2004.

FitzGibbon, Theodora. *A Taste of Ireland: In Food and Pictures* 런던: Weidenfeld and Nicolson, 1968.

Irwin, Florence. *The Cookin' Woman: Irish Country Recipes* 벨패스트: The Blackstaff Press, 1949.

자메이카

Benghiat, Norma. *Traditional Jamaican Cookery* 런던: Penguin Group, 1985.

Sullivan, Caroline. *The Jamaican Cookery Book* 킹스턴: Aston W. Garnder & Co, 1893.

일본

Tsuji, Shizuo. *Japanese Cooking: A Simple Art* 도쿄: Kadansha International, 1980.

멕시코

*Nuevo Cocinero Mexicano en Forma de Diccionario* 멕시코시티: Miguel Angel Porrura, 1986 (초판: 1888)

Farga, Amando. *Historia de la Comida en Mexico* 멕시코시티: 1968.

Kennedy, Diana. *The Cuisines of Mexico* 뉴욕: Harper & Row, 1972.

Solis, Janet Long, Manuel Alvarez, and Aranzazu Camarena. *El Placer del Chile* 멕시코시티: Editorial Clio, 1998.

모로코

Benayoun, Aline. *Casablanca Cuisine: French North African Cooking* 런던: Serif, 1998.

(Madame)

*Guinaudeau Traditional Moroccan Cooking: Recipes from Fez* 런던: Serif, 2003.

Hal, Fatema. *Authentic Recipes from Morocco* 싱가폴: Periplus Editions, 2007.

Huica Miranda, Ambroosio, 번역. *La Cocina Hispano-Magrebi Durante La Epoca Almohade: Segun un*

*Manuscrito Anonimo del Siglo XIII* 스페인, 아스투리아스: Ediciones Trea, 2005.

Keohler, Jeff. *Morocco: A Culinary Journey with Recipes from the Spice-Scented Markets of Marrakech to the Date-Filled Oasis of Zagora* 샌프란시스코: Chronicle Books, 2012.

Wolfert, Paula. *Couscous and Other Good Food from Morocco* 뉴욕: Quill, 2001.

나폴리

Porcaro, Guiseppe. *Sapore di Napoli: Storia della Pizza Napiletano* 나폴리: Adriano Gallina Editore, 1985.

Scully, Terence. *The Neapolitan Recipe Collection* 앤 아버: University of Michigan Press, 2000.

뉴펀들랜드

*Newfoundland Christmas Cookbook* 뉴펀들랜드, 세인트 존스: Hillcrest Publishing, 1992.

Jesperson, Rev. Ivan F. *Fat-Back & Molasses: A Collection of Favorite Old Recipes from Newfoundland and Labrador* The Jesperson Family 출간, 1974.

뉴올리언스

Christian Women's Exchange of New Orleans *Creole Cookery* 루이지애나 그레트너: Pelican Publishing Company, 2005. (1885년도 판의 복사판).

*The Picayune's Creole Cook Book: Sesquicentennial Edition* 뉴올리언스: The Times-Picayne, 1987.

Prudhomme, Paul. 〈*Chef Paul Prudhomme's Louisiana Kitchen*〉 뉴욕: William Morrow, 1984.

Scott, Natalie V. 〈*200 Years of New Orleans Cooking*〉 루이지애나 그레트너: Pelican Publishing Company, 1998.

페루

Marks, Copeland. *The Exotic Kitchens of Pery: The Land of the Inca* 뉴욕: M. Evans, 1999.

필리핀

Gelle, Gerry G. *Filipino Cuisine: Recipes from the Islands* 산타페: Red Crane Books, 1997.

포르투갈

Anderson, Jean. *The Food of Portugal: Recipes from the Most Original and Least-Known Cuisine of Western Europe* 뉴욕: William Morrow, 1994.

Vieira, Edite. *The Taste of Portugal* 런던: Grub Street, 1995.

프로방스

Conseil National des Arts Culinaire. *Provence-Alpes-Cote d'Aur: Produits Terroir et Recettes Traditionnelles* 파리: Albin Michel, 1995.

Reboul, J.B. *La Cuisiniere Provencal* 마르세이유: Tacussel, 1910.

퀘벡

Couillard, Suzette, and Roseland Normand. *Cuisine Traditionnelle d'un Quebec Oublie*

러시아

Glants, Musya, and Joyce Toomre. *Food in Russian History and Culture* 블루밍턴: Indiana University Press, 1997.

Toomre, Joyce, 번역. *Elena Molokhovets' "A Gift to Young Housewives"* 블루밍턴: Indiana University Press, 1998.

세네갈

Thiam, Pierre. *Yolele! Recipes from the Heart of Senegal* 뉴욕: Lake Isle Press, 2008.

스리랑카

Kuruvuta, Peter. *Serendip: My Sri Lankan Kitchen* 시드니: Murdoch Books, 2008.

시칠리아

Correnti, Pino. *Il Libro d'oro della Cucina e Dei Vini di Sicilia* 밀란: Grupo U해 Mursia, 1976.

Simeti, Mary Taylor. *Pomp and Sustenance: Twenty-five centuries of Sicilian Food* 뉴욕: Alfred A. Knopf, 1989.

Wright, Clifford A. *Cucina Paradiso: The Heavenly Food of Sicily* 뉴욕: Simon & Schuster, 1992.

터키

Algar, Ayla. *Classical Turkish Cooking: Traditional Turkish Food for the American Kitchen* 뉴욕: William Morrow, 1991.

Efen야, Turabi. *The Turkish Cookery Book: A Collection of Receipts, from the Best Turkish Authorities* 몬태나, 화이트피시: Kessinger Publishing. (런던: William H. Allen의 1865년도판의 복사판)

당신은 언제나 옳습니다. 그대의 삶을 응원합니다. – **라의눈 출판그룹**

# 마크 쿨란스키의
# 더 레시피

초판 인쇄 | 2015년 9월 14일

지은이 | 마크 쿨란스키 · 탈리아 쿨란스키
옮긴이 | 한채원
펴낸이 | 설응도
펴낸곳 | 라의눈

편집장 | 김지현
기획 · 편집 | 최현숙
마케팅 | 김홍석
경영지원 | 설효섭
디자인 | Kewpiedoll Design

출판등록 | 2014년 1월 13일(제2014-000011호)
주소 | 서울시 서초중앙로 29길(반포동) 낙강빌딩 2층
전화번호 | 02-466-1283
팩스번호 | 02-466-1301
전자우편 | eyeofrabooks@gmail.com



ISBN : 979-11-86039-40-3 03900